CHIARA V. HENRICH

Die Strafbarkeit infolge fahrlässig mangelhafter medizinischer Aufklärung

Schriften zum Strafrecht

Band 469

Die Strafbarkeit infolge fahrlässig mangelhafter medizinischer Aufklärung

Von

Chiara V. Henrich

Duncker & Humblot · Berlin

Die Juristische Fakultät der Ruprecht-Karls-Universität Heidelberg
hat diese Arbeit im Jahr 2025 als Dissertation angenommen.

Bibliografische Information der Deutschen Nationalbibliothek

Die Deutsche Nationalbibliothek verzeichnet diese Publikation in der Deutschen Nationalbibliografie; detaillierte bibliografische Daten sind im Internet über http://dnb.d-nb.de abrufbar.

Satz: 3w+p GmbH, Rimpar
Druck: Prime Rate Zrt., Budapest, Ungarn

ISSN 0558-9126
ISBN 978-3-428-19758-3 (Print)
ISBN 978-3-428-59758-1 (E-Book)

Gedruckt auf alterungsbeständigem (säurefreiem) Papier
entsprechend ISO 9706 ♾

Verlagsanschrift: Duncker & Humblot GmbH, Carl-Heinrich-Becker-Weg 9,
12165 Berlin, Germany | E-Mail: info@duncker-humblot.de
Internet: https://www.duncker-humblot.de

Meiner Schwester

Vorwort

Die vorliegende Arbeit wurde vom Herbst 2022 bis zum Frühjahr 2025 an der Ruprecht-Karls-Universität Heidelberg verfasst. Die Jahre der Promotion waren eine prägende und intensive Zeit, in der sich wissenschaftliches Arbeiten und persönliche Entwicklung eng miteinander verbanden. Für die Unterstützung, die Begleitung und das Vertrauen, das mir auf diesem Weg entgegengebracht wurde, möchte ich meinen aufrichtigen Dank aussprechen.

Mein besonderer Dank gilt meinem Doktorvater Prof. Dr. Jan C. Schuhr, der mir von Beginn an große Freiheit in der inhaltlichen Ausgestaltung der Arbeit gewährt hat. Seine offene und herzliche Art sowie die Bereitschaft zur Diskussion und gemeinsamen Lösungsfindung haben die Entstehung dieser Dissertation entscheidend geprägt. Ebenso danke ich meinem Zweitkorrektor Prof. Dr. Dr. h.c. Gerhard Dannecker für seine anregenden fachlichen Impulse, seine konstruktiven Rückmeldungen zu Leseproben und die zügige Erstellung des Zweitgutachtens. Seine Perspektiven haben wichtige neue Denkanstöße geliefert und die Arbeit in vielerlei Hinsicht bereichert.

Prof. Dr. Frank Meyer, LL.M. (Yale) danke ich dafür, dass er mir im Rahmen meiner Tätigkeit an seinem Lehrstuhl die nötige Zeit und Freiheit eingeräumt hat, um die Arbeit parallel zur Lehrtätigkeit voranzubringen.

Von Herzen danken möchte ich meinen Eltern Dr. med. Martina Henrich und Prof. Dr. med. Wolfgang Henrich. Sie haben mich während der gesamten Promotionszeit – wie auch zuvor – uneingeschränkt unterstützt: Ihre Ermutigung, meinen eigenen Vorstellungen zu folgen und die Freiheit, mich ganz auf meine wissenschaftliche Arbeit konzentrieren zu können, hat mir stets Rückhalt gegeben. Zudem habe ich durch sie wertvolle Einblicke in die medizinische Praxis gewonnen, die das Verständnis der Arbeit vertieft haben.

Ein großer Dank gebührt Dr. Annina Eckrich und Dr. Carla Schön, mit denen ich mich über den gesamten Promotionsprozess austauschen konnte. Uns verbindet eine tiefe Freundschaft, die weit über den akademischen Dialog hinausgeht. Ihre Erfahrungen, Tipps und ehrlichen Gespräche haben mir geholfen, die Höhen und Tiefen des wissenschaftlichen Schreibens mit mehr Gelassenheit zu meistern. Ebenso danke ich Leon Schiermeyer, einem geschätzten Freund und Bürokollegen, der die Entstehung dieser Arbeit aus nächster Nähe miterlebt hat. Er hatte stets ein offenes Ohr für Zweifel, Ideen und spontane Diskussionen – und sorgte mit seiner Art dafür, dass die Arbeit nicht nur produktiv, sondern auch mit viel Freude verbunden war.

Mein tiefster Dank gilt schließlich Dr. Paul Goes. Er war es, der mich von Anfang an motiviert hat, die Dissertation zu schreiben und mich in allen Phasen trotz eigenen Promotionsvorhabens uneingeschränkt unterstützt hat. Sein Vertrauen in mich hat die Promotionszeit auf vielfältige Weise bereichert und getragen.

Castellina in Chianti, im November 2025 *Chiara V. Henrich*

Inhaltsverzeichnis

Abkürzungsverzeichnis

a. A.	andere Ansicht
Abs.	Absatz
AcP	Archiv für die civilistische Praxis
AE	Alternativ-Entwurf
a. F.	alte Fassung
Anm.	Anmerkung
AnwK	AnwaltKommentar
Art.	Artikel
ArztR	Arztrecht
AT	Allgemeiner Teil
Bearb.	Bearbeiter:in
BeckOK	Beck'scher Onlinekommentar
BeckRS	Beck-Rechtsprechung
Beschl.	Beschluss
BGB	Bürgerliches Gesetzbuch
BGesBl	Bundesgesetzblatt
BGH	Bundesgerichtshof
BGHSt	Entscheidungen des Bundesgerichtshofes in Strafsachen
BGHZ	Entscheidungen des Bundesgerichtshofes in Zivilsachen
bspw.	beispielsweise
BT	Besonderer Teil
BT-Drucks.	Bundestagsdrucksache
BVerfG	Bundesverfassungsgericht
BVerfGE	Entscheidungen des Bundesverfassungsgerichts
bzw.	beziehungsweise
ders.	derselbe
d. h.	das heißt
dies.	dieselbe
DMW	Deutsche Medizinische Wochenschrift
Dt.	Deutsches
E	Entwurf
EL	Ergänzungslieferung
et al.	et alia
Ethik Med	Ethik in der Medizin
evtl.	eventuell
f./ff.	folgende
Fn.	Fußnote
FS	Festschrift
GA	Goltdammer's Archiv für Strafrecht
gem.	gemäß
GesR	Gesundheitsrecht

GG	Grundgesetz
ggf.	gegebenenfalls
g. h. M.	ganz herrschende Meinung
GS	Gedächtnisschrift
GS	Gesamtes Strafrecht
HdB	Handbuch
h. L.	herrschende Lehre
h. M.	herrschende Meinung
HRRS	HöchstRichterliche Rechtsprechung im Strafrecht
Hrsg.	Herausgeber:in
int.	international
i. S. d.	Im Sinne des
i. V. m.	in Verbindung mit
JA	Juristische Arbeitsblätter
JURA	Juristische Ausbildung
JuS	Juristische Schulung
JZ	Juristenzeitung
KK	Karlsruher Kommentar
LG	Landgericht
LK	Leipziger Kommentar
MAH	Münchener Anwaltshandbuch
MDR	Monatsschrift für deutsches Recht
MedR	Medizinrecht
MedStR	Medizinstrafrecht
medstra	Zeitschrift für Medizinstrafrecht
MMW	Fortschritte der Medizin
MüKo	Münchener Kommentar
m. w. N.	mit weiteren Nachweisen
NJOZ	Neue Juristische Online Zeitschrift
NJW	Neue Juristische Wochenschrift
NJW-RR	Neue Juristische Wochenschrift Rechtsprechungs-Report
NK	Nomos Kommentar
NStZ	Neue Zeitschrift für Strafrecht
NStZ-RR	Neue Zeitschrift für Strafrecht Rechtsprechungs-Report
OLG	Oberlandesgericht
PharmR	Pharmarecht
RdJB	Recht der Jugend und des Bildungswesens
ReferentenE	Referentenentwurf
RG	Reichsgericht
RGSt	Entscheidungen des Reichsgerichts in Strafsachen
Rn.	Randnummer
S.	Seite
s.	siehe
SK	Systematischer Kommentar
StGB	Strafgesetzbuch
StPO	Strafprozessordnung
StV	Strafverteidiger
u. a.	unter anderem

Urt.	Urteil
usw.	und so weiter
v.	vom
Verf.	Verfasser:in
VersR	Versicherungsrecht
ZAP	Zeitschrift für die anwaltliche Praxis
z. B.	zum Beispiel
ZIS	Zeitschrift für internationale Strafrechtsdogmatik
ZJS	Zeitschrift für das Juristische Studium
ZRP	Zeitschrift für Rechtspolitik
ZStW	Zeitschrift für die gesamte Strafrechtswissenschaft

Einleitung

Die Menschen in Deutschland begeben sich im Durchschnitt rund zehnmal im Jahr in ärztliche Behandlung.[1] Vom medizinischen Personal erwarten sie die Behandlung oder Heilung von Beschwerden und im Rahmen der Vorsorge die Minimierung von Erkrankungsrisiken. In den letzten Jahrzehnten entwickelte sich hierbei die Vorstellung eines „Rechts auf Gesundheit“[2] und somit die Idee, Ärzt:innen[3] hätten gleich Geschäftspartner:innen der Kranken bei Maximierung der Sicherheit und Minimierung der Risiken optimal zu funktionieren.[4] Im Rahmen eines gleichgestellten partnerschaftlichen Verhältnisses sollen die Patient:innen selbstbestimmt über die Maßnahmen und den Verlauf der Behandlung entscheiden können. Zur Ermöglichung einer autonomen Patientenentscheidung bedarf es der ausführlichen Aufklärung durch das medizinische Fachpersonal.[5] Durch die aufgeklärte Patientenentscheidung für eine Maßnahme werden die Behandelnden von der alleinigen Verantwortung für den körperlichen Eingriff entlastet.[6]

Den Interessen der Patient:innen sollen die seit 2013 durch das Patientenrechtegesetz kodifizierten §§ 630a ff. BGB gerecht werden, die den Behandlungsvertrag zwischen Behandelnden und Patient:innen regeln. Diese normieren in §§ 630c, e BGB auch die Aufklärungs- und Informationspflichten der Behandelnden. Hiernach sind Ärzt:innen verpflichtet, Patient:innen über „sämtliche für die Einwilligung wesentlichen Umstände aufzuklären“ (§ 630e I 1 BGB). Diese Pflicht resultiert aus der Überlegung, dass typischerweise nur Ärzt:innen Zugang zu den für die Patientenentscheidung relevanten Informationen haben. Jene haben sie den Patient:innen

---

[1] OECD (2024), Doctors’ consultations, https://www.oecd-ilibrary.org/social-issues-migration-health/doctors-consultations/indicator/english_173dcf26-en, Zugriff: 02.02.2024, 11:43 Uhr.

[2] *Sailer-Pfister*, in: Menschenrechte und Medizin, S. 151 ff.; *Beauchamp/Childress*, Principles of biomedical ethics, S. 240 ff.; Bundesministerium für wirtschaftliche Zusammenarbeit und Entwicklung, Gesundheit und Menschenrechte – BMZ Spezial 162, S. 7 ff.

[3] Es sind stets Personen männlichen, weiblichen oder diversen Geschlechts gleichermaßen gemeint. Es wird grundsätzlich auf geschlechtergerechte Sprache geachtet. Wörtliche Zitate im generischen Maskulinum werden übernommen. Beispiele werden geschlechtsspezifisch gebildet, wobei auf ein ausgeglichenes Geschlechterverhältnis geachtet wird.

[4] *Tröndle*, MDR 1983, 881 (886); *Geibel* nimmt ein Treuhandverhältnis zwischen Ärzt:innen und Patient:innen an, *Geibel/Winkler/Ludewigs/Narchi*, Forum Marsilius-Kolleg: Jahresbericht 2019/2020, S. 41.

[5] *Mäsch*, MedR 2022, 717 (722).

[6] *Swoboda*, ZIS 2013, 18; BVerfG, Beschl. v. 25.7.1979–2 BvR 878/74, BVerfGE 52, 131 = juris Rn. 137.

mitzuteilen, um eine informierte Entscheidung zu ermöglichen. Es gilt der Grundsatz des sog. „informed consent".[7] Der Gesetzgeber geht davon aus, dass Patient:innen nur aufgrund einer umfassenden Aufklärung eine selbstbestimmte Entscheidung über den weiteren Behandlungsverlauf treffen können.[8]

Im Rahmen der strafrechtlichen Einwilligungsdogmatik macht der Begriff des „informed consent" deutlich, worum es eigentlich geht. Erst die Summe von Aufklärung und Einwilligung macht den ärztlichen Eingriff rechtens.[9]

Bis heute herrscht in der Ärzteschaft und bereits unter Medizinstudierenden unabhängig vom Ausbildungsstand extreme Unsicherheit darüber, was aufklärungspflichtige „wesentliche Umstände" im Sinne des Gesetzes sind.[10] Es kann daher nicht überraschen, dass in der Praxis nach wie vor gravierende Mängel bei der Aufklärung bestehen,[11] obwohl § 630e BGB wohl zur Schaffung von Rechtssicherheit gedacht war.

Aufgrund der Unsicherheit bezüglich ihrer Aufklärungspflichten denken Ärzt:innen beim Auftreten von Komplikationen häufig zuerst an drohende juristische Konsequenzen und reagieren ängstlich.[12] Diese Rechtsunsicherheit ergibt sich daraus, dass nicht zu jeder möglichen Behandlung und Aufklärung eine Norm oder ein Gerichtsurteil bestehen kann, das die jeweilige Patienteninformation als rechtmäßig oder fehlerhaft einstuft.[13] Die Unsicherheit des medizinischen Personals hat dazu geführt, dass mitunter komplizierte und ausführliche, standardisierte Aufklärungsbögen verwendet werden, die mehr der juristischen Absicherung der Ärzteschaft als den bisweilen überforderten Patient:innen und deren Selbstbestimmungsrecht dienen.[14] Doch selbst standardisierte Aufklärungsbögen genügen den rechtlichen Anforderungen häufig nicht. Das Deutsche Ärzteblatt veröffentlichte

---

[7] Die Idee des „informed consent", also der Einwilligung der behandelten Person nach vorheriger Aufklärung ist jedenfalls in der westlichen Medizin unbestritten, *Wagner*, in: MüKo BGB, § 630e Rn. 4; *Mäsch*, MedR 2022, 717 (722); *Greiner*, in: Spickhoff, MedR, § 839 BGB Rn. 316; *Hardtung*, in: MüKo StGB, § 223 Rn. 99; *Katzenmeier*, in: Laufs/Katzenmeier/Lipp, ArztR, Kap. V. Rn. 5 ff.; *Rosenau*, in: Jahrbuch für Recht und Ethik, S. 265; Der Begriff entstammt dem anglo-amerikanischen Raum, wird inzwischen jedoch nicht nur von der deutschen Literatur, sondern auch von Gerichten hierzulande übernommen, vgl.: BGH, Urt. v. 15.3.2005 – VI ZR 313/03, NJW 2005, 1718 (1719); LG Kempten, Urt. v. 8.10.2020 – 3 Ns 111 Js 10508/14, BeckRS 2020, 35198, Rn. 204; OLG Frankfurt, Urt. v. 23.3.2010 – 8 U 238/08, BeckRS 2012, 16092.

[8] BT-Drucks. 17/10488, S. 9.

[9] *Krüger*, in: FS Beulke, 137 (141).

[10] *Seemann et al.*, Der Orthopäde 2021, 937 (941).

[11] So belegte bspw. 2019 eine Studie die mangelhafte Aufklärung von Patient:innen im Rahmen der Krebsvorsorge, *Schmuker/Zok*, in: Versorgungs-Report Früherkennung, S. 31 ff.

[12] *Tröndle*, MDR 1983, 881 (886).

[13] *Geibel/Winkler/Ludewigs/Narchi*, Forum Marsilius-Kolleg: Jahresbericht 2019/2020, S. 44.

[14] *Tröndle*, MDR 1983, 881 (886).

2018 eine Studie, die 37 Aufklärungsbögen verschiedener Verlage, Kliniken und Praxen deutschlandweit auswertete. Keiner der untersuchten Aufklärungsbögen erfüllte in jeder Hinsicht die rechtlichen Anforderungen.[15] Darüber hinaus steht die Judikatur diesen sog. Formularaufklärungen insgesamt eher kritisch gegenüber.[16] Denn das grundsätzlich erforderliche mündliche Aufklärungsgespräch kann nicht durch die Aushändigung und Unterzeichnung von Formularen ersetzt werden.[17]

I. Gegenstand der Untersuchung

Nun kann es aber kaum Ziel oder Zweck der aus dem Selbstbestimmungsrecht der Patient:innen abgeleiteten Aufklärungspflicht sein, Ärzt:innen zu verunsichern und in ihrem Heilauftrag sinnwidrig zu hemmen oder zu behindern.[18] Stattdessen bedarf es eines Aufklärungskonzepts, das Patient:innen eine selbstbestimmte Entscheidung ermöglicht und an Ärzt:innen klare Handlungsanforderungen stellt. Ziel dieser Arbeit ist es, zu untersuchen, welche Aufklärungspflichten im Strafrecht für eine wirksame Einwilligung erfüllt werden müssen. Als Schwerpunkt soll herausgearbeitet werden, ob, und gegebenenfalls unter welchen Voraussetzungen unbeabsichtigte Verletzungen dieser Pflichten zu einer Fahrlässigkeitsstrafbarkeit führen können. Trotz des hohen Guts der Selbstbestimmung darf ein Unglück (nämlich das der nicht erfolgreich behandelten Person) nicht in ein Unrecht (das eines Aufklärungsfehlers) verfälscht werden.[19] Es gilt, einen angemessenen Anforderungsmaßstab für das Strafrecht zu erarbeiten. Denn das Recht darf seine Adressat:innen nicht überfordern, andernfalls verstößt es gegen den Grundsatz *ultra posse nemo obligatur*.[20]

II. Relevanz

Wegen möglicher Arzthaftungsklagen sind viele Behandlungen von der Sorge der Ärzt:innen begleitet, ob die erfolgte Aufklärung wohl einer rechtlichen Prüfung in einem Gerichtsverfahren standhalten würde.[21] Denn in der Gerichtspraxis wird häufig auf Aufklärungsfehler abgestellt, wenn Behandlungsfehler nicht nachgewiesen werden können.

---

[15] *Lühnen/Mühlhauser/Steckelberg*, Dt. Ärzteblatt int. 2018, 377 (382).

[16] *Immig*, Die Selbstbestimmungsaufklärung im Arztstrafrecht, S. 61.

[17] BGH, Urt. v. 8. 1. 1985 – VI ZR 15/83, NJW 1985, 1399.

[18] *Tröndle*, MDR 1983, 881 (887).

[19] *Sternberg-Lieben*, in: Aktuelle Entwicklungen im Medizinstrafrecht, 95 (115).

[20] *Tröndle*, MDR 1983, 881 (887).

[21] *Kayser*, Der aufgeklärte Patient – Mythos oder Realität?, S. 1.

Hinsichtlich der Rechtmäßigkeit der Aufklärung trifft die Beweislast die Behandelnden.[22] Aufklärungsfehler mutieren dann in einigen Verfahren zu einer Art „Auffangtatbeständen"[23], die zu kompensatorischen Zwecken herangezogen und von Billigkeitserwägungen und Mitleidsaspekten getragen werden.[24]

Zwar sind solche Arzthaftungsklagen vor den Zivilgerichten anhängig. Doch auch die strafrechtliche Relevanz der Frage nach dem Aufklärungsumfang darf nicht unterschätzt werden. Nach nunmehr langjähriger und zutreffender Rechtsprechung erfüllt nämlich der ärztliche Heileingriff den Tatbestand der Körperverletzung gem. § 223 StGB.[25] Die tatbestandliche Körperverletzung wird im Regelfall durch die Patienteneinwilligung gerechtfertigt.[26] Diese setzt eine willensmängelfreie Zustimmung voraus. Die Einwilligung ist ohne Willensmangel, wenn die behandelte Person zuvor rechtmäßig über den Eingriff aufgeklärt wurde. Fehlt es an einer solchen Aufklärung, ist die Einwilligung unwirksam und der Eingriff rechtswidrig.

In der Regel scheidet eine Strafbarkeit eines *lege artis* durchgeführten Eingriffs nach § 223 StGB auch bei fehlerhafter Aufklärung aus, wenn Ärzt:innen sich der unzureichenden Aufklärung und damit der unwirksamen Einwilligung ihrer Patient:innen bei Eingriffsvornahme nicht bewusst waren. Denn dann wird von den Gerichten meist entweder eine hypothetische Einwilligung[27] der Patient:innen oder ein Erlaubnistatbestandsirrtum der Handelnden angenommen[28]. Allerdings ist bei Annahme eines Irrtums an eine Fahrlässigkeitsstrafbarkeit zu denken, wenn Ärzt:innen durch den Eingriff nach unzureichender Aufklärung eine Sorgfaltspflichtverletzung begangen haben, die sie hätten erkennen und vermeiden können.

Beispielhaft hierfür steht der Myom-Fall[29]. In diesem hatte ein Arzt eine Frau operiert, die an einem Myom (Wucherung) in der Gebärmutter litt. Aufgrund der Verwachsung des Myoms mit der Gebärmutter, welche aber erst nach Beginn der

---

[22] *Kern*, in: Laufs/Kern/Rehborn, ArztR-HdB, § 6 Rn. 41.

[23] *Mäsch*, MedR 2022, 717 (722); *Knoche*, NJW 1989, 757 (758); *Albrecht*, Die „hypothetische Einwilligung" im Strafrecht, S. 511.

[24] *Iversen*, HRRS 2018, 475 (480).

[25] RG, Urt. v. 31.5.1894–1406/94, RGSt 25, 375 (377 f.); BGH, Urt. v. 28.11.1957–4 StR 525/57 = BGHSt 11, 111 = NJW 1958, 267 (268); BGH, Urt. v. 10.2.1959–5 StR 533/58, NJW 1959, 825; BGH, Urt. v. 1.2.1961–2 StR 457/60, BGHSt 16, 309 (310); BGH, Urt. v. 4.10.1999–5 StR 712/98, NJW 2000, 885 (886); BGH, Urt. v. 22.12.2010–3 StR 239/10, NJW 2011, 1088 (1089); BGH, 30.1.2019–2 StR 325/17, NJW 2019, 3253 (2354).

[26] A.A. *Roxin/Greco*, StafR AT I, § 13 Rn. 13, wonach die Zustimmung von Patient:innen bereits ein tatbestandsausschließendes Einverständnis ist; *Sternberg-Lieben*, in: TK-StGB, § 223 Rn. 46 m.w.N.

[27] Vgl. beispielhaft: BGH, Urt. v. 29.6.1995–4 StR 760/94, NStZ 1996, 34; BGH, Urt. v. 20.2.2013–1 StR 320/12, NJW 2013, 1688; BGH, Beschl. v. 15.10.2003–1 StR 300/03, NStZ-RR 2004, 16.

[28] BGH, Urt. v. 11.10.2011–1 StR 134/11, NStZ 2012, 205.

[29] BGH, Urt. v. 28.11.1957–4 StR 525/57, BGHSt 11, 111 = NJW 1958, 267.

Operation erkannt wurde, musste der Arzt die gesamte Gebärmutter entfernen. Der Eingriff war absolut indiziert und wurde *lege artis* durchgeführt. Allerdings hatte der Arzt die mögliche Notwendigkeit einer solch umfassenden Operation nicht vorhergesehen und hierüber nicht aufgeklärt. Aufgrund der fehlerhaften Aufklärung war die Einwilligung der Patientin unwirksam. Die Folge war ein Strafprozess gegen den Arzt, dem eine fahrlässige Körperverletzung gem. § 229 StGB vorgeworfen wurde. In dem Prozess wurde er zunächst vom LG freigesprochen, weil der Eingriff *lege artis* durchgeführt wurde. Das Urteil wurde jedoch vom BGH mit der Begründung aufgehoben, die mangelhafte Aufklärung könnte eine eigene Sorgfaltspflichtverletzung i. S. d. § 229 StGB darstellen.[30] Auch das zweite Urteil des LG, in welchem der Angeklagte nun wegen fahrlässiger Körperverletzung gem. § 229 StGB verurteilt wurde, hob der BGH aufgrund eines Verfahrensfehlers auf. Nur der Tod des Angeklagten verhinderte, dass es nach vierjährigem Prozess zur fünften Hauptverhandlung kam.[31] Tröndle bezeichnete den Arzt in diesem Fall als ein „Opfer, das dem Selbstbestimmungsrecht einer geheilten Patientin dargebracht worden ist“[32].

In einem solchen Strafprozess stehen die angeklagten Ärzt:innen auf einem schwierigen Verteidigungsposten. Ist das Vorliegen einer rechtfertigenden Einwilligung problematisch, können zur vorangegangenen Aufklärung meist nur die behandelten und die angeklagten Personen Auskunft geben. Während die Patient:innen als Zeug:innen einer Wahrheitspflicht unterliegen, gilt eine solche für die Ärzt:innen als Beschuldigte nicht. Bei entgegenstehenden Angaben kann die Aussage der Patient:innen daher als glaubwürdiger eingestuft werden als die der Angeklagten.[33] Die „Beweisnot“ der Ärzt:innen unterscheidet sich somit trotz des Grundsatzes *in dubio pro reo* im Strafprozess häufig kaum von der im Zivilverfahren. Die Folgen dessen wiegen umso schwerer, wenn man sich die Konsequenzen eines Strafprozesses für die angeklagten Ärzt:innen bewusst macht: Davon abgesehen, welche immense Belastung mit dem Beschuldigtenstatus in einem Strafprozess einhergeht,[34] kann Ärzt:innen bei Verurteilung wegen fehlerhafter Aufklärung der Widerruf ihrer Approbation drohen.[35] Auch die häufige Einstellung

---

[30] BGH, Urt. v. 28. 11. 1957 – 4 StR 525/57, BGHSt 11, 111 = NJW 1958, 267.

[31] *Biermann*, in: Ulsenheimer/Gaede, Arztstrafrecht in der Praxis, Rn. 336.

[32] *Tröndle*, MDR 1983, 881 (884).

[33] Vgl. LG München, Urt. v. 29. 1. 1981 – 22 Ns 124 Js 3025/79, in welchem das Gericht der Patientin im Zeugenstand glaubte, welche angab, vor der vorgenommenen Chemabrasion (Hautabschleifung mit Peeling) nicht über die Möglichkeit einer erhabenen Narbenbildung mit entstellendem Charakter hingewiesen worden zu sein. Der Angeklagte bestritt diese Darstellung nachdrücklich und betonte, er habe auf die speziellen Gefahren und Komplikationsmöglichkeiten hingewiesen und den Vergleich zu einer großflächigen Schürfwunde gezogen und auch davon gesprochen, „dass bei einer Schürfwunde flächenhafte, polsterartige Narben zurückbleiben könnten.“ Der Arzt wurde wegen fahrlässiger Körperverletzung zu einer Geldstrafe von 80 Tagessätzen verurteilt.

[34] *Rosenau*, in: Jahrbuch für Recht und Ethik, S. 283.

[35] Vgl. VG Berlin, Urt. v. 17. 1. 2018 – 14 K 176.15, BeckRS 2018, 1053.

von Verfahren[36] und Freisprüche dürfen nicht darüber hinweg täuschen, dass Ruf, Ansehen und Psyche der Beschuldigten aufgrund eines Verfahrens erheblichen Schaden nehmen können.[37]

III. Gang der Untersuchung und Methodik

Um die folgende Untersuchung besser einordnen zu können, werden zunächst Begriffe und Grundlagen des Aufklärungs-Einwilligungs-Konzepts erörtert (1. Teil). Es folgt eine Darstellung der Bewertung und Folgen mangelhafter Aufklärung in der bisherigen strafgerichtlichen Praxis (2. Teil). Hierbei wird beleuchtet, welche Annahmen sich zur Aufklärungspflicht aus der Rechtsprechung ableiten lassen, und ob diese Ansätze zielführend und überzeugend sind. Wie sich herausstellen wird, sind die gerichtlich angenommenen Aufklärungsanforderungen teilweise zu hoch und nicht immer vorhersehbar. Die Rechtsprechung überträgt die zivilrechtlichen Maßstäbe mit dem Argument der Einheit der Rechtsordnung bis heute allzu häufig kommentarlos ins Strafrecht. Eine solche Übertragung kann aufgrund der unterschiedlichen Zielrichtungen der Rechtsgebiete aber nicht überzeugen. Vielmehr bedarf es eines eigenen strafrechtlichen Aufklärungsmaßstabs. Auch die von der Rechtsprechung und großen Teilen der Literatur anerkannte hypothetische Einwilligung im Strafrecht reicht nicht aus, um ungerechtfertigte Strafbarkeitsrisiken einzudämmen.

Für die Erarbeitung der strafrechtlichen Aufklärungsanforderungen (3. Teil) werden zunächst die Defizite des bisherigen Verständnisses eines „informed consent" herausgearbeitet. Diese bestehen insbesondere darin, dass er auf Seite des medizinischen Personals zur sog. Defensivmedizin führt und die Aufklärung auf Patientenseite nicht hinreichend auf deren Individualität und subjektive Interessen zugeschnitten wird. Nur eine Kontextualisierung des Eingriffs und der Aufklärung in die Lebensrealität und -umstände des zu behandelnden Menschen wahrt dessen Autonomie ausreichend. Eine aktive Mitwirkungspflicht der Patient:innen hierbei wird den abzugrenzenden Verantwortungsbereichen der Beteiligten gerecht.

Im Anschluss hieran werden bereits in der Literatur diskutierte Einschränkungsversuche zum strafrechtlichen Aufklärungsmaßstab wie die Komplikationsdichte, der Rechtsgutsbezug und das Erfordernis einer groben Pflichtverletzung besprochen. Es wird sich herausstellen, dass keines dieser Konzepte geeignet ist, um einen angemessenen Maßstab und ausreichende Rechtssicherheit herzustellen.

Sodann wird zur Entwicklung eines strafrechtlichen Aufklärungsmaßstabs der medizinische Standard beleuchtet, welcher bei sämtlichen medizinischen Maßnahmen die entscheidende Vergleichsgröße darstellt. Es wird verdeutlicht, dass der

[36] *Peters*, MedR 2003, 219 (221); *Ulsenheimer/Gaede*, in: Ulsenheimer/Gaede, Arztstrafrecht in der Praxis, Rn. 335.

[37] *Ulsenheimer*, NStZ 1996, 132 (133).

medizinische Standard nicht geeignet ist, um die nötige Vergleichsgröße für die medizinische Aufklärung zu bilden.

Im Anschluss wird mit Bezug auf medizinethische Autonomiemodelle untersucht, wann von einer autonomen Patientenentscheidung überhaupt ausgegangen werden kann. Insoweit wird sich herausstellen, dass bereits im Falle einer weitgehend autonomen Entscheidung von einer selbstbestimmten Entscheidung gesprochen werden kann.

Aufgrund der individuellen Interessen auf Patientenseite, aber auch den subjektiven Eindrücken und Wahrnehmungen der Aufklärenden, wird ein ärztlicher Beurteilungsspielraum bei der Durchführung der Patientenaufklärung vorgestellt. Durch diesen soll sichergestellt werden, dass die aufklärende Person bei der Patientenaufklärung ihrer Verantwortung gerecht wird, ohne dass an sie zu hohe, nicht erkennbare Erwartungen gestellt werden. Es wird ausführlich besprochen, wie ein solcher Spielraum konkret gebildet und begrenzt werden kann und welche Vorteile dieser mit sich bringt. Auch mögliche Kritik an dem vorgestellten Konzept wird analysiert.

Nach Bearbeitung des strafrechtlichen Pflichtenkatalogs muss auf die möglichen Konsequenzen einer Aufklärungspflichtverletzung eingegangen werden (4. Teil). Es wird besprochen, inwiefern die Patientenautonomie Schutzgut der Körperverletzungsdelikte ist und ob das Verletzen von Aufklärungspflichten selbst eine Fahrlässigkeitsstrafbarkeit begründen kann. Außerdem werden Fälle bearbeitet, in denen Behandelnde wegen einer unerkannt mangelhaften Aufklärung bei Durchführung eines Eingriffs fälschlicherweise von einer wirksamen Einwilligung ausgehen. Die verschiedenen Fallkonstellationen und denkbaren Irrtümer werden dogmatisch eingeordnet. Denn Ärzt:innen können sowohl einem Verbots- als auch einem Erlaubnistatbestandsirrtum unterliegen. Im Falle der Erlaubnistatbestandsirrtümer werden deren rechtliche Konsequenzen diskutiert. Im Anschluss hieran beleuchtet die Arbeit, in welchen Fällen von einer Vermeidbarkeit der begangenen Sorgfaltspflichtverletzungen ausgegangen werden muss. Auf der Strafbarkeit wegen Vornahme eines Heileingriffs ohne Einwilligung aber irrtümlicher Annahme einer solchen liegt ein besonderes Augenmerk, da diese in der Wissenschaft trotz der hohen praktischen Relevanz zu selten Beachtung findet.[38]

IV. Eingrenzung des Untersuchungsgegenstandes

Der Schwerpunkt der Arbeit liegt auf der Ausarbeitung eines praktikablen Aufklärungskonzepts und den strafrechtlichen Konsequenzen unbewusster Aufklärungsfehler. Hierdurch soll das Selbstbestimmungsrecht der Patient:innen gestärkt und den Aufklärenden eine klare Handlungsanweisung zur Verfügung gestellt

---

[38] *Gaidzik*, in: NK-MedR, §§ 223–229 Rn. 5.

werden. Die Untersuchung beschäftigt sich daher vor allem mit dem Erfordernis der Willensmängelfreiheit einer Einwilligung. Das weitere rechtliche Merkmal der Freiwilligkeit der erteilten Zustimmung wird hier nur am Rande betrachtet. Die Arbeit klammert Fälle aus, in denen die Erteilung einer Einwilligung durch Zwang oder Drohung bewirkt wird. Auch die aktive und bewusste Täuschung im Aufklärungsgespräch wird nur in einigen Punkten gestreift und insoweit dargestellt. Das Augenmerk liegt vielmehr auf den alltäglichen Situationen in der medizinischen Praxis, in denen Ärzt:innen gewillt sind, ihren Patient:innen eine selbstbestimmte Entscheidung zu ermöglichen, hierbei jedoch unbewusst Aufklärungsfehler begehen.

1. Teil

Der „informed consent“ im Medizinrecht

Unser heutiges Bewusstsein für die Rechtsproblematik der medizinischen Aufklärung und der Einwilligung beruht auf Entwicklungen, die in die vergangenen Jahrhunderte reichen. So berichtete unter anderem Otto von Bismarck über den an Kehlkopfkrebs erkrankten Thronfolger Kaiser Friedrich III.: „Die behandelnden Ärzte waren Ende Mai 1887 entschlossen, den Kronprinzen bewußtlos zu machen und die Exstirpation des Kehlkopfs auszuführen, ohne ihm ihre Absicht angekündigt zu haben. Ich erhob Einspruch, verlangte, dass nicht ohne die Einwilligung des Patienten vorgegangen und, da es sich um den Thronfolger handele, auch die Zustimmung des Familienhauptes eingeholt werde. Der Kaiser, durch mich unterrichtet, verbot, die Operation ohne die Einwilligung seines Sohnes vorzunehmen.“[1]

Etwa zur gleichen Zeit beschäftigte sich richtungsweisend das Reichsgericht mit der Strafbarkeit eines ärztlichen Heileingriffs, der gegen den Willen des Vaters einer minderjährigen Patientin vorgenommen wurde. Nach dem Urteil von 1894 erfüllt ein ärztlicher Heileingriff trotz *lege artis* Durchführung grds. den Tatbestand der Körperverletzung gem. § 223 StGB.[2] Basierend auf dieser Entscheidung ist ein medizinischer Eingriff in die körperliche Unversehrtheit daher nur rechtmäßig, sofern eine Einwilligung der behandelten Person vorliegt.[3] Es gilt der Grundsatz *volenti non fit iniuria*, wonach eine Einwilligung das Unrecht der Tat ausschließt.[4]

---

[1] *von Bismarck*, Gedanken und Erinnerungen, Band II, S. 306.

[2] RG, Urt. v. 31.5.1894–1406/94, RGSt 25, 375. Auch wenn die Tatbestandsmäßigkeit des ärztlichen Heileingriffs bis heute teilweise immer noch umstritten ist, soll dieser Arbeit mit der g.h.M. und der ständigen Rechtsprechung die Annahme zugrunde gelegt werden, dass diese gegeben ist. BGH, Urt. v. 29.6.1995–4 StR 760/94, NStZ 1996, 34; BGH, Urt. v. 22.12. 2010–3 StR 239/10, NJW 2011, 1088 (1089); BGH, 30.1.2019–2 StR 325/17, NJW 2019, 3253 (2354); *Hardtung*, in: MüKo StGB, § 223 Rn. 75; *Sternberg-Lieben*, in: TK-StGB, § 223 Rn. 44; *Engländer*, in: Matt/Renzikowski, StGB, § 223 Rn. 18; a.A. *Knauer/Brose*, in: Spickhoff, MedR, § 223 Rn. 20.

[3] Reichsgericht, Urt. v. 31.5.1894–1406/94, RGSt 25, 375 (380); BGH, Urt. v. 20.1. 2004–1 StR 319/03, NStZ 2004, 442; BGH, Urt. v. 20.2.2013–1 StR 320/12, NJW 2013, 1688 (1689); BGH, Urt. v. 29.6.1995–4 StR 760/94, NStZ 1996, 34; BGH, Beschl. v. 16.8. 2022 – VI ZR 342/21, MedR 2023, 293 (294).

[4] *Tsambikakis/Dorneck*, in: NK-MedStR, § 228 Rn. 1, während die ständige Rechtsprechung diesen Unrechtsausschluss als rechtfertigende Einwilligung auf der Rechtswidrigkeitsebene verortet, prüfen andere die Zustimmung bereits auf Tatbestandsebene als tatbestandsausschließendes Einverständnis, s. Einleitung Fn. 26. In der Arbeit wird die Zustimmung der behandelten Person mit der Rechtsprechung als Einwilligung behandelt.

Hierfür reicht es jedoch gerade nicht, dass ein wirksamer Behandlungsvertrag zwischen behandelter und behandelnder Person geschlossen wurde und somit grundsätzlich ein Auftrag zur Behandlung vorliegt. Vielmehr wird das Behandlungsverhältnis sukzessive durchgeführt und erfordert vor jedem Behandlungsschritt eine Aufklärung und Einwilligung. Die Einwilligung rechtfertigt und begrenzt die Behandlungszulässigkeit zugleich.[5] Sie setzt voraus, dass das verletzte Rechtsgut disponibel sowie die behandelte Person einwilligungsfähig und dispositionsbefugt ist, die Erklärung frei von Willensmängeln ist, sie zum Zeitpunkt der Behandlung vorliegt und die behandelnde Person Kenntnis von ihr hat. Trotz Erfüllung dieser Voraussetzungen entfällt die rechtfertigende Wirkung der Einwilligung, wenn der Eingriff sittenwidrig i. S. d. § 228 StGB ist.[6]

Die medizinische Aufklärung über die wesentlichen Gesichtspunkte des in Frage stehenden Eingriffs gewährleistet die Willensmängelfreiheit der Zustimmenden.[7] Sie ist daher unmittelbare Voraussetzung für eine wirksame Einwilligung.

Die Aufklärungspflicht der Behandelnden hat ihren Ursprung weder in der Strafandrohung der §§ 223 ff. StGB noch in der zivilrechtlichen Schadenshaftung. Sie entspringt auch nicht den standesrechtlichen Regeln der Ärztekammern. Die notwendige Einwilligung in eine Maßnahme ist vielmehr Ausdruck menschlicher Autonomie. Die ärztlichen Aufklärungspflichten dienen daher der Wahrung des individuellen Selbstbestimmungsrechts.

Das Selbstbestimmungsrecht der Patient:innen ergibt sich aus der verfassungsrechtlich geschützten Menschenwürde (Art. 1 GG), dem Allgemeinen Persönlichkeitsrecht (Art. 1 i. V. m. Art. 2 I GG), dem Recht auf körperliche Unversehrtheit (Art. 2 II 1 GG) und daraus, dass der Mensch die Dispositionsmacht über seine körperliche Integrität hat.[8] Auch das Vertrauensverhältnis zwischen Patient:innen und Ärzt:innen, das als Ausdruck der freien Persönlichkeit der Patient:innen verstanden wird, erfordert die Aufklärung und Einwilligung in den Eingriff.[9] Die behandelte Person ist Subjekt und nicht Objekt der medizinischen Behandlung.[10] Sie hat gegenüber Ärzt:innen alleiniges Verfügungsrecht über ihren Körper und entscheidet selbstständig, ob sie sich der in Frage stehenden diagnostischen oder therapeutischen Maßnahme unterziehen möchte.[11] Um diese Entscheidung selbstbestimmt treffen zu können, müssen Patient:innen die Bedeutung und Tragweite der Maßnahme überblicken. Als selbstbestimmte Individuen haben sie einen grund-

---

[5] *Dorneck et al.*, MedR 2019, 431.

[6] *Tsambikakis/Dorneck*, in: NK-MedStR, § 228 Rn. 7.

[7] *Jung/Lichtschlag-Traut/Ratzel*, in: HdB-MedR, Kap. 14 Rn. 132.

[8] BVerfG, Beschl. v. 25. 7. 1979 – 2 BvR 878/74, BVerfGE 52, 131; BVerfG, Beschl. v. 18. 11. 2004 – 1 BvR 2315/04, NJW 2005, 1103; BGH, Urt. v. 22. 12. 2010 – 3 StR 239/10, NJW 2011, 1088.

[9] *Spickhoff*, in: Spickhoff, MedR, 1. Einleitung Rn. 41a.

[10] BVerfG, Beschl. v. 18. 11. 2004 – 1 BvR 2315/04, NJW 2005, 1103.

[11] *Jung/Lichtschlag-Traut/Ratzel*, in: HdB-MedR, Kap. 14 Rn. 131.

rechtlich verankerten Anspruch auf Unterlassung einer nicht ausdrücklich oder mutmaßlich gebilligten medizinischen Maßnahme.[12]

Das Selbstbestimmungsrecht wird darüber hinaus in bestimmten Fällen auch von den Schutzbereichen der Glaubens-, Gewissens- und Religionsfreiheit gem. Art. 4 I GG und dem Grundrecht auf Schutz von Ehe und Familie i. S. d. Art. 6 I, II GG erfasst. Denn nicht selten folgt die Ablehnung von lebenserhaltenden medizinischen Behandlungen aus religiösen oder gewissensbedingten inneren Einstellungen. Art. 4 I GG gewährleistet hierbei den Schutz, das gesamte Handeln nach den Lehren der eigenen Religion auszurichten und nach der inneren Überzeugung zu leben. Der mittelbare Schutz des Selbstbestimmungsrechts durch Art. 6 GG wird deutlich, wenn Patient:innen einwilligungsunfähig sind. Dann kommt die Schutz- und Förderungspflicht des Staates, Ehe und Familie mit geeigneten Mitteln zu unterstützen, zum Tragen.[13] Solche unterstützenden staatlichen Instrumente stellen unter anderem die §§ 1358, 1827, 1828 i. V. m. 1816 III BGB dar. Hiernach sind Ehegatten in Angelegenheiten der Gesundheitssorge zur gegenseitigen Vertretung und Einwilligung berechtigt, wenn der:die Ehepartner:in aufgrund von Bewusstlosigkeit oder Krankheit diese nicht selbst besorgen kann. Auch bei minderjährigen Kindern übernehmen die Eltern gem. § 1626 BGB die Personensorge, welche die Vertretung bei der Einwilligung zu medizinischen Behandlungen umfasst. Daneben trägt das Betreuungsrecht den familiären Nähebeziehungen Rechnung. So sind bei der Auswahl der Betreuer:innen gem. § 1816 III BGB die familiären Beziehungen zu berücksichtigen. In der betreuenden Stellung nehmen Angehörige die Interessen der Einwilligungsunfähigen hinsichtlich ärztlicher Maßnahmen wahr. Sind die Betreuer:innen keine Angehörigen, wird den nahen Angehörigen daneben zur Feststellung des Patientenwillen Gelegenheit zur Äußerung gegeben, § 1828 II BGB.

Aufgrund des Rechts der behandelten Person, über die Vornahme eines Eingriffs selbst zu entscheiden, ist die Aufklärung ärztliche Berufspflicht (vgl. § 8 Muster-BO-Ä) und ein unverzichtbarer Bestandteil der Krankenbehandlung.[14] Hieraus ergibt sich, dass Aufklärungspflichten nicht nur für die verfassungsrechtlich garantierten Grundrechte der behandelten Person von Relevanz sind. Sie betreffen andererseits auch die grundrechtlich garantierte Berufsfreiheit der Ärzt:innen gem. Art. 12 GG. Denn die Pflicht zur medizinischen Aufklärung hat einen unmittelbaren Bezug zu der Kerntätigkeit des Arztberufes und betrifft spezifisch nur diese Tätigkeit.[15] Mithin stellt sie aus grundrechtlicher Perspektive einen Eingriff in die Berufsausübungsfreiheit der Ärzt:innen dar.

---

[12] *Rego Sousa Torres*, Die Patientenverfügung – ein Rechtsinstrument der Selbstbestimmung, S. 61.

[13] *Rego Sousa Torres*, Die Patientenverfügung – ein Rechtsinstrument der Selbstbestimmung, S. 65.

[14] *Biermann*, in: Ulsenheimer/Gaede, Arztstrafrecht in der Praxis, Rn. 361.

[15] *Gaede*, Limitiert akzessorisches Medizinstrafrecht statt hypothetischer Einwilligung, S. 36.

Einfachgesetzlich werden die ärztlichen Informationspflichten in §§ 630c, 630e BGB normiert. Auf diese Normen wird im Laufe der Arbeit noch näher eingegangen.

Um einen zutreffenden Eindruck von der Rechtsprechung und der aktuellen Rechtslage in Hinblick auf die medizinische Aufklärung zu ermöglichen, ist es zunächst notwendig, den Begriff des ärztlichen Heileingriffs zu bestimmen und überblicksartig die unterschiedlichen Aufklärungsinhalte und -voraussetzungen zu erläutern. Darüber hinaus bedarf es einer Erörterung, welche Informationsdefizite beim Einwilligenden wirksamkeitsausschließende Willensmängel im Strafrecht begründen. Im Anschluss wird die praktische Relevanz des Untersuchungsgegenstandes anhand aktueller Studien zum Aufklärungsumfang in der Praxis dargelegt.

A. Begriffserläuterungen und allgemeine Aufklärungsanforderungen

I. Begriffsbestimmung – ärztlicher Eingriff

Um den Anwendungsbereich ärztlicher Aufklärungspflichten zu konkretisieren, muss zunächst eine Begriffsbestimmung des ärztlichen Eingriffs erfolgen. Die Begriffe „ärztlicher Heileingriff" oder „ärztlicher Eingriff" sind im Gesetz nicht legal definiert.

In der Gesetzesbegründung zum Gesetz zur Verbesserung der Rechte von Patientinnen und Patienten von 2013 werden unter dem Begriff der „Behandlung" die Diagnose und die Therapie und damit „sämtliche Maßnahmen und Eingriffe am Körper eines Menschen, um Krankheiten, Leiden, Körperschäden, körperliche Beschwerden oder seelische Störungen nicht krankhafter Natur zu verhüten, zu erkennen, zu heilen oder zu lindern"[16] verstanden. Unter dem Begriff der medizinischen Behandlung werden alle höheren Dienste der ärztlichen und nichtärztlichen Heilberufe (Psychotherapeut:in, Heilpraktiker:in, usw.) und Gesundheitsfachberufe (Hebammen, Physiotherapeut:in, Krankengymnast:in, etc.) an einem Menschen, die eine medizinische Fachkenntnis voraussetzen, zusammengefasst.[17] Sie umfassen solche, die in die körperliche Integrität eingreifen, aber auch solche, die keinen integritätsverletzenden Charakter haben, wie eine Psychotherapie.[18] Es handelt sich somit um einen Oberbegriff.

Ein „ärztlicher Heileingriff" setzt dagegen bereits wörtlich eine „eingreifende" Maßnahme voraus, die die körperliche Unversehrtheit der behandelten Person verletzt. Für die vorliegende Arbeit sind lediglich solche integritätsverletzenden Maß-

[16] BT-Drucks. 17/10488, S. 17.

[17] *Lipp*, in: Laufs/Katzenmeier/Lipp, ArztR-HdB, Kap. III Rn. 27.

[18] *Sternberg-Lieben*, in: TK-StGB, § 223 Rn. 43.

nahmen von Relevanz, da nur sie geeignet sind, den Tatbestand der Körperverletzungsdelikte gem. §§ 223 ff. StGB zu erfüllen.[19] Unter integritätsverletzenden Maßnahmen versteht man Behandlungen, die unmittelbar und physisch auf den Organismus einwirken.[20] Daher sind sämtliche Maßnahmen wie Operationen, Blutentnahmen, Bestrahlungen, Medikamentengabe, Impfungen oder palliative Maßnahmen unter den Begriff des ärztlichen Eingriffs zu fassen. Hierbei spielt zunächst keine Rolle, ob es sich um medizinisch indizierte Eingriffe handelt oder nicht. Reine Pflege- und Betreuungsleistungen sind nicht umfasst.

Der ärztliche „Heil"eingriff liegt stets vor, wenn die Behandlung aus Heilzwecken indiziert ist, wobei der Heilzweck sowohl in der Erhaltung des Lebens als auch in der Beseitigung oder Linderung von Schmerzen oder sonstigen Störungszuständen liegen kann.[21] Handelt es sich bei dem ärztlichen Eingriff nicht um die Behandlung einer Krankheit, kann genau genommen nicht von einem „Heil"eingriff gesprochen werden.[22]

Allerdings kann eine invasive medizinische Behandlung auch kosmetischen Zwecken dienen oder andere Maßnahmen der sog. „Wunschmedizin"[23] beinhalten. Hierzu gehören z.B. Sterilisationen, Kastrationen, Schwangerschaftsverhütung, Geschlechtsumwandlungen, Wunschkaiserschnitte, Schwangerschaftsabbrüche ohne medizinische Indikation oder reproduktionsmedizinische Maßnahmen. Da es für solche Eingriffe aufgrund der Integritätsverletzung ebenfalls einer Einwilligung bedarf und die fehlende medizinische Indikation nicht automatisch die Unwirksamkeit der Einwilligung nach sich zieht,[24] wird auch die Aufklärung zu nicht indizierten Maßnahmen im Rahmen dieser Arbeit behandelt. Dasselbe gilt für rein diagnostische Maßnahmen wie dem Röntgen oder der Blutentnahme. Um auch diese invasiven Maßnahmen einzubeziehen, ist im Folgenden nicht mehr vom medizinischen Heileingriff, sondern lediglich vom ärztlichen oder medizinischen Eingriff die Rede.

Im Rahmen der medizinischen Aufklärung vor ärztlichen Eingriffen ist zwischen Selbstbestimmungs- und Sicherungsaufklärung sowie der wirtschaftlichen Aufklärung zu unterscheiden. Diese Begriffe beschreiben unterschiedliche Aufklärungsinhalte. Für eine vollumfängliche Aufklärung bedarf es der kumulativen Aufklärung über die verschiedenen Aspekte der Behandlung.

---

[19] *Eschelbach*, in: BeckOK StGB, § 223 Rn. 5.

[20] *Brettel*, medstra 2015, 324 (325).

[21] *Rego Sousa Torres*, Die Patientenverfügung – ein Rechtsinstrument der Selbstbestimmung, S. 231.

[22] *Tsambikakis/Dorneck*, in: NK-MedStR, § 228 Rn. 109.

[23] *Lipp*, in: Laufs/Katzenmeier/Lipp, ArztR-HdB, Kap. III Rn. 27; *Kern*, in: Laufs/Kern/Rehborn, ArztR-HdB, § 6 Rn. 24; *Stock*, MedR 2019, 872 (872 f.).

[24] *Tsambikakis/Dorneck*, in: NK-MedStR, § 228 Rn. 109.

Im Folgenden werden die Bestandteile sowie die Art der Durchführung und rechtliche Besonderheiten, die sich im Rahmen der Aufklärung ergeben können, dargestellt.

II. Die Selbstbestimmungsaufklärung

Die Selbstbestimmungsaufklärung[25] dient der Autonomie der behandelten Person. Diese soll in die Lage versetzt werden, eigenverantwortlich und selbstständig zu entscheiden, ob sie eine in Rede stehende Maßnahme vornehmen lassen möchte oder nicht. Hierfür ist nach der ständigen Rechtsprechung notwendig, dass Patient:innen „im Großen und Ganzen"[26] ein zutreffendes Bild von Art, Schweregrad, möglicher Belastungen und Risiken einer Maßnahme vermittelt wird.[27] Den sonst der ärztlichen Expertise ausgelieferte Lai:innen wird durch die medizinische Aufklärung eine freie Willensbildung[28] und eine informierte Entscheidung ermöglicht.[29]

Unter dem Begriff der Selbstbestimmungsaufklärung werden Diagnose-, Behandlungs- und Risikoaufklärung sowie die Aufklärung über Behandlungsalternativen zusammengefasst.

1. Die Diagnoseaufklärung

Unter der Diagnoseaufklärung versteht man die Information einer behandelten Person, ob sie krank ist und an welcher Krankheit sie leidet.[30] Die Pflicht zur Diagnoseaufklärung ist in § 630c BGB normiert. Der Gesetzgeber spricht dort von einer „Informationspflicht" (anstelle von „Aufklärungspflicht" wie in § 630e BGB), was aber nicht darüber hinwegtäuschen darf, dass es sich bei der Diagnoseaufklärung um einen Teil der Selbstbestimmungsaufklärung handelt,[31] und in ihrer Qualität der Behandlungs- und Risikoaufklärung in nichts nachsteht. Während § 630c BGB allgemeine Informationspflichten hinsichtlich „sämtliche[r] für die Behandlung wesentliche[r] Umstände" enthält, normiert § 630e BGB spezifische Aufklä-

---

[25] *Gierok*, in: MedR, § 228 Rn. 12.

[26] BGH, Beschl. v. 16.8.2022 – VI ZR 342/21, MedR 2023, 293 (294); BGH, Urt. v. 7.4.1992 – VI ZR 192/91, NJW 1992, 2351 (2352); BGH, Urt. v. 13.6.2006 – VI ZR 323/04, NJW 2006, 2477 (2478); BGH, Urt. v. 22.12.2010 – 3 StR 239/10, NJW 2011, 1088 (1089); BGH, Urt. v. 19.10.2010 – VI ZR 241/09, NJW 2011, 375; BGH, Urt. v. 4.4.1995 – VI ZR 95/94, NJW 1995, 2410 (2411); OLG Köln, Urt. v. 12.1.2011 – I-5 U 37/10, juris Rn. 25; *Greiner*, in: Spickhoff, MedR, § 839 BGB Rn. 351.

[27] *Geiß/Greiner*, Arzthaftpflichtrecht, Teil C Rn. 4.

[28] *Rengier*, StrafR BT II, § 13 Rn. 24.

[29] *Gierok*, in: MedR, § 228 Rn. 12.

[30] BGH, 16.11.2004 – VI ZR 328/03, NJW 2005, 427; *Tsambikakis/Dorneck*, in: NK-MedStR, § 228 Rn. 66; *Fischer*, in: StGB, § 228 Rn. 13a.

[31] *Katzenmeier*, in: Laufs/Katzenmeier/Lipp, ArztR, Kap. V. Rn. 14.

rungspflichten bei anstehenden Eingriffen in die körperliche Unversehrtheit. § 630e BGB ist daher im Verhältnis zu § 630c BGB *lex specialis* bezogen auf integritätsverletzende Behandlungsmaßnahmen. Demgegenüber zielt die Diagnoseaufklärung als allgemeine Informationspflicht auf jedes Behandlungsverhältnis ab, unabhängig davon, ob es zu einem Eingriff kommt oder nicht.

2. Die Behandlungsaufklärung und Aufklärung über Behandlungsalternativen

Im Rahmen der Behandlungsaufklärung wird Patient:innen mitgeteilt, welchen Inhalt die geplante Maßnahme hat, d.h., was überhaupt gemacht werden soll und mit welchem Ergebnis zu rechnen ist.[32] Die Pflicht zur Behandlungsaufklärung ergibt sich sowohl aus dem Behandlungsvertrag als auch aus der deliktischen Garantenstellung der behandelnden Person[33] und ist in § 630e I 2 BGB kodifiziert.

Die Wahl der Behandlungsmethode obliegt grds. den Ärzt:innen (sog. Therapiefreiheit) und muss sich nach dem von der behandelten Person bestimmten Therapieziel richten.[34] Es besteht keine Pflicht, über jedes Detail der einzelnen Behandlungsschritte und -techniken aufzuklären,[35] sofern die Maßnahme indiziert ist und nach dem medizinischen Standard[36] erfolgt. Entscheiden sich Behandelnde hingegen für eine abweichende Behandlungsmethode (bspw. Operationstechnik), welche ein erhöhtes Risiko oder veränderte Heilungschancen mit sich bringt, müssen sie hierüber aufklären.[37] Gleiches gilt für die Anwendung neuer, noch nicht dem medizinischen Standard entsprechenden Methoden. Möchten Ärzt:innen eine solche Maßnahme ergreifen, müssen sie darüber aufklären und darauf hinweisen, dass unbekannte Risiken nicht auszuschließen sind.[38] Kommen neuartige Diagnose- und Behandlungsmöglichkeiten aus ärztlicher Sicht im konkreten Fall nicht in Betracht, muss hierüber auch nicht aufgeklärt werden.[39]

---

[32] *Greiner*, in: Spickhoff, MedR, § 839 BGB Rn. 334.

[33] *Geiß/Greiner*, Arzthaftpflichtrecht, Teil C Rn. 19.

[34] *Katzenmeier*, in: Laufs/Katzenmeier/Lipp, ArztR, Kap. V. Rn. 34; *Fischer*, in: StGB, § 223 Rn. 30.

[35] *Fischer*, in: StGB, § 228 Rn. 14.

[36] Als medizinischer Standard wird der jeweilige Stand der naturwissenschaftlichen Erkenntnisse und medizinischen Erfahrung bezeichnet, der zur Erreichung des ärztlichen Behandlungszieles erforderlich ist und sich in der Praxis bewährt hat. Er ist sowohl vom in Frage stehenden Zeitpunkt abhängig als auch von der Frage, welcher Standard von dem:der Behandelnden in der individuellen Behandlungssituation erwartet werden kann, *Terbille/Feifel*, in: MAH MedR, § 1 Rn. 548, s. zur Bildung des medizinischen Standards ausführlich 3. Teil C. II. 1.

[37] *Greiner*, in: Spickhoff, MedR, § 839 BGB Rn. 335 f.

[38] *Greiner*, in: Spickhoff, MedR, § 839 BGB Rn. 346.

[39] BGH, Urt. v. 28.2.1984 – VI ZR 106/82, NJW 1984, 1810.

Willigen Patient:innen nach erfolgter Behandlungsaufklärung in den Eingriff ein, ist nur diese konkrete Behandlung von der Zustimmung gedeckt. Eine Änderung der Behandlung (etwa nach Eintritt von Komplikationen oder besseren Erkenntnissen) ist nicht umfasst, sodass die behandelte Person erneut aufzuklären und eine Einwilligung einzuholen ist.[40] Daher obliegt es den Aufklärenden, auf eine mögliche vorhersehbare Operationserweiterung oder denkbare Abweichungen vom vorgesehenen Vorgehen hinzuweisen.[41] Den Patient:innen ist dann die Entscheidung zu überlassen, welche Risiken und mögliche Nachteile sie tragen möchten und welche nicht. Auf diesem Weg können mögliche Unsicherheiten über die Patientenzustimmung im Falle notwendiger Operationserweiterungen aus dem Weg geräumt werden.

Die Behandlungsaufklärung umfasst auch in Betracht kommende Behandlungsalternativen. Gem. § 630e I 3 BGB müssen Behandelnde über alternative medizinisch übliche und indizierte Behandlungsmöglichkeiten informieren und deren unterschiedlichen Risiken und Erfolgschancen benennen. Bei mehreren gleichwertigen Alternativen besteht eine echte Wahlmöglichkeit der Patient:innen. Nur aufgrund vollständiger Informationen können sie sich selbstbestimmt für eine Methode und deren Risiken entscheiden.[42]

Die Aufklärung über Behandlungsalternativen vergrößert die Wahrscheinlichkeit, den individuellen Präferenzen und Interessen der Patient:innen zu entsprechen. Im Wege der Aufklärung über Behandlungsalternativen und die Zustimmung zur Methodenwahl werden die Therapiefreiheit der behandelnden Person auf der einen Seite und die Patientenautonomie auf der anderen Seite miteinander in Einklang gebracht.

3. Die Risikoaufklärung

Die Risikoaufklärung ist bei weitem die forensisch wichtigste,[43] da es meist diese ist, deren Unzulänglichkeit in zivil- und strafrechtlichen Prozessen beanstandet wird.[44] Die Bewertung der Wirksamkeit einer Patienteneinwilligung und eine hieraus resultierende Verurteilung hängen häufig von ihr ab. Patient:innen müssen insoweit über Risiken und mögliche Komplikationen aufgeklärt werden, als das

[40] *Geiß/Greiner*, Arzthaftpflichtrecht, Teil C Rn. 5.

[41] BGH, 21.5.2019 – VI ZR 119/18, NJW 2019, 3072 (3074); OLG Köln, Urt. v. 11.1. 2017–5 U 46/16, BeckRS 2017, 106461, Rn. 14.

[42] *Greiner*, in: Spickhoff, MedR, § 839 BGB Rn. 339.

[43] *Warntjen*, in: MAH Strafverteidigung, § 49 Rn. 89.

[44] Beispielhaft BGH, Urt. v. 22.12.2010–3 StR 239/10, NJW 2011, 1088; BGH, Urt. v. 19.10.2010 – VI ZR 241/09, NJW 2011, 375; BGH, Urt. v. 7.2.1984 – VI ZR 174/82, NJW 1984, 1397; BGH, Urt. v. 16.11.1971 – VI ZR 76/70, NJW 1972, 335.

Wissen hierüber Auswirkungen auf ihre Entscheidung hat.[45] Sie müssen verstehen, welche Bedeutung und Tragweite der Eingriff für ihre persönliche Situation hat.[46]

Eine ordnungsgemäße Risikoaufklärung umfasst die mit der in Rede stehenden *lex artis* durchgeführten Maßnahme verbundenen Gefahren und Risiken.[47] Hierunter fällt auch die Information über mögliche Folge-Maßnahmen bei Verwirklichung eines Risikos, insbesondere Operations-Erweiterungen oder weitere Eingriffe bei Komplikationen der Heilung nach dem Erst-Eingriff.[48] Darüber hinaus ist auf Risiken hinzuweisen, die in der Person liegen, die den Eingriff vornimmt (z.B. eine Hepatitis-Infektion der operierenden Person).[49]

Es ist grds. ausreichend, wenn der behandelten Person ein allgemeines Bild des Risikospektrums zutreffend vermittelt wird.[50] Hierfür ist es nicht notwendig, dass eine genaue Prozentzahl über die Eintrittswahrscheinlichkeit eines Risikos mitgeteilt wird. Patient:innen müssen sich lediglich eine ungefähre Vorstellung von der Häufigkeit einer Komplikation machen können, bestehende Risiken im „Großen und Ganzen" kennen.[51]

Von diesem Grundsatz weicht die Rechtsprechung jedoch bei sog. eingriffsspezifischen Risiken ab.[52] Bei typischerweise mit einer Maßnahme verbundenen Risiken gilt die Formel der Aufklärung „im Großen und Ganzen" nicht.[53] Über solche ist nach Spruchpraxis der Gerichte trotz extremer Seltenheit aufzuklären, soweit sie nicht allgemein bekannt und damit für die behandelte Person überraschend sind und ihre weitere Lebensführung schwer belasten können.[54] Die Qualifikation eines Risikos als eingriffsspezifisch hängt nicht von der statistischen Eintrittswahrscheinlichkeit, sondern vor allem von seinem medizinisch nachvollziehbaren Auftreten gerade innerhalb des betroffenen Krankheitsmechanismus[55] ab.

---

[45] *Jung/Lichtschlag-Traut/Ratzel*, in: HdB-MedR, Kap. 14 Rn. 168.

[46] *Warntjen*, in: MAH Strafverteidigung, § 49 Rn. 89.

[47] *Jung/Lichtschlag-Traut/Ratzel*, in: HdB-MedR, Kap. 14 Rn. 165.

[48] *Fischer*, in: StGB, § 228 Rn. 13c.

[49] *Fischer*, in: StGB, § 228 Rn. 13e.

[50] *Knauer/Brose*, in: Spickhoff, MedR, § 223 Rn. 32.

[51] OLG Frankfurt a.M., Urt. v. 14.1.2003–8 U 135/01, NJW-RR 2003, 745; BGH, Urt. v. 7.4.1992 – VI ZR 192/91, NJW 1992, 2351 (2352) .

[52] Vgl. BGH, Urt. v. 15.2.2000 – VI ZR 48/99, NJW 2000, 1784, in dem der BGH bei einem eingriffsspezifischen Risiko eine Wahrscheinlichkeit von 1:4,4 Mio. ausreichen lässt; *Biermann*, in: Ulsenheimer/Gaede, Arztstrafrecht in der Praxis, Rn. 379.

[53] *Biermann*, in: Ulsenheimer/Gaede, Arztstrafrecht in der Praxis, Rn. 377.

[54] BGH, Urt. v. 22.12.2010–3 StR 239/10, NJW 2011, 1088 (1089); BGH, Urt. v. 14.3. 2006 – VI ZR 279/04, NJW 2006, 2108 (2109); LG Heidelberg, Urt. v. 29.6.2011–4 O 95/08, NJOZ 2012, 856 (858).

[55] *Pauge/Offenloch/Gödicke*, Arzthaftungsrecht, Rn. 407.

III. Die Sicherungsaufklärung

Von der Selbstbestimmungsaufklärung ist die sog. Sicherungsaufklärung[56] (oder auch therapeutische Information) zu unterscheiden. Hierunter versteht man die Mitteilung über therapeutische Verhaltensregeln.[57] Die Sicherungsaufklärung dient der Sicherstellung eines therapiegerechten Verhaltens und dem Erfolg einer Maßnahme.[58] Gem. § 630c II 1 BGB sind Behandelnde dazu verpflichtet, ihren Patient:innen in verständiger Weise zu Beginn und im Verlauf der Behandlung sämtliche für die Behandlung und ihren Erfolg wesentlichen Umstände zu erläutern. Hierzu gehören insbesondere die voraussichtliche gesundheitliche Entwicklung, die notwendige Therapie und die zu und nach der Therapie zu ergreifenden Maßnahmen. Diese können bspw. eine an den Zustand der Patient:innen angepasste Lebensweise, erforderliche Reha-Maßnahmen, die Einnahme von Medikamenten oder das Ergreifen gebotener Selbstschutzmaßnahmen sein (z.B. kein Heben schwerer Gegenstände nach einem Bandscheibenvorfall).[59] Das Spektrum möglicher Informationen zur Gefahrenabwehr ist breit. Verstößt die aufklärende Person gegen diese Pflicht, liegt ein Behandlungsfehler vor, weil die nach § 630c II BGB geschuldete Information Teil der ärztlichen Behandlung ist.[60]

IV. Wirtschaftliche Aufklärung

Der dritte Bestandteil einer vollständigen Patientenaufklärung ist die sog. wirtschaftliche Aufklärung.[61] Gem. § 630c III StGB müssen Behandelnde ihre Patient:innen vor Beginn der Behandlung über die Behandlungskosten in Textform informieren, wenn sie wissen oder hinreichende Anhaltspunkte dafür bestehen, dass die vollständige Übernahme dieser durch einen Dritten nicht gesichert ist. Ärzt:innen trifft insbesondere dann eine Aufklärungspflicht, wenn eine nicht allgemein anerkannte Behandlungsmethode in Rede steht. Die wirtschaftliche Aufklärung muss umso eindringlicher erfolgen, je weiter sich die Behandlungskosten von der Grundversorgung entfernen.[62] Die Aufklärenden müssen die voraussichtliche Höhe der Behandlungskosten beziffern und den Patient:innen somit ermöglichen, die wirtschaftliche Tragweite ihrer Entscheidung zu erfassen.[63] Eine über die in Abs. 3

[56] *Gierok*, in: MedR, § 228 Rn. 12.

[57] *Biermann*, in: Ulsenheimer/Gaede, Arztstrafrecht in der Praxis, Rn. 365.

[58] *Wagner*, in: MüKo BGB, § 630e Rn. 2.

[59] *Katzenmeier*, in: Laufs/Katzenmeier/Lipp, ArztR, Kap. V. Rn. 17.

[60] *Rosenau*, in: Jahrbuch für Recht und Ethik, S. 274.

[61] *Gierok*, in: MedR, § 228 Rn. 12.

[62] *Frahm*, NJW 2022, 2899.

[63] BT-Drucks. 17/10488, S. 22.

hinausgehende Informationspflicht oder eine ausführliche wirtschaftliche Beratung ist nicht notwendig.[64]

V. Art und Weise der Aufklärung

Auch hinsichtlich der Art und Weise der Aufklärung lassen sich dem Gesetz einige Verhaltensanweisungen entnehmen.

1. Aufklärungsverpflichtete Person

Gem. § 630e II 1 BGB muss die Aufklärung in verständlicher Weise mündlich und rechtzeitig durch die behandelnde oder eine andere qualifizierte Person erfolgen. Die hierfür nötige Qualifikation liegt vor, wenn eine Person über die zur Durchführung der Maßnahme notwendige Ausbildung verfügt.[65] Jedoch bleibt die entscheidende Verantwortung einer ordnungsgemäßen Aufklärung auch bei einer zulässigen Delegation an eine andere qualifizierte Person bei den Behandelnden. Denn diese verwirklichen durch die Eingriffsvornahme die tatbestandsmäßige Körperverletzung und müssen sich daher auch der wirksamen Einwilligung der Patient:innen versichern.

2. Aufklärungsadressat:in

Aufklärungsadressat:in ist die Person, deren Einwilligung es bedarf.[66] Das ist im Regelfall die behandelte Person. Ist diese nur beschränkt einwilligungsfähig oder einwilligungsunfähig, ist die Einwilligung des:der Berechtigten notwendig (§ 630d I 2 BGB), soweit nicht eine Patientenverfügung nach § 1827 I 1 BGB die Maßnahme gestattet oder untersagt[67]. Die Aufklärung richtet sich dann an die Person, die anstelle des:der Patient:in einwilligt. Das ist notwendige Konsequenz aus der bestehenden Vertretungskompetenz, da der Person, die für den:die Patient:in entscheidet, dieselbe Informationsgrundlage zugestanden werden muss, wie Patient:innen, die selbst entscheiden.[68]

Bei einer ordnungsgemäßen Einwilligung durch eine dritte Person ist stets der natürliche Wille der behandelten Person zu berücksichtigen. Um die Bildung dessen zu ermöglichen, müssen auch der einwilligungsunfähigen Person die wesentlichen

[64] BT-Drucks. 17/10488, S. 22.

[65] *Spickhoff*, in: Spickhoff, MedR, § 630e BGB Rn. 9; *Fischer*, in: StGB, § 228 Rn. 13; *Gaidzik/Weimer*, in: Krankenhausrecht, § 15 Rn. 73.

[66] *Gaidzik/Weimer*, in: Krankenhausrecht, § 15 Rn. 75.

[67] 1. Teil A. VII. 4.

[68] *Tsambikakis/Dorneck*, in: NK-MedStR, § 228 Rn. 80.

Informationen ihrem Verständnis entsprechend erläutert werden (§ 630e V 1 BGB). Im Falle beschränkter Einwilligungsfähigkeit bildet sich unweigerlich ein Spannungsverhältnis zwischen der Selbstbestimmung der behandelten Person und einer Fremdbestimmung durch ihre:n Vertreter:in. Auf dieses wird im Rahmen der Aufklärungspflichten noch genauer einzugehen sein.[69]

3. Verständlichkeit der Aufklärung

Die Aufklärung muss inhaltlich und sprachlich verständlich sein. Hierfür muss sie individuell auf die Fähigkeiten sowie den körperlichen und geistigen Zustand der aufzuklärenden Person zugeschnittenen werden. Wegen des „Gebots richtiger Aufklärung“[70] sind die relevanten Informationen so zu übermitteln, dass die einwilligende Person sie zutreffend versteht. Um einen korrekten allgemeinen Eindruck des Eingriffs zu vermitteln, sind exakte medizinische Beschreibungen und Fachbegriffe häufig nicht notwendig oder sogar schädlich. Patient:innen sollen durch die Aufklärung nicht auf das fachliche Niveau der Behandelnden gebracht werden, sondern vielmehr einen Eindruck davon bekommen, welche Belastungen für die eigene Gesundheit und Lebensführung aus dem Eingriff erwachsen können.[71] Bei intellektuellen oder geistigen Einschränkungen muss die Aufklärung in einfacher Sprache vorgenommen werden und ggf. mehrfach wiederholt werden. Bei Schwerhörigkeit kann eine Verpflichtung bestehen, Untersuchungsergebnisse schriftlich zugänglich zu machen.[72] Eine vorhandene Sprachbarriere erfordert die Hinzuziehung eines Dolmetschers, der die Aufklärung übersetzt.

4. Mündlichkeit der Aufklärung

Aufklärung und Einwilligung bedürfen grundsätzlich keiner Schriftform,[73] vielmehr ist ein mündliches Gespräch zwischen Ärzt:in und Patient:in erforderlich.[74]

Gerade bei Fernbehandlungen und einfach gelagerten Fällen[75] kann die Aufklärung im gegenseitigen Einverständnis auch telefonisch erfolgen.[76] Durch das mündliche Gespräch wird die Möglichkeit eröffnet, Rückfragen zu stellen und Bedenken zu äußern. Das Aufklärungsgespräch kann in der aktuellen Rechtslage daher

---

[69] 3. Teil C. I. 1. b) cc) (2).

[70] *Wagner*, in: MüKo BGB, § 630e Rn. 68.

[71] *Wagner*, in: MüKo BGB, § 630e Rn. 68.

[72] *Katzenmeier*, in: BeckOK BGB, § 630e Rn. 49.

[73] *Tsambikakis/Dorneck*, in: NK-MedStR, § 228 Rn. 16; *Biermann*, in: Ulsenheimer/Gaede, Arztstrafrecht in der Praxis, Rn. 466; *Knauer/Brose*, in: Spickhoff, MedR, § 223 StGB Rn. 55.

[74] *Katzenmeier*, in: BeckOK BGB, § 630e Rn. 32.

[75] *Wagner*, in: MüKo BGB, § 630e Rn. 65.

[76] *Fischer*, in: StGB, § 228 Rn. 13; *Katzenmeier*, in: BeckOK BGB, § 630e Rn. 29.

nicht durch ein Schriftstück ersetzt werden.[77] In der Praxis wird sie jedoch häufig durch schriftliche Informationsblätter und Formularaufklärungen unterstützt.[78]

Gem. §§ 630f II, 630h II BGB treffen Ärzt:innen bzgl. der Aufklärung umfassende Dokumentationspflichten, wobei diese dem Nachweis im Zivilverfahren dienen und für die strafrechtliche Wirksamkeit der Einwilligung keine Relevanz haben.[79]

Bedarf es aufgrund von Sondernormen wie § 8 I GenDG und § 8 II 4 TPG ausnahmsweise doch der schriftlichen Einwilligung, führt ein Verstoß gegen die Formvorschriften ebenfalls nicht zur Unwirksamkeit der Einwilligung im Strafrecht. Er begründet lediglich eine „Beweisskepsis" gegenüber der Behauptung einer ordnungsgemäßen Aufklärung.[80] Für die strafrechtliche Wirksamkeit einer Einwilligung ist nicht die Einhaltung von Formvorschriften entscheidend, sondern ob die inhaltlichen Voraussetzungen der Einwilligung tatsächlich vorlagen.

5. Rechtzeitigkeit der Aufklärung

Die Aufklärung erfolgt rechtzeitig, wenn die einwilligende Person eine wohlüberlegte Entscheidung treffen kann.[81] Wann eine Aufklärung „rechtzeitig" erfolgt, kann nicht pauschal festgelegt werden. Patient:innen müssen im Einzelfall in der Lage sein, die Erläuterungen aufzunehmen, zu verstehen und eine reflektierte Entscheidung zu treffen.[82] Bei ambulanten Eingriffen reicht hierfür in der Regel eine Aufklärung am Tag der Maßnahme aus.[83] Das gilt nur dann nicht, wenn die Aufklärung zeitlich so kurz vor dem Eingriff erfolgt, dass die Patient:innen unter dem Eindruck stehen, sich nicht mehr aus einem bereits in Gang gesetzten Geschehensablauf lösen zu können.[84]

Im Falle einer gravierenden Operation mit weitreichenden Folgen reicht dagegen die Aufklärung am Vorabend nicht ohne Weiteres aus. Hierfür bedarf es einer längeren Bedenkzeit, um eine überlegte Entscheidung zu ermöglichen. Allerdings muss auch immer eine ausreichende Aktualität zwischen der Aufklärung, der Ein-

[77] *Wagner*, in: MüKo BGB, § 630e Rn. 62.

[78] Zu deren Zulässigkeit s. 3. Teil C. I. 1. b) dd) (1).

[79] *Hardtung*, in: MüKo StGB, § 223 Rn. 94.

[80] BGH, Urt. v. 29. 1. 2019 – VI ZR 495/16, NJW 2019, 1076 (1079).

[81] *Spickhoff*, in: Spickhoff, MedR, § 630e BGB Rn. 10.

[82] BGH, Urt. v. 21. 11. 2023 – VI ZR 380/22, BeckRS, 38902, Rn. 21.

[83] *Spickhoff*, in: Spickhoff, MedR, § 630e BGB Rn. 10.

[84] BGH, Urt. v. 15. 2. 2000 – VI ZR 48/99, NJW 2000, 1784 (1787); BGH, Urt. v. 4. 4. 1995 – VI ZR 95/94, NJW 1995, 2410 (2411); BGH, Urt. v. 14. 11. 1995 – VI ZR 359/94, NJW 1996, 777 (779).

willigung und dem Eingriff bestehen, sodass auch zu lange vor dem Eingriff erteilte Informationen nicht „rechtzeitig“ erfolgen.[85]

Die Beachtung der Rechtzeitigkeit und der Dokumentation einer Aufklärung ist für die Wirksamkeit der Einwilligung strafrechtlich unerheblich, sofern die Einwilligenden alle für die Einwilligung relevanten Umstände kennen und verstehen.[86]

VI. Exkurs: Aufklärung im Rahmen einer Arzneitherapie

Auch die kunstgerecht durchgeführte Arzneitherapie erfüllt den Tatbestand des § 223 I StGB. Die anhand chirurgischer Eingriffe entwickelte Aufklärungsrechtsprechung gilt daher in ihren Grundzügen auch für sie.[87]

Ein struktureller Unterschied ergibt sich in der ambulanten Arzneitherapie allerdings aus dem Umstand, dass Patient:innen durch die eigenständige Einnahme selbst den Beginn und Verlauf der Therapie in der Hand halten. Darüber hinaus sind an der Verabreichung eines Medikamentes nicht nur Ärzt:innen und Patient:innen beteiligt. Vielmehr ist auch das pharmazeutische Unternehmen, das das Arzneiprodukt in den Verkehr bringt, für die Aufklärung mitverantwortlich. Aufgrund dieser Unterschiede ergeben sich für die Aufklärung in der Arzneitherapie einige Besonderheiten.[88]

Angesichts des Mehrpersonenverhältnisses stellt die Aufklärung vor einer Arzneitherapie einen Gemeinschaftsakt zwischen den verschreibenden Ärzt:innen und dem pharmazeutischen Unternehmen dar. Die Aufklärungspflicht ist auf Hersteller und medizinisches Personal verteilt.[89] Aufgrund der geteilten Verantwortung dürfen Ärzt:innen in einem Aufklärungsgespräch auf die Packungsbeilage verweisen und auf die Richtigkeit dieser vertrauen.[90] Etwas anderes gilt nur, wenn Behandelnde den Patient:innen das Arzneimittel selbst einbringen, bspw. in Form einer Infusion oder Impfung. Dann trifft allein sie die Aufklärungspflicht.

Die Packungsbeilage ist eine schriftliche Aufklärung der behandelten Person durch den pharmazeutischen Unternehmer.[91] Insofern unterscheidet sich die Verantwortung der Ärzt:innen im Rahmen der Arzneimittelaufklärung von der Eingriffsaufklärung. Dort gestattet die Rechtsprechung keinen ausschließlichen Verweis auf schriftliche Aufklärungsformulare.[92] Die grundsätzlich zulässige Verwei-

---

[85] *Spickhoff*, in: Spickhoff, MedR, § 630e BGB Rn. 10.

[86] *Hardtung*, in: MüKo StGB, § 223 Rn. 102.

[87] *Koyuncu*, PharmR 2006, 343.

[88] *Koyuncu*, PharmR 2006, 343.

[89] *Deutsch/Spickhoff*, MedR, Rn. 448.

[90] *Deutsch/Spickhoff*, MedR, Rn. 448.

[91] *Koyuncu*, PharmR 2006, 343.

[92] BGH, Urt. v. 8. 1. 1985 – VI ZR 15/83, NJW 1985, 1399.

sung auf die Packungsbeilage ändert jedoch nichts daran, dass Ärzt:innen ihre Patient:innen mündlich ergänzend über die im konkreten Behandlungsfall bestehenden Risiken aufklären müssen. Denn die individuellen Faktoren überblicken nach Anamnese und Diagnose nur die Behandelnden. Die Packungsbeilage kann solch individuelle Informationen nicht gewährleisten, da sie die Wirkweise des Arzneimittels naturgemäß nur allgemein-generell erläutert.

Inhaltlich haben Ärzt:innen über die unmittelbaren Wirkungen eines Medikaments und besonders gravierende oder häufig auftretende Nebenwirkungen zu informieren, wobei es weniger auf die Häufigkeit als auf das Ausmaß der möglichen Belastung der einzelnen Patient:innen ankommt. Insoweit deckt sich die Aufklärungspflicht mit dem von der Rechtsprechung entwickelten Kriterium der Eingriffsspezifik.[93]

VII. Sonderkonstellationen im Rahmen der medizinischen Aufklärung

Im Rahmen der Aufklärung können sich aus den Besonderheiten des Einzelfalls verschiedene Problemkonstellationen ergeben. Hierzu zählen insbesondere die Aufklärung im Zusammenhang mit medizinischen Studien oder Eingriffen zu Forschungszwecken sowie Fälle fehlender Einwilligungsfähigkeit infolge mangelnder Urteils- und Einsichtsfähigkeit oder Bewusstlosigkeit. Auch die sogenannte antizipierte Einwilligung ist als Sonderkonstellation gesondert zu betrachten.

1. Die ärztliche Aufklärung bei Eingriffen zu Forschungszwecken

Im Rahmen der ärztlichen Aufklärung bei klinischen Studien und Forschungsprojekten ergeben sich inhaltlich einige Abweichungen vom bisher Gesagten. So werden an die medizinische Aufklärung im Rahmen von Forschungsprojekten besonders hohe Anforderungen gestellt.[94] Insbesondere muss der wissenschaftliche und forschende Charakter einer Maßnahme deutlich gemacht werden. Das beinhaltet auch, dass die Aufklärenden darauf hinweisen müssen, dass die Behandlung noch nicht dem Stand der medizinischen Wissenschaft entspricht und unbekannte Risiken nicht auszuschließen sind.[95] Sie müssen außerdem verdeutlichen, dass die Erfolgsaussichten nicht gesichert sind, und diese ggf. lediglich erhofft werden. Darüber hinaus muss über die Versuchsplanung und ihre Gefahren, den Zweck der Studie und den Sponsor der Untersuchung sowie die Randomisierung der Studie und die daraus folgende Zuteilung zu einem Therapiearm informiert werden.[96] Gibt

[93] 1. Teil A. II. 3.

[94] *Deutsch/Spickhoff*, MedR, Rn. 1306.

[95] *Oswald*, in: MedStR-HdB, S. 688.

[96] *Deutsch/Spickhoff*, MedR, Rn. 1306, 1315.

es eine Kontrollgruppe, müssen auch Personen der Kontrollgruppe darüber informiert werden, dass sie in den Versuch eingeschlossen werden.[97]

Hinsichtlich der Aufklärung über die Diagnose, bekannter Risiken und Behandlungsalternativen gelten grundsätzlich dieselben Anforderungen wie bei jedem anderen ärztlichen Eingriff.[98]

Weithin ungeklärt sind noch Fragen, die die Aufklärung bei medizinischer Forschung mit Einwilligungsunfähigen oder einem unangemessen hohen Gesundheitsrisiko betreffen.[99] Die Bearbeitung solcher Sonderprobleme muss an dieser Stelle ausgeklammert werden, um den Rahmen der Arbeit nicht zu überschreiten.

2. Die Aufklärung Einwilligungsunfähiger

Weitere Besonderheiten ergeben sich für die ärztliche Aufklärung, wenn Patient:innen einwilligungsunfähig ist. Einwilligungsunfähig ist, wer aufgrund fehlender Einsichts- und Urteilsfähigkeit die Bedeutung, das Wesen oder die Tragweite der Einwilligung nicht erkennen und das Für und Wider einer Entscheidung nicht gegeneinander abwägen kann.[100] Eine Einwilligungsunfähigkeit infolge von Minderjährigkeit, psychischer Erkrankung, Bewusstseinsstörung oder geistiger Behinderung ist anzunehmen, wenn die betroffene Person weder in der Lage ist, den für die Entscheidung maßgeblichen Sachverhalt zu erfassen, die damit verbundenen Risiken und Konsequenzen zu verstehen und gegeneinander abzuwägen, noch dazu fähig ist, auf dieser Grundlage einen eigenen Willen zu bilden und zu äußern.[101] Die Einwilligungsfähigkeit hat damit eine intellektuelle und eine voluntative Komponente.

Fehlt Patient:innen die Einwilligungsfähigkeit, sind sie nicht in der Lage, die eigenen Vorstellungen über die Behandlung rechtswirksam zum Ausdruck zu bringen. Da jede Person trotz fehlender Fähigkeit zur Selbstbestimmung ein Recht auf Selbstbestimmung hat, muss diese Unfähigkeit ausgeglichen werden.[102]

Bei einwilligungsunfähigen Minderjährigen haben Eltern gem. § 1626 BGB das Recht zur elterlichen Sorge. Dieses beinhaltet auch die Personensorge, welche die Vertretungsmacht und die Einwilligungsberechtigung gegenüber medizinischem Personal umfasst. Durch eine den Interessen des Kindes entsprechende Entscheidung soll der Selbstbestimmung der einwilligungsunfähigen Person Rechnung getragen werden. Stimmen die Vorstellungen der Erziehungsberechtigten nicht mit

---

[97] *Deutsch/Spickhoff*, MedR, Rn. 1319.

[98] *Sternberg-Lieben*, in: TK-StGB, § 223 Rn. 70.

[99] *Sternberg-Lieben*, in: TK-StGB, § 223 Rn. 104.

[100] BGH, Urt. v. 5.12.1958 – VI ZR 266/57, NJW 1959, 811; BGH, Urt. v. 10.2.1959–5 StR 533/58, NJW 1959, 825; *Lipp/Schrader*, in: MAH Erbrecht, § 44 Rn. 90.

[101] *Biermann*, in: Ulsenheimer/Gaede, Arztstrafrecht in der Praxis, Rn. 435.

[102] *Brauer*, Autonomie und Familie, S. 160.

denen der Minderjährigen überein, kann es insbesondere aufgrund der dynamischen und fortlaufenden Entwicklung der Einwilligungsfähigkeit des Kindes zu Konflikten kommen. Hierauf wird im Rahmen der Aufklärungsanforderungen noch vertieft eingegangen.[103]

Bei einwilligungsunfähigen Volljährigen ist das Betreuungsrecht einschlägig, nach dem es für einen rechtmäßigen Eingriff der Einwilligung der Betreuer:innen bedarf, § 1825 BGB. Diese haben bei der Entscheidung über einen medizinischen Eingriff dem (mutmaßlichen) Willen der betreuten Person Ausdruck und Geltung zu verschaffen, § 1827 I 2 BGB. Sind die Betreuten noch äußerungsfähig, sind die geäußerten Wünsche maßgeblich.[104] Außerdem sind gem. § 1827 II 3 BGB frühere Äußerungen, religiöse und ethische Überzeugungen sowie sonstige persönliche Wertevorstellungen der betreuten Person zu beachten. Birgt ein ärztlicher Eingriff ein ernsthaftes Risiko für die Gesundheit oder das Leben der Betreuten, ist zur wirksamen Einwilligung der Betreuer:innen zusätzlich die Genehmigung des Betreuungsgerichts notwendig, § 1829 I BGB.

Auch wenn die Einwilligung in diesen Fällen von den Vertreter:innen und Betreuer:innen der Einwilligungsunfähigen abhängt, müssen die Patient:innen über die anstehende Maßnahme in einer an ihre Verständnismöglichkeiten angepassten Weise informiert werden.[105] Eine entsprechende Regelung findet sich in § 630e V 1 BGB.

3. Ermittlung des mutmaßlichen Willens bei fehlender Einwilligungsmöglichkeit

Das medizinrechtliche Einwilligungskonzept stößt dort an seine Grenzen, wo die Einholung einer Einwilligung tatsächlich unmöglich ist, bspw. weil Patient:innen bewusstlos oder komatös sind. Insbesondere in Notfällen und bei unvorhersehbaren notwendigen Operationserweiterungen fehlt häufig die ausdrückliche Einwilligung der Behandelten. Aufgrund der Dringlichkeit einer medizinischen Maßnahme kann es dennoch geboten sein, mit dem Eingriff nicht so lange zu warten, bis die Patient:innen wieder einwilligungsfähig sind.

In solchen Situationen greift der gewohnheitsrechtlich anerkannte Rechtfertigungsgrund der sog. mutmaßliche Einwilligung.[106] Diese rechtfertigt eine tatbestandsmäßige Körperverletzung, wenn sie dem mutmaßlichen Willen des Opfers entspricht.

---

[103] 3. Teil C. I. 1. b) cc) (2).

[104] *Spickhoff*, in: Spickhoff, MedR, § 1829 BGB Rn. 5.

[105] *Mansel*, in: Jauernig BGB, § 630e Rn. 9; *Kreße*, MedR 2015, 91 (94).

[106] *Sternberg-Lieben*, in: TK-StGB, vor §§ 32 ff. Rn. 83; *Sommer/Tsambikakis*, in: MAH MedR, § 3 Rn. 35; *Erb*, in: MüKo StGB, § 34 Rn. 42; *Paeffgen/Zabel*, in: NK-StGB, vor §§ 32 ff. Rn. 157; *Müller-Dietz*, JuS 1989, 280 (281).

Die mutmaßliche Einwilligung ist ein Einwilligungssurrogat[107] und aufgrund des Vorrangs des Selbstbestimmungsrechts gegenüber einer tatsächlich erklärten Einwilligung stets subsidiär.[108] Nur wenn eine erhebliche Gefahr für das Leben oder die Gesundheit besteht und von der Unaufschiebbarkeit[109] der fraglichen Maßnahme gesprochen werden kann, darf die Patientenautonomie derart beschnitten werden, dass das Abstellen auf den mutmaßlichen Willen der behandelten Person zur Rechtfertigung ausreicht. Aufgrund des Surrogatscharakters müssen in der konkreten Behandlungssituation abgesehen von der fehlenden Einwilligungserklärung sämtliche andere Einwilligungsvoraussetzungen vorliegen. Anstelle der fehlenden Einwilligungserklärung muss nach der Würdigung aller Umstände die berechtigte Annahme treten, die Betroffenen würden, wenn sie gefragt werden könnten, ihre Zustimmung zum Eingriff erteilen.[110] Hierbei kommt es gerade nicht darauf an, ob eine Maßnahme objektiv vernünftig ist. Trotz der fehlenden tatsächlichen Einwilligungsmöglichkeit ist es zur Wahrung der Autonomie unerlässlich, dass alle Bemühungen angestellt werden, um den mutmaßlichen Willen der einzelnen Patient:innen vor der Vornahme der Maßnahme zu ermitteln[111] (Pflicht zur objektiv-sorgfältigen Prüfung aller Umstände[112]). Dies kann über die Auswertung von Patientenverfügungen[113] oder durch die Befragung naher Angehöriger geschehen.

---

[107] *Sternberg-Lieben*, in: TK-StGB, vor §§ 32 Rn. 83; *Tsambikakis/Dorneck*, in: NK-MedStR, § 228 Rn. 33.

[108] *Tsambikakis/Dorneck*, in: NK-MedStR, § 228 Rn. 34.

[109] *Tsambikakis/Dorneck*, in: NK-MedStR, § 228 Rn. 35; a.A. der BGH in: BGH, Urt. v. 25.3.1988–2 StR 93/88, NStZ 1988, 406, in dem das Gericht ausdrücklich erklärte, die Zulässigkeit ärztlichen Handelns auf Grundlage der mutmaßlicher Einwilligung von Patient:innen sei „nicht auf Fälle vitaler Indikation beschränkt. Ärztliche Eingriffe, in die der Patient zwar nicht ausdrücklich oder konkludent eingewilligt hat, die aber seinem mutmaßlichen Willen entsprechen, dürfen nicht nur zur Beseitigung einer gegenwärtigen Lebensgefahr vorgenommen werden. Der (mutmaßliche) Wille des Patienten ist auch dann zu berücksichtigen, wenn der Arzt vor der Frage steht, ob er eine mit Zustimmung des Patienten begonnene Operation erweitern oder sie abbrechen und den Patienten dem Risiko einer neuen, unter Umständen mit größeren Gefahren verbundenen, jedenfalls aber weitere körperliche und seelische Beeinträchtigungen mit sich bringenden Operation aussetzen soll.“ In dem zu entscheidenden Fall hatte ein Operateur nach der erfolgreich durchgeführten Entbindung bei einer Frau durch Kaiserschnitt deren Eileiter durchtrennt, weil er aufgrund starker Verwachsungen in der Bauchhöhle der Patientin zu der Überzeugung gelangte, dass eine neue Schwangerschaft mit der dann wieder notwendig werdenden Kaiserschnittentbindung bei dieser Patientin unbedingt verhindert werden müsste. Diese Ansicht kann jedoch nicht überzeugen, da die Vornahme der Sterilisation nach ergangener Einwilligung auch zu einem späteren Zeitpunkt möglich gewesen wäre. Die autonome Entscheidung der Patientin zur Durchführung einer solch tiefgreifenden Maßnahme wäre vorrangig und schutzwürdig gewesen.

[110] *Paeffgen/Zabel*, in: NK-StGB, § 34 Rn. 159; *Sternberg-Lieben*, in: TK-StGB, vor §§ 32 ff. Rn. 83.

[111] *Erb*, in: MüKo StGB, § 34 Rn. 42.

[112] *Paeffgen/Zabel*, in: NK-StGB, vor §§ 32 ff. Rn. 161.

[113] BGH, Beschl. v. 17.3.2003 – XII ZB 2/03, NStZ 2003, 477 (479).

Sowohl die Unaufschiebbarkeit des Eingriffs als auch der mutmaßliche Wille der Behandelten werden *ex ante* beurteilt.[114] Weiß die behandelnde Person z. B., dass ihre Patientin Zeugin Jehovas ist, muss sie die ihr bekannten Konsequenzen des Glaubens in ihre Erkenntnis einbeziehen. Sie darf dann nicht davon ausgehen, dass die Patientin mutmaßlich in eine Bluttransfusion eingewilligt hätte. Das kann im Extremfall dazu führen, dass Ärzt:innen auch angesichts des drohenden Todes von einem mutmaßlich abgelehnten Eingriff absehen müssen.[115] In dieser Situation darf auch nicht der rechtfertigende Notstand gem. § 34 StGB zur Rechtfertigung der medizinischen Maßnahme herangezogen werden, um den mutmaßlichen, ablehnenden Willen der behandelten Person zu umgehen.[116]

Nur wenn Behandelnden keine Anhaltspunkte für einen abweichenden individuellen Willen ihrer Patient:innen vorliegen, dürfen sie für den mutmaßlichen Willen auf das „Normale" oder „Vernünftige" abstellen.[117] Hierbei muss eine Abwägung von Chancen und Risiken für die Gesundheit der Behandelten vorgenommen werden.

4. Die antizipierte Einwilligung

Ein weiterer Sonderfall der Einwilligung ist die sog. antizipierte Einwilligung. Sie liegt vor, wenn Aufklärung und Einwilligung zeitlich vorverlagert werden, weil sie zum späteren Zeitpunkt akut vor dem in Rede stehenden Eingriff nicht mehr möglich sind. Die antizipierte Einwilligung wird insbesondere bei der vorhersehbaren Möglichkeit einer notwendigen Operationserweiterung, bei unheilbaren Krankheiten oder bei bereits bekannter Geisteskrankheit in Hinblick auf erwartete Schübe relevant.[118] Auch eine antizipierte Verweigerung von bspw. künstlicher Ernährung oder Beatmung durch eine Patientenverfügung i. S. d. § 1827 BGB ist möglich.[119]

Hinsichtlich der rechtlichen Wirksamkeit der antizipierten Einwilligung kann auf die allgemeinen Voraussetzungen der rechtfertigenden Einwilligung verwiesen werden. Da Einwilligungen allgemein zeitlich vor dem ärztlichen Eingriff erteilt werden müssen, könnte man immer auch von „antizipierten" Einwilligungen sprechen. Allerdings betrifft der Begriff der antizipierten Einwilligung nur solche Einwilligungen, die nicht in einem engen zeitlichen Zusammenhang zu dem in Rede stehenden Eingriff stehen oder einen Eingriff betreffen, dessen Notwendigkeit zum Zeitpunkt der Einwilligungserteilung noch überhaupt nicht absehbar ist. Häufig

[114] *Tsambikakis/Dorneck*, in: NK-MedStR, § 228 Rn. 33.
[115] *Sommer/Tsambikakis*, in: MAH MedR, § 3 Rn. 36.
[116] *Erb*, in: MüKo StGB, § 34 Rn. 42.
[117] *Paeffgen/Zabel*, in: NK-StGB, vor §§ 32 ff. Rn. 158.
[118] *Tsambikakis/Dorneck*, in: NK-MedStR, § 228 Rn. 31.
[119] *Schneider*, in: MüKo BGB, § 1901a a. F. Rn. 16.

vergeht zwischen antizipierter Einwilligung und Eingriffsdurchführung eine gewisse Zeit. So liegt es beispielsweise bei der Einwilligung in lebenserhaltende Maßnahmen im Rahmen einer Patientenverfügung[120] von Unfallopfern. Zum Zeitpunkt der Einwilligung steht häufig noch gar nicht fest, ob diese eines Tages benötigt wird und welche Maßnahmen zur Lebensrettung im konkreten Fall notwendig und geeignet sein werden.

Problematisch kann eine antizipierte Einwilligung sein, wenn ihr Inhalt nicht eindeutig und klar formuliert ist. Diese Problematik tritt verstärkt auf, wenn Krankheitsverläufe nicht genau vorhersehbar sind und Patient:innen die konkrete Behandlungssituation schwer antizipieren können.[121] Es ist daher zumindest hinsichtlich einer Patientenverfügung notwendig, dass die Verfasser:innen ihre Ansichten über das Leben, das Sterben und mögliche Behandlungsformen darlegen. Aufgrund dieser Äußerungen lassen sich im Einzelfall idealerweise Rückschlüsse auf den Patientenwillen im Hinblick auf eine bestimmte Behandlung ziehen, ohne dass dort alle Details festgelegt sein müssen.[122] Der Einwand unzureichender Bestimmtheit greift dort nicht, wo mögliche Krankheitsverläufe und notwendig werdende Behandlungen klar vorgezeichnet werden können. Das ist insbesondere bei unheilbaren und tödlichen Krankheiten wie Chorea Huntington der Fall, sodass hinsichtlich solcher konkretere Verfügungen im Vornherein getroffen werden können.

Bei der Auswertung antizipierter Einwilligungen oder Patientenverfügungen muss immer auch der zeitliche Abstand beachtet werden, welcher seit der Abfassung vergangen ist. Denn je größer der Zeitraum zwischen antizipierter Verfügung und konkreter Behandlungssituation ist, desto genauer muss überprüft werden, ob es sich bei dieser noch um den aktuellen Willen der behandelten Person handelt oder ob sich deren Ansichten in der Zwischenzeit geändert haben.[123]

B. Willensmängel aufgrund mangelhafter Aufklärung

Um die Strafbarkeit wegen mangelhafter Aufklärung untersuchen zu können, ist zunächst zu klären, welche Aufklärungsfehler inhaltlich überhaupt einen strafrechtlich relevanten Willensmangel hervorrufen. Denn nur dann mangelt es an einer Voraussetzung der rechtfertigenden Einwilligung, sodass diese unwirksam ist.

---

[120] Vgl. zur Einordnung der Patientenverfügung als antizipierte Einwilligung: BGH, Beschl. v. 17.3.2003 – XII ZB 2/03, NStZ 2003, 477; *Lipp*, Zur gesetzlichen Regelung der Patientenverfügung, S. 12.

[121] *Magnus*, Patientenautonomie im Strafrecht, S. 187.

[122] *Magnus*, Patientenautonomie im Strafrecht, S. 187.

[123] *Tsambikakis/Dorneck*, in: NK-MedStR, § 228 Rn. 31; *Magnus*, Patientenautonomie im Strafrecht, S. 188.

I. Keine Anwendbarkeit der §§ 119 ff. BGB

Zunächst galt die Annahme, dass die Einwilligung im Strafrecht eine Willenserklärung sei.[124] Dies hätte zur Folge, dass Willensmängel nach Maßgabe der §§ 119 ff. BGB zu beurteilen wären.[125]

Indes kann diese These nicht überzeugen. Die Erteilung einer Einwilligung begründet keine Rechtsbindung, wie sie jedenfalls bei vertraglichen Willenserklärungen eintritt. Vielmehr ist eine Einwilligung jederzeit frei widerruflich, so lange der Widerruf als ernsthaft und endgültig anzusehen ist.[126] Daher muss zum Zeitpunkt des Eingriffs auch eindeutig sein, ob eine Einwilligung vorliegt oder nicht, während eine zivilrechtliche Willenserklärung im Nachhinein anfechtbar ist.[127] Aufgrund dieses strukturellen Unterschieds stellen Einwilligungen keine Willenserklärungen i. S. d. BGB dar. Die Vorschriften der §§ 119 ff. BGB finden daher keine Anwendung.[128]

Stattdessen bedarf es eigenständiger Regeln zur Unwirksamkeit strafrechtlicher Einwilligungen. Willensmängel der Einwilligenden können auf Drohung, Zwang, Täuschung oder sonstigen Irrtümern beruhen.[129] Diese Arbeit befasst sich mit ärztlichen Aufklärungsanforderungen, in deren Zusammenhang Zwang und Drohung von ärztlicher Seite selten eine Rolle spielen dürften. Es ist daher für die folgende Abhandlung von entscheidender Bedeutung, wann von einem relevanten Irrtum auszugehen ist.

II. Relevanz des inhaltlichen Irrtums für die Unwirksamkeit der Einwilligung

Da Dispositionsbefugte mit einer Einwilligung auf den Schutz ihrer körperlichen Unversehrtheit (teilweise) verzichten, muss eine Einwilligung ihrem Willen[130] entsprechen. Dies ist ausgeschlossen, wenn der einwilligenden Person bestimmte Umstände nicht bekannt sind, bspw. weil sie sich über Art und Umfang der durch die Handlung verursachten Rechtsbeeinträchtigung nicht im Klaren ist.[131]

---

[124] *Zitelmann*, AcP 1906, 1 (47 ff.).

[125] BGH, Urt. v. 9.12.1958 – VI ZR 203/57, NJW 1959, 811; *Schroth*, in: MedStR-HdB, S. 35.

[126] *Paeffgen/Zabel*, in: NK-StGB, § 228 Rn. 24; *Tsambikakis/Dorneck*, in: NK-MedStR, § 228 Rn. 17.

[127] *Roxin/Greco*, StafR AT I, § 13 Rn. 97.

[128] BGH, Urt. v. 20.12.2022 – VI ZR 375/21, NJW 2023, 1435 (1437).

[129] *Rengier*, StrafR AT, § 23 Rn. 23.

[130] *Paeffgen/Zabel*, in: NK-StGB, § 228 Rn. 73.

[131] *Frister*, StrafR AT, § 15 Rn. 16.

Der Irrtum kann verschiedene Aspekte des Eingriffs betreffen. Es stellt sich daher die Frage, welche Irrtümer beachtlich sind und zur Unwirksamkeit der Einwilligung führen. Zur Abgrenzung von relevanten und unbeachtlichen Irrtümern kann an verschiedene Aspekte angeknüpft werden. In Betracht kommt, die Wirksamkeit der Einwilligung von einer Täuschung der Aufklärenden abhängig zu machen. Doch auch ein Rechtsgutsbezug des Irrtums und die Wahrung der Patientenautonomie werden als Anknüpfungspunkte für die Irrtumsbedeutung diskutiert.

1. Wirksamkeitsausschließende Wirkung jedes Irrtums?

Zum Schutze der Patientenautonomie könnte man zunächst jedem Irrtum wirksamkeitsausschließende Bedeutung beimessen.[132] Hierfür wird ins Feld geführt, dass Rechtsgüter um der freien Entfaltung des:der Einzelnen willen geschützt würden. Der strafrechtliche Schutz der personalen Entscheidungsfreiheit im Umgang mit den eigenen Rechtsgütern würde nicht nur ausschnitthaft, sondern insgesamt umfasst.[133] Daher sei eine Begrenzung des strafrechtlichen Rechtsgutsschutzes z. B. auf den Bestandsschutz wenig plausibel. Das Selbstbestimmungsrecht umfasse auch das Recht, die Verfügung über Rechtsgüter mit bestimmten Zwecken zu verbinden, sodass es nicht auf das Wissen um die Rechtsgutspreisgabe als solche beschränkt werden dürfe.[134] Rechtsgüter seien „gespeicherte Freiheiten“, die ihren Inhaber:innen die Möglichkeit gäben, ihr Leben nach eigenen Bedürfnissen zu gestalten.[135]

Die einzige Beschränkung der relevanten Willensmängel, die Vertreter:innen dieser Ansicht anerkennen wollen, ist die Notwendigkeit der „Wesentlichkeit“ des Mangels.[136] Hiernach sollen Mängel unwesentlich sein, die nicht den von den Einwilligenden verfolgten Zweck berühren.

Gegen diese Auffassung sind das hieraus resultierende hohe und vor allem kaum steuerbare Strafbarkeitsrisiko der Behandelnden und der Schutzzweck der §§ 223 ff. StGB einzuwenden.

Denn aufgrund der Regeln der objektiven Zurechnung können nur Irrtümer beachtlich sein, die den Erfolgsunwert der Körperverletzung berühren und ein unerlaubtes Risiko betreffen.[137] Verkennen Ärzt:innen ihre Aufklärungspflichten, weil sie den Informationsbedarf ihrer Patient:innen falsch einschätzen, muss dies für die Wirksamkeit der Einwilligung unbeachtlich sein, sofern es sich um risikoneutrale

---

[132] *Fischer*, in: StGB, § 228 Rn. 7; *Kindhäuser/Zimmermann*, StrafR AT, § 12 Rn. 27; *Rengier*, StrafR AT, § 23 Rn. 32.

[133] *Kindhäuser/Zimmermann*, StrafR AT, § 12 Rn. 27.

[134] *Rengier*, StrafR AT, § 23 Rn. 32.

[135] *Frister*, StrafR AT, § 15 Rn. 19.

[136] *Rengier*, StrafR AT, § 23 Rn. 33.

[137] *Kühl*, StrafR AT, § 9 Rn. 39a.

Begleitumstände handelt, die den Erfolgsunwert der Körperverletzung unberührt lassen.[138] Denn in solchen Fällen kann nicht von einer Fremdbestimmung im Sinne einer Täuschung durch Unterlassen bei versäumten Aufklärungspflichten gesprochen werden. Zum einen greifen Aufklärende nicht zielgerichtet in die autonome Entscheidungsfindung der Patient:innen ein, indem sie einen im Zivilrecht aufklärungspflichtigen Motivirrtum nicht ausräumen. Vielmehr lassen sie der nicht optimierten Entscheidung der Patient:innen ihren Lauf. Zum anderen würde bei der Annahme einer Täuschung durch Unterlassen bei mangelhafter Aufklärung eine Strafbarkeit unmittelbar aus Optimierungspflichten zugunsten der Selbstbestimmung der Patient:innen erwachsen.[139] Eine solche ist aber im StGB gerade nicht vorgesehen.[140]

Darüber hinaus wird durch diese Ansicht das Irrtumsrisiko der Patient:innen einseitig zu Lasten der Ärzt:innen verteilt. Eine solche einseitige Lastenverteilung wird den Verantwortungsbereichen der beiden Parteien und ihrem partnerschaftlichen Verhältnis nicht gerecht. Denn Ärzt:innen können häufig nicht erkennen, ob und inwieweit die Einwilligung ihrer Patient:innen auf einem Irrtum beruht. Der Umfang der Aufklärungspflicht hängt wesentlich von dem Aufklärungsbedarf der Patient:innen ab. Die einseitige Verantwortungszuschreibung entspricht nicht den tatsächlichen Gegebenheiten eines Arzt-Patienten-Gesprächs. Nicht selten geben Patient:innen ein höheres Fachverständnis vor als objektiv vorliegt (s. 1. Teil C. II.) oder äußern ihr Unverständnis nicht. Fehlende Kenntnisse oder Fehlvorstellungen sind für die aufklärende Person deshalb teilweise schwer erkennbar. Das Irrtumsrisiko kann daher nicht allein bei ihr liegen, sodass es auch nicht einseitig zu ihren Lasten gehen darf.

Auch die Argumentation, die Behandelnden würden vor den Folgen einer Unkenntnis auf Patientenseite durch die Regeln des Erlaubnistatbestandirrtums hinreichend geschützt,[141] vermag nicht zu überzeugen. Denn der Erlaubnistatbestandsirrtum ermöglicht immer noch eine Fahrlässigkeitsstrafbarkeit, wenn die Behandelnden die Motivirrtümer der Einwilligenden hätten erkennen können. Damit obliegt den Behandelnden eine Überprüfung der Motive der Patient:innen, welche als innerste und individuelle Beweggründe schwer einsehbar sind. Das Verkennen solcher Motive ist aber nach dem Schutzzweck der Körperverletzungsdelikte nicht gem. §§ 223 ff. StGB mit Strafe bedroht.

Auch das teilweise geforderte Erfordernis des „wesentlichen" Willensmangels eignet sich aufgrund seiner Unbestimmtheit nicht, um die Relevanz eines Irrtums zu bestimmen. Es bedarf eines klaren und für Dritte erkennbaren Kriteriums, wann ein Willensmangel die Wirksamkeit einer Einwilligung ausschließt und wann nicht. Ob

---

[138] *Kühl*, StrafR AT, § 9 Rn. 39a.

[139] *Gaede*, Limitiert akzessorisches Medizinstrafrecht statt hypothetischer Einwilligung, S. 58.

[140] 4. Teil A. I. 1. d).

[141] *Frister*, StrafR AT, § 15 Rn. 20.

ein Motiv für die einwilligende Person entscheidenden Charakter hat und damit als „wesentlich“ einzustufen ist, hängt vom Einzelfall ab und lässt sich im Nachhinein nur schwer nachweisen. Denn geschädigte Patient:innen werden im Falle eines Prozesses regelmäßig geltend machen, ihr Irrtum habe auf einem für sie individuell bedeutsamen Motiv oder Zweck beruht.

Für die Beurteilung der „Wesentlichkeit“ eines Irrtums auf einen objektiven Maßstab abzustellen, würde die individuelle Entscheidungs- und Dispositionsfreiheit unterlaufen, welche diese weitgehende Ansicht gerade zu schützen versucht.

2. Wirksamkeitsausschluss durch Irrtümer mit Rechtsgutsbezug

Richtigerweise sind daher lediglich Irrtümer mit Rechtsgutsbezug für die Wirksamkeit der Einwilligung relevant.[142] Irrtümer, die Art, Ausmaß oder Gefährlichkeit der durch die tatbestandliche Handlung verursachten Rechtsgutsverletzungen betreffen, schließen die rechtfertigende Wirkung der Einwilligung aus.[143] Irrelevant sind dagegen Irrtümer, die sich auf den von den Erklärenden verfolgten Zweck beziehen. Das ist z.B. der Fall, wenn eine Patientin in eine Blutspende einwilligt, weil sie davon ausgeht, hierfür eine finanzielle Gegenleistung zu erhalten[144] oder sie sich über die Dauer[145] einer Behandlung irrt. Diese Irrtümer bezeichnet man als Motivirrtümer[146], weil die Einwilligenden zwar von der Preisgabe des Rechtsguts volle Kenntnis haben, das Motiv der Entscheidung jedoch auf einem Irrtum beruht.

Die Begrenzung der relevanten Irrtümer auf solche mit Rechtsgutsbezug liegt in der Differenzierung zwischen Bestandsschutz und der Tauschfreiheit von Rechtsgütern. Die §§ 223 ff. StGB schützen nur das Bestandsgut, nicht jedoch die Dispositionsfreiheit des Opfers.[147]

Rechtsgutsbezug haben z.B. Irrtümer, die die medizinische Notwendigkeit, drohende Nebenwirkungen, Folgen, Bedeutung oder Tragweite des Eingriffs betreffen.[148] Darüber hinaus ist entscheidend, ob das Rechtsgut aufgrund des den Irrtum begründenden Umstands mehr gefährdet wird als aufgrund der bestehenden Sachkenntnis der Patient:innen. So kann ein Irrtum über die behandelnde Person oder deren berufliche Erfahrung nur rechtsgutsbezogen sein, wenn diese weniger

---

[142] *Sternberg-Lieben*, in: TK-StGB, § 223 Rn. 62; *Beulke/Satzger/Wessels*, StrafR AT, § 11 Rn. 574; *Hardtung*, in: MüKo StGB, § 223 Rn. 98 ff.; *Paeffgen/Zabel*, in: NK-StGB, § 228 Rn. 73; *Fischer*, in: StGB, § 228 Rn. 7; *Tsambikakis/Dorneck*, in: NK-MedStR, § 228 Rn. 13.

[143] *Roxin/Greco*, StafR AT I, § 13 Rn. 97.

[144] *Frister*, StrafR AT, § 15 Rn. 17.

[145] *Tsambikakis/Dorneck*, in: NK-MedStR, § 228 Rn. 13.

[146] *Kühl*, StrafR AT, § 9 Rn. 38.

[147] S. zur ausführlichen Darstellung der Schutzgüter der §§ 223 ff. StGB 4. Teil A. I. 1.

[148] *Schroth*, in: MedStR-HdB, S. 35.

qualifiziert ist, den Eingriff vorzunehmen als die von der einwilligenden Person vorgestellte Person.[149]

Irrtümer über die Kosten der Behandlung[150] oder die Verweildauer im Krankenhaus haben dagegen im Rahmen des § 223 StGB keinen Rechtsgutsbezug. Denn Irrtümer über wirtschaftliche Aufwendungen sind durch die Vermögensdelikte und Irrtümer, die die freie Willensbildung beeinträchtigen, über die §§ 239 ff. StGB geschützt. Die Annahme relevanter Willensmängel hinsichtlich verfolgter Zwecke und Begleitumstände unterliefe den Schutzbereich der Körperverletzungsdelikte und kann daher nicht überzeugen. Daher lässt auch der Irrtum über die Absicht eines Arztes, anhand einer Blutprobe bestimmte Tests durchzuführen, die Wirksamkeit der erteilten Einwilligung in die Blutentnahme nicht entfallen.[151]

Das Kriterium des Rechtsgutsbezugs ermöglicht eine objektive Beurteilung für die Relevanz eines Irrtums und Begründung eines Willensmangels, die auch für behandelnde Personen ersichtlich und nachvollziehbar ist. Diese können durch eine gezielte eingriffsbezogene Aufklärung Irrtümer verhindern und damit das eigene Strafbarkeitsrisiko erheblich minimieren.

3. Autonomiegedanke als ausschlaggebendes Kriterium

Aufgrund der Kritik, dass das Erfordernis eines Rechtsgutsbezugs den Kreis der wirksamen Einwilligungen zu weit ziehe,[152] will ein Teil der Literatur für die Unwirksamkeit einer Einwilligung bereits einen Motivirrtum ausreichen lassen, sofern es sich um das für die Entscheidung ausschlaggebende Motiv handelt.[153] Ausgehend vom Autonomiegedanken sei entscheidend, ob die Einwilligung noch Ausdruck einer selbstbestimmten Entscheidung sei. Denn aus dem Grundgedanken der Einwilligung ergäbe sich, dass sie nur insoweit wirksam sein könne, wie das Geschehen nach normativen Maßstäben noch als Ausdruck der Autonomie der Rechtsgutsträger:innen zu werten sei.[154]

Im Falle des Irrtums über die finanzielle Gegenleistung hätte das Opfer nach dieser Ansicht frei über seine Körperintegrität verfügt. Denn das enttäuschte Vertrauen auf die Gegenleistung schließe diese Freiheit nach rechtlichen Maßstäben deshalb nicht aus, weil es allein nach Maßgabe des § 263 StGB geschützt wird.[155]

---

[149] *Roxin/Greco*, StafR AT I, § 13 Rn. 101; *Kühl*, StrafR AT, § 9 Rn. 37.

[150] *Paeffgen/Zabel*, in: NK-StGB, § 228 Rn. 73.

[151] *Hardtung*, in: MüKo StGB, § 223 Rn. 104.

[152] *Rengier*, StrafR AT, § 23 Rn. 31.

[153] *Heger*, in: Lackner/Kühl/Heger, StGB, § 228 Rn 8; *Roxin/Greco*, StafR AT I, § 13 Rn. 99; *Gropp/Sinn*, in: StR AT, § 5 Rn. 87.

[154] *Roxin/Greco*, StafR AT I, § 13 Rn. 99.

[155] *Roxin/Greco*, StafR AT I, § 13 Rn. 99.

Dagegen unfrei entschiede eine Mutter, die einer Organspende in der unzutreffenden Annahme zustimmte, diese sei zur Rettung ihres Kindes notwendig.

Zwar ist das Anliegen, die Autonomie der Patient:innen zu stärken, nachvollziehbar und richtig. Allerdings leidet auch diese Ansicht unter der Unbestimmtheit des Autonomiegedankens.[156] Denn es kann keine objektive Wertung geben, ob ein Motiv oder ein verfolgter Zweck Ausdruck einer autonomen Entscheidung ist. Wenn sich ein Opfer durch eine vorgetäuschte Geldzahlung zu einer Blutspende verleiten lässt, kann das für seine autonome Entscheidung genauso entscheidend sein wie für andere Patient:innen ein gewünschter wohltätiger Zweck. Auch bei einer Abwandlung des Organspende-Beispiels ist nicht eindeutig, ob die Rettung eines Freundes oder einer Nachbarin anstelle des Kindes eine die Autonomie ausschließende notstandsähnliche Situation entstehen lassen würde.[157] Es ist für die behandelnde Person nicht erkennbar, von welchen Motiven sich Patient:innen bei der Entscheidung für oder gegen einen Eingriff leiten lassen. Insbesondere wenn es sich bei nicht rechtsgutsbezogenen Umständen um die ausschlaggebenden handelt, bleibt der individuelle Beweggrund, der nicht zwingend geäußert wird, unbekannt.

Eine mögliche Erkennbarkeit des relevanten Irrtums muss jedoch für die Eingreifenden gegeben sein, da sich die behandelnden Personen andernfalls einem Strafbarkeitsrisiko aussetzen, das sie nicht durch eine fehlerfreie, rechtsgutsbezogene Aufklärung vermeiden können. Aufgrund dieser Überlegung ist das Kriterium des ausschlaggebenden Motivs nicht geeignet, Willensmängel der Einwilligenden als relevant zu klassifizieren.

III. Fehlende strafrechtliche Relevanz von Irrtümern

Hieraus ergibt sich, dass eine strafrechtliche Haftung trotz mangelhafter Aufklärung in verschiedenen Konstellationen ausbleiben muss:

1. Fehlender Rechtsgutsbezug der Aufklärungsinhalte

Da ein Rechtsgutsbezug für den wirksamkeitsausschließenden Irrtum bestehen muss,[158] ergeben sich für die verschiedenen Aufklärungsbestandteile folgende Konsequenzen:

Die Selbstbestimmungsaufklärung (1. Teil A. II.) schützt die Autonomie der Patient:innen, frei über den Schutz ihrer körperlichen Unversehrtheit zu verfügen. Hierfür benötigen sie die notwendigen Informationen über Diagnose, Behandlungsalternativen und Risiken der Behandlung. Ein Irrtum aufgrund mangelhafter

[156] *Rengier*, StrafR AT, § 23 Rn. 31.

[157] *Rengier*, StrafR AT, § 23 Rn. 31.

[158] *Frister*, StrafR AT, § 15 Rn. 16.

Selbstbestimmungsaufklärung schließt die Wirksamkeit der erteilten Einwilligung aus.

Hinsichtlich der Sicherungsaufklärung (1. Teil A. III.) ergibt sich etwas anderes. Bereits das Gesetz deklariert diese Pflicht als „Informationspflicht" und grenzt sie hiermit schon von der Selbstbestimmungsaufklärung i. S. d. § 630e BGB ab. Die Sicherungsaufklärung dient nicht der Verwirklichung des Selbstbestimmungsrechts, sondern der Schadensabwehr durch Hinweise, Ratschläge, Anweisungen, etc., um einen ungestörten Therapieverlauf zu gewährleisten und Selbstgefährdungen zu vermeiden.[159] Da aber das geschützte Rechtsgut der §§ 223 ff. StGB die körperliche Unversehrtheit (und die Selbstbestimmung hierüber) ist, ist nur die Selbstbestimmungsaufklärung Wirksamkeitsvoraussetzung der strafrechtlichen Einwilligung auf Rechtfertigungsebene. Mängel im Rahmen der Sicherungsaufklärung haben dagegen keine Auswirkungen auf die rechtfertigende Einwilligung und sind daher für diese Arbeit nicht von Relevanz.

Die Verletzung der wirtschaftlichen Aufklärungspflicht (1. Teil A. IV.) berührt ebenfalls nicht die Wirksamkeit der strafrechtlich rechtfertigenden Einwilligung. Die wirtschaftliche Aufklärung soll nämlich nicht die Selbstbestimmung und die körperlichen Unversehrtheit schützen, sondern bloß verhindern, dass Patient:innen in rechtlich nicht zu billigender Weise finanzielle Aufwendungen aufgebürdet werden, die sie nicht tragen wollen oder können.[160] Irren Patient:innen über die Kostenübernahme durch Dritte, unterliegen sie lediglich einem Motivirrtum, welcher nicht vom Schutzbereich der §§ 223 ff. StGB umfasst ist und die Wirksamkeit der Einwilligung unberührt lässt. Zu Überschneidungen von wirtschaftlicher Aufklärung und Selbstbestimmungsaufklärung kann es kommen, wenn eine im Leistungsumfang der Krankenkasse nicht enthaltene Maßnahme eine gleichwertige Behandlungsalternative zu der von der Versicherung übernommenen Behandlungsmethode darstellt.[161]

2. Fehlender Schutzzweckzusammenhang

Darüber hinaus entfällt die Wirksamkeit der Einwilligung auch nicht, wenn es am Schutzzweckzusammenhang des Aufklärungsmangels fehlt. Der Schutzzweck der Aufklärung ist die Wahrung der Entscheidungsfreiheit der Patient:innen über die eigene körperliche Integrität.[162] Der Schutzzweckzusammenhang entfällt, wenn sich nicht das Risiko, über das pflichtwidrig nicht aufgeklärt wurde, sondern ein anderes, nicht aufklärungspflichtiges Risiko verwirklicht. Dasselbe gilt, wenn zwar über das später eingetretene Risiko, nicht aber über ein weiteres aufklärungs-

---

[159] *Katzenmeier*, in: Laufs/Katzenmeier/Lipp, ArztR, Kap. V. Rn. 16.

[160] *Valerius*, medstra 2021, 2 (5).

[161] *Katzenmeier*, in: Laufs/Katzenmeier/Lipp, ArztR, Kap. V. Rn. 21.

[162] *Borgmann*, NJW 2010, 3190 (3193).

pflichtiges, sich nicht realisiertes Risiko informiert wurde.[163] Denn dann liegt der strafrechtliche Erfolg nicht innerhalb des Schutzbereichs der verletzten Aufklärungspflicht.[164]

Zwar führt eine mangelhafte Aufklärung grds. zur Unwirksamkeit der erteilten Einwilligung, sodass Ärzt:innen auch haften müssten, wenn sich das pflichtwidrig nicht genannte Risiko gar nicht verwirklicht. Allerdings hat die Rechtsprechung zutreffend anerkannt, dass diese Konsequenz in bestimmten Fällen unbillig ist und entlastet Ärzt:innen von der Haftung für solche Folgen mangels „inneren Zurechnungszusammenhangs“.[165] Der BGH macht deutlich, dass es für eine Haftung nicht ausreicht, wenn Ärzt:innen über irgendeinen aufklärungspflichtigen Umstand nicht aufgeklärt haben.[166] Vielmehr muss sich ein Risiko realisieren, das in den Schutzbereich der verletzten Aufklärungspflicht fällt. Wann das genau der Fall ist, lässt der BGH offen. Jedenfalls ist der Schutzbereich der verletzten Aufklärungspflicht nicht betroffen, wenn sich der Aufklärungsmangel lediglich aus dem unterlassenen Hinweis auf Behandlungsalternativen ergibt, Patient:innen jedoch eine Grundaufklärung über Art und Schweregrad des Eingriffs ausreichend erhalten haben und sich eins der angesprochenen Risiken verwirklicht.[167] Allgemein schließt das OLG Dresden einen Zurechnungszusammenhang und damit eine Haftung aus, „wo die Aufklärungspflicht nicht die Verhinderung des konkret eingetretenen Schadens im Blick hat“[168]. Der Schutzzweckgedanke schließt daher unabhängig von anderen Aufklärungsdefiziten eine Haftung aus, wenn sich lediglich ein Risiko verwirklicht, über das aufgeklärt wurde.

Diese Einschränkung ist auch überzeugend. Denn Patient:innen sind sich in diesen Fällen wegen der erfolgten Aufklärung des später eingetretenen Risikos bewusst. Sie geben ihre körperliche Unversehrtheit unter Inkaufnahme dieses Umstands preis. Ärzt:innen ist in solchen Situationen der Verletzungserfolg nicht zuzurechnen, da sich kein rechtlich missbilligtes Risiko für die körperliche Unversehrtheit und das Selbstbestimmungsrecht der behandelten Person verwirklicht hat. Der Eingriff ist hinsichtlich des eingetretenen Risikos nicht rechtswidrig.

Beruft sich die behandelte Person im Verfahren auf einen anderen Aufklärungsfehler, ist die Aufklärungspflichtverletzung zwar ein rechtlich missbilligtes Risiko. Dieses hat sich jedoch in dem eingetretenen Erfolg nicht verwirklicht. Vielmehr ist die Berufung auf den Aufklärungsmangel ein Missbrauch der Aufklärungspflicht durch die behandelte Person.

---

[163] BGH, Urt. v. 13.6.2006 – VI ZR 323/04, NJW 2006, 2477 (2479); *Sternberg-Lieben*, in: TK-StGB, § 223 Rn. 76; *Borgmann*, NJW 2010, 3190 (3193).

[164] *Biermann*, in: Ulsenheimer/Gaede, Arztstrafrecht in der Praxis, Rn. 484.

[165] BGH, Urt. v. 29.6.1995 – 4 StR 760/94, NStZ 1996, 34 (35); BGH, Urt. v. 7.2.1984 – VI ZR 188/82, NJW 1984, 1395 (1396).

[166] BGH, Urt. v. 7.2.1984 – VI ZR 188/82, NJW 1984, 1395 (1396).

[167] BGH, Urt. v. 29.6.1995 – 4 StR 760/94, NStZ 1996, 34 (35).

[168] OLG Dresden, Beschl. v. 16.10.2017 – 4 U 1081/17, juris Rn. 8.

IV. Fazit

Abschließend ist festzustellen, dass im Rahmen der strafrechtlichen Bewertung ärztlicher Aufklärung nur Fehler in der Selbstbestimmungsaufklärung die Wirksamkeit der Einwilligung entfallen lassen können.

Die der einwilligenden Person fehlende Information muss sich sodann im Erfolg niedergeschlagen haben. Verwirklicht sich stattdessen ein Risiko, über das ordnungsgemäß aufgeklärt wurde, oder ein solches, welches überhaupt nicht aufklärungspflichtig war, liegt der eingetretene Verletzungserfolg nicht im Schutzbereich der verletzten Aufklärungspflicht und kann keine strafrechtliche Haftung begründen.

Die rechtliche Problematik der Frage, welche Aufklärungsmängel überhaupt von strafrechtlicher Bedeutung sind, deutet schon an, dass hinsichtlich der Patienteneinwilligung und der mit ihr verbundenen Aufklärungspflichten rechtliche Unklarheiten herrschen. Es kann daher nicht überraschen, dass auch in der Praxis keine vollumfängliche Klarheit bei Mediziner:innen und Patient:innen hinsichtlich der erforderlichen Aufklärung besteht.

C. Studien zur Aufklärungsqualität in der Praxis

Um sich einen Überblick über diese Unklarheit in der Praxis zu verschaffen und die damit einhergehende praktische Relevanz der Arbeit einzuordnen, werden nun empirische Erkenntnisse basierend auf aktuellen Studien zur Aufklärung im ärztlichen Alltag in den Blick genommen.

I. Unsicherheit beim medizinischen Fachpersonal

1. Aufklärung in der Ausbildung

Bereits in der universitären Ausbildung sollte das Führen eines Aufklärungsgesprächs aufgrund der drohenden juristischen und persönlichen Konsequenzen für Ärzt:innen und Patient:innen Teil des Studieninhalts sein. Das wird in den verschiedenen Fakultäten nur teilweise umgesetzt, jedenfalls gibt es kein einheitliches Lehr- und Prüfungsformat in diesem Bereich.[169] Mögliche Gesprächssimulationen und Videofeedback sind aufwendig, die rechtlichen Rahmenbedingungen und juristischen Anforderungen nehmen bei diesen Ansätzen nur eine untergeordnete Rolle ein.[170]

---

[169] *Kern/Holz/Verhoff/Parzeller*, Rechtsmedizin 2020, 430 (431).

[170] *Seemann et al.*, Der Orthopäde 2021, 937.

2021 wurde im Rahmen einer Querschnittstudie der Wissensstand von Berliner Studierenden der Humanmedizin zu rechtlichen Aspekten des chirurgischen Aufklärungsgesprächs nach den Anforderungen der §§ 630a ff. BGB untersucht. An dieser nahmen Studierende unterschiedlicher Fachsemester teil.

Die Multiple-Choice-Fragen beschäftigten sich mit aufklärungspflichtigen Prozeduren, der angemessenen Bedenkzeit und den notwendigen Inhalten eines Aufklärungsgesprächs. Sie durchliefen einen mehrstufigen Review-Prozess, bevor sie in die Fragendatenbank des Progress Test Medizin (PTM)[171] eingespeist und ab dem Wintersemester 2018/2019 erstmals eingesetzt wurden.[172]

Bei der Auswertung der Studie wurden die Antworten von 2625 Studierenden im Wintersemester 2018/2019 und 2409 Studierenden im Sommersemester 2019 berücksichtigt. Die Frage, vor welcher Maßnahme die behandelte Person aufgeklärt und eine Einverständniserklärung eingeholt werden muss, beantworteten im ersten Semester im Durchschnitt 12,05 % der Studierenden korrekt („Legen eines peripher-arteriellen Zugangs"), 62,25 % wählten die Antwort „Weiß nicht". Dieses Ergebnis verschob sich mit steigenden Fachsemestern zugunsten der korrekten Antwort zu einem Höchststand von 51,79 % im zehnten Fachsemester, wobei immer noch 17,86 % die Antwort „Weiß nicht" ankreuzten.

Auch hinsichtlich des korrekten Zeitpunkts eines chirurgischen Aufklärungsgesprächs zeigte sich ein Wissenszuwachs über die Zeit: im ersten Semester wählten im Durchschnitt 19,68 % die richtige Antwort („mindestens einen Tag vor der Operation") aus. Im zehnten Semester waren es immerhin 71,43 % der Studierenden.

Die dritte und die vierte Frage zielten auf den am ehesten erforderlichen Inhalt des Aufklärungsgesprächs ab. Hierbei wählten im Durchschnitt unabhängig vom Ausbildungsstand 46,63 % der Studierenden die korrekte Antwort („Aufklärung über Behandlungsalternativen"), wobei auffällig häufig (zwischen 17,39 % und 29,87 %) die falsche Antwort („Aufklärung über den möglichen Todesfall") gewählt wurde. Auch die Aufklärungspflicht über die gestellte Diagnose nahmen nur 28,69 % an, wobei der Distraktor („Aufklärung über den möglichen Todesfall") über fast alle Semester hinweg häufiger als die richtige Antwortmöglichkeit gewählt

---

[171] Bei dem sog. PTM handelt es sich um einen nach internationalem Vorbild entwickelten und fächerübergreifenden formativen Test für Medizinstudierende, der 200 MC-Fragen auf Absolventenniveau beinhaltet. Dieser wird seit 1999 jedes Semester an der Charité in Berlin sowie an insgesamt 14 deutschen und österreichischen Fakultäten durchgeführt, wobei die Teilnahme freiwillig ist und keinerlei Auswirkungen auf die Studienleistungsbewertung hat. Der PTM erlaubt daher Aussagen zum Wissensstand und -zuwachs der Studierenden in unterschiedlichen Fachbereichen oder bezogen auf spezifische Fragen; *Seemann et al.*, Der Orthopäde 2021, 937 (938).

[172] *Seemann et al.*, Der Orthopäde 2021, 937 (938).

wurde.[173] Doch auch wenn die korrekten Antworten im Laufe des Studiums zunahmen, erreichten sie nie den Vergleichswert der anderen Fragen des PTM.[174]

Die fehlenden Kenntnisse der Befragten über alle Semester hinweg bis zum Ende des Studiums stimmen bedenklich, wenn man sich vor Augen führt, dass die Studierenden nach dem zehnten Semester im sog. Praktischen Jahr (PJ) bereits aktiv und selbstständig in Kliniken tätig werden und danach keine weitere spezifische Ausbildung hinsichtlich der Patientenaufklärung erhalten, obwohl diese Bestandteil ihrer Berufspflicht ist. Die Ergebnisse verdeutlichen, dass viele Studierende eine bestehende Gefahr für das Leben als aufklärungspflichtig einordnen und in ihrer Abwägung sogar über die korrekte Diagnoseaufklärung stellen. Das lässt vermuten, dass grundlegende rechtliche Erwägungen des Selbstbestimmungsrechts, die die ärztliche Aufklärungspflicht begründen, nicht bekannt sind oder nicht hinreichend verstanden werden und Studierende davon ausgehen, dass das besonders drastische „worst case" Szenario – nämlich der Tod – unabhängig von dem konkreten Eintrittsrisiko immer aufklärungspflichtig ist.

Angesichts der dargestellten unbefriedigenden Ausbildungssituation[175] und der mangelnden Kenntnis angehender Mediziner:innen bezüglich ihrer Aufklärungspflichten, überrascht es nicht, dass auch Studien zu Aufklärungsdefiziten in der Praxis eine eindeutige Sprache sprechen.

2. Unzureichende Aufklärung bei Früherkennungsmaßnahmen

So hat das Wissenschaftliche Institut der AOK (WIdO) 2019 unter volljährigen gesetzlich Versicherten (N = 2012) eine repräsentative Telefonbefragung zu ärztlicher Aufklärung vor Krebsfrüherkennungsuntersuchungen (für Gebärmutterhalskrebs, Brustkrebs, Prostatakrebs, Hautkrebs, Darmkrebs) durchgeführt.[176] Hierbei wurde nach ärztlichen Informationsgesprächen und schriftlichem Informationsmaterial gefragt. Das Ergebnis der Befragung legt nahe, dass eine informierte, evidenzbasierte Entscheidung bislang nur bei wenigen Untersuchungen angenommen werden kann, da Aufklärungsgespräche nur selten stattfinden. Allerdings ist bei der Bewertung dieser Ergebnisse zu beachten, dass sie auf den subjektiven Angaben und Wahrnehmungen der befragten Patient:innen beruhen.

Die an Früherkennungsuntersuchungen Teilnehmenden wurden gefragt, ob und von wem sie schriftliche Informationen über die Vor- und Nachteile einer Untersuchung erhalten und welche Aufklärungsinhalte sie im Arzt-Patienten-Gespräch wahrgenommen haben.

---

173 *Seemann et al.*, Der Orthopäde 2021, 937 (940).

174 *Seemann et al.*, Der Orthopäde 2021, 937 (939).

175 *Sehouli*, in: HdB Klinische Studien, S. 19.

176 *Schmuker/Zok*, in: Versorgungs-Report Früherkennung, S. 31 ff.

62,1 % der Teilnehmerinnen eines Mammografie-Screenings gaben an, dass sie vorab schriftliche Informationen erhalten hätten. Dieser Anteil scheint angesichts der Tatsache, dass anspruchsberechtige Frauen mit der Einladung zum Screening auch ein Informationsblatt erhalten haben müssten,[177] recht niedrig. Jedenfalls verdeutlicht das Antwortverhalten aber, dass die schriftliche Information, die mit der Einladung versendet worden ist, von vielen Frauen nicht wahrgenommen wurde.

Im Rahmen des Darmkrebs-Screening gaben für einen etwaigen Stuhltest 47,2 % und für eine Koloskopie 57,4 % der Befragten an, schriftliche Informationen zur Unterstützung der Entscheidungsfindung erhalten zu haben.[178] Deutlich seltener fiel die schriftliche Information bei der Früherkennung von Gebärmutterhalskrebs (33,7 %) und dem Hautkrebs-Screening (35,7 %) aus. Abgesehen von der Mammografie erhielten die allermeisten Patient:innen die schriftlichen Informationen in den Arztpraxen und von ihren Ärzt:innen (zwischen 84 % beim Hautkrebs-Screening und 93,6 % bei der Koloskopie zur Darmkrebsfrüherkennung).

Die Mehrheit der Teilnehmenden berichtete, dass mit Ihnen über den Nutzen der Untersuchungen gesprochen wurde (zwischen 52,1 % beim Mammografie-Screening und 75,3 % bei der Früherkennung von Prostatakrebs).[179] Bereits über die Zuverlässigkeit der Tests nahmen die Patient:innen weniger Information wahr (zwischen 45,1 % bei der Mammografie und 67,1 % bei der Früherkennung von Prostatakrebs). Eine Aufklärung über die Vorgehensweise im Falle eines positiven Befundes (zwischen 40,4 % bei der Früherkennung von Gebärmutterhalskrebs und 51,8 % bei der Prostatauntersuchung) und über mögliche Nachteile der Untersuchung fand nach Patientenangaben nur bei einem Bruchteil der Befragten nicht statt (zwischen 17,4 % beim Hautkrebs-Screening und 47 % beim Mammografie-Screening).[180]

Der Nutzen der Untersuchung, die Zuverlässigkeit von Tests und ihren Ergebnissen, mögliche Folgebehandlungen und Nachteile von Maßnahmen sind jedoch unter rechtlichen Gesichtspunkten notwendige Kernbestandteile der Selbstbestimmungsaufklärung.[181]

Bei der Auswertung dieser Ergebnisse ist zu berücksichtigen, dass keine Differenzierung zwischen Erstuntersuchungen und Folgeuntersuchungen vorgenommen wurde und dass die Ergebnisse von der subjektiven Wahrnehmung sowie dem Gedächtnis der Befragten geprägt sind. Weitere Fehlerquellen liegen darin, dass Befragte möglicherweise ein sozial erwünschtes Verhalten übertrieben berichteten (sog. social desirabilitiy bias)[182] oder sie von der Untersuchungserfahrung selbst

---

[177] *Schmuker/Zok*, in: Versorgungs-Report Früherkennung, S. 39.

[178] *Schmuker/Zok*, in: Versorgungs-Report Früherkennung, S. 43.

[179] *Schmuker/Zok*, in: Versorgungs-Report Früherkennung, S. 44.

[180] *Schmuker/Zok*, in: Versorgungs-Report Früherkennung, S. 44 f.

[181] 1. Teil A. II.

[182] *Schmuker/Zok*, in: Versorgungs-Report Früherkennung, S. 46.

oder ihrem persönlichen Verhältnis zum:zur Behandelnden geprägt und in ihrer Wahrnehmung oder ihrem Angabeverhalten beeinflusst wurden. Aufgrund dieser Fehlerquellen dürfte es zwar hinsichtlich der einzelnen Prozentzahlen zu Abweichungen kommen. Sie sind jedoch nicht ausreichend, um den Patientenangaben jegliche Validität abzusprechen. Denn die subjektive Wahrnehmung und der social desirabilitiy bias der Befragten sind keine studienspezifischen Fehlerquellen, sondern spielen in jeder Befragung zu Erfahrungen und Erinnerungen eine verzerrende Rolle.

Die Befragung verdeutlicht daher trotz benannter Fehlerquellen das Problem, in der ärztlichen Praxis bei Standardmaßnahmen ein ausreichendes Aufklärungsmaß zu erreichen, das auch von den behandelten Personen angemessen wahrgenommen wird.[183] Es besteht daher Grund zur Annahme, dass Ärzt:innen trotz bestehender Leitlinien teilweise vor der Durchführung einer Maßnahme nicht umfassend aufklären. Jedenfalls wird bei vielen Patient:innen kein Informationsniveau erreicht, welches für eine selbstbestimmte Entscheidung notwendig ist.

3. Qualität genutzter Aufklärungsbögen

Doch auch die häufig bereitgestellten schriftlichen Informationen gewährleisten nicht die Informationsqualität, die Ärzt:innen und Patient:innen sich von ihnen erhoffen. Um sich rechtlich abzusichern, holen Behandelnde Einwilligungen in der Regel schriftlich ein, wobei sich die Inhalte der Aufklärungsgespräche häufig an standardisierten Aufklärungsbögen orientieren und diese als Diskussionsgrundlage dienen.[184] Die Relevanz der genutzten Aufklärungsbögen darf daher nicht unterschätzt werden, auch wenn die Aufklärung selbst mündlich zu erfolgen hat. Denn während Inhalte aus Aufklärungsgesprächen von Patient:innen häufig nur schlecht erinnert werden und die Wahrnehmung, welche Inhalte angesprochen wurden, bei den Gesprächsbeteiligten unterschiedlich sein kann,[185] haben Aufklärungsbögen den Vorteil, dass Patient:innen diese wiederholt lesen können und auf ihnen basierend vertiefende Fragen stellen können.

In Deutschland werden schriftliche Aufklärungsbögen und Informationsblätter über Verlage bezogen und den Patient:innen häufig in Papierform, teilweise aber auch digital übermittelt. In einer 2018 veröffentlichten Studie[186] wurden in Deutschland genutzte Aufklärungsbögen auf ihren Inhalt, ihre Qualität und Darstellungsformen hin untersucht und an den aktuellen Leitlinien für evidenzbasierte Gesundheitsinformationen gemessen. Insgesamt wurden deutschlandweit 37 Aufklärungsbögen von drei verschiedenen Verlagen und zehn Praxen ausgewertet,

[183] *Schmuker/Zok*, in: Versorgungs-Report Früherkennung, S. 45.

[184] *Lühnen/Mühlhauser/Steckelberg*, Dt. Ärzteblatt int. 2018, 377 (377).

[185] *Lühnen/Mühlhauser/Steckelberg*, Dt. Ärzteblatt int. 2018, 377 (382).

[186] *Lühnen/Mühlhauser/Steckelberg*, Dt. Ärzteblatt int. 2018, 377.

wovon acht von den Praxen selbst erstellt und zwei von Pharmafirmen bezogen wurden. Die Aufklärungsbögen dienten der Information zu zehn medizinischen Standardmaßnahmen.[187] Auch wenn es sich bei den 37 Bögen um keine repräsentative Stichprobe handelt, gehen die Verfasser:innen der Studie aufgrund der Einbeziehung kommerzieller Anbieter von einer Generalisierbarkeit und Vergleichbarkeit hinsichtlich der Qualität deutschlandweit genutzter Aufklärungsbögen aus. Denn solche werden insbesondere von Kliniken häufig zur Unterstützung der Patienteninformation genutzt.[188]

Die Bögen wurden auf folgende Kriterien überprüft: Informationen zur Intervention, Nutzen, Schaden, Alternativen, Option Nichtstun, numerische Häufigkeiten, Name der Autor:innen, Informationsquellen, Erstellungsdatum.

Keiner der untersuchten Bögen entsprach allen rechtlich gestellten Anforderungen. Alle Aufklärungsbögen beschrieben die Intervention als solche, wobei 34 von 37 auch die Vor- und Nachbereitung beinhalteten. Komplikationen und Risiken wurden immer benannt und quantifiziert. Angaben zum Nutzen der Maßnahme wurden in 30 Informationsblättern angegeben, alternative Behandlungsoptionen in 26. Ein Vergleich von Vor- und Nachteilen der Alternativen wurde in sechs Bögen dargestellt. Die Darstellung von Häufigkeiten erfolgte in verbalen Kategorisierungen, in zehn Bögen wurde mit mindestens einer Zahl gearbeitet. Etwaige Transparenzkriterien neben Autorenschaft und Verlag (37 von 37), wie Quellen (0 von 37) oder Erscheinungsdatum (21 von 37) wurden nur bedingt erfüllt.[189] Sprachlich enthielten alle untersuchten Aufklärungsbögen Fachbegriffe, welche jedoch erläutert wurden. In vier Fällen wurde (teilweise) direktive Sprache verwendet.[190]

Hinsichtlich der zu leistenden Unterschrift bezog sich diese bei allen Bögen auf die Einwilligung in die Vornahme der Maßnahme. Bei 34 Bögen bestätigten die Patient:innen mit ihrer Unterschrift den Erhalt der Informationen, in 21 Fällen, dass sie die Information gelesen haben. Nur bei zwölf Exemplaren wurde mit der Unterschrift dokumentiert, dass sie die Informationen verstanden haben. Auf 23 Bögen sollten die Patient:innen mit ihrer Unterschrift bestätigen, dass sie genügend Bedenkzeit hatten.[191] Dieses Ergebnis legt die Vermutung nahe, dass die Entscheidung zur Behandlung mit der Unterschrift der Patient:innen schon gefallen war, obwohl der Entscheidungsprozess mit der erhaltenen Information erst beginnen und nicht bereits enden sollte. Auch ein mündliches Aufklärungsgespräch sollte mit der Unterschrift nicht dokumentiert werden, obwohl ein solches rechtlich zwingend ist.

[187] Koloskopie (n = 13), Mastektomie (n = 2), Perkutane endoskopische Gastrostomie (PEG) (n = 3), Cholezystektomie (n = 3), Knie-Totalendoprothese (n = 3), Bandscheibenprothese (n = 2), PCI (n = 3), Stentprothese bei Aortenaneurysma (n = 2), Tonsillektomie (n = 3) und Kaiserschnitt (n = 3).

[188] *Lühnen/Mühlhauser/Steckelberg*, Dt. Ärzteblatt int. 2018, 377 (382).

[189] *Lühnen/Mühlhauser/Steckelberg*, Dt. Ärzteblatt int. 2018, 377 (382).

[190] *Lühnen/Mühlhauser/Steckelberg*, Dt. Ärzteblatt int. 2018, 377 (382).

[191] *Lühnen/Mühlhauser/Steckelberg*, Dt. Ärzteblatt int. 2018, 377 (382).

Die Analyse der Aufklärungsbögen zeigt, wie heterogen und qualitativ unterschiedlich die in der Praxis verwendeten Aufklärungsbögen sind und dass sie nur teilweise den Kriterien für evidenzbasierte Gesundheitsinformationen genügen. Kein einziger ausgewerteter Bogen entsprach allen Kriterien, wobei für eine selbstbestimmte Entscheidung der einwilligenden Person die inhaltlichen Angaben von größerer Bedeutung sein dürften als die Transparenzkriterien. Jedoch ist auch hinsichtlich der Behandlungsalternativen, die nur teilweise aufgelistet wurden, eine informierte Entscheidung ohne Kenntnis der Vor- und Nachteile verschiedener Optionen kaum möglich. Hinsichtlich der Transparenzkriterien ist nicht zu unterschätzen, dass diese eine Beurteilung der Informationsvalidität ermöglichen und eine solche bei fehlender Transparenz erschwert wird.[192]

II. Unsicherheit der Patienten

Doch nicht nur auf Behandelndenseite bestehen aufgrund mangelhafter Aufklärungsbögen und schlechter Ausbildungssituation Unsicherheiten hinsichtlich der rechtlichen Aufklärungsanforderungen. Auch auf Patientenseite kommt es regelmäßig zu Unklarheiten und Unverständnis nach einer erfolgten Aufklärung.

Untersuchungen zeigen, dass es immer wieder zu Verständnisproblemen zwischen Ärzt:innen und Patient:innen kommt. So haben nach einer 2019 veröffentlichten Studie[193] 54,3 % der Patient:innen erhebliche Schwierigkeiten, gesundheitsrelevante Informationen zu verstehen.[194] In der Untersuchung wurde mithilfe eines Fragebogens ermittelt, inwieweit Patient:innen im Alltag häufig vorkommende medizinische Fachbegriffe verstehen. Hierzu wurden 196 stationär behandelte Patient:innen zu 43 Begriffen (z.B. Reflux, Angina pectoris, Body-Mass-Index) befragt. Zusätzlich wurde eine Assoziation mit verschiedenen Einflussfaktoren wie Ausbildung, Versicherungsstatus und Konsum bestimmter Informationsmedien durchgeführt.

Die Studie ergab, dass erhebliche Verständnisprobleme zwischen medizinischem Fachpersonal und Patient:innen zum Alltag der Patienten-Arzt-Kommunikation gehören. Aufgrund der hohen Präsenz öffentlich zugänglicher Informationsquellen wie dem Internet und breit angelegten Präventionsmaßnahmen (so unterziehen sich bspw. jährlichen sechs Millionen Bundesbürger einer Endoskopie[195] zur Früherkennung von Krebs im Magen-Darm-Trakt) wird im Allgemeinen von einer Zunahme des Patientenwissens ausgegangen, wobei auch Patient:innen ihr medizinisches Verständnis überschätzen.[196] Denn bei allen 43 abgefragten Begriffen, Symptomen und Krankheitsbildern gaben mehr Befragte an, deren Bedeutung zu

[192] *Lühnen/Mühlhauser/Steckelberg*, Dt. Ärzteblatt int. 2018, 377 (382).

[193] *Gundling et al.*, DMW 2019, e21.

[194] *Eberbach*, Der Urologe 2021, 1339 (1344).

[195] *Lerch/Lammert*, Weissbuch Gastroenterologische Erkrankungen 2017, S. 10.

[196] *Gundling et al.*, DMW 2019, e21 (e22).

kennen als es tatsächlich der Fall ist. Gaben im Mittel über alle Fragen 65,8 % ± 31,7 % an, zu wissen, was man unter dem jeweiligen Fachbegriff versteht, kannten tatsächlich nur 48,8 % ± 26,6 % die zutreffende Bedeutung. Durchschnittlich wurden 17 bis 18 % mehr Fachkenntnis und Begriffsverständnis angegeben, als tatsächlich vorhanden waren. Gerade bei spezieller medizinischer Terminologie (z. B. Ödem, Koloskopie) war die Selbstüberschätzung der Patient:innen besonders hoch, vereinfachte Begriffe (z. B. Darmspiegelung statt Koloskopie, Magengeschwür statt Ulkus) waren den Befragten erwartungsgemäß bekannter.[197]

Bei differenzierter Betrachtung nach Geschlecht und Alter wurde festgestellt, dass Frauen tendenziell über mehr korrektes medizinisches Wissen verfügten als die männlichen Befragten und dass das Wissen grundsätzlich mit dem Alter abnahm. Gleichzeitig nahm die subjektive Annahme eines korrekten Verständnisses bei den Befragten mit steigendem Alter zu. Bezüglich der Schulbildung ergab sich zudem erwartungsgemäß, dass der Wissensstand mit der steigenden schulischen Qualifikation zunahm.[198] Ein hoher Medien- und Zeitungskonsum garantierte überraschenderweise kein Wissen über in den Medien teilweise sehr präsente Begriffe. Dasselbe galt auch für Personen mit häufigem Arztkontakt. Dies könnte entweder daran liegen, dass es sich bei ihnen um besonders morbide Personen handelt, deren schlechtes Abschneiden krankheitsbedingt zu erklären ist. Daneben ist es aber auch möglich, dass Ärzt:innen nach einmaliger Aufklärung auf weitere Wiederholungen verzichten.

Unabhängig von diesen Faktoren zeigte die Studie, dass grundsätzlich deutlich mehr Patient:innen behaupteten, die Bedeutung medizinischer Begriffe zu kennen, als es bei objektiver Überprüfung der Fall war. Es ist anzunehmen, dass das medizinische Fachpersonal im Patientengespräch den vorgegebenen Kenntnisstand der Patient:innen zugrunde legt, ohne diesen erneut zu überprüfen. Infolgedessen können Fehlvorstellungen und Missverständnisse auf Seiten der Behandelten auftreten. Da diese ihre Missverständnisse möglicherweise selbst nicht erkennen, ist anzunehmen, dass keine Nachfragen mehr gestellt werden und Ärzt:innen fälschlicherweise davon ausgehen, ihre Patient:innen hätten die Information korrekt verstanden und könnten sie richtig einordnen.

Ein vermeintliches und falsches Verständnis auf Patientenseite kann sowohl die Entscheidungsfähigkeit im Rahmen einer selbstbestimmten Einwilligung als auch das Vertrauensverhältnis zwischen behandelter Person und medizinischem Personal behindern.

Dass es aufgrund solcher kommunikativen Schwierigkeiten in der Praxis zu Missverständnissen und hierauf aufbauenden Konfliktsituationen kommen kann, die in einem Gerichtsverfahren enden, scheint plausibel.

Im Folgenden wird anhand einiger Beispielsfälle die strafrechtliche Rechtsprechung bei mangelhafter Aufklärung dargestellt.

---

[197] *Gundling et al.*, DMW 2019, e21 (e24).

[198] *Gundling et al.*, DMW 2019, e21 (e25).

2. Teil

Die aktuelle strafrechtliche Bewertung mangelhafter medizinischer Aufklärung

Vor 2013 waren medizinische Aufklärungspflichten gesetzlich nicht normiert. Es war Sache der Gerichte, diese zivilrechtlich und strafrechtlich herauszuarbeiten und zu konkretisieren. Mit der Normierung der §§ 630c, 630e BGB, die die Aufklärungs- und Informationspflichten der Behandelnden gesetzlich festlegen, kodifizierte der Gesetzgeber die bis dahin richterrechtlich entwickelten Grundsätze.[1] Die vor Kodifizierung der Pflichten gefallenen Gerichtsentscheidungen verloren daher auch nach 2013 nicht ihre Aktualität.

A. Fallbeispiele der strafrechtlichen Rechtsprechung

In den folgenden Fällen nahmen die Gerichte aus unterschiedlichen Gründen Aufklärungsfehler an. Die Beispiele zeigen, dass in Gerichtsverfahren nach der Feststellung fehlerhafter Aufklärung häufig die hypothetische Einwilligung geprüft wird. Die Entscheidungen zeigen auch, wie die Gerichte Irrtümer einordnen, denen die Angeklagten beim Verkennen der Unwirksamkeit der erteilten Einwilligungen unterliegen.

I. Der Myom-Fall

Der Myom-Fall ist einer der markantesten Fälle aus der Praxis, der aufzeigt, welche persönlichen Belastungen und Folgen bis hin zur Existenzgefährdung eine mangelhafte Aufklärung für Behandelnde trotz *lege artis* durchgeführtem Eingriff mit sich bringen kann. Der BGH hob zwei Urteile des LG Essen auf. Eine dritte Verhandlung vor dem LG fand nicht statt, da der Angeklagte zwischenzeitlich verstarb.

---

[1] BT-Drucks. 17/10488, S. 9; *Rosenau*, in: Jahrbuch für Recht und Ethik, S. 277.

1. Sachverhalt

Der angeklagte Chefarzt hatte bei einer Untersuchung seiner 46 Jahre alten Patientin eine Geschwulst (Myom) an der Gebärmutter festgestellt. Er riet ihr zur medizinisch indizierten operativen Entfernung. Die Patientin willigte in die Entfernung des Myoms ein. Aufgrund der Verwachsungen der Geschwulst mit der Gebärmutter stellte der Arzt bei Durchführung der Operation fest, dass die Geschwulst nicht ohne die gleichzeitige Ausräumung der Gebärmutter entfernt werden konnte. Daher nahm er diese vor. Mit einem so weitgehenden Eingriff war die Patientin jedoch nicht einverstanden. Sie erstattete Strafanzeige mit der Begründung, der Angeklagte habe „aufgrund der Untersuchung und der Besprechung mit ihr nicht annehmen dürfen, dass sie mit der Entfernung der Gebärmutter einverstanden sei."[2]

Das LG Essen hatte hinsichtlich einer Strafbarkeit gem. § 229 StGB sowohl die Tatbestandsmäßigkeit als auch die Rechtswidrigkeit des Eingriffs angenommen. Allerdings hielt die Kammer die subjektive Fahrlässigkeit des Angeklagten, der irrtümlich von der Zustimmung ausging, nicht für erwiesen. Das LG entschied, der Angeklagte habe schon vor der Operation von dem Einverständnis der Patientin bzgl. der Entfernung ihrer Gebärmutter ausgehen dürfen. Die Operation sei medizinisch indiziert gewesen und *lege artis* erfolgt. Das Gericht begründete diese Annahme mit dem Alter der Patientin und damit, dass sie bereits in der Vergangenheit wegen ihrer Beschwerden mit Fachärzten gesprochen hatte und mehr Kenntnis von den Risiken hatte, als bei einem Laien zu erwarten gewesen sei.[3] Es erfolgte zunächst ein Freispruch.

2. Erste Entscheidung des BGH[4]

In der Annahme des LG, der Angeklagte habe schon vor der Operation von dem Einverständnis seiner Patientin ausgehen dürfen, sah der BGH (BGH, Urt. v. 28.11. 1957, Az. 4 StR 525/57) eine Rechtsverletzung. Die Strafkammer hätte laut Senat erörtern müssen, ob der Angeklagte vor der Operation im Rahmen der Aufklärung fahrlässig handelte, indem er die mögliche Komplikation und die hierdurch notwendige Entfernung des Uterus nicht vorhersah, die Patientin nicht informierte und keine Einwilligung in diese einholte. Ein solches Unterlassen ließe sich nicht dadurch rechtfertigen, dass der Arzt die Patientin nicht über das erforderliche Maß hinaus habe beunruhigen wollen. Die völlige Ausräumung innerer Fortpflanzungsorgane sei ein so tiefgreifender Eingriff in die körperliche Unversehrtheit, dass sie nicht vorgenommen werden dürfe, ohne dass zuvor eine Einwilligung der Patientin

[2] BGH, Urt. v. 28.11.1957–4 StR 525/57, BGHSt 11, 111 = NJW 1958, 267.

[3] Die Zusammenfassung des Urteils vom LG Essen entstammt der Darstellung des BGH, Urt. v. 28.11.1957–4 StR 525/57, BGHSt 11, 111 = NJW 1958, 267.

[4] BGH, Urt. v. 28.11.1957–4 StR 525/57, BGHSt 11, 111 = NJW 1958, 267.

eingeholt würde.[5] Das Unterlassen der Aufklärung über ein solches Komplikationsrisiko sei nicht durch eine falsch verstandene Rücksichtnahme zu rechtfertigen.

In seiner Entscheidung ließ der Senat die Frage, wie weit die ärztliche Aufklärungspflicht reicht, offen und verwies lediglich auf die zivilgerichtlich festgestellten Grundsätze vom VI. Zivilsenat. Nach dessen Rechtsprechung beeinflussten der Grad der Gefährlichkeit und der Eingriff in die körperliche Integrität das Maß und den Umfang der ärztlichen Aufklärungspflicht.[6] Eine wirksame Einwilligung fordere, dass der Einwilligende das Wesen, die Bedeutung und die Tragweite des ärztlichen Eingriffs in seinen Grundzügen erkannt habe. Die Aufklärungspflicht gehöre zum ärztlichen Beruf.[7]

3. Zweite Entscheidung des BGH[8]

In der neuen Hauptverhandlung vor dem LG wurde der Angeklagte ebenfalls wegen fahrlässiger Körperverletzung gem. § 229 StGB verurteilt. Die Kammer stellte fest, dass der Angeklagte infolge der Vernachlässigung der gebotenen und ihm möglichen Sorgfalt seine Patientin nicht über eine möglicherweise notwendige Operationserweiterung aufklärte und er irrig von einer wirksamen Einwilligung ausging. Hierbei hätte er erkennen müssen, dass die Patientin nur in die Entfernung des Myoms und nicht in die Entfernung ihrer Gebärmutter eingewilligt habe.[9]

Jedoch hob der BGH auch dieses Urteil aufgrund eines Verfahrensfehlers auf (BGH, Urt. v. 28.10.1960, Az. 4 StR 375/60). Das LG hatte eine in den Zeugenstand geladene Ärztin ohne weitere Vernehmung zur Sache entlassen, ohne zu klären, ob sie trotz fehlender Entbindung von ihrer Schweigepflicht aussagen wollte. Hierdurch sei eine wesentliche Förmlichkeit des Verfahrens verletzt worden.[10]

Inhaltlich sind die Ausführungen interessant, der Tatrichter habe nicht ausreichend geprüft, ob der Angeklagte hätte erkennen können und müssen (subjektive Fahrlässigkeit), dass die Patientin im Falle einer vollständigen fehlerfreien Auf-

---

[5] BGH, Urt. v. 28.11.1957–4 StR 525/57 = BGHSt 11, 111 = NJW 1958, 267 (268).

[6] BGH, Urt. v. 10.7.1954 – VI ZR 45/54, NJW 1956, 1106 (1107).

[7] BGH, Urt. v. 10.7.1954 – VI ZR 45/54, NJW 1956, 1106 (1107).

[8] BGH, Urt. v. 28.10.1960–4 StR 375/60, BGHSt 15, 200.

[9] In der amtlichen Sammlung sind nur die Urteilsgründe abgedruckt, die sich mit der Verfahrensrüge auseinandersetzen. Die Ausführungen, die die materielle Fahrlässigkeitsstrafbarkeit und eine etwaige hypothetische Einwilligung betreffen sind unveröffentlicht. Trotzdem lässt sich die Rechtslage den Verweisen aus der Literatur entnehmen, so etwa *Biermann*, in: Ulsenheimer/Gaede, Arztstrafrecht in der Praxis, Rn. 336; *Hengstenberg*, Die hypothetische Einwilligung im Strafrecht, S. 83 m.w.N.

[10] BGH, Urt. v. 28.10.1960–4 StR 375/60, BGHSt 15, 200.

klärung einen Eingriff diesen Umfangs endgültig verweigert hätte.[11] Der Angeklagte habe davon ausgehen dürfen, dass die Patientin auch bei mangelfreier Aufklärung ihre Einwilligung erteilt hätte, auch wenn sie im Nachhinein mit der Entfernung ihrer Gebärmutter nicht einverstanden war.[12]

Eine weitere Auseinandersetzung des zuständigen LG entfiel aufgrund des vorherigen Versterbens des Angeklagten.

II. Der „Surgibone"-Fall[13]

Im sog. „Surgibone"-Fall (BGH, Urt. v. 29.06.1995, Az. 4 StR 760/94) befasste sich der BGH mit dem Umfang der Risikoaufklärung bei verschiedenen Behandlungsalternativen. Er ging im Rahmen eines Hinweises erstmals auf die Möglichkeit einer hypothetischen Einwilligung bei mangelhafter Aufklärung im Strafrecht ein.

1. Sachverhalt

Der angeklagte Chefarzt führte mehrere HWSDisc-Ektomien (Halswirbelsäulen-Bandscheiben-Entfernungen) in der Art aus, dass er nach Entfernung der abgenutzten Halsbandscheibe aufbereitete Rinderknochen („Surgibone"-Dübel) als Abstandhalter zwischen die angrenzenden Wirbelkörper einsetzte.

Üblicherweise wurden in Deutschland zum Tatzeitpunkt bei dem Eingriff Eigenknochen oder Kunststoffdübel verwendet. Die Verwendung von Eigenknochen hatte den Vorteil, dass sie aufgrund der knöchernen Verbindung mit den angrenzenden Wirbeln zu einer hohen Festigkeit beitrugen. Zum Einsetzen von Eigenknochen war jedoch eine zweite Operation zur Entnahme des Materials erforderlich. Diese war mit erheblichen Schmerzen und Risiken verbunden.

Bei den vom Angeklagten benutzten „Surgibone"-Dübeln dauerte eine knöcherne Verbindung mit den angrenzenden Wirbeln länger als bei Eigenknochen. Bis zum Eintritt dieser Verbindung bestand daher länger die Gefahr einer Spankomplikation (z.B. Dislokation, Ausstoßung, Resorption des Spans), welche grds. aber auch bei Eigenknochen bestand. Allerdings war die Nutzung der „Surgibone"-Dübel nicht mit einer zweiten Operation verbunden.

Zum Zeitpunkt der Behandlungen war das Einsetzen der „Surgibone"-Dübel im Ausland bereits verbreitet. Zu ihrem Gebrauch gab es bereits umfangreiche Studien.

---

[11] BGH, Urt. v. 28.10.1960 – 4 StR 375/60, BGHSt 15, 200 = juris Rn. 13; *Biermann*, in: Ulsenheimer/Gaede, Arztstrafrecht in der Praxis, Rn. 336.

[12] BGH, Urt. v. 28.10.1960 – 4 StR 375/60, BGHSt 15, 200 = juris Rn. 13; *Hengstenberg*, Die hypothetische Einwilligung im Strafrecht, S. 84.

[13] BGH, Urt. v. 29.6.1995 – 4 StR 760/94, NStZ 1996, 34.

Allerdings waren die Dübel in Deutschland kein vom Bundesgesundheitsamt zugelassenes Arzneimittel. Hiervon ging der behandelnde Arzt jedoch irrtümlich aus.

In den sechs Fällen, in denen es zur Anklage kam, erlitten die Patient:innen Spankomplikationen. Es kam zu Beschwerden, sodass die Patient:innen teilweise erneut operiert werden mussten. Vor den Eingriffen waren die behandelten Personen über bestehende Risiken aufgeklärt worden. Von einer Aufklärung über die unterschiedlichen Materialien sowie deren spezifische Vor- und Nachteile wurde abgesehen, um die Patienten „nicht zu verunsichern". Im Prozess machten die Patient:innen deutlich, sie hätten bei einer ausführlichen Aufklärung nicht oder nicht sofort in den Eingriff unter Verwendung der „Surgibone"-Dübel eingewilligt.

Ein Verstoß gegen den medizinischen Standard wegen der Verwendung der „Surgibone"-Dübel lag aufgrund der verbreiteten Anwendung im Ausland nicht vor. Das LG verurteilte den Angeklagten zu einer Gesamtgeldstrafe von 100 Tagessätzen wegen vorsätzlicher Körperverletzung gem. § 223 I StGB. Die Einwilligungen seien unwirksam gewesen, da der Arzt es versäumt habe, über bestehende Implantatsalternativen zu informieren und die mit ihnen spezifisch einhergehenden Vor- und Nachteile sowie Belastungen aufzuzeigen.[14]

2. Entscheidung des BGH[15]

Dass die Einwilligungen aufgrund mangelhafter Aufklärung unwirksam waren, bestätigte der BGH (BGH, Urt. v. 29.6.1995, Az. 4 StR 760/94) im Ergebnis. Allerdings folgte er der Vorinstanz nicht in ihrer Begründung.

Der BGH stellte fest, dass die Wahl der Behandlungsmethode grds. bei den Behandelnden liegt.[16] Diese brauchen ihren Patient:innen nicht im Allgemeinen zu erläutern, welche verschiedenen Behandlungsmethoden in Betracht kämen. Der Umstand, dass ein Interponat aus körperfremdem statt körpereigenem Material eingepflanzt wird, begründe daher für sich genommen keine Aufklärungspflicht. Vielmehr müssten die unterschiedlichen Materialien unterschiedliche Risiken, Belastungen und Erfolgschancen mit sich bringen.[17] Ein solcher Unterschied müsse von entscheidendem Gewicht sein, welches nicht vorläge, wenn eine Behandlungsalternative nur eine geringfügig andere Komplikationsrate habe. Zur Begründung dieser Annahme verwies der BGH auch in dieser Entscheidung auf zivilgerichtliche Urteile.[18]

---

[14] Aus der Sachverhaltszusammenfassung des BGH: BGH, Urt. v. 29.6.1995–4 StR 760/94, NStZ 1996, 34.

[15] BGH, Urt. v. 29.6.1995–4 StR 760/94, NStZ 1996, 34.

[16] BGH, Urt. v. 29.6.1995–4 StR 760/94, NStZ 1996, 34.

[17] BGH, Urt. v. 29.6.1995–4 StR 760/94, NStZ 1996, 34.

[18] Verweis zur Aufklärungspflicht bei Behandlungsalternativen auf das folgende Urteil: BGH, 22.9.1987 – VI ZR 238/86, NJW 1988, 763; BGH, Urt. v. 29.6.1995–4 StR 760/94, NStZ 1996, 34.

Im vorliegenden Fall lehnte der BGH eine zusätzliche Belastung durch Nutzung des körperfremden Materials ab. Vielmehr entfielen durch sie gerade zusätzliche Belastungen durch eine notwendige zweite Operation.

Allein die Feststellung, dass es bei „Surgibone"-Dübeln im Heilungsprozess unbestimmt länger zu Spankomplikationen kommen kann als bei körpereigenem Material, sage nichts über die Höhe des Risikos aus. Beiden Alternativen hafte dasselbe Risiko an. Die Risiken unterschieden sich nur durch eine unterschiedlich lange Störanfälligkeit. Der fehlende Hinweis hierauf sei kein Grund für die Unwirksamkeit der erteilten Einwilligungen.[19]

Die Unwirksamkeit stütze sich vielmehr darauf, dass der Angeklagte nicht darüber aufgeklärt hatte, dass es sich bei den verwendeten Interponaten um ein zulassungspflichtiges, aber nicht zugelassenes Arzneimittel handelte. Hierdurch fehle dem Material ein Gütesiegel, das für Entscheidungen einzelner Patienten wesentlich sein könne. Hieran ändere auch die Tatsache nichts, dass die Methode dem international anerkannten Standard genügte.[20]

Da sich der angeklagte Arzt über die Zulassung der verwendeten Dübel irrte und davon ausging, hierüber nicht aufklären zu müssen, ging er von wirksamen Einwilligungen aus. Er unterlag somit einem Erlaubnistatbestandsirrtum, welcher den Vorsatz analog § 16 I StGB entfallen ließ. Lediglich eine Strafbarkeit wegen fahrlässiger Körperverletzung käme in Betracht, wenn der Angeklagte hätte erkennen können, dass das verwendete Material nicht zugelassen war.

Für die neue Hauptverhandlung erließ der BGH folgende Hinweise:

Aufklärungsmängel können eine Strafbarkeit wegen Körperverletzung nur begründen, wenn der Patient bei mangelfreier Aufklärung nicht trotzdem in den Eingriff eingewilligt hätte. Dies sei dem Arzt – anders als im Zivilrecht – nachzuweisen. Könne dieser Nachweis nicht erfolgen, sei eine rechtfertigende hypothetische Einwilligung anzunehmen.[21]

Außerdem müsse bei einer unwirksamen Einwilligung die Frage nach dem Schutzzweckgedanken der Aufklärungspflicht beantwortet werden. Denn nicht jeder nicht durch Einwilligung gedeckte Eingriff stelle eine Körperverletzung dar.[22] Vielmehr könne sich eine Beschränkung unter dem Gesichtspunkt des Schutzzweckgedankens ergeben.[23] Solche Beschränkungen seien im Grundsatz auch in der zivilrechtlichen Rechtsprechung anerkannt.[24]

---

[19] BGH, Urt. v. 29.6.1995 – 4 StR 760/94, NStZ 1996, 34.

[20] BGH, Urt. v. 29.6.1995 – 4 StR 760/94, NStZ 1996, 34.

[21] BGH, Urt. v. 29.6.1995 – 4 StR 760/94, NStZ 1996, 34 (35).

[22] Vgl. schon ausführlich 1. Teil B. III. 2.

[23] BGH, Urt. v. 29.6.1995 – 4 StR 760/94, NStZ 1996, 34 (35).

[24] Verweis des Gerichts auf folgendes Urteil: BGH, Urt. v. 12.3.1991 – VI ZR 232/90, NJW 1991, 2346.

III. Der Lipotransfer-Fall

In einem aktuelleren Beschluss (BGH, Beschl. v. 02.11.2022, Az. 3 StR 162/22)[25] bestätigte der BGH eine Entscheidung des LG Düsseldorf (LG Düsseldorf, Urt. v. 16.11.21, Az. 1 Ks 24/20)[26], welches einen plastischen Chirurgen wegen Körperverletzung mit Todesfolge gem. § 227 I, II StGB nach mangelhafter Aufklärung verurteilte.

Für diese Arbeit interessant ist das Urteil vor allem, weil sich das Gericht in diesem mit den Anforderungen an das Aufklärungsgespräch bei medizinisch nicht indizierten Eingriffen und der Abgrenzung des Erlaubnistatbestandsirrtums zum Verbotsirrtum befasst hat.

1. Sachverhalt

Der Angeklagte führte in seiner Praxis sog. Lipotransfer-Operationen durch. Hierbei wird Patient:innen Körperfett entnommen (Liposuktion) und an anderen Körperregionen wieder eingeführt (Lipotransfer). Diesen Eingriffen liegen keine medizinischen Indikationen zu Grunde. Sie erfolgen allein aufgrund ästhetischer Vorstellungen und Wünsche der behandelten Person. Typische Risiken eines Lipotransfers sind schwere Blutungen. Auch die Gefahr eines Kreislaufversagens besteht, wenn die behandelte Person durch das Absaugen des Gewebes zu schnell und zu viel Flüssigkeit verliert. Ein weiteres Risiko ist die sog. Fettembolie. Diese tritt auf, wenn bei der Einführung des Gewebes Fettbestandteile in den Blutkreislauf und die Lunge gelangen und dort den Gasaustausch behindern. Die Komplikationsrisiken steigen mit zunehmender abgesaugter Gewebemenge.

Bei den beiden Geschädigten K und C entnahm der Angeklagte 12,3 l sowie 6,3 l Gewebeflüssigkeit. Infolge der Operation kam es bei K zu einem inneren Verbluten in Kombination mit einer Gefäßverstopfung und bei C zu einem Kreislaufversagen als Folge eines erheblichen Blutverlustes in Kombination mit einer Gefäßverstopfung. Beide Patientinnen verstarben.

Der Angeklagte schickte den Geschädigten vor der Operation Aufklärungsbögen über den Nachrichtendienst WhatsApp. Am Tag des Eingriffs unterschrieben die Patientinnen ein Formular, in dem die Funktionen der Behandlung und mögliche Alternativen aufgelistet waren.

In diesem Formular wurde auf „u. U. auch lebensbedrohliche" Komplikationen hingewiesen, wie „Kreislaufreaktionen bis hin zum lebensbedrohlichen Kreislaufschock oder einem lebensgefährlichen Lungenödem." Des Weiteren wurden Blutgerinnsel, Fettembolien und Lungenembolien als lebensgefährliche Folgen aufge-

[25] BGH, Beschl. v. 2.11.2022–3 StR 162/22, BeckRS 2022, 38868.

[26] LG Düsseldorf, Urt. v. 16.11.2021–1 Ks 24/20, BeckRS 2021, 55107.

listet. Eine individuelle Information über patientenspezifische Risiken wurde im Rahmen eines Aufklärungsgesprächs angekündigt.

Auf einem zugehörigen Formular notierte der Angeklagte vor der Behandlung der K handschriftlich:

„Mögliche Komplikationen & Risikofaktoren

Blutung, Blutanämie bei größeren Mengen von Fettabsaugung,

Kreislaufstörung, Schwäche (…)

Lebensbedrohliche Komplikationen wie z.B. massive Blutung, Kreislaufschock, Lungenödem, Thrombose & Embolie, Organverletzung, bis zum Tod (…)"

Auf dem Anamnesebogen der C trug der Angeklagte handschriftlich ein:

„Alle möglichen Komplikationen und Folgen wurden sowohl heute als auch während der ersten Beratung ausführlich erklärt. Die Patientin hat alle ihre Fragen gestellt, alle Fragen wurden ausführlich beantwortet.

Persönliche Risikofaktoren: Bek. Faktor V-Leiden. Vor der OP wurde eine hämatologische Untersuchung durchgeführt. (…)"

Der Angeklagte hatte allenfalls kurze Teile des umfangreichen Aufklärungsbogens vorgelesen. Eine Erläuterung des Texts und eine vertiefende mündliche Aufklärung erfolgten nicht. Die Geschädigten unterschrieben die Formulare. Ein Hinweis auf die zu entnehmende und die einzubringende Gewebemenge erfolgte ebenso wenig wie ein Hinweis, dass diese Mengen die maximale Richtmenge von 5 l deutlich überschritten. Der Angeklagte erklärte weder den Zusammenhang zwischen entnommener Gewebemenge und Komplikationsrisiken noch die risikomindernde Alternative mehrerer Eingriffe mit kleineren Gewebemengen.

2. Entscheidung des LG Düsseldorf

Das LG Düsseldorf kam zu dem Schluss, dass die bloße Vorlage der Aufklärungsbögen ohne intensive mündliche Aufklärung nicht ausreiche, um die tatbestandliche Körperverletzung zu rechtfertigen. Da die in den §§ 630d, 630e BGB getroffenen Regelungen grds. auch für die Beurteilung strafrechtlicher Haftung maßgebend seien, habe die Aufklärung gem. § 630e II BGB grds. mündlich durch den Behandelnden zu erfolgen. Es sei notwendig gewesen, dass der Arzt seine Patientinnen in gebotener Weise, d.h. besonders „eindringlich bzw. drastisch und schonungslos"[27] über die Risiken und risikomindernden Alternativen aufkläre. Die Aufklärung habe auch einen Hinweis auf schwerste in Betracht kommende Verläufe zu enthalten. Je weniger ein Eingriff medizinisch geboten sei, desto ausführlicher seien Patient:innen über die Erfolgsaussichten und schädliche Folgen zu informie-

---

[27] LG Düsseldorf, Urt. v. 16.11.2021 – 1 Ks 24/20, BeckRS 2021, 55107 Rn. 124.

ren.[28] Eine Aufklärung über den Zusammenhang zwischen entnommener Gewebemenge und Risikoraten sowie risikoärmerer Alternativen hätten Einfluss auf die Entscheidungen der Geschädigten gehabt. Das Absehen von einer Aufklärung über Behandlungsalternativen sei auch im kosmetischen Bereich nicht dadurch zu rechtfertigen, dass man Patient:innen nicht zusätzlich verunsichern wolle.

Die Geschädigten konnten aufgrund der mangelhaften Aufklärung das wahre Risiko nicht hinreichend erkennen und verinnerlichen. Daher seien ihre Einwilligungserklärungen unwirksam.

An dieser Stelle muss angemerkt werden, dass selbst bei fehlerfreier Aufklärung durch den Angeklagten wohl nicht von einer wirksamen Einwilligung der Patientinnen hätte ausgegangen werden können. Einwilligungen beziehen sich grds. nur auf kunstgerecht ausgeführte Eingriffe, soweit nicht ausdrücklich etwas anderes vereinbart ist.[29] Die von dem Angeklagten abgesaugten Fettmengen überstiegen die Menge, die als kunstgerecht gilt, weit. Er hätte daher seinen Patientinnen die geplante Abweichung vom medizinischen Standard im Aufklärungsgespräch klar verdeutlichen und sich mit ihnen hierüber einigen müssen. Ob ein vereinbartes negatives Abweichen vom medizinischen Standard zulässig ist oder die Sittenwidrigkeit eines Eingriffs i. S. d. § 228 StGB begründet, wird in 3. Teil B. III. 2. erörtert.

Eine hypothetische Einwilligung der Geschädigten bei zutreffender Kenntnis vermochte die Kammer nicht anzunehmen. Zwar hatten die Geschädigten ein ausgeprägtes Interesse an der Veränderung ihres äußeren Erscheinungsbildes. Jedoch sei nicht davon auszugehen, dass sie in den riskanten Eingriff eingewilligt hätten, wenn sie von der risikovermindernden Alternative mehrerer zeitlich gestreckter Eingriffe Kenntnis gehabt hätten.[30]

Der Angeklagte unterlag nach Ausführungen des Gerichts bei Tatausführung auch keinem Erlaubnistatbestandsirrtum.

Ein solcher liegt vor, wenn Täter:innen irrig das Vorliegen eines rechtfertigenden Sachverhalts annehmen. Hierfür müssen sie sich über Tatsachen irren, die wenn sie vorgelegen hätten, ihre Tat gerechtfertigt hätten. Hingegen lässt ein Irrtum über die rechtfertigende Wirkung einer in tatsächlicher Hinsicht vollständig erfassten, jedoch rechtlich unzureichenden Aufklärung den Vorsatz nicht entfallen.

Aus der bloßen Vorlage der Aufklärungsbögen und der unzureichenden mündlichen Aufklärung folgerte die Kammer, dass der Angeklagte die Aufklärung als bloße „Formsache“ ansah und kein Interesse daran hatte, den Geschädigten tatsächlich ausreichende Kenntnis von den Risiken zu verschaffen.[31] In seinem Ge-

---

[28] LG Düsseldorf, Urt. v. 16. 11. 2021 – 1 Ks 24/20, BeckRS 2021, 55107, Rn. 177.

[29] BGH, Urt. v. 19. 11. 1997 – 3 StR 271 – 97, NJW 1998, 1802 (1803); BGH, Urt. v. 5. 7. 2007 – 4 StR 549/06, NStZ-RR 2007, 340 (341).

[30] LG Düsseldorf, Urt. v. 16. 11. 2021 – 1 Ks 24/20, BeckRS 2021, 55107, Rn. 185.

[31] LG Düsseldorf, Urt. v. 16. 11. 2021 – 1 Ks 24/20, BeckRS 2021, 55107, Rn. 46.

spräch mit den Patientinnen habe der Angeklagte angesprochene Risiken heruntergespielt.[32]

Der Angeklagte habe sich keine Gedanken über die Unwirksamkeit der Einwilligungen und mögliche strafrechtliche Folgen gemacht. Er sei auch nicht davon ausgegangen, dass eine hypothetische Einwilligung seiner Patientinnen vorlag. Hierüber habe er sich überhaupt keine Gedanken gemacht, weil er davon ausging, dass die ihm bekannten theoretischen Risiken nicht relevant würden.[33]

Ging der Angeklagte von der Rechtmäßigkeit seines Handelns aus, wäre nach diesen Überlegungen höchstens die Annahme eines Verbotsirrtums möglich gewesen.

Anders beurteilte der BGH 2011 einen Irrtum, in dem er feststellte, dass eine Strafbarkeit wegen vorsätzlicher Körperverletzung nur dann in Betracht kommt, wenn der:die Ärzt:in „nicht an eine Einwilligung glaubte"[34]. Diese Einordnung wird im folgenden Fall dargestellt.

IV. Der Speiseröhren-Fall[35]

In seiner Entscheidung von 2011 (BGH, Urt. v. 11.10.2011, Az. 1 StR 134/11) ging der BGH auf die hypothetische Einwilligung und die Rechtsfolge des Irrtums ein, wenn Behandelnde bei Vornahme eines Eingriffs von einer wirksamen Einwilligung ausgehen.

1. Sachverhalt

Der Angeklagte hatte in seinen Praxisräumen bei einem 85-jährigen Patienten eine aufgrund von Blutungen medizinisch indizierte Darmspiegelung durchgeführt. Nachdem er den Patienten zuvor rechtzeitig und mündlich über die Durchführung des Eingriffs aufgeklärt hatte, unterschrieb dieser eine Einwilligungserklärung. Die Untersuchung blieb ohne Ergebnisse. Der Arzt beabsichtigte daher im Anschluss, eine Magenspiegelung durchzuführen. Der Patient war aufgrund der andauernden Sedierung nicht in der Lage, in rechtserheblicher Weise zu diesem Zeitpunkt in die Magenspiegelung einzuwilligen. Dies erkannte der Angeklagte auch, als er den Patienten um eine Einwilligung in die Vornahme einer Magenspiegelung bat. Nichtsdestotrotz unternahm er mehrere Versuche, das Endoskop in die Speiseröhre einzuführen. Hierbei kam es zur Perforation des Organs, aufgrund derer es einer intensivmedizinischen Betreuung bedurfte und der Patient im Anschluss verstarb.

---

[32] LG Düsseldorf, Urt. v. 16.11.2021 – 1 Ks 24/20, BeckRS 2021, 55107, Rn. 223.

[33] LG Düsseldorf, Urt. v. 16.11.2021 – 1 Ks 24/20, BeckRS 2021, 55107, Rn. 43.

[34] BGH, Urt. v. 11.10.2011 – 1 StR 134/11, NStZ 2012, 205 (206).

[35] BGH, Urt. v. 11.10.2011 – 1 StR 134/11, NStZ 2012, 205.

Die Magenspiegelung war zwar medizinisch indiziert, allerdings in der Eile nicht geboten, sodass sie auch zu einem späteren Zeitpunkt hätte erfolgen können. Der Arzt wollte dem Patienten mit der sofortigen Durchführung eine erneute Anreise in nüchternem Zustand ersparen. Er ging davon aus, dass der Patient mit dieser Vorgehensweise einverstanden sein würde. Das LG sprach den Angeklagten aufgrund der Annahme eine hypothetischen Einwilligung vom Vorwurf der Körperverletzung mit Todesfolge gem. § 227 StGB frei.

2. Entscheidung des BGH

Der BGH hob den Freispruch des LG auf. Der Senat führte aus, die Ausführungen zur Annahme einer hypothetischen Einwilligung des LG seien widersprüchlich. Denn die Kammer hatte in ihrer Begründung zur Annahme einer solchen das Gespräch mit dem sedierten Patienten als „nicht unerhebliches Indiz“[36] dafür gewertet, dass der Geschädigte der sofortigen Magenspiegelung zugestimmt hätte, wäre er wirksam aufgeklärt worden. Allerdings befand sich der Geschädigte zu diesem Zeitpunkt gerade in einem nicht aufklärungsfähigen Zustand, sodass auch sein Verhalten in diesem Moment kein Indiz für eine Einwilligung darstellen könne. Fehle die Aufnahmefähigkeit für eine entsprechende Aufklärung, könne der Patient weder eine wirksame Einwilligung erteilen noch dürfe aus seinem Verhalten ein derartiger Schluss gezogen werden.[37]

Der BGH erlies u. a. folgende Hinweise für die neue Hauptverhandlung:

Ergäben die neuen Feststellungen, dass „der Angeklagte nicht an eine Einwilligung glaubte“[38], komme eine Strafbarkeit nach § 227 StGB in Betracht, wenn sich die spezifische Gefährlichkeit der Körperverletzung in der Todesfolge niedergeschlagen hat und dem Angeklagten wenigstens Fahrlässigkeit vorzuwerfen ist.

Ein Verbotsirrtum sei gegeben, wenn Ärzt:innen das Fehlen des Einverständnisses für möglich, den Eingriff aber für zulässig halten, weil er medizinisch geboten ist. Die Vermeidbarkeit eines solchen Irrtums sei aber „kaum je zweifelhaft“[39].

Die Rechtswidrigkeit entfalle, wenn Patient:innen bei wahrheitsgemäßer Aufklärung in die Operation eingewilligt hätten. Dass die Einwilligung bei einer solchen ordnungsgemäßen Aufklärung unterblieben wäre, sei den Behandelnden nachzuweisen. Verbleiben Zweifel, muss *in dubio pro reo* eine hypothetische Einwilligung angenommen werden. In Betracht käme dann aber eine Bestrafung gem.

---

[36] BGH, Urt. v. 11.10.2011 – 1 StR 134/11, NStZ 2012, 205 (206).

[37] BGH, Urt. v. 11.10.2011 – 1 StR 134/11, NStZ 2012, 205 (206).

[38] BGH, Urt. v. 11.10.2011 – 1 StR 134/11, NStZ 2012, 205 (206).

[39] BGH, Urt. v. 11.10.2011 – 1 StR 134/11, NStZ 2012, 205 (206).

§ 222 StGB oder § 229 StGB, wenn hinsichtlich der Todesfolge oder der Körperverletzung subjektive Fahrlässigkeit nachgewiesen werden kann.[40]

B. Diskussion des der Rechtsprechung zugrunde liegenden Rechtsverständnisses

In den dargestellten Fällen zeigt sich die Relevanz der Aufklärungs- und Einwilligungsproblematik an verschiedenen Stellen. So spielt die Frage des Aufklärungsumfangs und -inhalts im Rahmen der Wirksamkeit der Einwilligung eine entscheidende Rolle, wobei die Strafgerichte auf zivilrechtliche Anforderungen verweisen (vgl. den Myom-Fall und den „Surgibone"-Fall). Zum anderen stellt sich bei festgestellter mangelhafter Aufklärung auch die Frage der Konsequenz einer solchen.

Von erheblicher Relevanz für die Folge der mangelhaften Aufklärung ist die strafrechtliche Anerkennung der hypothetischen Einwilligung, die wie im „Surgibone"-Fall und im Speiseröhren-Fall eine Strafbarkeit ausschließen können soll.

Darüber hinaus gehen die behandelnden Personen bei der Vornahme eines Eingriffs oft von einer wirksamen Einwilligung der Patient:innen aus und unterliegen somit einem Irrtum. Hinsichtlich der Einordnung und Behandlung dieser Irrtümer wurde von den Gerichten im „Surgibone"-Fall, im Lipotransfer-Fall sowie im Speiseröhren-Fall Stellung bezogen. Während im Speiseröhren-Fall und im „Surgibone"-Fall ein Erlaubnistatbestandsirrtum angenommen wurde, sprach das Gericht im Lipotransfer-Fall dem Angeklagten einen relevanten Irrtum ab.

Im Folgenden wird nun auf die von der Rechtsprechung angenommene Übertragbarkeit der zivilrechtlichen Aufklärungsanforderungen ins Strafrecht eingegangen. Daran anschließend wird kurz die Anerkennung der hypothetischen Einwilligung in den Blick genommen und eine dogmatische Einordnung möglicher Irrtümer beleuchtet.

Diese Überlegungen sind für die Frage, ob eine Fahrlässigkeitsstrafbarkeit der mangelhaft aufklärenden Person überhaupt in Betracht kommt, von wesentlicher Bedeutung. Denn ließe die hypothetische Einwilligung die Rechtswidrigkeit eines Eingriffs entfallen, käme eine Fahrlässigkeitsstrafbarkeit ggf. nicht mehr in Betracht. Auch die Einordnung der Irrtümer über die Wirksamkeit der Einwilligung ist als Anknüpfungspunkt einer in Betracht kommenden Fahrlässigkeitsstrafbarkeit von hoher Relevanz.

---

[40] BGH, Urt. v. 11.10.2011 – 1 StR 134/11, NStZ 2012, 205 (206).

I. Die inhaltlichen Anforderungen an die medizinische Aufklärung

1. Die Übertragung der zivilrechtlichen Anforderungen in das Strafrecht in der Praxis

Vor der Einführung der §§ 630c ff. BGB wurden die Anforderungen an die medizinische Aufklärung von Zivilgerichten herausgearbeitet.[41] Unter Betonung des Selbstbestimmungsrechts wurden in den Prozessen die Anforderungen an Ausmaß und Inhalt immer weiter ausgeweitet und verschärft.

Wie im Myom-Fall und im „Surgibone"-Fall verweisen Strafgerichte häufig auf die Aufklärungsanforderungen im Zivilrecht. Für eine parallele Handhabung zivilrechtlicher und strafrechtlicher Aufklärungspflichten wird in der Literatur vor allem der Gedanke der Einheit der Rechtsordnung ins Feld geführt.[42] Da es sich um Pflichten handelt, die rechtsübergreifend von Bedeutung sind, sei es sinnvoll, diese auch einheitlich zu fassen. Dies sei schon aufgrund der Verzahnung von Zivil- und Strafrecht im Rahmen von deliktischen Ansprüchen gem. § 823 II BGB i.V.m. §§ 222, 223 ff. StGB angemessen.[43]

2. Stellungnahme zur Übertragung der zivilrechtlichen Anforderungen ins Strafrecht

Die in zivilrechtlichen Verfahren begründeten Aufklärungspflichten sind teilweise äußerst weitgehend.[44] Zwar können die dort festgelegten Regelungen in Hinblick auf die Einheit der Rechtsordnung auf die strafrechtlichen Anforderungen mittelbare Wirkung entfalten. Allerdings müssen die strafrechtlichen Anforderungen im Grundsatz aufgrund folgender Erwägungen autonom aus materiell-strafrechtlichen Kriterien[45] hergeleitet werden:

a) Unterschiedliche Zielrichtungen von Zivil- und Strafrecht

Die Einwilligung hat im Zivilrecht einen anderen normativen Charakter als im Strafrecht. Während ihre Einholung im Zivilrecht eine vertragliche Hauptpflicht des

---

[41] Beispielhaft: BGH, Urt. v. 1.2.1983 – VI ZR 104/81, NJW 1983, 2630; BGH, Urt. v. 17.12.1991 – VI ZR 40/91, NJW 1992, 743; BGH, Urt. v. 15.2.2000 – VI ZR 48/99, NJW 2000, 1784; BGH, Urt. v. 14.9.2004 – VI ZR 186/03, NJW 2004, 3703; BGH, Urt. v. 10.10.2006 – VI ZR 74/05, NJW 2007, 217; BGH, Urt. v. 15.6.2010 – VI ZR 204/09, NJW 2010, 2430.

[42] *Hengstenberg*, Die hypothetische Einwilligung im Strafrecht, S. 347; *Spickhoff*, ZRP 2012, 65 (68); *Wolter*, SK-StGB, § 223 Rn. 31a.

[43] *Beulke*, medstra 2015, 67 (72).

[44] *Schroth*, in: MedStR-HdB, S. 132.

[45] BGH, Urt. v. 25.6.2010–2 StR 454/09, NJW 2010, 2963 (2966); *Sternberg-Lieben/Reichmann*, NJW 2012, 257 (262).

Behandlungsvertrags darstellt,[46] rechtfertigt sie im Strafrecht die tatbestandlich verwirklichte Körperverletzung. Die ärztliche Aufklärungspflicht ergibt sich daher im Strafrecht nicht aus einer vertraglichen Vereinbarung, sondern aus der tatsächlichen Verantwortungsübernahme der Ärzt:innen für ihre Patient:innen.[47]

§ 630d BGB hat das Aufklärungserfordernis auf alle Behandlungsmaßnahmen ausgedehnt, womit zumindest im Zivilrecht aus der reinen Eingriffs- eine umfassende Selbstbestimmungsaufklärung geworden ist.[48] Das Zivilrecht geht vom Prinzip der Gleichordnung der Bürger:innen aus und ist als Domäne der Gestaltungsfreiheit des individuellen Willens ausgewiesen.[49] Dagegen beziehen sich die Aufklärungspflichten im Strafrecht nur auf integritätsverletzende Maßnahmen, da nur diese geeignet sind, den Tatbestand der §§ 223 ff. StGB zu erfüllen.[50]

Die im Zivilrecht hergeleiteten Aufklärungspflichten wurden anhand von Verfahren erarbeitet, die auf den finanziellen Ausgleich materieller und immaterieller Interessen der Geschädigten gerichtet sind.

In Arzthaftungsprozessen ist immer wieder zu beobachten, dass der primäre Vorwurf einen Behandlungsfehler betrifft. Der Nachweis eines Kunstfehlers und vor allem der Kausalzusammenhang zwischen diesem und dem eingetretenen Schaden ist für Kläger:innen regelmäßig jedoch überaus schwierig zu erbringen.[51] Gelingt der Beweis nicht, wird von Kläger:innen immer wieder nachträglich geltend gemacht, sie seien nicht ausreichend über die Risiken des Eingriffs informiert worden.[52] Durch dieses Vorgehen wurde der Aufklärungsfehler im Zivilprozess zu einem „Ersatztatbestand“[53] bzw. „regelrechten Auffangtatbestand“[54] für einen nicht nachweisbaren Behandlungsfehler.

---

[46] *Mansel*, in: Jauernig BGB, vor §§ 630a ff. Rn. 2.

[47] *Nestler*, medstra 2018, 330 (334).

[48] *Gaidzik*, in: NK-MedR, §§ 223–229 Rn. 5.

[49] *Rönnau*, Willensmängel bei der Einwilligung im Strafrecht, S. 6.

[50] S. 1. Teil A. I.

[51] *Immig*, Die Selbstbestimmungsaufklärung im Arztstrafrecht, S. 144.

[52] *Knoche*, NJW 1989, 757; *Sommer/Tsambikakis*, in: MAH MedR, § 3 Rn. 27.

[53] *Hengstenberg*, Die hypothetische Einwilligung im Strafrecht, S. 344; beispielhaft BGH, Urt. v. 28.2.1984 – VI ZR 106/82, NJW 1984, 1810, in dem der beklagte Gynäkologe eine gutartige Geschwulst an der Gebärmutterwand der Klägerin entfernte, wobei er unbemerkt den linken Harnleiter verletzte. Der Versuch, den Harnleiterschaden zu beheben, schlug fehl. Im folgenden Verlauf musste die linke Niere der Patientin entfernt werden. Die Klägerin litt daraufhin unter einem chronischen Harnwegsinfekt und starker Anämie. Ein zunächst vorgeworfener Behandlungsfehler konnte dem Beklagten nicht nachgewiesen werden. Sodann wurde der Vorwurf einer mangelhaften Aufklärung erhoben, aufgrund dessen der Klägerin der Schadensersatz und ein Schmerzensgeld sowie der Ersatz der Kosten der Nachbehandlung zugesprochen wurde.

[54] *Knoche*, NJW 1989, 757 (758).

Durch den veränderten Vorwurf wird das typischerweise bei den Patient:innen liegende Behandlungsrisiko *de facto* weitgehend auf die Ärzt:innen verlagert.[55] Denn während die Patient:innen die Beweislast eines Kunstfehlers trifft, muss die rechtmäßig durchgeführte Aufklärung von den Ärzt:innen nachgewiesen werden, § 630h II BGB.

Die Gerichte bestimmen die Aufklärungsanforderungen dann in Prozessen, in denen häufig wirtschaftlich schwache, schwer geschädigte und bemitleidenswerte Patient:innen mit einer Schadensersatzforderung einem wirtschaftlich potenten Krankenhausträger gegenüberstehen. In solchen Situationen erscheint ein wirtschaftlicher Ausgleich zugunsten der Kläger:innen häufig gerecht und angemessen. Angesichts dessen wird teilweise sogar vom Anstreben einer gewissen „Sozialisierung“ der auf ärztlichen Behandlungen beruhenden Schäden gesprochen.[56]

Dem BGH zufolge ist eine zivilrechtliche Haftung aufgrund eines Aufklärungsfehlers jedoch nur dann begründet, wenn Patient:innen ein Gesundheitsschaden entstanden ist.[57] Zwar sei ein Heileingriff, der ohne ausreichende Aufklärung erfolgte, unabhängig von seinen Folgen rechtswidrig. Jedoch würde eine Haftung, die sich lediglich aus der Verletzung der Aufklärungspflicht herleite, ohne dass ein Gesundheitsschaden eingetreten ist, zu einer uferlosen Haftung führen. Für einen zivilrechtlichen Schadensersatzanspruch reiche es daher nicht aus, wenn aufgrund fehlerhafter Aufklärung lediglich eine Verletzung der Persönlichkeitsrechte vorliege.[58]

Diese Ausführungen bestätigen die Vermutung, dass die Zivilgerichte die mangelhafte Aufklärung nutzen, um Patient:innen einen wirtschaftlichen Ausgleich für erlittene Gesundheitsschäden zu gewähren.[59] Die im Rahmen solcher Verfahren ausgedehnten und teilweise als überzogen[60] empfundenen Aufklärungspflichten mögen im Hinblick auf zivilrechtliche Ersatzansprüche, die in der Regel von Haftpflichtversicherungen der Behandelnden getragen werden, vertretbar sein.[61]

Das Strafrecht strebt im Gegensatz zum Zivilrecht jedoch nicht den gerechten wirtschaftlichen Ausgleichs zwischen zwei Parteien an.

---

[55] *Biermann*, in: Ulsenheimer/Gaede, Arztstrafrecht in der Praxis, Rn. 361.

[56] *Immig*, Die Selbstbestimmungsaufklärung im Arztstrafrecht, S. 144.

[57] BGH, Urt. v. 27.5.2008 – VI ZR 69/07, NJW 2008, 2344 (2345).

[58] BGH, Urt. v. 27.5.2008 – VI ZR 69/07, NJW 2008, 2344 (2345).

[59] *Immig*, Die Selbstbestimmungsaufklärung im Arztstrafrecht, S. 145.

[60] *Heger*, in: Lackner/Kühl/Heger, StGB, § 228 Rn. 14a; *Immig*, Die Selbstbestimmungsaufklärung im Arztstrafrecht, S. 173; *Katzenmeier*, in: Laufs/Katzenmeier/Lipp, ArztR, Kap. V. Rn. 78 ff.

[61] *Hengstenberg*, Die hypothetische Einwilligung im Strafrecht, S. 344; *Schroth*, in: MedStR-HdB, S. 55.

Vielmehr verfolgt es nach der geltenden Vereinigungstheorie die Vergeltung und Prävention von Straftaten.[62] Die Vereinigungstheorie umfasst sowohl Aspekte sog. absoluter Straftheorien[63] als auch relativer Straftheorien.[64] In Reaktion auf die Tat soll Strafe einen Unrechtsausgleich in Form von Sühne und Vergeltung schaffen.[65] Auf die Zukunft gerichtet besteht ihr Zweck in der Abschreckung der Allgemeinheit und potentieller Täter (negative Generalprävention)[66] und in der Bestätigung der Anerkennung der Rechtsordnung (positive Generalprävention).[67] Spezialpräventive Theorien sehen den Zweck der Strafe in der Sicherung Einzelner (negative Spezialprävention) sowie vorbeugend in der Abschreckung der bestraften Person vor einer Wiederholung der Tat (positive Spezialprävention).[68] Durch resozialisierende Maßnahmen soll eine Besserung der straffälligen Person eintreten, sodass diese in Zukunft in die Gesellschaft eingegliedert wird und in ihr ohne Straftaten lebt.[69] Daher wird im Strafrecht individuelles Fehlverhalten durch staatliche Maßnahmen missbilligt und sanktioniert. Hierdurch soll eine angemessene Reaktion auf subjektiv vorwerfbares und individuell schuldhaftes Verhalten sichergestellt werden. Davon profitieren die Geschädigten nachträglich nicht unmittelbar. Stattdessen findet das Strafrecht primär zwischen dem Staat und den Beschuldigten Anwendung.

Ein strafrechtlich vorwerfbares Verhalten muss von einem solchen Gewicht sein, dass es die schwere Folge einer staatlichen Kriminalstrafe rechtfertigt.[70] Das ist nur der Fall, wenn das Strafrecht als *ultima ratio* das letzte verfügbare Mittel ist, um einen Belang der Allgemeinheit zu schützen. Eine Sanktionierung kommt daher nur in Betracht, wenn „ein bestimmtes Verhalten über sein Verbotensein hinaus in besonderer Weise sozialschädlich und für das geordnete Zusammenleben der Menschen unerträglich, seine Verhinderung daher besonders dringlich ist."[71] Ist das nicht der Fall, ist das verfassungsrechtliche Verhältnismäßigkeitsgebot nicht gewahrt.

---

[62] *Roxin/Greco*, StafR AT I, § 3 Rn. 35; *Rengier*, StrafR AT, § 3 Rn. 21 ff.; *Kinzig*, in: TK-StGB, vor §§ 38 ff. Rn. 11; *Kaspar*, StrafR AT, § 1 Rn. 13.

[63] *Kindhäuser/Zimmermann*, StrafR AT, § 2 Rn. 9; zu einer ausführlichen Darstellung der Theorien von Kant und Hegel *Hörnle*, Straftheorien, S. 17 ff.

[64] *Kindhäuser/Zimmermann*, StrafR AT, § 2 Rn. 11; *Kaspar*, StrafR AT, § 1 Rn. 8.

[65] *Kindhäuser/Zimmermann*, StrafR AT, § 2 Rn. 10.

[66] *Hörnle*, Straftheorien, S. 26.

[67] *Kinzig*, in: TK-StGB, vor §§ 38 ff. Rn. 4; *Pawlik*, in: FS Rudolphi, 213 (214 ff.); *Hassemer*, in: FS Schroeder, 51 (55 ff.); *Kindhäuser*, in: FS Schroeder, 81 (91 ff.); *Hörnle*, Straftheorien, S. 27.

[68] *Kaspar*, StrafR AT, § 1 Rn. 9; *Hörnle*, Straftheorien, S. 22.

[69] *Kinzig*, in: TK-StGB, vor §§ 38 ff. Rn. 7; *Jahn/Schmitt-Leonardy*, in: FS Streng, 499 (501 ff.); zur Kombination von Strafe und Therapie *Dölling*, in: FS Schöch, 771 (771 ff.).

[70] *Biermann*, in: Ulsenheimer/Gaede, Arztstrafrecht in der Praxis, Rn. 337.

[71] BVerfG, Beschl. v. 26. 2. 2008 – 2 BvR 392/07, NJW 2008, 1137 (1138).

Das Strafrecht verfolgt somit den Ausgleich erfolgten und die Verhinderung zukünftigen Unrechts durch Sanktionierung, während das Zivilrecht den Ausgleich materieller und immaterieller Güter zweier privatrechtlich miteinander agierender Parteien herbeizuführen versucht. Eine Ausnahme hiervon stellt das sog. Schmerzensgeld im Zivilprozess dar, das nicht nur einen Ausgleich für die erlittenen Schmerzen, sondern dem Opfer auch eine Genugtuung verschaffen soll.[72] Doch auch bei der Bemessung des Schmerzensgeldes steht der Ausgleichs- und Entschädigungsgedanke im Vordergrund.[73] Eine darüberhinausgehende Sanktionierung und Vergeltung im Sinne eines Strafschadensersatzes ist dem Zivilrecht nach der h. M. seinem Zweck nach fremd.[74]

Aus diesen Erwägungen wird ersichtlich, dass die für einen wirtschaftlichen Ausgleich zwischen Privaten entwickelten Aufklärungsmaßstäbe nicht unbedingt die gleichen sein müssen wie im Strafrecht. Denn nicht jedes schadensersatzbegründende, vertragswidrige Verhalten begründet eine derart gewichtige Verletzung des Rechtsfriedens, dass eine staatliche Sanktionierung erforderlich ist. Ärzt:innen machen sich daher nicht mit jedem nach einer mangelhaften Aufklärung vorgenommenen Eingriff wegen Körperverletzung strafbar und müssen auch nicht für alle sich aus dem Eingriff ergebenden Risiken strafrechtlich einstehen.[75] Die unterschiedlichen Zielrichtungen und Zwecke von zivil- und strafrechtlicher Haftung müssen Maßstab rechtsgebietsspezifischer Aufklärungsanforderungen sein.[76]

b) Die Übertragung zivilrechtlicher Anforderungen im Lichte des strafrechtlichen Bestimmtheitsgrundsatzes

Darüber hinaus erscheint die Übernahme der ausdifferenzierten Zivilrechtsprechung ins Strafrecht auch im Hinblick auf den Bestimmtheitsgrundsatz problematisch.[77] Gem. Art. 103 II GG kann eine Tat nur bestraft werden, wenn die Strafbarkeit gesetzlich bestimmt war, bevor die Tat begangen wurde. Diese Regelung findet sich wortgleich in § 1 an der Spitze des StGB. Der Verfassungssatz richtet sich somit speziell an die staatliche Strafgewalt. Ihm kommt Grundrechtscharakter zu, sodass im Falle einer Verletzung die Verfassungsbeschwerde möglich ist.[78]

In Bezug auf ärztliche Aufklärungspflichten im Strafrecht bedeutet das, dass diese nicht nur dem rechtsstaatlichen allgemeinen Bestimmtheitsgebot genügen,

---

[72] *Oetker*, in: MüKoBGB, § 253 Rn. 11.

[73] BGH, Beschl. v. 6. 7. 1955 – GSZ 1/55, BGHZ 18, 149 (155 ff.).

[74] *Flume*, in: BeckOK BGB, § 249 Rn. 51; *Oetker*, in: MüKoBGB, § 249 Rn. 8; BGH, Urt. v. 4. 6. 1992 – IX ZR 149/91, NJW 1992, 3096 (3103); a. A. *Müller*, Punitive Damages und deutsches Schadensersatzrecht; *Ebert*, Pönale Elemente im Privatrecht.

[75] BGH, Urt. v. 29. 6. 1995 – 4 StR 760/94, NStZ 1996, 34 (35).

[76] *Tsambikakis/Dorneck*, in: NK-MedStR, § 228 Rn. 55.

[77] *Schöch*, in: MedStR-HdB, S. 54.

[78] *Dannecker/Schuhr*, in: LK-StGB, § 1 Rn. 1.

sondern gerade auch den Anforderungen des strafrechtlichen Bestimmtheitsgebots gerecht werden müssen. Als Ausprägung des allgemeinen Bestimmtheitsgrundsatzes stellt Art. 103 II GG höhere Anforderungen.[79] Der strafrechtliche Bestimmtheitsgrundsatz setzt für eine Bestrafung nicht nur abstrakt-generelle schriftliche Regelungen voraus, sondern fordert vielmehr, dass diese auch hinreichend klar formuliert sind.[80] Normadressat:innen müssen anhand einer Vorschrift erkennen können, welches Verhalten verboten ist und mit welchen Sanktionen sie im Falle eines Normverstoßes rechnen müssen. Nur auf diese Weise kann ein Rechtssatz das Verhalten der Bürger:innen steuern und hierdurch Straftaten vermeiden. Darüber hinaus müssen die Voraussetzungen einer Strafbarkeit in der einschlägigen Norm so konkret umschrieben sein, dass gewährleistet ist, dass die Legislative und nicht die Exekutive oder Judikative über die Bedingungen von Strafbarkeit und Strafe entscheidet.[81]

Die Anforderungen an die ärztliche Aufklärung werden durch Gerichte konkretisiert. Hierdurch bestimmt die Rechtspraxis die Voraussetzungen einer wirksamen Einwilligung, wobei sie sich an Art. 103 II GG messen lassen muss.[82] Gerade im Bereich der Rechtfertigungsgründe ist die Grenze zwischen erlaubtem und verbotenem, strafbarem und straffreiem Verhalten vom Ideal der gesetzlichen Bestimmtheit oft weit entfernt. Denn hierbei geht es immer um die Entscheidung eines Konflikts, in dem widerstreitende legitime Interessen gegeneinander abgewogen werden müssen.[83]

Das Bestimmtheitsgebot erfordert nicht, dass der parlamentarische Gesetzgeber Strafnormen so detailliert und präzise wie möglich formulieren und ausgestalten muss. Denn dann wären Gesetze zu kasuistisch ausgestaltet und könnten nicht mehr an den Einzelfall und wandelnde Verhältnisse angepasst werden.[84] Der Gesetzgeber kann daher die Vorgaben abstrakt umreißen und hierbei auch auf unbestimmte Gesetzesbegriffe zurückgreifen, wenn sie in der näheren Deutung der Auslegung zugänglich sind.[85] Die Auslegung obliegt dann der Rechtsprechung. Darüber hinaus steht Art. 103 II GG auch nicht ergänzendem Richterrecht, der Auslegung durch allgemeine Strafrechtsdogmatik und der Entwicklung von Zurechnungsregeln entgegen. Die Ausfüllung dieses Rahmens ist bewusst an die Organe der Rechtsanwendung delegiert worden.[86] Mithin ist die Konkretisierung der ärztlichen Aufklärungspflichten durch die Gerichte grds. zulässig.

[79] *Kment*, in: Jarass/Pieroth, GG, Art. 103 Rn. 74; *Remmert*, in: Dürig/Herzog/Scholz, GG, Art. 103 Abs. 2 Rn. 77; *Radtke*, in: BeckOK GG, Art 103 Rn. 18.

[80] *Remmert*, in: Dürig/Herzog/Scholz, GG, Art. 103 II GG Rn. 87.

[81] *Remmert*, in: Dürig/Herzog/Scholz, GG, Art. 103 II GG Rn. 87.

[82] *Immig*, Die Selbstbestimmungsaufklärung im Arztstrafrecht, S. 152.

[83] *Puppe*, in: Kudlich/Montier/Schuhr, Gesetzlichkeit und Strafrecht, S. 165.

[84] *Dannecker/Schuhr*, in: LK-StGB, § 1 Rn. 183.

[85] BVerfG, Beschl. v. 22.6.1988 – 2 BvR 234/87, juris Rn. 44.

[86] *Dannecker/Schuhr*, in: LK-StGB, § 1 Rn. 174.

Allerdings macht die bisherige Akzessorietät der strafrechtlichen Aufklärungsanforderungen zum Zivilrecht die strafrechtliche Verantwortlichkeit von einer insgesamt schwer überschaubaren zivilrechtlichen Billigkeitsjudikatur abhängig.[87] Angesichts der Einzelfallentscheidungen lassen sich aus der zivilrechtlichen Rechtsprechung keine einheitliche Systematik oder abstrakt-generelle Anforderungen an die ärztliche Aufklärung ableiten. Vielmehr wird wiederholt darauf verwiesen, dass die ärztliche Aufklärung „im Großen und Ganzen"[88] erfolgen müsse. Während diese Formulierung vermutlich dem Zweck dienen soll, die Aufklärung in einem verständlichen Rahmen zu halten, dehnen die Gerichte die Aufklärungspflichten innerhalb dieses nur scheinbar begrenzenden Konzepts im Einzelfall ohne erkennbares System oder Prinzipien aus, wobei hierbei, wie bereits erwähnt, häufig Billigkeitserwägungen zum Tragen kommen.

Bereits 1996 sah die Deutsche Gesellschaft für Medizinrecht in der richterlichen Spruchpraxis zu den Aufklärungsanforderungen keine ausreichende Bestimmtheit gegeben.[89] Denn die zivilrechtliche Rechtsprechung macht es weder für Jurist:innen noch für Ärzt:innen *ex ante* möglich, eine sichere Vorhersage darüber zu treffen, welche Risiken *ex post* für aufklärungsbedürftig erachtet werden und welche nicht.[90] Hiermit ist auch eine sichere Vorhersage über die Strafbarkeit des ärztlichen Handelns nicht möglich. Kann eine solche Aussage über die Tatbestandsmäßigkeit eines Verhaltens im Voraus nicht sicher getroffen werden, ist die einzuhaltende Verhaltenspflicht nicht hinreichend bestimmbar. Vielmehr liegt ein Verstoß gegen Art. 103 II GG vor.[91] Denn selbst wenn ein genauer gesetzlich festgelegter Pflichtenkatalog zur Einhaltung des Bestimmtheitsgebots nicht erforderlich ist, müssen bestehende Unklarheiten durch Präzisierung und Konkretisierung im Wege der Auslegung ausgeräumt werden können.[92] Auf diesem Wege muss gewährleistet sein, dass jedermann vorhersehen kann, welches Verhalten verboten und mit Strafe bedroht ist.[93]

Es kann daher gerade auch im Hinblick auf das strafrechtliche Bestimmtheitsgebot gem. Art. 103 II GG nicht auf die von Billigkeitserwägungen und Einzelfallbetrachtungen geprägte zivilrechtliche Spruchpraxis verwiesen werden. Stattdessen muss bei der Auslegung der strafrechtlichen Aufklärungspflichten nach eigenen bestimmbaren und praktikablen Kriterien gesucht werden, die die Voraussetzungen einer Strafbarkeit fehlerhafter Aufklärung klar erkennen lassen.

---

[87] *Biermann*, in: Ulsenheimer/Gaede, Arztstrafrecht in der Praxis, Rn. 340.

[88] 1. Teil Fn. 26.

[89] *Laufs et al.*, MedR 1997, 349.

[90] *Gaidzik*, in: NK-MedR, §§ 223–229 Rn. 5.

[91] *Biermann*, in: Ulsenheimer/Gaede, Arztstrafrecht in der Praxis, Rn. 340.

[92] BVerfG, Beschl. v. 23.6.2010–2 BvR 2559/08 u.a., NJW 2010, 3209 (3211).

[93] BVerfG, 15.4.1970–2 BvR 396/69, BVerfGE 28, 175 (183) = juris Rn. 26; BVerfG, Beschl. v. 11.2.1976–2 BvL 2/73, BVerfGE 41, 314 (319) = juris, Rn. 20; BVerfG, Beschl. v. 20.10.1992–1 BvR 698/89, BVerfGE 87, 209 (224) = juris, Rn. 95.

c) Postulat der Einheit der Rechtsordnung

Für die Übertragung der zivilrechtlichen Maßstäbe ins Strafrecht wird auf das Postulat der Einheit der Rechtsordnung verwiesen.[94] Um die Einheit der Rechtsordnung als Argument für den Gleichlauf der zivilrechtlichen und strafrechtlichen Aufklärungsanforderungen ins Feld führen zu können, bedarf es zunächst einer genaueren Betrachtung des Arguments in Bezug auf die Voraussetzungen der Einwilligung.[95]

Es ist bis heute nicht endgültig geklärt, ob die Rechtswidrigkeit eines Verhaltens für alle Rechtsgebiete einheitlich bestimmt werden muss.[96] Im Einzelnen stellen sich zwei Fragen: 1. schließt ein Rechtfertigungsgrund zivil- oder öffentlich-rechtlicher Natur die Rechtswidrigkeit eines tatbestandsmäßigen Handelns zwingend aus? Und 2. führt ein zivil- oder öffentlich-rechtliches Rechtswidrigkeitsurteil bei Tatbestandserfüllung immer auch zur strafrechtlichen Rechtswidrigkeit der Handlung?

Einigkeit besteht jedenfalls darüber, dass ein zivil- oder öffentlich-rechtlich gerechtfertigtes Verhalten nicht strafrechtlich rechtswidrig sein kann.[97] Es wäre ein erheblicher Widerspruch, wenn ein zivil- oder öffentlich-rechtlich gerechtfertigtes, d.h. erlaubtes Verhalten bestraft werden würde. Denn es würde der Subsidiarität des Strafrechts als äußerstes Mittel der Rechtsordnung widersprechen, wenn ein in einem anderen Rechtsgebiet gestattetes Verhalten strafrechtliche Konsequenzen hätte.[98] Daher lässt sich die erste Frage wie folgt beantworten: Ein zivil- oder öffentlich-rechtlich gerechtfertigtes Verhalten kann niemals ein strafrechtlich rechtswidriges Tun darstellen.

Einige Autoren wollen auch die zweite Frage nach einem einheitlichen Rechtswidrigkeitsurteil und der damit einhergehenden eindeutigen Zuordnung eines Handelns mit „ja“ beantworten.[99] Auf den ersten Blick erscheint die einheitliche Bewertung auch durchaus sinnvoll.[100]

---

[94] 2. Teil Fn. 42.

[95] *Immig*, Die Selbstbestimmungsaufklärung im Arztstrafrecht, S. 164.

[96] *Roxin/Greco*, StafR AT I, § 14 Rn. 31.

[97] *Heger*, in: Lackner/Kühl/Heger, StGB, vor § 13 Rn. 17; *Roxin/Greco*, StafR AT I, § 14 Rn. 32; *Rengier*, StrafR AT, § 17 Rn. 3; *Engländer*, in: Matt/Renzikowski, StGB, vor § 32 Rn. 2; *Matzky*, NStZ 2002, 458 (460).

[98] *Roxin/Greco*, StafR AT I, § 14 Rn. 32.

[99] *Heger*, in: Lackner/Kühl/Heger, StGB, vor §§ 32 ff. Rn. 4 m.w.N.

[100] So *Spickhoff*, ZRP 2012, 65 (68), der §§ 630d, e BGB nicht nur für das zivile Haftungsrecht, sondern auch für die strafrechtliche Einwilligung als maßgeblich ansieht. Er kritisiert den 2. Strafsenat des BGH, der im Kontext mit der Sterbebegleitung die Ansicht vertrat, die Frage einer strafrechtlichen Rechtfertigung könne nicht nur als zivilrechtsakzessorisches Problem behandelt werden, da es sich um eine „strafrechtsspezifische“ Frage handle. Hierdurch sieht *Spickhoff* die Gefahr einer deutlichen Relativierung des Postulats der Einheit der Rechtsordnung.

Die Annahme der zwingenden einheitlichen Bewertung eines Verhaltens wäre jedoch ein voreiliger Schluss. Denn tatsächlich vermag die Notwendigkeit einer speziellen „Strafrechtswidrigkeit"[101] als Voraussetzung für eine Strafbarkeit zu überzeugen. Nach diesem von Günther vertretenen Konzept gibt es eine sog. „allgemeine Rechtswidrigkeit", die das Überschreiten der Grenze zwischen Recht und Unrecht mit Wirkung für die ganze Rechtsordnung einheitlich beschreibt. Daneben gibt es jedoch zusätzlich auch noch die sog. „Strafrechtswidrigkeit", der als Straftatmerkmal[102] die Aufgabe zukommt, aus dem Kreis der im Sinne der Gesamtrechtsordnung „rechtswidrigen" Verhaltensweisen solche herauszufiltern, die strafrechtliches Unrecht verwirklichen und einer strafrechtlichen Konsequenz bedürfen.[103] Das Kriterium der „Strafrechtswidrigkeit" begründet das erforderliche gesteigerte Unrecht.[104]

Diese Abstufung trägt dem Subsidiaritätsprinzip und dem *ultima ratio* Gedanken des Strafrechts angemessen Rechnung.[105]

Die Annahme einer strafrechtsspezifischen „Strafrechtswidrigkeit" lässt sich wie folgt begründen: Das Postulat der Einheit der Rechtsordnung wird durch die verschiedenen Zwecke der Rechtsnormen begrenzt. In einer demokratisch konzipierten Rechtsordnung erscheint eine inhaltliche Deckung aller Rechtsnormen nicht nur illusorisch, sondern auch verfassungsrechtlich nicht geboten. Denn eine durchgehende Widerspruchsfreiheit der Gesamtrechtsordnung wird von der Verfassung überhaupt nicht verlangt.[106] Es ist weder denklogisch noch kriminalpolitisch angezeigt, ein zivil- oder öffentlich-rechtlich verbotenes Verhalten, das auch einen Straftatbestand erfüllt, zu bestrafen. Zwar wird es häufig der Fall sein, dass ein deliktstypisches Verhalten das zugleich den Verbot eines anderen Rechtsgebiets zuwiderläuft, der Reaktion des Strafrechts bedarf.[107] Doch muss dies nicht zwingend der Fall sein. Denn ein aus einem anderen Rechtsgebiet stammendes Verbot löst primär die rechtsgebietsspezifischen Rechtsfolgen aus (z.B. ein Anspruch auf Schadensersatz).[108] Diesen Konsequenzen muss sich jedoch nicht unbedingt auch eine Kriminalstrafe anschließen. Dieser Gedanke ist auch in § 11 I Nr. 5 StGB normiert. Hiernach ist eine rechtswidrige Tat im Sinne des StGB nur eine, die den Tatbestand eines Strafgesetzes verwirklicht. Ausreichend ist gerade nicht, dass die Rechtswidrigkeitsvoraussetzungen einer rechtsgebietsfremden Norm erfüllt sind. Beispielhaft hierfür steht die fahrlässige Sachbeschädigung. In einem solchen Fall reicht der zivilrechtliche Schadensersatzanspruch gem. § 823 I StGB in der Regel

---

[101] *Günther*, Strafrechtswidrigkeit und Strafunrechtsausschluß, S. 83 f., 394.

[102] *Immig*, Die Selbstbestimmungsaufklärung im Arztstrafrecht, S. 167.

[103] *Günther*, Strafrechtswidrigkeit und Strafunrechtsausschluß, S. 394.

[104] *Schlehofer*, in: MüKo StGB, vor § 32 Rn. 3.

[105] *Immig*, Die Selbstbestimmungsaufklärung im Arztstrafrecht, S. 167.

[106] *Felix*, Einheit der Rechtsordnung, S. 404.

[107] *Roxin/Greco*, StafR AT I, § 14 Rn. 33.

[108] *Roxin/Greco*, StafR AT I, § 14 Rn. 33.

aus, um die Rechtsgutsverletzung wieder auszugleichen. Eine Strafbarkeit ist dagegen erst bei der vorsätzlichen Sachbeschädigung gegeben, weil durch das bewusste Herbeiführen der Rechtsgutsverletzung ein höheres, strafwürdiges Unrecht verwirklicht wird. Eine Ausnahme hiervon stellt § 306d I 1. Var. i.V.m. § 306 I StGB dar.

Auch der Gleichheitsgrundsatz nach Art. 3 GG gebietet nicht rechtsgebietsübergreifend die gleiche Behandlung einer Rechtsfrage. Vielmehr gewährt Art. 3 GG die Gleichbehandlung wesentlich gleicher Personengruppen oder Sachverhalte. Nicht umfasst ist hingegen die Gleichbehandlung des identischen Sachverhalts durch verschiedene Rechtsgebiete.[109] Diese Annahme wird auch in dem Gedanken der limitierten Zivilrechtsakzessorietät ausgedrückt: Denn während ein zivilrechtlich zulässiges Verhalten niemals strafrechtlich sanktioniert werden darf,[110] gilt dies umgekehrt nicht. Das Strafrecht muss gerade nicht alles sanktionieren, was vom Zivilrecht missbilligt wird.[111] Vielmehr reicht es aus, wenn die einzelnen Teilrechtsgebiete ihren Zwecken entsprechend eigenständige Bewertungen eines Verhaltens vornehmen, damit die Folgerichtigkeit in der Gesamtrechtsordnung gewahrt ist.[112]

d) Fazit

Aufgrund der unterschiedlichen Ziel- und Zweckrichtungen von Zivil- und Strafrecht überzeugt eine bloße Übernahme der zivilrechtlich entwickelten Anforderungen an die ärztliche Aufklärung nicht. Auch das Argument der Rechtseinheit kann eine Übernahme nicht ausreichend begründen. Die eigenständige unabhängige Entwicklung strafrechtlicher Aufklärungsanforderungen stellt im Übrigen auch keinen Verstoß gegen die richterliche Gesetzesbindung dar, da solche weder dem Grunde noch dem Umfang nach strafrechtlich geregelt sind.[113]

Es gilt daher, autonome strafrechtliche Anforderungen an die ärztliche Aufklärung herauszuarbeiten.

3. Bedürfnis der Absenkung der Aufklärungspflichten im Strafrecht

Die Übernahme des Einwilligungssurrogats der hypothetischen Einwilligung ins Strafrecht zeigt, dass die Strafgerichte häufig die Notwendigkeit einer Ergebniskorrektur der nach zivilrechtlichen Aufklärungsmaßstäben beurteilten Aufklärung sehen. Die Anwendung der hypothetischen Einwilligung ist der Versuch einer

---

[109] *Felix*, Einheit der Rechtsordnung, S. 289.

[110] *Sternberg-Lieben*, in: Aktuelle Entwicklungen im Medizinstrafrecht, 95 (107).

[111] *Sternberg-Lieben*, in: Aktuelle Entwicklungen im Medizinstrafrecht, 95 (109 f.).

[112] BVerfG, Beschl. v. 12.4.1996–2 BvL 18/93, NJW 1996, 2086 = juris Rn. 40.

[113] *Sternberg-Lieben*, in: Aktuelle Entwicklungen im Medizinstrafrecht, 95 (113).

Folgenbekämpfung der problematischen Übernahme zivilrechtlich entwickelter Anforderungen. Durch sie versuchen die Gerichte, drohende Strafen abzuwenden, wenn sie das Verhalten der Angeklagten nicht für strafwürdig erachten.

Dass die zivilrechtlich entwickelten hohen Aufklärungsanforderungen für das Strafrecht ungeeignet sind, zeigen die folgenden Überlegungen:

a) Mangelnde Erkennbarkeit der zivilrechtlichen Aufklärungsanforderungen

Gem. §§ 630c ff. BGB sind die für die Behandlung wesentlichen Umstände zu erläutern, die für die Einwilligung erforderlich sind. Welche Umstände konkret für welche:n Patient:in und welches Krankheitsbild sowie die vorgesehene Behandlung als „wesentlich" einzustufen sind, kann den Normen nicht entnommen werden. Eine differenzierte normative Darstellung ist aufgrund der Vielfalt der Krankheitsbilder, Behandlungen, Risiken und den individuellen Behandlungssituationen allerdings auch offensichtlich unmöglich. Vielmehr wurde die Konkretisierung und Letztklärung der Praxis überlassen.[114] So hat sich in den letzten Jahrzehnten eine Judikatur gebildet, die in Einzelfällen die aufklärungspflichtigen Umstände konkretisiert hat. Diese Rechtsprechung lässt sich wie folgt zusammenfassen: Die ärztliche Aufklärung muss Anlass, Dringlichkeit, Umfang, Schwere, Risiken, Art und Folgen, Nebenwirkungen, Erfolgsaussichten, Heilungschancen der Maßnahme, Folgen der Nichtbehandlung, Behandlungs- und Kostenalternativen,[115] u. U. auch den Namen der behandelnden Ärzt:innen, ihren Aus-/Weiterbildungsstand und die Ausstattung der Klinik umfassen.[116]

Während einzelne dieser Faktoren (Anlass, Dringlichkeit, Schwere, Art, Erfolgsaussichten, Folgen der Nichtbehandlung) *ex ante* festlegbar und erkennbar sein dürften, geht mit anderen Faktoren eine deutlich größere Unsicherheit einher. Welche Folgen sind im konkreten Fall zu erwarten? Welche Risiken und Nebenwirkungen sind als so „wesentlich" einzustufen, dass über sie aufgeklärt werden muss? Welche Behandlungsalternativen stellen für die individuellen Patient:innen tatsächlich gleichwertige Optionen dar? In der sich immer weiter entwickelnden, komplexer werdenden medizinischen Forschung gibt es gerade hinsichtlich dieser Faktoren regelmäßig neue Erkenntnisse, die den Aufklärungsumfang erweitern. Während sich Patient:innen fragen, was sie wollen oder wollen sollen, kämpfen Ärzt:innen mit einer wachsenden Datenflut in Diagnostik, Therapie und ihren zunehmenden Varianten.[117]

Die Gerichte nutzen in ihren Urteilen zum Inhalt und Umfang von Aufklärungen wiederholt die Formel, dass Patient:innen die Bedeutung des Eingriffs im „Großen

---

[114] *Borgmann*, NJW 2010, 3190 (3191).

[115] *Sommer/Tsambikakis*, in: MAH MedR, § 3 Rn. 29.

[116] *Biermann*, in: Ulsenheimer/Gaede, Arztstrafrecht in der Praxis, 363.

[117] *Eberbach*, Der Urologe 2021, 1339.

und Ganzen"[118] verstanden haben müssen. Dazu müssen sie nur über die „nicht ganz außerhalb der Wahrscheinlichkeit"[119] liegenden Risiken informiert werden. Wann ein Risiko als „nicht ganz außerhalb der Wahrscheinlichkeit liegend" einzustufen ist, kann der Rechtsprechung jedoch nicht entnommen werden. Denn Gerichte haben mehrfach Risiken, die sich sehr oder sogar extrem selten (1:2000[120] oder 1:4,4 Mio.[121]) realisieren, als aufklärungspflichtig eingestuft. Auch wenn solch geringe Wahrscheinlichkeiten dem Erfordernis der Aufklärung im „Großen und Ganzen"[122] nach dem allgemeinen Verständnis scheinbar entgegenstehen, wurde der Versuch, aufklärungspflichtige Risiken über ihre Komplikationsdichte zu konkretisieren und einzuschränken,[123] von der Rechtsprechung wiederholt entschieden abgelehnt[124].

Statt einer statischen mathematischen Wahrscheinlichkeit eines Risikoeintritts sei entscheidend, welches Gewicht das Risiko für den Entschluss der einzelnen Patient:innen haben kann.[125] Zwar sei es „nicht Aufgabe der Aufklärung, dem Patienten auch die entferntesten Möglichkeiten eines ungünstigen Behandlungsverlaufs im einzelnen so darzulegen, daß der Patient dem Behandlungsrisiko einen viel höheren Stellenwert beimißt, als dem Risiko in Wirklichkeit zukommt"[126]. Die Aufklärenden müssten die Patient:innen daher einerseits möglichst schonend informieren, um sie nicht über Gebühr zu verunsichern, andererseits dürften drohende Komplikationen auch nicht verharmlosend oder beschönigend dargestellt werden.[127] Allerdings seien für die in Betracht kommende Behandlung rein statistische Komplikationsdichten wenig aussagekräftig und zu schematisch.[128] Vielmehr entscheidend seien insbesondere die persönlichen Konsequenzen für die individuelle Le-

---

[118] 1. Teil Fn. 26.

[119] OLG Köln, Urt. v. 12.1.2011 – I-5 U 37/10, juris Rn. 25; BGH, Urt. v. 6.7.2010 – VI ZR 198/09, juris Rn. 11.

[120] BGH, Urt. v. 22.4.1980 – VI ZR 37/79, NJW 1980, 1905.

[121] BGH, Urt. v. 15.2.2000 – VI ZR 48/99, NJW 2000, 1784; oder auch BGH, Urt. v. 17.12.1991 – VI ZR 40/91, NJW 1992, 743, in welchem das Gericht ein HIV-Infektionsrisiko wegen einer mglw. erforderlichen Bluttransfusion für aufklärungspflichtig hielt, obwohl das Risiko für eine solche zum Zeitpunkt des Urteils bei 1:2 bis 3 Mio. lag.

[122] 1. Teil Fn. 26.

[123] *Immig*, Die Selbstbestimmungsaufklärung im Arztstrafrecht, S. 211.

[124] BGH, Urt. v. 22.4.1980 – VI ZR 37/79, NJW 1980, 1905 (1907); BGH, Urt. v. 19.10. 2010 – VI ZR 241/09, NJW 2011, 375; BGH, Urt. v. 29.9.2009 – VI ZR 251/08, NJW-RR 2010, 833 (834); BGH, Urt. v. 17.4.2007 – VI ZR 108/06, juris Rn. 10; OLG Köln, Urt. v. 12.1.2011 – I-5 U 37/10, juris Rn. 25.

[125] BGH, Urt. v. 16.11.1971 – VI ZR 76/70, NJW 1972, 335 (337); *Borgmann*, NJW 2010, 3190 (3191).

[126] BGH, Urt. v. 7.2.1984 – VI ZR 174/82, NJW 1984, 1397 (1398) = BGHZ 90, 103.

[127] BGH, Beschl. v. 16.8.2022 – VI ZR 342/21, MedR 2023, 293; Anm. *Achterfeld*, MedR 2023, 293.

[128] *Geiß/Greiner*, Arzthaftpflichtrecht, Teil C. Rn. 43.

bensführung der behandelten Person.[129] So kann dasselbe seltene Eingriffsrisiko einer Handlähmung für eine Pianistin von größerer Bedeutung sein als für einen Sänger. Aus diesem Grund misst die Rechtsprechung der objektiv wie subjektiv erkennbaren Komplikationsdichte bei der Bestimmung der Aufklärungspflichten nur eine geringe Bedeutung bei.

Lediglich hinsichtlich allgemeiner Risiken wie dem Blutungs- oder Infektionsrisiko bei Operationen oder dem Tod bei komplizierten Eingriffen an lebenswichtigen Organen ist die Komplikationsdichte als Maßstab für den Aufklärungsumfang anerkannt.[130] Jedoch sind auch bei solchen unspezifischen Risiken nicht die allgemeinen mathematischen Wahrscheinlichkeiten für die Aufklärungspflichtigkeit entscheidend. Vielmehr soll es „auf die Zwischenfallshäufigkeit für diese Behandlungssituation, dieses Arztes, dieses Krankenhaus"[131] ankommen. Nur über Risiken, die „sehr selten" vorkommen oder „ganz fern" liegen, bräuchte nicht aufgeklärt zu werden.[132] Wann das genau der Fall sein soll, wenn nicht auf die statistische Wahrscheinlichkeit abgestellt werden darf, bleibt ungewiss. Insbesondere ist es in jeder Hinsicht widersprüchlich, wenn die Rechtsprechung eine Aufklärungspflicht annimmt, wenn ein Risiko nicht ganz außerhalb der Wahrscheinlichkeit liegt, sich dann jedoch weigert, auf Wahrscheinlichkeitsstatistiken Bezug zu nehmen. Möchte die Rechtsprechung Aufklärungspflichten tatsächlich unabhängig von Komplikationsdichten begründen, sollte sie von Formulierungen wie „sehr selten" oder „nicht ganz außerhalb der Wahrscheinlichkeit" Abstand nehmen.

Stattdessen ist in der Praxis weitgehend anerkannt, dass die Eingriffsspezifik eines Risikos ein wesentliches Kriterium darstellt.[133] Über ein mit dem Eingriff typischerweise verbundenes und ihm spezifisch anhaftendes Risiko haben Aufklärende ihre Patient:innen regelmäßig zu unterrichten. Hierbei spielt die Eintrittswahrscheinlichkeit kaum eine Rolle. Ein eindrückliches Beispiel hierfür ist der Polioimpfung-Fall[134], in dem der BGH dem Kläger, der in Kontakt mit einem geimpften Kind gekommen war und hierdurch Lähmungen erlitt, einen Schadensersatzanspruch zusprach. Der beklagte Arzt hatte über das Risiko, das für ungeimpfte Erwachsene, die in Kontakt mit Impflingen kommen, nicht aufgeklärt. Ob das Risiko mit einer Komplikationsdichte von 1:15,5 Mio. dem Arzt nicht bekannt war oder er schlicht davon ausging, hierüber nicht aufklären zu müssen, kann dem Urteil nicht entnommen werden. Der BGH begründete die Aufklärungspflichtigkeit des

---

[129] *Biermann*, in: Ulsenheimer/Gaede, Arztstrafrecht in der Praxis, Rn. 376.

[130] *Biermann*, in: Ulsenheimer/Gaede, Arztstrafrecht in der Praxis, Rn. 376.

[131] *Pauge/Offenloch/Gödicke*, Arzthaftungsrecht, Rn. 406.

[132] *Biermann*, in: Ulsenheimer/Gaede, Arztstrafrecht in der Praxis, Rn. 376.

[133] BGH, Urt. v. 22.12.2010 – 3 StR 239/10, NJW 2011, 1088; BGH, Urt. v. 29.6.1995 – 4 StR 760/94, NStZ 1996, 34; OLG Frankfurt, Urt. v. 23.3.2010 – 8 U 238/08, BeckRS, 16092; OLG Brandenburg, Urt. v. 24.3.2011 – 12 U 75/08, BeckRS, 6915; LG Mainz, Urt. v. 8.7. 2014 – 2 O 126/12, BeckRS, 123777.

[134] BGH, Urt. v. 7.7.1994 – III ZR 52/93, NJW 1994, 3012.

Risikos damit, dass dieses trotz der extrem geringen Eintrittswahrscheinlichkeit die Lebensführung des Betroffenen schwer belaste und trotz seiner Seltenheit für den Eingriff spezifisch und für den Laien überraschend sei.[135]

Die Formulierung, die Risikodichte sei "von geringem Wert" erscheint im Lichte eines Risikos von 1:15,5 Mio. irreführend. Vielmehr drängt sich der Verdacht auf, dass die Rechtsprechung der Eintrittswahrscheinlichkeit einer Komplikation oder Nebenwirkung schlicht gar keine Relevanz beimisst. Das erkennt der BGH auch an, indem er die Aufklärungspflicht im Rahmen der Sicherungsaufklärung (noch) weiter fasst als bei der Selbstbestimmungsaufklärung. Denn hinsichtlich der Sicherungsaufklärung bestünde weniger Anlass zur Sorge, den Patienten durch eine zu ausführliche Aufklärung über unwahrscheinliche Nebenwirkungen über die Maße zu belasten und von dem gebotenen Eingriff abzuhalten. Bei notwendigen Schutzmaßnahmen käme der Eintrittswahrscheinlichkeit eines Risikos daher *de facto* keine Bedeutung zu.[136]

Zwar ist im Rahmen der strafrechtlichen Einwilligung nur die Selbstbestimmungsaufklärung für die Einwilligung ausschließende Willensmängel relevant.[137] Doch auch im Rahmen dieser ließen Gerichte schon Eintrittswahrscheinlichkeiten im Promillebereich[138] bis hin zu einer Wahrscheinlichkeiten von 1:4,4 Mio.[139] ausreichen. Die genannten Urteile verdeutlichen auf dramatische Weise, dass Aufklärende sich nicht an dem allgemeinen Verständnis einer Aufklärung im „Großen und Ganzen"[140] orientieren können, um sicher die gestellten Anforderungen zu erfüllen. Die Rechtsprechung hat sich von ihrer eigenen Formel schon lange entfernt.

Im Streben der Rechtsprechung, die Selbstbestimmung der Patient:innen durch strenge Aufklärungspflichten zu stärken, wurde der Blick eindimensional verengt.[141] Die Gerichte gehen in ihren Urteilen nicht darauf ein, dass nicht nur die ärztliche Sorge die Aufklärungspflichten beschränken kann, sondern eine Beschränkung auch aufgrund der Rechtssicherheit und rein faktisch aufgrund der übermäßigen zeitlichen Beanspruchung im medizinischen Alltag[142] sowie der häufig kaum zu überblickenden Datenflut notwendig erscheint.

Der Kontext vor, während und nach einer Behandlung wird in der Gerichtspraxis überwiegend ausgeblendet. Die individuellen, sozialen und ökonomischen Dimensionen des Arzt-Patienten-Verhältnisses und die medizinischen und pflegerischen

---

[135] BGH, Urt. v. 7.7.1994 – III ZR 52/93, NJW 1994, 3012 (3013).

[136] BGH, Urt. v. 7.7.1994 – III ZR 52/93, NJW 1994, 3012 (3013).

[137] 1. Teil B. III. 1.

[138] BGH, Urt. v. 22.4.1980 – VI ZR 37/79, NJW 1980, 1905.

[139] BGH, Urt. v. 15.2.2000 – VI ZR 48/99, NJW 2000, 1784.

[140] 1. Teil Fn. 26.

[141] *Dorneck et al.*, MedR 2019, 431.

[142] *Voigt*, MedR 2023, 40.

Behandlungsrealitäten finden in der gerichtlichen Beurteilung kaum Berücksichtigung.[143]

Es bleibt festzuhalten, dass die Aufklärungspflichten nach der Judikatur häufig undurchsichtig, kompliziert[144], kaum zu überblicken[145] und im Einzelfall *ex ante* nicht immer erkennbar sind. Denn es ist den Ärzt:innen unmöglich, vor jeder Behandlung die (neueste) Rechtsprechung zu konsultieren, um zu wissen, was diese an Aufklärung einfordert.[146]

b) Die sog. „Defensivmedizin" als Folge der mangelnden Erkennbarkeit

Die negativen Folgen dieser Rechtspraxis für das Selbstverständnis der Ärzteschaft, die behandelten Personen und die Arzt-Patienten-Beziehung werden unter dem Schlagwort der sog. „Defensivmedizin" diskutiert.[147] Der Ausdruck „Defensivmedizin" bezeichnet die Entwicklung, dass Ärzt:innen nicht nur medizinische Erwägungen für eine Therapieentscheidung anstellen, sondern hierin Haftungskalküle einfließen lassen, um sich vor drohenden rechtlichen Konsequenzen abzusichern.[148] Das hat zur Folge, dass risikoreichere Behandlungen, auch wenn sie möglicherweise vielversprechender sind, nicht angewandt und stattdessen konservative Methoden vorgezogen werden. Auch die Vornahme medizinisch unnötiger Maßnahmen und eine hiermit einhergehende Überversorgung ist denkbar. So benachteiligen übervorsichtige Ärzt:innen letztlich ihre Patient:innen.[149]

Die Eröffnung eines Ermittlungsverfahrens ist für Ärzt:innen regelmäßig extrem belastend. Die Angst vor dem öffentlichen Teil eines Strafverfahrens, die Ungewissheit der strafrechtlichen Ahndung, eine im Raum stehende berufsrechtliche Sanktionierung und drohende Reputationsschädigung wirken sich zwangsläufig auf die ärztliche Tätigkeit aus und sind Nährboden für eine defensive Medizin. Aufgrund von Verunsicherung lassen sich Ärzt:innen bei der Aufklärung daher immer weniger von ihrem medizinischen Sachverstand und vielmehr von Richt- und Leitlinien sowie Bürokratie leiten.[150] Ein solches risikoaverses Verhalten kann zu Überdokumentationen führen, die im Lichte der knappen Ressourcen in ökonomisierten Kliniken wenig zielführend sind. Denn ein kostenoptimiert geführtes Krankenhaus mit schlank gehaltenen Personalzahlen, Überstunden, zunehmendem bü-

---

[143] *Dorneck et al.*, MedR 2019, 431.

[144] *Katzenmeier*, in: Laufs/Katzenmeier/Lipp, ArztR, Kap. V Rn. 4.

[145] *Rosenau*, in: Jahrbuch für Recht und Ethik, S. 277.

[146] *Borgmann*, NJW 2010, 3190 (3191).

[147] *Kern*, in: Laufs/Kern/Rehborn, ArztR-HdB, § 106 Rn. 8; *Laufs/Katzenmeier*, in: Laufs/Katzenmeier/Lipp, ArztR, Kap. I Rn. 54; *Rosenau*, in: Jahrbuch für Recht und Ethik, S. 284; *Duttge*, KriPoZ 2017, 265; *Eberbach*, MedR 2019, 111 (117).

[148] *Dorneck et al.*, MedR 2019, 431 (435).

[149] *Dorneck et al.*, MedR 2019, 431 (435).

[150] *Peters*, MedR 2003, 219 (221).

rokratischem Aufwand sowie steigenden Patientenzahlen steigert die Arbeitsbelastung auf ein fehleranfälliges Maß, welches wiederum das Haftungsrisiko nicht verringert, sondern signifikant erhöht.[151] Die zusätzlich benötigten Ressourcen[152], die die „Absicherungsmedizin“ in Anspruch nimmt, fehlen an anderen, unter Umständen sinnvolleren Stellen und befeuern hierdurch den Ökonomisierungsdruck weiter.[153]

Vielfach nutzen Ärzt:innen zur rechtlichen Absicherung vorformulierte Aufklärungsbögen, die jedoch wie beschrieben nicht den erhofften Rechtsschutz bringen. Auf die Richtigkeit und Vollständigkeit dieser Bögen dürfen Ärzt:innen nicht vertrauen. Vielmehr kann ihnen eine unrichtige oder verharmlosende Risikodarstellung haftungsrechtlich zugerechnet werden.[154] Denn die Aufklärungsformulare genügen den rechtlichen Anforderungen nicht[155] und können ein mündliches Aufklärungsgespräch nicht ersetzen. Mediziner:innen berichten, dass als Folge dieser Verunsicherung in der medizinischen Ausbildung dazu geraten wird und es mittlerweile gängige Praxis sei, auf Formularaufklärungsbögen Stichpunkte zu notieren oder zu unterstreichen, wobei es weniger um die Verdeutlichung bestimmter Inhalte als vielmehr um die beweisrechtliche Absicherung geht.[156] Auf diesem Wege soll bei einem Gerichtsverfahren das individuelle Aufklärungsgespräch nachgewiesen werden. Solche nicht inhaltlich motivierten Markierungen haben evident keinen Mehrwert für die Aufklärung und die Patientenentscheidung. Im schlimmsten Fall verwirren oder verunsichern sie eher.

Dominieren „juristische“ und „ökonomische“ Erwägungen anstelle des medizinischen Sachverstands die Aufklärung, wird das Selbstbestimmungsrecht der Patient:innen geschädigt und das Selbstvertrauen und die Risikobereitschaft der Ärzt:innen reduziert.[157] Das nachvollziehbare Bestreben des Gesetzgebers und der Gerichte, das Selbstbestimmungsrecht der Patient:innen durch Ausweitungen der Aufklärungspflichten zu stärken, hat damit in seiner aktuellen Form auch die unbeabsichtigte Schädigung der Patient:innen zur Folge.

Nur durch klare Handlungsanweisungen, die die Aufklärungspflichten auf ein für die Beteiligten verständliches und nachvollziehbares Niveau begrenzen, ge-

[151] *Miranowicz*, MedR 2018, 131 (135).

[152] Z.B. zur rechtlichen Absicherung eingesetztes medizinisches Personal als Zeug:innen des Aufklärungsgesprächs, Einholung von Zweitmeinungen, Nutzung von zusätzlichem Informationsmaterial, etc.

[153] *Miranowicz*, MedR 2018, 131 (135).

[154] OLG Köln, Urt. v. 25.4.2007–5 U 180/05, BeckRS 2007, 12671.

[155] S. zur Qualität der genutzten Aufklärungsbögen 1. Teil C. I. 3.

[156] Dies berichteten aus verschiedenen Fachrichtungen und Kliniken Dr. med. M. Henrich, Dr. med. B. Niedermaier sowie Medizinstudierende der Universität Heidelberg unabhängig voneinander in persönlichen Gesprächen. Die Markierung und Unterstreichung sowie handschriftliche Notizen zu beweisrechtlichen Zwecken als „Praxistipp“ empfiehlt auch *Wienke*, Hessisches Ärzteblatt 2020, 32 (33).

[157] *Miranowicz*, MedR 2018, 131 (135).

währleistet Rechtssicherheit und vermeidet eine „Defensivmedizin". Neben den aufgezeigten praktischen Erwägungen bedarf es zur Absenkung der medizinischen Aufklärungspflichten im Strafrecht auch einer dogmatischen Begründung.

c) Das Strafrecht als subsidiäre ultima ratio

Zwischen dem wertorientierten Schutzauftrag des Strafrechts einerseits und den damit zwangsläufig verbundenen Freiheitsbeschränkung andererseits besteht ein Spannungsverhältnis, welches vom Strafgesetzgeber und den Gerichten in Grenzen zu halten ist.[158] Strafrechtsfolgen (Strafe, Maßregel) haben aufgrund ihrer Eingriffsintensität häufig existenzielle Bedeutung für die Betroffenen.[159] Als schärfstes Machtinstrument der Staatsgewalt darf das Strafrecht nur als *ultima ratio* eingesetzt werden. Die hohe Verletzungsintensität der strafrechtlichen Instrumente reicht von der Strafandrohung über das Strafverfahren bis hin zum Strafvollzug. Sie sollen nur eingesetzt werden, wenn kein anderes Mittel mehr hilft.[160] Wo andere Rechtsgebiete und Maßnahmen einen ausreichenden Rechtsgüterschutz gewähren, tritt das Strafrecht zurück.[161] Dieser Gedanke der Subsidiarität ergibt sich aus dem Grundsatz der Verhältnismäßigkeit, dem Rechtsstaatsprinzip gem. Art. 20 III GG und dem Prinzip der Gerechtigkeit[162]. Dem Strafrecht fällt die Aufgabe zu, nur besonders sozialschädliches Verhalten zu bekämpfen. Hierunter versteht man Störungen, die für das geordnete Zusammenleben der Menschen unerträglich sind und deren Verhinderung daher besonders dringlich ist.[163] Eine solche Dringlichkeit ist nur gegeben, wenn mildere Maßnahmen anderer Rechtsgebiete nicht ausreichen, um die drohende Rechtsgutsverletzung auszugleichen und berechtigte Interessen zu schützen[164]. Der Gesetzgeber hat daher stets zu prüfen, ob und inwieweit der Erlass von Strafvorschriften wegen der Sozialschädlichkeit eines Verhaltens notwendig ist.

In Fällen mangelhafter Aufklärung haben Patient:innen einen zivilrechtlichen Schadensersatzanspruch gem. § 280 I BGB und § 823 I BGB. Die in den Zivilprozessen ausgedehnten Aufklärungspflichten dienen dort der Herstellung des materiellen und interessengerechten wirtschaftlichen Ausgleichs.

Weil nach zutreffender Rechtsprechung[165] ein invasiver Eingriff auch den Tatbestand des § 223 StGB erfüllt, besteht zum Schutze der körperlichen Unversehrt-

---

[158] *Hecker*, in: TK-StGB, vor § 1 Rn. 31.

[159] *Joecks/Erb*, in: MüKo StGB, Einleitung Rn. 23.

[160] *Neumann/Saliger*, in: NK-StGB, vor § 1 Rn. 72; *Renzikowski*, in: Matt/Renzikowski, StGB, Einleitung Rn. 5.

[161] *Rengier*, StrafR AT, § 3 Rn. 5 f.; *Neumann/Saliger*, in: NK-StGB, vor § 1 Rn. 72.

[162] *Neumann/Saliger*, in: NK-StGB, vor § 1 Rn. 69.

[163] BVerfG, Urt. v. 28.5.1993 – 2 BvF 2/90, BVerfGE 88, 203 = juris, Rn. 176.

[164] *Beulke/Satzger/Wessels*, StrafR AT, § 1 Rn. 15; *Renzikowski*, in: Matt/Renzikowski, StGB, Einleitung Rn. 5.

[165] 1. Teil Fn. 2.

heit darüber hinausgehend auch die Möglichkeit einer strafrechtlichen Reaktion. Hinsichtlich der Selbstbestimmungsaufklärung sind Versäumnisse bei der Aufklärung allerdings nur insoweit strafrechtlich relevant, wie es als *ultima ratio* zum Schutz der körperlichen Unversehrtheit erforderlich ist.[166] In Bezug auf strafrechtliche Konsequenzen für ärztliche Eingriffe ist zu bedenken, dass der Gesetzgeber trotz mehrfacher Gesetzesentwürfe (§ 162 E von 1962, § 123 AE oder §§ 229f. ReferentenE von 1996)[167] bisher bewusst darauf verzichtet hat, gesonderte Straftatbestände für eigenmächtige medizinische Eingriffe zu kodifizieren. Auch wenn die Normierung solcher Tatbestände mglw. Klarheit hinsichtlich der Strafbarkeit ärztlichen Handelns bringen würde, ist das Absehen hiervon ein klares Signal des Gesetzgebers dafür, dass ärztliche Pflichtverletzungen nur bedingt als so sozialschädlich einzustufen sind, dass sie einer strafrechtlichen Verfolgung bedürfen. Das liegt zum einen daran, dass Patient:innen einen angemessenen wirtschaftlichen Ausgleich über die Zivilgerichte erlangen können. Zum anderen soll aber auch eine Kriminalisierung des Arzt-Berufes vermieden werden. Denn obwohl Ärzt:innen naturgemäß besonders häufig in rechtlich geschützte Güter behandelter Personen eingreifen, besteht ihr oberstes Berufsziel darin, zu heilen und nicht zu schaden. Wenn eine durchgeführte Maßnahme nicht zum erhofften Erfolg führt, bedeutet dieses Unglück nicht automatisch auch ein verwirklichtes strafrechtlich relevantes Unrecht.

Übernehmen die Strafgerichte uneingeschränkt die zivilrechtlich ausgearbeiteten Aufklärungsanforderungen, verstoßen sie gegen das strafrechtliche *ultima ratio* Prinzip.[168] Denn zivilrechtlich kann durch die hohen Anforderungen bereits ein gerechter wirtschaftlicher Ausgleich zwischen Geschädigten und Behandelnden stattfinden. Ein solcher materieller Ausgleich macht das Eingreifen des Strafrechts nur noch in seltenen Fällen notwendig. Das ist der Fall, wenn derart grob gegen Aufklärungspflichten verstoßen wird, dass der strafrechtliche Schutz der körperlichen Integrität des Opfers anders nicht mehr gewährleistet ist. Eine weitergehende strafrechtliche Sanktionierung würde darüber hinausgehen, was für den Schutz der körperlichen Unversehrtheit eigentlich erforderlich ist. „Es widerspricht der Funktion des Strafrechts, wenn jede beliebige Verletzung zivilrechtlicher Aufklärungspflichten wie der Irrtum des Patienten über die Approbation bei geringfügigen Heilmaßnahmen eine Strafbarkeit des Arztes wegen Körperverletzung auslösen würde.“[169] Aus diesem Grund ist eine Begrenzung und Absenkung der ärztlichen Aufklärungspflichten im Strafrecht zur Wahrung des *ultima ratio* Prinzips auf ein an das Ziel des Rechtsgüterschutzes angepasstes Aufklärungsniveau notwendig.

---

[166] *Immig*, Die Selbstbestimmungsaufklärung im Arztstrafrecht, S. 161.

[167] *Paeffgen/Zabel*, in: NK-StGB, § 228 Rn. 57.

[168] *Saliger*, in: FS Beulke, 257 (268).

[169] *Saliger*, in: FS Beulke, 257 (268).

d) Bestimmtheitsgebot, Art. 103 II GG

Für die Restriktion ärztlicher Aufklärungspflichten im Strafrecht spricht auch das Bestimmtheitsgebot gem. Art. 103 II GG.[170]

Hierfür kann ein Vergleich zu der Entscheidung des BVerfG[171] zur Verfassungsmäßigkeit des § 266 StGB von 2010 bemüht werden. In dieser hatte das BVerfG die Verfassungsmäßigkeit des Untreuetatbestandes nur deshalb noch angenommen, weil Unklarheiten über den Tatbestand des § 266 StGB durch Präzisierung und Konkretisierung im Wege der Auslegung ausgeräumt werden konnten.[172] Allgemein gesprochen legte das Urteil Rechtsanwender:innen die Pflicht auf, unbestimmten Tatbeständen durch Normkonkretisierung schärfere Konturen zu verleihen und Fälle unberücksichtigt zu lassen, denen es aufgrund des subsidiären Charakter des Strafrechts an der Strafbedürftigkeit mangelt.[173] In Hinblick auf § 266 StGB hatte das BVerfG für diese Konkretisierung eine gravierende Pflichtverletzung gefordert,[174] die eindeutig kein vertretbares Handeln mehr darstellt. Nur auf diesem Wege wird dem Bestimmtheitsgebot ausreichend Rechnung getragen.

Auch wenn die Restriktion beim Versuch der Beseitigung tatbestandlicher Unbestimmtheit selbst in Form der gravierenden Pflichtverletzung einen unbestimmten Maßstab setzt, kann aus der Entscheidung abgeleitet werden, dass eine Restriktion ärztlicher Aufklärungspflichten im Strafrecht zur Konkretisierung dieser möglich ist und hierdurch eine etwaige Unbestimmtheit der ärztlichen Aufklärungspflicht vermieden werden kann.[175] Denn ähnlich wie bei § 266 StGB muss auch bei der Verletzung ärztlicher Aufklärungspflichten gesichert sein, dass nur so gravierende Pflichtverletzungen bestraft werden, die ein nicht mehr vertretbares Handeln darstellen. Hierdurch könnte sichergestellt werden, dass im Strafrecht nur Verhalten sanktioniert wird, das die mit der Verurteilung verbundene sozialethische Missbilligung verdient.

Wie bereits erörtert, lassen sich Unklarheiten hinsichtlich strafrechtlich relevanter Aufklärungspflichtverletzungen mithilfe der Rechtsprechung nicht vollends beseitigen. Denn auch die Formel der Aufklärung „im Großen und Ganzen“[176], welche von der Rechtsprechung seit jeher zur Bestimmung des Aufklärungsumfangs bemüht wird, ist nicht konkret genug, um Pflichten im Einzelfall zu erkennen. Insbesondere gibt es nach der Judikatur keine objektivierbare Vergleichsgröße wie die Eintrittswahrscheinlichkeit oder den „vernünftigen Dritten“. Aufgrund des Be-

[170] *Sternberg-Lieben*, in: Aktuelle Entwicklungen im Medizinstrafrecht, S. 112 f.

[171] BVerfG, Beschl. v. 23.6.2010–2 BvR 2559/08 u.a., NJW 2010, 3209.

[172] BVerfG, Beschl. v. 23.6.2010–2 BvR 2559/08 u.a., NJW 2010, 3209 (3211).

[173] *Sternberg-Lieben*, in: Aktuelle Entwicklungen im Medizinstrafrecht, S. 112.

[174] BVerfG, Beschl. v. 23.6.2010–2 BvR 2559/08 u.a., NJW 2010, 3209 (3215).

[175] *Sternberg-Lieben*, in: Aktuelle Entwicklungen im Medizinstrafrecht, S. 112.

[176] 1. Teil Fn. 26.

stimmtheitsgrundsatzes muss aber eine solche Erkennbarkeit auch hinsichtlich der strafrechtlichen Aufklärungspflichten gewährleistet sein.

e) Fazit

Zusammenfassend lässt sich feststellen, dass die Übertragung der zivilrechtlich entwickelten Aufklärungsanforderungen in das Strafrecht nicht überzeugt. Sowohl das *ultima ratio* Prinzip als auch das Bestimmtheitsgebot gebieten die Entwicklung eigenständiger, herabgesetzter strafrechtlicher Aufklärungsanforderungen. Ein strafrechtsspezifischer Aufklärungsmaßstab widerspricht auch nicht der Einheit der Rechtsordnung. Vielmehr entspricht ein solcher dem kriminalpolitisch wünschenswerten Ziel, einer Kriminalisierung des ärztlichen Berufs entgegenzuwirken.[177] Ein abgesenkter strafrechtlicher Aufklärungsmaßstab entschärft auch das Problem der sog. „Defensivmedizin“ und lässt die Notwendigkeit der hypothetischen Einwilligung in vielen Fällen entfallen. Ein abgesenkter strafrechtlicher Aufklärungsmaßstab ist damit ein geeignetes Mittel, die aufgrund der im Zivilrecht entwickelten Aufklärungspflichten entstandenen Probleme zu lösen. Schließlich soll die ärztliche Aufklärung nicht der rechtlichen Absicherung der behandelnden Person, sondern dem Selbstbestimmungsrecht der Patient:innen dienen.

Dass unterschiedliche Haftungsmaßstäbe im Zivil- und Strafrecht durchaus denkbar und praktikabel sind, zeigt ein Blick in ausländische Rechtsordnungen. Das englische common law hat das im Zivilrecht geltende Prinzip des „informed consent“ im Strafrecht durch das Prinzip des „real consent“ ersetzt.[178] Dort hat sich die Ansicht bereits durchgesetzt, dass die zivilrechtlichen hohen Anforderungen des „informed consent“ nicht geeignet sind, um eine Unwirksamkeit der Einwilligung im Strafrecht anzunehmen.

Von einem „real consent“ wird gesprochen, wenn ein Aufklärungsmangel die Wirksamkeit der Einwilligung unberührt lässt, weil die behandelte Person in groben Zügen über die Natur des Eingriffs unterrichtet worden ist. Ist ein „real consent“ nach diesen Anforderungen gegeben, wird von einer wirksamen Einwilligung im Strafrecht ausgegangen. Dem „real consent“ Prinzip liegt die Annahme zugrunde, dass das Strafrecht das falsche Mittel ist, um ärztliche Aufklärungspflichten angemessen durchzusetzen.[179] Die Risiko- und Selbstbestimmungsaufklärung sind im englischen Recht lediglich Teil der zivilrechtlichen Sorgfaltspflichten, deren Verletzung allenfalls zu Haftungsansprüchen aus Fahrlässigkeit führt.[180]

Trotz der unbestreitbaren Unterschiede der Rechtssysteme zeigt der Blick nach England, dass unterschiedliche Aufklärungsanforderungen in verschiedenen

[177] *Immig*, Die Selbstbestimmungsaufklärung im Arztstrafrecht, S. 211.

[178] Näher dazu und m. w. N. *Fateh-Moghadam*, in: MedStR-HdB, S. 907.

[179] Näher dazu und m. w. N. *Fateh-Moghadam*, in: MedStR-HdB, S. 909.

[180] Näher dazu und m. w. N. *Fateh-Moghadam*, in: MedStR-HdB, S. 908.

Rechtsgebieten eine mögliche und praktikable Alternative zur Übertragung der zivilrechtlichen Aufklärungsanforderungen ins Strafrecht darstellen.[181]

Dass zivilrechtliche und strafrechtliche Anforderungsprofile auch in der deutschen Rechtsordnung nicht identisch sein müssen, zeigt auch die Begründung der ärztlichen Garantenstellung gegenüber der behandelten Person. Während im Zivilrecht bereits die Zusage eines ersten Termins oder das Einlesen in die Krankenakte einen Vertragsschluss mit entsprechender Pflichtenbegründung darstellen kann, ergibt sich hierdurch noch keine strafrechtliche Garantenstellung. Diese entsteht erst mit dem ersten Behandlungskontakt und der tatsächlichen Patientenübernahme.[182]

Ein Konzept abgesenkter, eigenständiger Aufklärungsanforderungen im Strafrecht wird im 3. Teil C. der Arbeit entwickelt.

II. Ausbleiben strafrechtlicher Konsequenzen trotz mangelhafter Aufklärung

Wenn die Gerichte Fehler bei der ärztlichen Aufklärung feststellen, gibt es Fälle, in denen eine Bestrafung wegen der tatbestandlichen Körperverletzung ausbleibt. Insbesondere die Figur der sog. hypothetischen Einwilligung wird von der Rechtsprechung immer wieder bemüht, um einen Freispruch trotz unwirksamer Einwilligung zu begründen.

1. Die hypothetische Einwilligung

Unter der hypothetischen Einwilligung versteht man im Falle einer fehlenden Einwilligung die Annahme, die behandelte Person hätte, wäre sie pflichtgemäß aufgeklärt worden, rechtswirksam in den Eingriff eingewilligt.[183] 1995 deutete der BGH im Rahmen des „Surgibone"-Urteils das erste Mal an, dieser hypothetischen Annahme auch im Strafprozess Bedeutung zumessen zu wollen.[184] 2003 folgte dann der erste Freispruch aufgrund einer hypothetischen Einwilligung.[185]

Seitdem ist es Gerichtspraxis geworden, bei mangelhaften Aufklärungen eine hypothetische Einwilligung zu prüfen und auf diesem Weg eine Verurteilung ab-

---

[181] *Tsambikakis/Dorneck*, in: NK-MedStR, § 228 Rn. 57.

[182] *Sternberg-Lieben*, in: Aktuelle Entwicklungen im Medizinstrafrecht, S. 109.

[183] *Hardtung*, in: MüKo StGB, § 223 Rn. 118; *Eschelbach*, in: BeckOK StGB, § 228 Rn. 30; *Paeffgen/Zabel*, in: NK-StGB, vor §§ 132 ff. Rn. 168a.

[184] BGH, Urt. v. 29. 6. 1995 – 4 StR 760/94, NStZ 1996, 34 (35).

[185] BGH, Urt. v. 15. 10. 2003 – 1 StR 300/03, NStZ-RR 2004, 16.

zuwenden. Insbesondere bei indizierten und *lege artis* durchgeführten Eingriffen[186], aber auch bei unzureichender Aufklärung über Behandlungsalternativen[187], Außenseitermethoden[188] oder sogar bei wissentlich falscher Aufklärung[189] prüft die Rechtsprechung das Vorliegen einer hypothetischen Einwilligung. Lediglich bei aktiver Täuschung über wesentliche Umstände[190] und bei nicht eilbedürftigen und rein ästhetischen Eingriffen[191] wird die hypothetische Einwilligung nicht in Betracht gezogen.

a) Begründung im Zivilrecht und Übertragung auf das Strafrecht

Wie die ärztlichen Aufklärungsanforderungen stammt auch die hypothetische Einwilligung ursprünglich aus dem Zivilrecht. Allerdings ist die Anerkennung der hypothetischen Einwilligung im Strafrecht nach wie vor höchst umstritten. Während sie teilweise als allgemeine Zurechnungsregel gesehen wird,[192] ist auch die Einordnung als Rechtfertigungsgrund[193] weit verbreitet. Wieder andere lehnen die Figur der hypothetischen Einwilligung im Strafrecht grundsätzlich ab.[194]

Der Grund und die Notwendigkeit der Anerkennung des Einwilligungssurrogats wird vor allem in der Überspannung der Aufklärungsanforderungen[195] und in der Einheit der Rechtsordnung[196] gesehen. So dient die Figur der hypothetischen Einwilligung als „Haftungskorrektiv"[197] für sehr weit ausgedehnte ärztliche Aufklärungspflichten.[198] Die Zivilgerichte reagierten mit der hypothetischen Einwilligung

---

[186] BGH, Urt. v. 5.7.2007 – 4 StR 549/06, NStZ-RR 2007, 340 (341) = JuS 2007, 1145 = MedR 2008, 158.

[187] BGH, Urt. v. 29.6.1995 – 4 StR 760/94, NStZ 1996, 34.

[188] BGH, Urt. v. 20.2.2013 – 1 StR 320/12, NJW 2013, 1688.

[189] BGH, Beschl. v. 15.10.2003 – 1 StR 300/03, NStZ-RR 2004, 16.

[190] BGH, Urt. v. 20.2.2013 – 1 StR 320/12, NJW 2013, 1688 (1689).

[191] BGH, Urt. v. 5.7.2007 – 4 StR 549/06, NStZ-RR 2007, 340 (341); zur Unterscheidung der Annahme einer hypothetischen Einwilligung bei medizinisch indizierten und nicht indizierten Eingriffen auch: LG Düsseldorf, Urt. v. 16.11.2021 – 1 Ks 24/20, BeckRS 2021, 55107, Rn. 191.

[192] *Heger*, in: Lackner/Kühl/Heger, StGB, § 228 Rn. 17a; *Roxin/Greco*, StafR AT I, § 13 Rn. 119 ff.; *Kuhlen*, FS Roxin I, 331 (346 f.); *Rönnau*, JZ 2004, 801 (801 ff.).

[193] *Ulsenheimer*, NStZ 1996, 132 (133); *Rengier*, StrafR BT II, § 13 Rn. 32; *Fischer*, in: StGB, vor § 32 Rn. 4b, § 223 Rn. 32.

[194] *Duttge*, in: FS Schroeder, 179 (183 ff.); *Hauck*, in: AnwK StGB, vor § 32 Rn. 19; *Böcker*, JZ 2005, 925 (931); *Puppe*, ZIS 2016, 366 (371); *Paeffgen*, in: FS Rudolphi, 187 (208 f.).

[195] *Sternberg-Lieben*, in: Aktuelle Entwicklungen im Medizinstrafrecht, 95 (105); *Beulke*, medstra 2015, 67 (72).

[196] *Knauer/Brose*, in: Spickhoff, MedR, § 223 StGB Rn. 92; *Conrad/Koranyi*, JuS 2013, 979 (983).

[197] *Swoboda*, ZIS 2013, 18 (19).

[198] *Frister*, StrafR AT, § 15 Rn. 35; *Albrecht*, Die „hypothetische Einwilligung" im Strafrecht, S. 511; *Saliger*, in: FS Beulke, 257 (258).

auf hohe Aufklärungsanforderungen, um die Waffengleichheit[199] zwischen Ärzt:innen und Patient:innen bei beweisrechtlichen Fehlentwicklungen zu wahren. In Zivilprozessen wählten immer mehr Kläger:innen den Weg, eine Haftung der Ärzt:innen nicht über die Behauptung eines Behandlungsfehlers, sondern über Aufklärungs- und Einwilligungsmängel zu begründen, weil die Kläger:innen diese Mängel nur glaubhaft machen, nicht aber vollumfänglich beweisen müssen. Durch die klägergünstige Beweislast wurden missbräuchliche Klagen wegen eher formal erscheinender Aufklärungsfehler[200] provoziert, die die Zivilgerichte dadurch einzudämmen versuchten, eine Haftung der Beklagten nicht anzunehmen, wenn diese *ex post* belegen konnten,[201] dass die Kläger:innen in den indizierten und *lege artis* durchgeführten Eingriff auch im hypothetischen Fall der korrekten Aufklärung eingewilligt hätten.[202] Seit dem Gesetz von 2013 ist die hypothetische Einwilligung in dieser Form als Beweisregel in § 630h II 2 BGB normiert.

Nun gelten im Strafprozess andere Beweislasten als im Zivilprozess. Während Behandelnde im Zivilprozess gem. § 630h II 2 BGB nachweisen müssen, dass die Behandelten auch bei fehlerfreier Aufklärung eingewilligt hätten, muss im Strafprozess die fehlende hypothetische Einwilligung den Angeklagten nachgewiesen werden. Hierbei darf als Maßstab nicht auf die vermutete Entscheidung objektiv vernünftiger Patient:innen abgestellt werden. Stattdessen sind die individuellen Interessen der konkret Betroffenen nachzuweisen.[203] Sofern dabei Zweifel verbleiben, „ist nach dem Grundsatz ‚in dubio pro reo' zu Gunsten des Arztes davon auszugehen, dass die Einwilligung auch bei ordnungsgemäßer Aufklärung erfolgt wäre."[204]

Zwar darf eine hypothetische Einwilligung nicht schon deshalb abgelehnt werden, weil die behandelte Person im Prozess bekundet, sie hätte auch bei ordnungsgemäßer Aufklärung nicht in den Eingriff eingewilligt. Die nachträglichen Aussagen der Patient:innen können nämlich wesentlich durch den Misserfolg der Eingriffe geprägt sein.[205] Allerdings trifft die Geschädigten im Strafprozess als Zeug:innen eine Wahrheitspflicht, sodass ihre Aussage, sie hätten nie in die Behandlung eingewilligt, häufig schwerer wiegen dürfte als die Verteidigung der Angeklagten.[206] Daher kann die Annahme einer hypothetischen Einwilligung im Strafrecht keinen hinreichenden Schutz vor potentiellen Strafbarkeitsrisiken begründen.

---

[199] *Tsambikakis/Dorneck*, in: NK-MedStR, § 228 Rn. 39.

[200] *Gaede*, Limitiert akzessorisches Medizinstrafrecht statt hypothetischer Einwilligung, S. 6.

[201] *Wagner*, in: MüKo BGB, § 630h Rn. 16.

[202] *Swoboda*, ZIS 2013, 18 (19).

[203] *Knauer/Brose*, in: Spickhoff, MedR, § 223 StGB Rn. 92.

[204] BGH, Urt. v. 11.10.2011 – 1 StR 134/11, NStZ 2012, 205 (206).

[205] BGH, Urt. v. 29.6.1995 – 4 StR 760/94, NStZ 1996, 34; *Sowada*, NStZ 2012, 1 (7); *Conrad/Koranyi*, JuS 2013, 979 (983); *Gropp*, in: FS Schroeder, 197 (200).

[206] Einleitung Fn. 33.

b) Stellungnahme

Es fragt sich aber auch jenseits von Beweislastregeln, ob die Übernahme der hypothetischen Einwilligung aus dem Zivilrecht ins Strafrecht überzeugen kann. Für eine Anerkennung dieser im Strafrecht wird neben dem Gedanken der Einheit der Rechtsordnung[207] ins Feld geführt, es gehe nicht an, dass Ärzt:innen strafrechtlich zur Verantwortung gezogen würden, wenn sie das Zivilrecht wegen desselben Sachverhalts von einer Haftung freistelle.[208]

Auch der BGH erwog im zitierten „Surgibone"-Fall erstmals die Übernahme der hypothetischen Einwilligung in das Strafrecht, um ein Auseinanderfallen von zivil- und strafrechtlicher Haftung zu vermeiden.[209]

Die genaue dogmatische Einordnung der hypothetischen Einwilligung bleibt unklar. Insbesondere die Rechtsprechung nimmt keine klare Einordnung vor. Ohne die hypothetische Einwilligung als solche zu benennen, erkannte der BGH 1990 an, dass die Verletzung einer Aufklärungspflicht für eine Körperverletzung dann nicht „ursächlich" sei, wenn Patient:innen auch bei korrekter Aufklärung eingewilligt hätten.[210] Der BGH verortete damit die Frage der hypothetischen Einwilligung als Kausalitätsproblem der mangelhaften Aufklärung. In dem Speiseröhren-Fall ging der 1. Senat dagegen davon aus, dass der angeklagte Arzt bei der irrigen Annahme einer hypothetischen Einwilligung einem Erlaubnistatbestandsirrtum unterlag,[211] was in der Konsequenz bedeutete, dass diese ein Rechtfertigungsgrund wäre. Deutlicher formulierte der BGH in einer anderen Entscheidung, dass „die Rechtswidrigkeit entfällt, wenn der Patient bei wahrheitsgemäßer Aufklärung in die tatsächlich durchgeführte Operation eingewilligt hätte."[212]

Da die hypothetische Einwilligung die ausufernden Aufklärungspflichten im Strafrecht ohnehin nicht begrenzt, löst sie das in dieser Arbeit behandelte Problem eines sachgerechten und praktikablen Aufklärungskonzepts nicht. Vielmehr wird sie von der Rechtsprechung lediglich als Reaktion auf dieses herangezogen und unterstreicht das praktische Bedürfnis strafrechtlich klar benennbarer und umgrenzter Aufklärungsanforderungen. Da die hypothetische Einwilligung allein nicht ausreicht, um die in der Praxis auftretenden Probleme im Zusammenhang mit überhöhten Aufklärungspflichten zu beheben, bedarf es einer grundlegenden Neubewertung und einer strukturellen Reform der Aufklärungspflichten. Nur auf diesem Weg lässt sich eine effektive und praktikable Lösung erzielen.

---

[207] *Saliger*, in: FS Beulke, 257 (258).

[208] *Sowada*, NStZ 2012, 1 (5).

[209] BGH, Urt. v. 29.6.1995 – 4 StR 760/94, NStZ 1996, 34 (35).

[210] BGH, Urt. v. 25.9.1990 – 5 StR 342/90, BGHR STGB § 223 Abs. 1 Heileingriff 2 = juris Rn. 10 f.

[211] BGH, Urt. v. 11.10.2011 – 1 StR 134/11, NStZ 2012, 205 (206).

[212] BGH, Urt. v. 15.10.2003 – 1 StR 300/03, NStZ-RR 2004, 16 (17).

2. Strafbarkeitsausschließende Irrtümer des Arztes

Doch nicht nur in Fällen einer hypothetischen Einwilligung lehnen die Gerichte eine Strafbarkeit der Behandelnden ab. Auch Irrtümer bei der Vornahme des Eingriffs können zu ihrer Straflosigkeit führen. In Betracht kommen hierbei sowohl Erlaubnistatbestandsirrtümer als auch die Schuld ausschließende Verbotsirrtümer i. S. d. § 17 StGB.

Wann solche Irrtümer vorliegen und eine Strafbarkeit ausschließen bzw. begründen können, wird ausführlich im 4. Teil der Arbeit erörtert.

III. Fahrlässigkeitsstrafbarkeit bei irriger Annahme einer Einwilligung

Lehnen die Gerichte aufgrund eines Irrtums eine Vorsatzstrafbarkeit ab, kommt immer noch eine Strafbarkeit wegen Fahrlässigkeit in Betracht. So lag der Myom-Fall, in welchem der BGH feststellte, der behandelnde Arzt hätte fahrlässig die Möglichkeit einer aufklärungspflichtigen Komplikation verkannt.

Irrt die behandelnde Person über die Wirksamkeit einer Einwilligung, führt die Ablehnung der Vorsatzstrafbarkeit aufgrund eines Erlaubnistatbestandsirrtums nicht automatisch zur Erfüllung des Fahrlässigkeitstatbestandes. Vielmehr müssen dessen Voraussetzungen gesondert geprüft werden.[213] Der nächste Abschnitt widmet sich daher der Frage, wann eine Fahrlässigkeitsstrafbarkeit der behandelnden Person in der aktuellen Rechtslage wegen mangelhafter Aufklärung angenommen werden kann.

1. Herleitung der Sorgfaltspflichtverletzung

Zwar wird im Rahmen der Fahrlässigkeitsstrafbarkeit das Erfordernis der Sorgfaltspflichtverletzung im Schrifttum teilweise abgelehnt.[214] Stattdessen wird von der „Schaffung einer unerlaubten Gefahr" gesprochen und die Lehre von der objektiven Zurechnung[215] angewandt. Nichtsdestotrotz sollen in dieser Arbeit mit der Rechtsprechung[216] und der h. L.[217] die weitgehend anerkannten fahrlässigkeitsspezifischen

---

[213] *Rengier*, StrafR AT, § 52 Rn. 4.

[214] *Puppe/Grosse-Wilde*, in: NK-StGB, vor §§ 13–15 Rn. 153 ff.

[215] *Roxin/Greco*, StafR AT I, § 24 Rn. 14; *Frister*, StrafR AT, § 12 Rn. 2.

[216] BGH, Urt. v. 26.5.2004–2 StR 505/03, NJW, 2458; BGH, Urt. v. 1.2.2005–1 StR 422/04, NStZ 2005, 446 (447); BGH, Urt. v. 19.4.2000–3 StR 442/99, NJW 2000, 2754 (2758); BGH, Beschl. v. 10.5.2001–3 StR 45/01, BeckRS 2001, 30179737.

[217] *Rengier*, StrafR AT, § 52 Rn. 11; *Beulke/Satzger/Wessels*, StrafR AT, § 18 Rn. 1115; *Kühl*, StrafR AT, § 17 Rn. 16; *Kaspar*, StrafR AT, § 9 Rn. 13; *Kindhäuser/Zimmermann*, StrafR AT, § 33 Rn. 4; *Bock*, StrafR AT, Kap. 11 Rn. 11.

Tatbestandsmerkmale „Sorgfaltspflichtverletzung", „Vorhersehbarkeit", „Erkennbarkeit" und „Vermeidbarkeit" als Strafbarkeitsvoraussetzungen unterstellt werden. Insbesondere bei der Konkretisierung und Herleitung der Sorgfaltspflichten werden dieselben Ausgangspunkte wie bei der unerlaubten Gefahrschaffung herangezogen,[218] sodass es bzgl. der Unterscheidung von Sorgfaltspflichtverletzung und unerlaubter Gefahrenschaffung keiner weiteren Erörterung bedarf.

Um die ärztlichen Sorgfaltspflichten festzulegen, muss die konkrete Tathandlung bestimmt werden. Es stellt sich daher zunächst die Frage, worin genau das strafbare Verhalten der Behandelnden liegt, die einen medizinischen Eingriff in der irrigen Annahme einer rechtswirksamen Einwilligung vornehmen. Anknüpfungspunkt im Zusammenhang mit einem Irrtum kann sowohl die Vornahme des Eingriffs als auch das Unterliegen des Irrtums sein.

Eine Fahrlässigkeitsstrafbarkeit aufgrund der mangelhaften Aufklärung selbst wird gesondert im 4. Teil A. I. besprochen.

Teils wird vertreten, dass die Sorgfaltspflichtverletzung in dem Irren über das Vorliegen eines rechtfertigenden Sachverhalts selbst liege.[219] Damit läge die Pflichtverletzung z. B. darin, dass die behandelnde Person die fehlerhafte Aufklärung nicht bemerkt oder bei der Delegation der Aufklärung die insoweit erforderlichen organisatorischen Maßnahmen oder Kontrollen nicht durchgeführt hat.[220] Der objektive Tatbestand wäre dann erfüllt, wenn der Irrtum bei Anwendung der erforderlichen Sorgfalt objektiv erkennbar und vermeidbar gewesen wäre.[221]

Die mangelnde Überprüfung, ob eine Einwilligung rechtfertigende Wirkung entfaltet, kann für sich alleinstehend jedoch keine taugliche Tathandlung der §§ 229, 222 StGB darstellen. Denn durch die Tathandlung muss der tatbestandliche Erfolg herbeigeführt werden. Dieser ist die rechtsgutsbeeinträchtigende Körperverletzung bzw. Tötung der behandelten Person. Die mangelnde Versicherung der rechtswirksamen Einwilligung hat für sich genommen keine Beeinträchtigung der körperlichen Integrität zur Folge.[222] Ausgangspunkt einer Strafbarkeit der Behandelnden ist daher die Vornahme der tatbestandlichen Körperverletzung in Abwesenheit der objektiven Rechtfertigungsvoraussetzungen der Einwilligung. Die Vornahme eines nicht durch Einwilligung gerechtfertigten Eingriffs ist die pflichtwidrige Handlung, die vorherseh- und vermeidbar gewesen sein muss. Der Behandelnde hätte also seinen Irrtum hinsichtlich der nicht bestehenden Einwilligung bei Durchführung des Eingriffs erkennen können müssen.

---

[218] Vgl. *Roxin/Greco*, StafR AT I, § 24 Rn. 14 ff. zur Konkretisierung der erlaubten Gefahrschaffung und *Kudlich*, in: BeckOK StGB, § 15 Rn. 35 ff. zur Konkretisierung der Sorgfaltspflichten.

[219] *Valerius*, in: MedStR-HdB, § 1 Rn. 324; *Müller-Dietz*, JuS 1989, 280 (286).

[220] *Valerius*, in: MedStR-HdB, § 1 Rn. 324.

[221] *Immig*, Die Selbstbestimmungsaufklärung im Arztstrafrecht, S. 105.

[222] Denn das Selbstbestimmungsrecht ist *per se* kein Schutzgut der §§ 223 ff. StGB, s. 4. Teil A. I. 1. d).

2. Erkennbarkeit des Irrtums in der aktuellen Rechtslage

Im Rahmen der Vorherseh- und Vermeidbarkeit stellt sich die Frage nach der ausreichenden Versicherung der rechtswirksamen Einwilligung. Eine Fahrlässigkeitsstrafbarkeit liegt nur vor, wenn Täter:innen den eigenen Irrtum hätten vermeiden können.[223] Voraussetzung hierfür ist, dass sich die handelnde Person mehr Klarheit und Sicherheit über das Vorliegen der Rechtfertigungsvoraussetzungen hätte verschaffen können.[224] Es stellt sich daher die Frage, wann Behandelnde ausreichend geprüft haben, ob aufgrund der vermittelten Informationen eine wirksame Einwilligung vorliegt. Nach welchen Maßstäben ist die Fahrlässigkeit der fehlerhaften Rechtfertigungslagebeurteilung zu bestimmen?[225]

Das Maß an Sorgfalt, welches von Täter:innen verlangt wird, ihren Irrtum zu erkennen, wird von der Berücksichtigung ihrer eigenen berechtigten Interessen begrenzt. Die Erwartungen an die Fähigkeit der Normadressat:innen, Sorgfaltspflichtverletzung zu vermeiden, können nicht unbegrenzt sein, da dies nicht nur zu einer völligen Überforderung führen, sondern auch die Verfolgung anderer berechtigter Ziele behindern würde.[226] Eine Fehleinschätzung der Rechtfertigungslage fällt Täter:innen keinesfalls immer zur Last, nur weil sie in irgendeiner Form hätten erkennen können, dass sie mit ihrer Vorstellung vielleicht falsch liegen. Denn dann wäre der Irrtum praktisch immer vermeidbar und vorwerfbar.[227]

Während es den meisten Menschen einleuchten dürfte, dass gerade in akuten Bedrohungssituationen eine harmlose Alternativverklärung vielfach nicht mit absoluter Sicherheit ausgeschlossen werden kann (z.B. bei einer vermeintlichen Notwehrlage), liegt eine solche Akutheit und Spontanität der Wahrnehmung im Rahmen des Behandlungsverhältnisses beim Aufklärungsgespräch häufig nicht vor. Hiervon ist nur in dringenden Notsituationen auszugehen. Vielmehr ergibt sich in vielen Aufklärungssituationen ein gewisses Restrisiko für die Fehleinschätzung der Aufklärenden daraus, dass es bei unzähligen Eingriffen immer neue medizinische Erkenntnissen zu Risiken oder Behandlungsalternativen gibt, die für verschiedene Krankheitsbilder und Patient:innen als aufklärungspflichtig in Betracht kommen. Die sich stetig fortentwickelnden wissenschaftlichen Erkenntnisse wirken sich auf die ärztliche Aufklärungspflicht aus. Da es nicht zu jedem Eingriff eine offizielle

---

[223] *Roxin/Greco*, StafR AT I, § 14 Rn. 112; *Sternberg-Lieben*, in: TK-StGB, vor §§ 32 ff. Rn. 28, mit der zutreffenden Anmerkung, dass es widersprüchlich ist, wenn die „strenge" und „rechtsfolgenverweisende Schuldtheorie" dem unvermeidbaren Irrtum erst i.R.d. Schuld Rechnung tragen. Denn das Recht kann von niemandem mehr als die Beachtung der gebotenen Sorgfalt verlangen, sodass ein Handeln beim Vorliegen eines unvermeidbaren Irrtums schon nicht tatbestandsmäßig sein kann. Die rechtliche Behandlung eines Erlaubnistatbestandsirrtums wird ausführlich im 4. Teil A. II. 1. a) diskutiert.

[224] *Bergschneider*, medstra 2022, 81 (86).

[225] *Erb*, in: FS Rengier, 15.

[226] *Kindhäuser/Zimmermann*, StrafR AT, § 33 Rn. 4.

[227] *Erb*, in: FS Rengier, 15 (15 f.).

Empfehlung oder gar gesetzliche Norm geben kann,[228] die vorschreibt, worüber im Einzelfall aufzuklären ist, bleibt die Einschätzung hierüber den Aufklärenden überlassen. Im Rahmen der individualisierten Aufklärung kann es zu divergierenden Einschätzungen durch unterschiedliche Aufklärende kommen. Insofern muss bei der Bestimmung der Irrtumsvermeidbarkeit darauf geachtet werden, dass die Berücksichtigung aller denkbaren Möglichkeiten, durch die ein Verhalten ein geschütztes Rechtsgut verletzen könnte, für einen umsichtigen Menschen nicht selten entweder zu einer totalen Handlungsblockade oder zu einer Zufallshaftung führen würde.[229]

Als Vorfrage der Erkennbarkeit eines Irrtums ist zu erörtern, worin die Sorgfaltspflicht bei der Aufklärung besteht. Denn nur wenn diese Anforderungen bestimmbar sind, können Ärzt:innen sie erkennen und ihren Irrtum über das Vorliegen einer rechtfertigenden Einwilligung identifizieren und vermeiden.

Die Aufklärungsanforderungen sind für Ärzt:innen aufgrund der teilweise kaum überschaubaren und nicht immer verständlichen Rechtsprechung[230] häufig nicht *ex ante* vorhersehbar[231]. Daher ist ein wegen mangelhafter Aufklärung rechtswidriger Eingriff bei irrtümlicher Annahme einer wirksamen Einwilligung nur in Fällen evidenter Aufklärungsmängel vermeidbar. In den anderen Fällen ist eine Fahrlässigkeitsstrafbarkeit hingegen mangels Vorhersehbarkeit und Erkennbarkeit ausgeschlossen.

3. Fazit

Da die Rechtsprechung objektive Kriterien zur Bestimmung aufklärungspflichtiger Umstände ablehnt und stattdessen eine individuelle Aufklärung fordert, gibt es keine allgemeingültige, präzise Formel zu Inhalt und Umfang der Aufklärungspflichten. Die ursprünglich geforderte Aufklärung „im Großen und Ganzen"[232] wurde mit der Ausdifferenzierung der Rechtsprechung so sehr verschärft[233] und überspitzt[234], dass sich ein komplexer, kaum noch durchschaubarer Rechtszustand entwickelt hat.[235] Die Behandelnden können die jeweiligen Anforderungen im

---

[228] *Geiß/Greiner*, Arzthaftpflichtrecht, Teil C. Rn. 7.

[229] *Erb*, in: FS Rengier, 15 (16).

[230] *Ulsenheimer/Gaede*, in: Ulsenheimer/Gaede, Arztstrafrecht in der Praxis, Rn. 342; vgl. auch 2. Teil B. I. 3. a).

[231] *Gaidzik*, in: NK-MedR, §§ 223–299 Rn. 5; *Immig*, Die Selbstbestimmungsaufklärung im Arztstrafrecht, S. 61.

[232] 1. Teil Fn. 26.

[233] *Katzenmeier*, NJW 2006, 2738 (2740).

[234] *Kern*, in: Laufs/Kern/Rehborn ArztR-HdB, § 3 Rn. 42.

[235] *Dorneck et al.*, MedR 2019, 431 (435).

Einzelfall nicht immer vorhersehen und sind daher „permanent der Gefahr ausgesetzt, [...] zivil- und strafrechtlich zur Verantwortung gezogen zu werden“[236].

Selbst für Jurist:innen ist unter Zuhilfenahme einschlägiger Fachliteratur und Urteile in der aktuellen Rechtslage nicht immer bestimmbar, wann eine medizinische Aufklärung den rechtlichen Anforderungen entspricht.[237] Es ist daher auch für die Behandelnden häufig schwer erkennbar, ob die Patienteneinwilligung rechtfertigende Wirkung hat.

Der ärztliche Irrtum ist in den Konstellationen, in denen er sich auf den Umfang und Inhalt der Aufklärungspflicht bezieht, in vielen Situationen aktuell nicht vermeidbar. Eine entsprechende Fahrlässigkeitsstrafbarkeit ist daher in einschlägigen Fällen häufig ausgeschlossen. Etwas anderes gilt nur, wenn Aufklärende es versäumt haben, über eindeutig informationspflichtige Umstände aufzuklären. Das ist bspw. anzunehmen, wenn Aufklärende nicht über die Diagnose, den befolgten Zweck einer Maßnahme oder die Folgen bei Nichtbehandlung aufklären. Abgesehen von diesen gröbsten „Grundlagen“ der Aufklärung ist die genaue Sorgfaltspflicht im Detail aktuell nicht *ex ante* bestimmbar.

Die immer strengeren rechtlichen Maßgaben und die hierauf folgende weit verbreitete Defensivmedizin konterkarieren das Anliegen eines bestmöglichen Autonomieschutzes. Nur realistische, erkenn- und damit erfüllbare Verhaltensanforderungen können wirksame Handlungsanleitungen darstellen.[238] Es ist niemandem gedient, wenn unter der Aufklärungspflicht der Ärzt:innen Informationen angemahnt werden, die weit entfernt sind von dem, was Patient:innen tatsächlich benötigen, um eine informierte Entscheidung treffen zu können.[239] Das bloße Fordern von mehr Information kann Patient:innen überfordern und ihre Mitbestimmungsmöglichkeiten zu einem bloßen Schein verkommen lassen. Das Einholen eines solchen „informed consent“ dient dann nur noch der vermeintlichen Rechtssicherheit der behandelnden Person.[240]

Es bedarf daher eines Umdenkens bei der Bildung ärztlicher Aufklärungspflichten. Neben der Patientenautonomie sind auch die konkrete Behandlungssituation, das Verhältnis sowie die Kommunikation zwischen aufklärender und behandelter Person zu berücksichtigen.

---

[236] *Immig*, Die Selbstbestimmungsaufklärung im Arztstrafrecht, S. 53.

[237] *Iversen*, HRRS 2018, 475 (479).

[238] *Katzenmeier*, BGesBl 2012, 1093 (1098).

[239] *Tag*, ZStW 2015, 523 (543).

[240] *Steinfath*, in: Autonomie und Vertrauen, S. 21.

3. Teil

Vorschlag für ein praktikables Aufklärungskonzept

Wie im letzten Kapitel erarbeitet wurde, können aus der aktuellen Rechtspraxis keine klaren Anforderungen an die medizinische Aufklärung formuliert und abgeleitet werden. Vielmehr wird die aktuelle Rechtsanwendung weder den medizinischen Ressourcen und ärztlichen Berufspflichten noch der Autonomie der Patient:innen gerecht. Es bedarf daher der Erarbeitung eines den Interessen der Beteiligten entsprechenden Aufklärungskonzepts.

A. Die Patientenautonomie in der Krankenversorgung

Um einen solchen Umgang zu finden, muss zunächst erörtert werden, was überhaupt unter „Patientenautonomie", der der „informed consent" schließlich dienen soll, verstanden wird und welche normativen Konsequenzen sich hieraus für die Krankenversorgung ergeben. Im Anschluss kann ein die Autonomie wahrendes und praktikables Konzept erarbeitet werden.

I. Begriff der Autonomie

Die meisten Autonomiekonzeptionen sind sich darüber einig, dass zur Ausübung von Autonomie zwei Grundvoraussetzungen erfüllt sein müssen: Es bedarf der Freiheit bzw. Freiwilligkeit als Unabhängigkeit von kontrollierenden Einflüssen und der Intentionalität als Fähigkeit, bestimmte Ziele zu setzen und zu verfolgen.[1]

Der Begriff „Autonomie" stammt aus dem Griechischen und bedeutet übersetzt Selbstgesetzgebung (*autos* = selbst und *nomos* = Gesetz) oder Selbstständigkeit.[2] Autonomie kann als allgemeine Fähigkeit, als Merkmal von Handlungen oder Entscheidungen und als Fähigkeit zu moralisch ausgerichteter Selbstbestimmung

---

[1] *Faden/Beauchamp*, A history and theory of informed consent, S. 99; *Birnbacher*, in: Ethik im Gesundheitswesen, S. 495 ff.; *Bobbert*, in: Kommerzialisierung des menschlichen Körpers, 235 (239).

[2] *Weber*, Rechtswörterbuch, Autonomie; Duden | Autonomie | Rechtschreibung, Bedeutung, Definition, Herkunft, online aufgerufen am 15.01.2025, 12:23 Uhr; vgl. weiterführend zur Terminologie und der Gleichsetzung von Autonomie und Selbstbestimmung *Bobbert*, Patientenautonomie und Pflege, S. 130 m. w. N.

verstanden werden. Selbstbestimmung umfasst die Befugnis, zu entscheiden, welchen Risiken man sich aussetzen möchte und beinhaltet die Freiheit, die Gefahren des eigenen Handels selbst einzuschätzen und einzugehen.[3]

Als allgemeine Fähigkeit meint Autonomie das Vermögen des Menschen zur Selbstbestimmung. Die Selbstbestimmung zielt auf die Emanzipation von äußeren Bindungen und Bedingungen ab.[4] Hierfür muss sich der Mensch darüber bewusst sein, Wünsche und Ziele zu haben und diese verfolgen zu wollen. Er muss dann in einem zweiten Schritt fähig sein, diese Ziele in Relation zu seinen tatsächlichen Lebensbedingungen zu setzen.[5]

Ein autonomes Leben an sich garantiert noch nicht, dass ein Mensch auch in jeder einzelnen Entscheidung autonom ist. Vielmehr hängt die Autonomiefähigkeit von verschiedenen Faktoren ab, die sowohl jenseits der eigenen Einflusssphäre liegen (frühkindliche Erziehung, Kultur, genetische Ausstattung) als auch im Laufe des Lebens von den Autonomieträger:innen selbst ausgebildet werden (emotionale Bindungen, Loyalität, angeeignete Gewohnheiten oder eingegangene Verpflichtungen).[6] Doch nicht nur von solch grundsätzlichen Einflüssen hängt die Autonomiefähigkeit ab. Auch die konkreten Situationen, in denen eine Entscheidung getroffen wird, bestimmen maßgeblich, ob ein Mensch autonom entscheiden kann. Selbst die autonomiefähigste Person kann im Falle einer schweren Erkrankung unter Schmerzen kaum Gebrauch ihres vollen Autonomiespielraums machen. Die Person ist dann „im Prinzip" ein autonomer Mensch, nicht jedoch in der akuten Situation.[7]

Im medizinischen Kontext spielt Autonomie daher als Merkmal von Handlungen die entscheidendere Rolle. Für ein selbstbestimmtes Handeln muss ein Mensch die Handlung, mit der er sein gesetztes Ziel verfolgt, bewusst und absichtlich vollziehen. Bezüglich seines Handelns muss er die Konsequenzen, Chancen und Risiken dessen überblicken. Als selbstbestimmt kann die Handlung erst bezeichnet werden, wenn sie frei von äußeren kontrollierenden Einflüssen ist.[8] Das ist bspw. nicht der Fall, wenn gar keine Handlungsalternativen zur Verfügung stehen oder Personen unter äußerem Zwang oder Drohung stehen. Auch ein Irrtum verhindert aufgrund der Unkenntnis von entscheidungsrelevanten Umständen, dass das Ziel nach eigenen Wertmaßstäben definiert werden kann.[9]

---

[3] *Rego Sousa Torres*, Die Patientenverfügung – ein Rechtsinstrument der Selbstbestimmung, S. 41.

[4] *Katzenmeier*, BGesBl 2012, 1093.

[5] *Bobbert*, Patientenautonomie und Pflege, S. 131.

[6] *Birnbacher*, in: Ethik im Gesundheitswesen, S. 495.

[7] *Birnbacher*, in: Ethik im Gesundheitswesen, S. 495.

[8] *Bobbert*, Patientenautonomie und Pflege, S. 132.

[9] *Rönnau*, Willensmängel bei der Einwilligung im Strafrecht, S. 205.

Bei einem Verständnis von Autonomie als Fähigkeit zur moralisch gerechtfertigten Selbstbestimmung ist ein Mensch in der Lage, einen moralischen Standpunkt einzunehmen.[10] Das beinhaltet die Kompetenz, die Auswirkungen auf und Beeinträchtigungen von Interessen Dritter durch das eigene Handeln zu berücksichtigen. Das moralische Verständnis von Autonomie spielt für diese Arbeit nur eine äußert untergeordnete Rolle. Das kann der Fall sein, wenn eine Patientenentscheidung Auswirkungen auf Dritte hat (vgl. 3. Teil C. I. 1. b) cc)).

Das Gegenstück der Selbstbestimmung ist der Paternalismus. Unter ihm wird die „väterliche Fürsorge“ und im medizinischen Kontext die Fremdbestimmung durch medizinisches Personal verstanden. Paternalistisches Verhalten zwingt den Behandelten eine Maßnahme oder Schutz unabhängig davon auf, ob sie diese wünschen oder ablehnen. Paternalismus ist mit einer Bevormundung verbunden, die sich ohne oder auch gegen den Willen der Behandelten an deren vermeintlich besten Interessen orientiert.[11] Die fürsorgliche Fremdbestimmung beschränkt die Patientenautonomie und kann angenommen werden, wenn Behandelnde ihr medizinisches Vorgehen nur an den von ihnen angenommenen Interessen der Patient:innen orientieren und hierbei nicht den tatsächlichen individuellen Willen des:der Einzelnen in ihre Handlungsentscheidungen einbeziehen.

Neben der paternalistischen Fremdbestimmung kann die Patientenautonomie auch durch weitere externe Faktoren wie ökonomische Sparmaßnahmen eingeschränkt werden, die zu einem reduzierten Angebot an medizinischen Leistungen führen.

Im Kontext der medizinischen Aufklärung, die eine autonome Patientenentscheidung ermöglichen soll, steht diese jedoch vor allem der paternalistischen Fremdbestimmung durch das medizinische Personal gegenüber.

II. Achtung der Patientenautonomie in der Krankenversorgung

Aus der verfassungsrechtlich verankerten allgemeinen Handlungsfreiheit des Einzelnen i. S. d. Art. 2 I GG und dem allgemeinen Persönlichkeitsrecht gem. Art. 2 I i. V. m. Art. 1 I GG entspringen im Kontext des Gesundheitswesens mehrere normative Ansprüche,[12] die als Abwehrrechte fungieren. Aus dem allgemeinen Persönlichkeitsrecht ergibt sich, dass die behandelte Person immer in ihrer Gesamtheit geachtet und mit ihren Belangen im Mittelpunkt eines Behandlungsverhältnisses stehen muss. Das Selbstbestimmungsrecht umfasst damit auch die persönlichen

[10] *Bobbert*, Patientenautonomie und Pflege, S. 133.

[11] *Rego Sousa Torres*, Die Patientenverfügung – ein Rechtsinstrument der Selbstbestimmung, S. 41.

[12] BVerfG, Beschl. v. 25.7.1979 – 2 BvR 878/74, BVerfGE 52, 131; BVerfG, Beschl. v. 18.11.2004 – 1 BvR 2315/04, NJW 2005, 1103; BGH, Urt. v. 22.12.2010 – 3 StR 239/10, NJW 2011, 1088.

Empfindungen und Vorstellungen des:der Behandelten.[13] Damit von einer ausreichenden Achtung der Autonomie in der medizinischen Versorgung gesprochen werden kann, müssen diese Rechte gewahrt werden. Zusammenfassen lassen sich solche Achtungsrechte als ein normativer Anspruch zur Abwehr von Akten der Bevormundung.[14] Zuletzt hat der Gesetzgeber 2013 die Rechte der Patient:innen durch die Einführung der §§ 630a–h BGB gestärkt, wobei ein besonderes Augenmerk auf die Patientenbeteiligung und -information (§§ 630c–630e BGB) gelegt wurde.[15]

Im Einzelnen haben Patient:innen unter anderem das Recht, selbst über medizinische Eingriffe zu entscheiden, über die Belange ihrer Gesundheit informiert zu werden sowie eigenständig festzulegen, was ihrem eigenen Wohl entspricht.[16] Auch die Einsichtnahme in die eigene Patientenakte wurde in § 630g BGB kodifiziert, wobei dieses Recht bereits vor 2013 von der Rechtsprechung als Nebenanspruch aus dem Behandlungsvertrag abgeleitet wurde.[17]

Bei der Ausübung ihrer Rechte dürfen Patient:innen möglichst wenig durch externe Abläufe in den Gesundheitseinrichtungen eingeschränkt werden.[18] Das Selbstbestimmungsrecht der behandelten Person hat daher entscheidenden Einfluss auf die rechtlichen Handlungspflichten und Verantwortlichkeiten des medizinischen Personals bei der Krankenversorgung und -behandlung.[19]

---

[13] *Prütting/Heyn/Stubenrauch*, NJW 2023, 321 (323).

[14] *Rego Sousa Torres*, Die Patientenverfügung – ein Rechtsinstrument der Selbstbestimmung, S. 38.

[15] *Katzenmeier*, in: BeckOK BGB, § 630a Rn. 6; *Müller*, ZEV 2014, 401.

[16] *Bobbert*, Patientenautonomie und Pflege, S. 134.

[17] BGH, Urt. v. 23.11.1982 – VI ZR 222/79, BGHZ 85, 32; BGH, Urt. v. 6.12.1988 – VI ZR 76/88, BGHZ 106, 146; BVerfG, Beschl. v. 16.9.1998 – 1 BvR 1130/98, NJW 1999, 1777; BVerfG, Beschl. v. 9.1.2006 – 2 BvR 443/02, BJW 20006, 1116.

[18] Hiermit sind insbesondere die Rahmenbedingungen und die Organisation einer auf Krankenversorgung gerichteten Institution gemeint. Einschränkungen der Handlungsautonomie können sich aus Arbeitsabläufen, institutionellen Strukturen, versicherungsrechtlichen Vorgaben oder dem Einsatz begrenzter Ressourcen wie Fachpersonal, Material und Räumlichkeiten ergeben. Die institutionellen Abläufe entsprechen häufig nicht den Gewohnheiten und Vorhaben der Patient:innen, sind aber für eine fachlich erfolgsversprechende und medizinisch effiziente Versorgung aller Patient:innen unvermeidbar. Trotzdem bedürfen solche Einschränkung einer Rechtfertigung, welche abhängig vom eingeschränkten Interesse unterschiedlich starke Gründe erfordert. So bedarf das Wecken eines Patienten am frühen Morgen entgegen seiner Gewohnheit einer weniger starken Begründung als die strenge Reglementierung der Besuchszeiten. *Bobbert*, Patientenautonomie und Pflege, S. 144.

[19] *Rego Sousa Torres*, Die Patientenverfügung – ein Rechtsinstrument der Selbstbestimmung, S. 38.

B. Patientenautonomie bei der Behandlungsfestlegung

Während die Achtung der Autonomie rechtlich meistens im Rahmen der rechtfertigenden Einwilligung und der hiermit verbundenen Aufklärung verortet wird (so in §§ 630c, 630e BGB aber auch im Rahmen der strafrechtlichen Einwilligung), ist diese bereits für die Vereinbarung der ärztlichen Leistung relevant. So normiert § 630a II BGB, dass eine Behandlung nach den zum Zeitpunkt der Behandlung bestehenden, allgemein anerkannten fachlichen Standards zu erfolgen hat, sofern nicht etwas anderes vereinbart ist. Die Festlegung der vorzunehmenden Maßnahme und die Art ihrer Durchführung liegen damit ebenfalls im Machtbereich der behandelten Person. Denn zur Autonomie eines Menschen gehört auch, dass dieser bestimmt, welche Ziele er sich für seine Gesundheit setzt und wie er diese verfolgen möchte. Das bedeutet, dass allein er entscheidet, was seinem eigenen Wohl entspricht. Das ist nicht nur für die Frage bedeutsam, ob, sondern auch wie der Eingriff vorgenommen werden soll. Der Inhalt und Umfang der Behandlung wird im gegenseitigen Einverständnis zwischen Ärzt:innen und Patient:innen festgelegt.

In einem zweiten Schritt rechtfertigt die autonome Einwilligung den Eingriff auf Rechtswidrigkeitsebene.

I. Subjektive Urteile von medizinischem Personal

Im Rahmen der medizinischen Entscheidungsfindung, welche Maßnahmen durchzuführen sind, spielt sowohl die Frage der Indikation einer Behandlung eine Rolle, als auch, ob diese die „beste" Option für Patient:innen darstellt. Wann eine Maßnahme indiziert ist und die beste Handlungsoption für einen Menschen ist, kann nicht von den behandelnden Ärzt:innen allein festgelegt werden. Denn wie im Folgenden aufgezeigt wird, sind Ärzt:innen in ihren Annahmen und Empfehlungen immer auch von den eigenen subjektiven Vorstellungen geprägt. Bei der ärztlichen Bewertung, ob eine medizinische Indikation vorliegt und was dem „besten Wohl" der Patient:innen entspricht, spielen neben fachlich-medizinische Faktoren und ethischen Aspekten auch höchstpersönliche Wahrnehmungen und Einstellungen eine entscheidende Rolle.

1. Gemischte Urteile beim Kriterium der geeigneten Behandlung

Ob eine Behandlung medizinisch indiziert ist, scheint auf den ersten Blick objektiv eindeutig. Zur Feststellung der Indikation einer Maßnahme muss diese dem Therapieziel nutzen und notwendig sein. Bereits die Feststellung eines Nutzens kann jedoch Schwierigkeiten bereiten. Denn diesbezüglich und auch hinsichtlich der Notwendigkeit einer Maßnahme bestehen Beurteilungsspielräume.[20] Die Notwendigkeit hängt davon ab, welchen Nutzen man ihr zuschreibt. Eben jener Nutzen ist aber nicht ausnahmslos objektiv und nach naturwissenschaftlichen Maßstäben messbar. Das zeigt sich bspw. im Umgang und Überwinden von Schmerzempfinden. Bei der Wahrnehmung und Empfindung von Schmerzen unterscheiden sich Menschen erheblich voneinander. Schmerzempfinden ist nicht objektiv mess- und bewertbar. Wann ist also eine schmerzlindernde Medikamentengabe oder betäubende Spritze bei einer Zahnbehandlung notwendig und damit indiziert?

Die auf den ersten Blick objektive Bewertung der medizinischen Indikation basiert immer auch auf eigenen inneren Erfahrungen und Gedanken der Behandelnden, welche diese nicht konsequent ausschalten können. Behandelnde sehen bspw., wie Patient:innen gekleidet sind, ob sie ungepflegt sind oder ob sie in ein soziales Umfeld eingegliedert sind. Basierend auf diesen Wahrnehmungen können sie Gefahr gelaufen, Symptome und damit die Notwendigkeit einer medizinischen Behandlung unterschiedlich zu deuten.[21] Es handelt sich daher bei der Feststellung einer medizinischen Indikation selten um ein rein objektives Urteil.

Bei der Feststellung medizinischer Diagnosen und Indikationen bedarf es aus diesem Grund der Fähigkeit zur Analyse impliziter Wertungen, „um die vermeintlich ‚rein medizinischen' Urteile in ihrer Gemischtheit erkennen und einordnen zu können".[22] Die Bewertung einer Maßnahme für eine bestimmte Person betrifft drei Ebenen. Sie fließt in die Bestimmung des Behandlungsziels ein, in die Beurteilung eines Zustands als negativ vom Normalzustand abweichend und in die Präferenz für eine bestimmte Behandlungsoption.

Eindeutig ist eine medizinische Indikation immer dann, wenn Ärzt:innen und Patient:innen das gleiche Behandlungsziel haben. Unproblematisch ist das der Fall, wenn bspw. eine junge Patientin über die typischen Symptome einer Blasenentzündung klagt. Ergeben sich nach einer ausführlichen Anamnese keine Infektanfälligkeiten, ist die Behandlung mit Antibiotika entsprechend der Austestung im Antibiogramm angezeigt. In solch einem Fall erklärt der Arzt seiner Patientin den Ursprung ihrer Beschwerden, verschreibt ihr ein Antibiotikum und die Infektion heilt nach ordnungsgemäßer Einnahme des Medikaments aus. In diesem Fall ist die Diagnose eindeutig, es gibt eine sichere Therapiemethode mit wenigen Nebenwirkungen und Arzt und Patientin sind sich darüber einig, dass die die Beschwerden verursachende Infektion beseitigt werden soll.[23] Die Gabe des Antibiotikums ist in diesem Fall eindeutig medizinisch indiziert.

Die medizinische Indikation für eine diagnostische oder therapeutische Maßnahme und das hiermit verbundene Interventionsziel beruht immer auf einem sog.

---

[20] *Brettel*, medstra 2015, 324 (326).

[21] *Köberl*, MedR 2019, 203 (203 f).

[22] *Bobbert*, in: Ethik in den Wissenschaften, 299 (300).

[23] *Bobbert*, Ärztliches Urteilen bei entscheidungsunfähigen Schwerkranken, S. 192.

„gemischten“ Urteil,[24] welches sowohl in fachlich-medizinischer als auch in persönlicher Hinsicht erörtert werden muss.[25] Es ist nicht ausreichend, schlicht das bestmögliche Funktionieren eines Organsystems anzustreben, weil das biologische Funktionieren lediglich Zweck für ein von der behandelten Person zu begründendes Ziel ist.[26] Das Vorliegen einer medizinischen Indikation ist nicht immer eindeutig und kann nicht allein durch feststehende Regeln der Heilkunst hergeleitet werden.[27] Die Frage der medizinischen Indikation ist vielmehr unweigerlich mit der Frage nach dem diagnostischen und therapeutischen Ziel verknüpft. Als medizinisch indiziert gilt, was angebracht, nützlich bzw. erforderlich für das ist, was erreicht werden soll. Erst das zuvor festgelegte Ziel bestimmt das indizierte Mittel der Wahl und ist notwendiger Fixpunkt der Indikation.[28] Hierbei darf nicht verkannt werden, dass zumindest Objektivitätsanteile der medizinischen Indikation Beachtung verdienen, weil die wissenschaftliche Eignung bzw. Nichteignung einer Maßnahme zur Erreichung des festgelegten Behandlungsziels nicht zur Disposition der Beteiligten steht.[29]

In den meisten Fällen dürften sich Ärzt:innen und Patient:innen darüber einig sein, welches Ziel mit einer medizinischen Behandlung verfolgt werden soll. Allerdings gibt es auch Situationen, in denen nicht klar ist, was das Wohl der kranken Person am meisten fördert und daher der verfolgte Zweck der Behandlung ist. Denn die Indikation ist abhängig von der konkreten Krankheitsverursachung, den Persönlichkeitsmerkmalen, der sozialen Stellung der Patient:innen und ihrer Einordnung in Umwelt und Arbeitsleben, in Familie und Beruf usw.[30] Die Indikationsstellung, die originär in den Kompetenzbereich der behandelnden Person fällt, hat sich daher nach den durch den:die Patient:in festgesetzten Behandlungszielen zu richten.

Anhand des vorangegangenen Beispiels wird deutlich, dass der Begriff „medizinische Indikation“ verschiedene Ebenen betrifft: Zum einen trifft er eine Sachaussage bzgl. einer Beschreibung und naturwissenschaftlichen Erklärung („Bei der Patientin treten Beschwerden beim Urinieren sowie ein erhöhter Harndrang auf. Als Therapie könnte die Gabe von Antibiotika eine heilende Veränderung herbeiführen“). Auf einer wertenden Ebene werden die Symptome als negativ vom gesunden Zustand gewertet und einem Krankheitsbild zugeordnet. Es erfolgt eine Beurteilung, ob dieser Zustand veränderungsbedürftig ist („Die Beschwerden basieren auf einer Blasenentzündung. Diese verursacht Schmerzen und bedroht die weitere Ge-

[24] *Dietrich*, in: Autonomie und Würde, S. 32.

[25] *Salloch*, Ethik Med 2012, 5 (10 f.).

[26] *Bobbert*, Ärztliches Urteilen bei entscheidungsunfähigen Schwerkranken, S. 193.

[27] *Brettel*, medstra 2015, 324 (326).

[28] *Brettel*, medstra 2015, 324 (328).

[29] *Brettel*, medstra 2015, 324 (330).

[30] *Katzenmeier*, in: Laufs/Katzenmeier/Lipp, ArztR, Kap. X. Rn. 92.

sundheit der Patientin, da es zu einer Nierenbeckenentzündung kommen kann").[31] Auch diese Beurteilung steht aufgrund ihres Selbstbestimmungsrechts allein der behandelten Person zu.

Auf einer dritten Ebene bedarf es sodann der Bestimmung der Rechte und Pflichten der Behandelnden, tätig zu werden („Zur Verbesserung der Gesundheit und Lebensqualität der Patientin soll die Heilung der Infektion durch Gabe von Antibiotika verfolgt werden").[32]

Die Beurteilung des notwendigen weiteren Vorgehens war im vorangegangenen Beispiel der Patientin mit Blasenentzündung unproblematisch, weil man sich über die Gabe eines Antibiotikums einig war. Problematischer erschiene das Ganze, wenn die Patientin eine Allergie gegen das Medikament gehabt hätte. Dann wäre die Gabe kontraindiziert gewesen. Die Patientin hätte die Einnahme des Medikaments auch aus innerer Überzeugung ablehnen können und auf alternative, natürliche Behandlungsmethoden setzen können. Auch wenn ihr behandelnder Arzt dieses Vorgehen für gesundheitlich riskant hielte, wäre es allein das Recht der Patientin, eine medikamentenfreie, natürliche Behandlung zu wählen.

Denkbar wäre auch, dass sich die Infektion schon auf einen Sexualpartner übertragen hat. Dann müsste dieser in die Behandlung mit einbezogen werden.

Die festzulegende Behandlung orientiert sich daran, was dem Patientenwohl entspricht. Auch die Bestimmung des Patientenwohls kann nicht allein vom medizinischen Personal vorgenommen werden, da hierbei subjektive Eindrücke und Einschätzungen mit in die Bewertung einfließen.

2. Gemischte Urteile beim Kriterium des Patientenwohls

Das Recht auf Leben und körperliche Unversehrtheit erfährt in Art. 2 II 1 GG ranghöchsten, verfassungsrechtlich abgesicherten Schutz. Es galt lange als unantastbares Rechtsgut, dessen Schutz keiner Relativierung zugänglich sei; eine Ansicht, die der BGH noch 2001 bei der Beurteilung der Beihilfe zum Suizid vertrat.[33] Entsprechend der Vorrangigkeit des Lebensschutzes wurde vormals das ärztliche Berufsethos sowie das Arzt-Patienten-Verhältnis von einem benevolenten Paternalismus definiert, wonach sich das ärztliche Handeln ausschließlich nach dem Wohlergehen in Form der Lebensrettung und -erhaltung der kranken Person zu richten hatte.[34] Es galt das oberste Gebot und die Pflicht, dass Ärzt:innen das Leben ihrer Patient:innen so lange erhalten müssen, wie es medizintechnisch möglich ist.[35]

---

[31] *Bobbert*, Ärztliches Urteilen bei entscheidungsunfähigen Schwerkranken, S. 192.

[32] *Bobbert*, Ärztliches Urteilen bei entscheidungsunfähigen Schwerkranken, S. 192.

[33] BGH, Urt. v. 7.2.2001 – 5 StR 474/00, NJW 2001, 1802 (1803).

[34] *Rego Sousa Torres*, Die Patientenverfügung – ein Rechtsinstrument der Selbstbestimmung, S. 40.

[35] *Kutzer*, MedR 2010, 531.

Individuelle Vorstellungen und Wünsche der behandelten Person spielten hierbei eine untergeordnete Rolle. Dieses Verständnis des medizinischen Behandlungsziels führte zu rasantem medizinischen und technischem Fortschritt, zu spektakulären Heilerfolgen und verschob die Grenzen von Machbarem und Nicht-Machbarem vor allem in der Intensivmedizin in Gestalt von künstlicher Beatmung, künstlicher Ernährung und Wiederbelebungsmaßnahmen. Die neuen technischen Möglichkeiten machten die Aufschiebung des Lebensendes und den Todeszeitpunkt manipulierbar.[36]

Im Rahmen eines solchen Lebensschutzverständnisses könnte man sich durchaus auf den Standpunkt stellen, dass Ärzt:innen als Fachleute schon wüssten, welche Maßnahme für ihre Patient:innen „am besten" sei. An dieser Annahme ist sicherlich richtig, dass Ärzt:innen fachlich am besten beurteilen können, welche Maßnahme die beste Prognose für einen Heilungsprozess hätte oder die höchste Lebenserwartung in Aussicht stellen würde und welcher Eingriff den medizinischen Leitlinien und dem Standard entspricht.

Allerdings ist zu beachten, dass ein Behandlungsvorschlag immer auf einem gemischten Urteil bestehend aus Sachinformation und eigenen Wertungen basiert. Denn es wird eine Wertung insbesondere darin vorgenommen, welche Maßnahme für die kranke Person sinnvoll wäre und die Lebensqualität aus Sicht der behandelnden Person am meisten steigern würde. Ärzt:innen orientieren sich gerade bei Entscheidungen von Behandlungsbegrenzungen wie Wiederbelebungsmaßnahmen, künstlicher Beatmung oder Nahrungszufuhr an ihrer Einschätzung der voraussichtlichen Lebensqualität der behandelten Person.[37] Offensichtlich ist eine solche Wertung von den individuellen Erfahrungen und subjektiven Empfindungen der Behandelnden geprägt. Denn eine objektive Wertung, in welchem Gesundheitszustand von „dem besten" gesprochen werden kann, ist nicht möglich. So können die Einschätzungen von medizinischen Prognosen unter Expert:innen etwa aufgrund unterschiedlicher Beurteilungen von Pflegebedürftigkeit, kognitiven Einschränkungen und Behinderungen erheblich divergieren.[38] Es handelt sich daher bei der Feststellung einer „bestmöglichen" Option niemals um ein objektives Urteil. Vielmehr spielen bei dieser Bewertung stets auch das Alter, die Berufserfahrung, die Ausbildung und Fachrichtung sowie möglicherweise auch die kulturellen Hintergründe der Entscheidenden eine Rolle. Aber nicht nur in der Person liegende Faktoren, auch zeitliche, personelle oder maschinelle Ressourcen einer Klinikstation können die bevorzugte Behandlungsmethode der Behandelnden mitbestimmen.[39]

Davon unabhängig gäbe es selbst bei einheitlicher Einschätzung des ärztlichen Personals nicht immer eine allgemeingültige Wertung, welche Beeinträchtigung

---

[36] *Ulsenheimer/Biermann*, in: Ulsenheimer/Gaede, Arztstrafrecht in der Praxis, Rn. 683.

[37] *Bobbert*, Ärztliches Urteilen bei entscheidungsunfähigen Schwerkranken, S. 124.

[38] *Bobbert*, in: Ethik in den Wissenschaften, 299 (300).

[39] *Duttge*, MedR 2019, 771 (774); *Bobbert*, Ärztliches Urteilen bei entscheidungsunfähigen Schwerkranken, S. 127.

oder welcher pathologische Zustand verglichen zu einem anderen vorzugswürdig ist. Denn die „Regeln der ärztlichen Kunst" oder der medizinische Standard sind nicht dazu geeignet, das Patientenwohl durch externe Faktoren zu bestimmen. Auch der Verweis darauf, was die meisten oder die „vernünftigen" Patient:innen wollen, ist kein geeigneter Maßstab, um das individuelle Eigenwohl festzulegen. All diese vermeintlich objektiven Faktoren sind ebenfalls geprägt von Urteilen und Wertungen darüber, wie eine gelungene Lebensführung aussieht.[40]

Vielmehr hängt eine Bewertung bestimmter Beeinträchtigungen von individuellen Lebensumständen ab. So würde ein Pianist möglicherweise die Lähmung beider Beine der Lähmung eines Mittelfingers vorziehen, während ein Marathonläufer genau andersherum entscheiden würde. Die beeinträchtigten Körperteile stellen die Grundlage der beruflichen Existenz des jeweiligen Patienten dar und sind daher von unterschiedlich hohem Stellenwert für den weiteren Lebensverlauf. Es ist nicht allgemeingültig feststellbar, ob nun die Lähmung eines Fingers oder die beider Beine objektiv eine größere Beeinträchtigung der Lebensqualität darstellt.

Doch nicht nur die zu erwartende Lebensqualität spielt bei ärztlichen Entscheidungen eine Rolle, auch die prognostizierte Lebenserwartung ist bei der Bewertung einer lebenserhaltenden Maßnahme und Wiederbelebungen von entscheidender Bedeutung. So sprechen sich Ärzt:innen bei einer höheren Lebenserwartung eher für lebensverlängernde Maßnahmen aus als bei einer geringeren Lebenserwartung.[41] Das ist insbesondere vor dem Hintergrund, dass die Rechtsordnung jedes menschliche Leben, unabhängig von dessen Länge, gleich schützt, bedenklich. Denn die unterschiedliche Wertung stellt mittelbar die Wertigkeit eines kürzeren Lebens unter die eines längeren. Weil Kliniken immer mehr unter ökonomischem Druck stehen und sich in einem Rechtfertigungszwang in Bezug auf Kosten ihrer Behandlungsentscheidungen befinden, lässt sich nicht ausschließen, dass sich auch Kostenüberlegungen bei schwer kranken Patient:innen mit geringer Lebenserwartungsprognose auf die Behandlungsentscheidungen auswirken.[42] Die möglichen Auswirkungen solcher ökonomischer Aspekte sind unter ethischen und rechtlichen Gesichtspunkten der Patientenautonomie kritisch zu beurteilen.

Versteht man die Patientenautonomie so, dass Patient:innen ihre Ziele, Wünsche und Interessen selbst festlegen, können Behandelnde nicht entscheiden, was „das Beste" für den:die einzelne:n Patient:in ist. Diese Entscheidung obliegt allein den Behandelten. Für das Verständnis der individuellen Festlegung des eigenen Wohls sprechen drei Gründe: Erstens weiß jeder Mensch in der Regel selbst am besten, was ihm guttut. Zweitens führt auch schon das Bewusstsein eines Menschen, dass seine Wünsche Gehör und Berücksichtigung gefunden haben, zu einer gewissen Sicherheit und Befriedigung, weil ihm so die Option der Einflussnahme eingeräumt

[40] *Bobbert*, Patientenautonomie und Pflege, S. 137.

[41] *Bobbert*, Ärztliches Urteilen bei entscheidungsunfähigen Schwerkranken, S. 125.

[42] *Bobbert*, Ärztliches Urteilen bei entscheidungsunfähigen Schwerkranken, S. 128.

wird. Und drittens prägt die Möglichkeit, nach eigenen Zielen und Wünschen leben zu können, entscheidend das Selbstverständnis und das Leben des Menschen.[43] Wie im Rahmen der Einwilligung immer wieder betont wird, kommt es bei der Krankenversorgung gerade nicht darauf an, was objektiv am vernünftigsten erscheint. Vielmehr ist der individuelle Wille der Patient:innen zur Wahrung des Selbstbestimmungsrechts entscheidend. Das betrifft nicht nur die Frage, ob ein Mensch in einen Eingriff einwilligt, sondern auch die Frage, für welche Behandlungsoption er sich entscheidet und mit welchen Modalitäten ein Eingriff vorgenommen werden soll.

Abschließend kann resümiert werden, dass sich das Patientenwohl nach verschiedenen Parametern bestimmt: Zum einen umfasst es objektive Elemente wie medizinische Parameter und messbare Schritte im Behandlungsverlauf. Hinzu kommen aber auch subjektive Elemente wie die persönlichen Präferenzen der behandelten Person und die Behandlungszufriedenheit. Zu guter Letzt bestimmen intersubjektive Elemente wie die Beziehung zwischen Ärzt:innen und Behandelten, Kommunikation und gegenseitige Anerkennung das Patientenwohl.[44]

II. Individuelle Festlegung eines „guten Lebens"

Dass eine objektive und allgemeingültige Festlegung des Patientenwohls nicht möglich ist, zeigt bereits die Überlegung, dass eine Lebensverlängerung nicht zwangsläufig auch mit einem Mehr an Lebensqualität einhergeht. Immer wieder artikulieren Menschen die Sorge, trotz schwerer, tödlicher Krankheit mit medizinisch-technischen Mitteln zu lange am Leben gehalten zu werden. Wie das BVerfG 2020 in seinem Urteil zur Verfassungswidrigkeit des § 217 StGB a.F. deutlich gemacht hat, umfasst das allgemeine Persönlichkeitsrecht als Ausdruck der persönlichen Autonomie auch das Recht auf ein selbstbestimmtes Sterben. Denn es richtet sich nach den höchstpersönlichen Vorstellungen und Überzeugungen, welchen Sinn der:die Einzelne im eigenen Leben sieht.[45]

Zwar bezieht sich diese Begründung auf die aktive Entscheidung eines Menschen, sein Leben selbstbestimmt zu beenden. Allerdings kann ihr auch entnommen werden, dass jeder Mensch unabhängig von einem konkreten Sterbenswunsch das Recht hat, individuell zu entscheiden, was für ihn und für seine Lebensqualität besonders von Bedeutung ist und damit auch seinem „besten" Wohl entspricht.

Allerdings ist die Einschätzung von einem „guten Leben" sehr subjektiv und variabel. Was genau unter einem „guten Leben" verstanden wird, ist umstritten und hängt davon ab, ob man bei dieser Bewertung eine hedonistische, eine subjektive

---

[43] *Bobbert*, Patientenautonomie und Pflege, S. 138 f.

[44] *Frahm et al.*, MedR 2018, 447 (448).

[45] BVerfG, Urt. v. 26.2.2020–2 BvR 2347/15, BVerfGE 153, 182 = juris Rn. 209.

oder eine objektive Argumentationslinie vertritt.[46] Dieser Arbeit werden den verfassungsrechtlichen Vorgaben entsprechend und im Einklang mit der Rechtsprechung des BVerfG[47] angesichts des herausragenden Stellenwerts der Patientenautonomie die subjektiven Theorien zugrunde gelegt. Hiernach hat jeder Mensch sein eigenes Verständnis von Lebensqualität und Sinnhaftigkeit der eigenen Existenz.[48] Ein gutes Leben ist eines, in dem eigene maßgebliche Vorhaben realisiert und individuell gesetzte Ziele erreicht werden. Diese hängen von den subjektiven Empfindungen und lebensbestimmenden Präferenzen ab.[49]

So ist es durchaus möglich, dass sich jemand trotz einer lebensbedrohlichen Erkrankung gegen eine lebensverlängernde Operation und lediglich für symptommildernde Palliativmaßnahmen entscheidet, weil mit einem Eingriff massive Einschränkungen und ein längerer Leidensweg einhergehen. Das BVerfG macht deutlich, dass sich der innerste Bereich individueller Selbstbestimmung auch auf das Verfügungsrecht über das eigene Leben erstreckt. Jeder Mensch ist frei, hierbei seine eigenen Maßstäbe zu wählen und nach ihnen zu entscheiden. Dieses Recht besteht in jeder Phase menschlicher Existenz. Es schützt das individuelle Verständnis von Lebensqualität und Sinnhaftigkeit des eigenen Seins und ist als Akt autonomer Selbstbestimmung von Staat und Gesellschaft zu respektieren.[50] Hierzu gehört unter anderem die Abwehr einer subjektiv als Überversorgung empfundenen Behandlung. Auch widerspricht der Wille, lieber zu sterben als eine lebensverlängernde Maßnahme durchzuführen, nicht der Menschenwürde i. S. d. Art. 1 GG. Vielmehr ist die selbstbestimmte Verfügung auch über die Hinnahme eines tödlichen Krankheitsverlaufs gerade Ausdruck der in der Menschenwürde innewohnenden Idee autonomer Persönlichkeitsentfaltung.

Angesichts dieser Überlegungen wird deutlich, dass die Idee, Ärzt:innen handelten aufgrund eigener Einschätzungen und Fürsorge zum Wohle ihrer Patient:innen, überholt ist und der Selbstbestimmung der behandelten Personen nicht gerecht wird.[51] Die Festlegung, was dem „besten eigenen Wohl" entspricht obliegt allein den Patient:innen. Nur sie treffen die medizinische Behandlungsentscheidung.[52]

---

[46] Eine ausführliche Darstellung dieses Theorienstreits würde den Rahmen der Arbeit überschreiten, sodass an dieser Stelle nur auf die gelungene Darstellung in *Schweda/Hummers/Kleinert*, Ethik Med 2023, 77 (83 ff.) verwiesen werden kann.

[47] BVerfG, Urt. v. 26. 2. 2020 – 2 BvR 2347/15, BVerfGE 153, 182.

[48] BVerfG, Urt. v. 26. 2. 2020 – 2 BvR 2347/15, BVerfGE 153, 182 = juris Rn. 210.

[49] *Schweda/Hummers/Kleinert*, Ethik Med 2023, 77 (84).

[50] BVerfG, Urt. v. 26. 2. 2020 – 2 BvR 2347/15, BVerfGE 153, 182 = juris Rn. 210.

[51] An dieser Stelle sei darauf verwiesen, dass die Vorstellung, das Fürsorgeprinzip stehe notwendigerweise im Konflikt mit der Patientenautonomie unzutreffend ist. Stattdessen stehen diese Prinzipien im Regelfall nicht im Konkurrenzverhältnis zueinander, sondern verhalten sich komplementär. Häufig überschneiden sich das Fürsorge- und das Autonomieprinzip in dem Sinne, dass die Respektierung der Selbstbestimmung selbst zu einem Aspekt der Fürsorge wird. *Birnbacher*, in: Ethik im Gesundheitswesen, S. 502.

[52] *Birnbacher*, in: Ethik im Gesundheitswesen, S. 498.

Die eigene Vorstellung von einem „guten Leben“ drückt sich in Lebenszielen, dem Selbst- und Idealbild und der individuellen Lebensführung aus[53] und stellt die Leitlinie dafür da, was für den:die Einzelne:n „das Beste“ ist. Individuelle Überzeugungen, Wünsche und Zielvorstellungen sind jedoch nicht losgelöst von sozialen und gesellschaftlichen Eindrücken zu betrachten. Vielmehr werden sie auch durch kontextuelle Erfahrungen und soziale Wertvorstellungen geprägt.[54] Zweck der Medizin ist es, Patient:innen ein von ihnen definiertes gutes Leben zu ermöglichen.[55] Daher darf auch nicht außer Acht gelassen werden, dass die ärztliche Fürsorge beim Austarieren, was nun dieses „beste Wohl“ sein mag, im Gespräch unterstützende Wirkung haben kann und nötig ist, um der behandelten Person die Ausübung ihres Selbstbestimmungsrechts zu ermöglichen. Denn damit sie die Folgen einer Maßnahme und die Bedeutung dieser für ihr weiteres Leben einschätzen kann, müssen Ärzt:innen beratend über die möglichen medizinischen Vorgehensweisen unterrichten. Hierbei erörtern sie, welche Konsequenzen Behandlungsoptionen für die weitere Lebensführung haben könnten. Patient:innen bei der Entscheidungsfindung Empfehlungen an die Hand zu geben, ist aufgrund des Wissens- und Erfahrungsgefälles auch geboten. Denn im Idealfall kann ein:e Patient:in nach einer solchen „informierenden Fürsorge“[56] abschätzen, ob eine Maßnahme der eigenen Vorstellung vom „besten Wohl“ entspricht.

Die Festlegung des „guten Lebens“ auf der Patientenseite spielt nicht erst bei der Entscheidung zur Vornahme eines Eingriffs eine entscheidende Rolle. Bereits das Kennen einer noch nicht ausgebrochenen Krankheit oder eines Gen-Defekts kann Auswirkungen auf die Fähigkeit zu einer erfüllten Gegenwart i. S. v. sinnstiftenden Tätigkeiten und einem guten Leben haben.[57] Denn schon das Wissen und die Angst vor zukünftigen Entwicklungen kann Einschränkungen in der Lebensführung mit sich bringen. Aufgrund dieser Erwägung kann es der Vorstellung der behandelten Person vom eigenen „besten Wohl“ entsprechen, dass sie über manche Diagnosen nicht unterrichtet werden möchte. Andersherum ist es aber auch denkbar, dass ein:e Patient:in durch die Kenntnis einer Diagnose besonders intensiv in der Gegenwart lebt und bisherige Lebensweisen und Zukunftspläne hinterfragt.[58] Diese Überlegungen machen deutlich, dass die Bestimmung eines durch die behandelte Person definierten „guten Lebens“ sowohl die ärztliche Aufklärung als auch die Vornahme einer Behandlung maßgeblich beeinflussen kann und muss.

Hierbei dürfen praktische Probleme der Festlegung des eigenen Wohls nicht außer Acht gelassen werden. Denn während eines Krankheitsverlaufs oder über

[53] *Bobbert*, Patientenautonomie und Pflege, S. 137.

[54] *Bobbert*, Patientenautonomie und Pflege, S. 138.

[55] *Kipke*, Ethik Med 2023, 23 (34).

[56] *Rego Sousa Torres*, Die Patientenverfügung – ein Rechtsinstrument der Selbstbestimmung, S. 56.

[57] *Kipke*, Ethik Med 2023, 23 (32).

[58] *Kipke*, Ethik Med 2023, 23 (33).

einen längeren Zeitraum können sich die Vorstellungen von einem „guten Leben" durchaus verändern. Diese Veränderungen basieren bspw. auf der eigenen Krankheitsverarbeitung, der eigenen Leidens- oder Krankheitswahrnehmung. Es ist möglich, dass Patient:innen in dem Findungsprozess der eigenen Ziele unterstützende Gespräche mit Angehörigen oder Ärzt:innen suchen. Diese können als externe Faktoren die Festlegung der eigenen Wünsche beeinflussen.

Doch trotz solcher Einflüsse dürfen Behandelnde die Behandlungswahl nicht durch Wertungen, die bspw. die Konsistenz eines Patientenwunsches mit dem bisherigen Lebensentwurf betreffen, unzulässig lenken. Unzulässig ist auch ein eigenständiges Umdeuten des „wahren Willens" der Patient:innen, wenn diese einen anderen ausdrücklich formulieren.[59] Vielmehr hat die Kommunikation mit Dritten den Zweck, Patient:innen Raum zur Selbstreflexion zu bieten und sie in der Entscheidungsfindung zu unterstützen.

All diese Überlegungen können jedoch nicht darüber hinwegtäuschen, dass es Untersuchungen dazu gibt, dass viele Patient:innen es vorziehen, nicht unmittelbar in die Entscheidungsfindung medizinischer Fragestellungen einbezogen zu werden. Das gilt insbesondere bei schweren Erkrankungen.[60] Diese fehlende Bereitschaft zur aktiven Wahrnehmung von Autonomie könnte man auf einen paternalistischen Umgangsstil von Ärzt:innen zurückführen. Diese Annahme verkennt allerdings, dass das Desinteresse von Patient:innen an aktiver Mitwirkung auch Ausdruck eines Bedürfnisses nach Entlastung sein kann. Denn gerade bei unsicheren Diagnosen oder Therapien oder bei lebensbedrohlichen Erkrankungen sind medizinische Entscheidungen so schwierig, dass sie Patient:innen stark belasten oder überfordern können.[61]

III. Grenzen der selbstbestimmten Behandlungsfestlegung

Das Recht der Patient:innen, das eigene Wohl festzulegen und die Pflicht der Ärzt:innen, ihr Handeln an diesem Wohl zu orientieren, bedeutet nicht, dass Mediziner:innen alles tun müssen, was Patient:innen von ihnen verlangen. Insbesondere besteht kein Kontrahierungszwang für Ärzt:innen.[62] Das bedeutet, dass sie nicht verpflichtet sind, ein Behandlungsverhältnis mit jeder Person einzugehen, die in dieser Erwartung den Kontakt zu ihnen aufnimmt. Trotz bestehender Vertragsfreiheit dürfen Ärzt:innen Patient:innen nicht willkürlich abweisen. Es bedarf hierfür eines sachlichen Grundes. Für Vertragsärzt:innen folgt dies aus § 95 III 1

[59] *Bobbert*, Patientenautonomie und Pflege, S. 139.

[60] *Birnbacher*, in: Ethik im Gesundheitswesen, S. 498.

[61] *Birnbacher*, in: Ethik im Gesundheitswesen, S. 498.

[62] *Spickhoff*, in: Spickhoff, MedR, § 630a BGB Rn. 37; *Wagner*, in: MüKo BGB, § 630a Rn. 63 f.; *Katzenmeier*, in: BeckOK BGB, § 630a Rn. 41; *Lipp*, in: Laufs/Katzenmeier/Lipp, ArztR, Kap. III Rn. 22.

SGB V, welcher zur Mitwirkung an der kassenärztlichen Versorgung verpflichtet. Ein Verstoß gegen diese Pflicht begründet eine Pflichtverletzung gegenüber den Krankenkassen, nicht jedoch eine zivilrechtliche Pflichtverletzung gegenüber dem:der einzelnen Patient:in.[63] Im Übrigen gilt für alle Ärzt:innen das AGG.

Der sachliche Grund zur Ablehnung eines Behandlungsverhältnisses muss sich aus dem Einzelfall ergeben, etwa weil kein Vertrauensverhältnis zwischen den Parteien besteht, das medizinische Personal bereits überlastet ist,[64] keine elektronische Patientenakte vorgelegt wird[65] oder es an der nötigen Praxisausstattung[66] fehlt. In Notfällen, in denen die Nichtdurchführung einer Behandlung gesundheitliche Schäden verursachen würde, darf die Behandlung auch bei Vorliegen entsprechender sachlicher Gründe nicht verweigert werden.[67] Eine Ablehnung der Behandlung wäre eine strafrechtlich relevante unterlassene Hilfeleistung i. S. d. § 323c StGB.

Wollen die Parteien einen Behandlungsvertrag schließen, begründet der Beginn der Behandlung in der Regel den konkludenten Vertragsschluss durch Angebot und Annahme (§§ 145 ff. BGB).[68] Hierbei bleibt der genaue Leistungsumfang in der Regel zunächst offen, da sich dieser erst nach erfolgter Anamnese und Diagnostik ergibt.[69]

Aus dem eingegangenen Behandlungsvertrag ergibt sich die Pflicht der Behandelnden, die medizinische Behandlung nach den Regeln der ärztlichen Kunst zu erbringen, die notwendig ist, um das vereinbarte Ziel zu erreichen.[70] Auf Patientenseite besteht ein vertraglicher Anspruch auf eine dem medizinischen Standard entsprechende Behandlung (§ 630a II BGB). Die sorgfaltsmäßige Behandlung über alle Stadien hinweg ist eine der Hauptleistungspflichten der Behandelnden. Es besteht kein Anspruch auf einen Behandlungs- oder Heilungserfolg.[71]

Ärzt:innen müssen zur Behandlungsfestlegung mit ihren Patient:innen sprechen und aufgrund ihrer fachlichen Kenntnis beratend eine Entscheidung ermöglichen. Die Behandlungsentscheidung richtet sich dann nach dem von den Patient:innen definierten Behandlungsziel (s. 3. Teil B. II.). Im Regelfall entscheiden die Behandelten nach Beratung mit ihren Ärzt:innen allein über die vorzunehmende Behandlung.

---

[63] *Wagner*, in: MüKo BGB, § 630a Rn. 64.

[64] *Lipp*, in: Laufs/Katzenmeier/Lipp, ArztR, Kap. III Rn. 22.

[65] *Wagner*, in: MüKo BGB, § 630a Rn. 64.

[66] *Katzenmeier*, in: BeckOK BGB, § 630a Rn. 42.

[67] *Weidenkaff*, in: Grüneberg BGB, § 630a Rn. 6.

[68] *Lipp*, in: Laufs/Katzenmeier/Lipp, ArztR, Kap. III Rn. 20.

[69] BGH, Urt. v. 13. 9. 2018 – III ZR 294/16, NJW 2018 3513 (3514).

[70] *Weidenkaff*, in: Grüneberg BGB, § 630a Rn. 7; *Lipp*, in: Laufs/Katzenmeier/Lipp, ArztR, Kap. III Rn. 34.

[71] *Wagner*, in: MüKo BGB, § 630a Rn. 4.

Wie bei der Pflicht zur Eingehung eines Behandlungsverhältnisses bilden auch bei der Festlegung der vorzunehmenden Maßnahme Notfälle eine Ausnahme. Wenn Patient:innen in einer Notfallsituation nicht entscheiden können, welche Behandlung sie vornehmen lassen möchten, entscheiden Ärzt:innen allein über die Vornahme einer bestimmten Maßnahme. Die Behandlung hat dann dem mutmaßlichen Willen der einwilligungsunfähigen Person zu entsprechen und muss notfallmäßig geboten sein.

Zwar haben Ärzt:innen eine rechtliche Hilfeleistungspflicht und sind im Rahmen eingegangener Behandlungsverträge gem. § 630a I BGB zur Leistung der versprochenen Behandlung verpflichtet. Diese Pflichten bedeuten jedoch nicht, dass Ärzt:innen alle Wünsche ihrer Patient:innen ungeachtet weiterer Gesichtspunkte zu erfüllen haben.[72] Die Grenzen der Umsetzung von Patientenwünschen beginnen dort, wo sie grundlegende Interessen anderer[73] und rechtliche Verbote berühren oder nach ärztlicher Überzeugung nicht medizinisch indiziert oder gar schädlich sind.

1. Gewissensfreiheit der Behandelnden

Eine solche Grenze tangieren Behandlungen, die zwar nach dem bisher Gesagten medizinisch indiziert sind, die Ärzt:innen aber trotz bestehenden Behandlungsvertrags aufgrund ihres durch das ärztliche Berufsbild geprägten Persönlichkeitsrechts verweigern dürfen. Hierzu gehört u. a. der Schwangerschaftsabbruch, zu dessen Mitwirkung gem. § 12 I SchKG niemand verpflichtet ist. Dieses Weigerungsrecht ist nicht abdingbar,[74] sodass auch kein Anspruch auf Abbruch der Schwangerschaft gegenüber einem:r bestimmten Ärzt:in oder einem Krankenhaus besteht. Insbesondere bedarf es keiner Begründung für die Verweigerung der Eingriffsvornahme. Die Verweigerung muss daher auch nicht auf Gewissensgründen beruhen, sondern gilt unabhängig vom inneren Motiv. Allerdings beinhaltet dieses Verweigerungsrecht nicht die Untersuchung zur Abklärung der Indikationslage und die Nachbehandlung einer betroffenen Patientin.[75] Gem. § 12 II SchKG gilt das Verweigerungsrecht nicht, wenn die Mitwirkung einer Person notwendig ist, um von der Schwangeren eine anders nicht abwendbare Gefahr des Todes oder einer schweren Gesundheitsschädigung abzuwenden. Das ist insbesondere in akuten Notfallsituationen der Fall. Die Verletzung der Mitwirkungspflicht in solch dringlichen Gefahrensituationen kann eine Strafbarkeit nach §§ 323c, 211 ff., 223 ff. StGB begründen.

---

[72] *Birnbacher*, in: Ethik im Gesundheitswesen, S. 500.

[73] *Bobbert*, Patientenautonomie und Pflege, S. 141.

[74] BVerfG, Urt. v. 28. 5. 1993 – 2 BvF 2/90, BVerfGE 88, 203 = juris Rn. 264.

[75] *Ulsenheimer/Dießner*, in: Ulsenheimer/Gaede, Arztstrafrecht in der Praxis, Rn. 959.

Auch bei einem Sterbewunsch ergibt sich die Grenze der Selbstbestimmung der Patient:innen aus der Gewissensfreiheit der Ärzt:innen. Kein:e Ärzt:in ist dazu verpflichtet, Suizidhilfe zu leisten. Insbesondere begründet das Recht auf selbstbestimmtes Sterben keinen Anspruch auf Unterstützung bei einem Selbsttötungsversuch gegen eine:n bestimmte:n Ärzt:in.[76]

2. Sittenwidrigkeit des Eingriffs

Neben solch existenziellen Extremen begrenzen auch therapeutisch völlig untaugliche Maßnahmen die Behandlungsfestlegung durch die behandelte Person. Diesen Fall betreffende rechtliche Grenzen finden sich in §§ 138 BGB, 228 StGB. Hiernach ist ein medizinischer Eingriff trotz Einwilligung rechtswidrig, wenn er gegen die guten Sitten verstößt. Diese Regelung ist Ausdruck des Konflikts zwischen der verfassungsrechtlich garantierten Selbstbestimmung des:der Einzelnen einerseits und der staatlichen Fürsorgepflicht andererseits.

Es stellt sich immer wieder die Frage, ob es noch zeitgemäß ist, der Selbstbestimmung über den eigenen Körper aufgrund rechtsgemeinschaftlicher Interessen an der Verhinderung schwerster körperlicher Beeinträchtigungen Grenzen zu setzen.[77] Gegner:innen der Sittenwidrigkeitsformel des § 228 StGB bezeichnen diese als „Einfallstor von Moralisierung, paternalistischen sowie kollektivistischen Tendenzen", welche „bestenfalls gestrichen, zumindest aber seitens der Praxis ignoriert werden [sollte]."[78]

Aufgrund der kaum eindeutig feststellbaren Sittenwidrigkeit in einer pluralistischen Gesellschaft[79] ist die Annahme der Sittenwidrigkeit auf Extremfälle zu beschränken und nur dann anzunehmen, wenn einem Eingriff jedwede Plausibilität fehlt und er so schwerwiegende Gefahren birgt, dass die Dispositionsbefugnis des:der Betroffenen von Rechts wegen eingeschränkt werden muss.[80] Es wird versucht, die Unbestimmtheit des Begriffs der Sittenwidrigkeit dadurch einzugrenzen, dass bei der Beurteilung des Eingriffs zwar nicht allein, aber vor allem auf die *ex ante* zu bestimmende Art und Schwere des Rechtsgutseingriffs abgestellt wird.[81] Hieraus

[76] BVerfG, Urt. v. 26.2.2020 – 2 BvR 2347/15, BVerfGE 153, 182 = juris Rn. 284 ff.

[77] *Tsambikakis/Dorneck*, in: NK-MedStR, § 228 Rn. 2.

[78] *Rostalski*, HRRS 2020, 211 (214).

[79] *Tsambikakis/Dorneck*, in: NK-MedStR, § 228 Rn. 3; BGH, Urt. v. 22.1.2015 – 3 StR 233/14, NStZ 2015, 270 (273).

[80] *Gaidzik*, in: NK-MedR, §§ 223–229 StGB Rn. 16; wobei nach BGH, Urt. v. 22.1.2015 – 3 StR 233/14, NStZ 2015, 270 (272) der Schutzzweck des § 228 StGB nicht darin besteht, das Selbstbestimmungsrecht der Verletzten, sondern die Handlungsfreiheit der Täter:innen zu begrenzen. Hierdurch steht der Rechtsgüterschutz als objektives Schutzziel im Vordergrund, *Magnus*, medstra 2020, 137.

[81] *Magnus*, medstra 2020, 137.

ergibt sich ein Rechtsgutsbezug der Sittenwidrigkeit, welcher angesichts des Schutzguts der Körperverletzungsdelikte auch angemessen ist.

Um ein sittenwidriges ärztliches Vorgehen ging es im Zahnextraktions-Fall[82], bei dem eine Patientin von ihrem Zahnarzt verlangte, ihr aufgrund starker Kopfschmerzen sämtliche Zähne zu ziehen. Der Arzt erklärte der Patientin, dass ihre Schmerzen nicht durch ihre Zähne begründet seien und das Ziehen der Zähne nicht zur Schmerzlinderung führen würde. Nichtsdestotrotz bestand die Patientin darauf, dass er ihr alle Zähne zog. Der Arzt kam dieser Bitte nach. Im Folgenden Strafprozess urteilte der BGH, dass die auf „laienhaftem Unverstand" und einer „unsinnigen selbstgestellten Diagnose" beruhende Einwilligung der Patientin in die therapeutisch ungeeignete Maßnahme unwirksam gewesen sei.[83]

Auch in einem anderen Fall[84], in dem ein Mann unter erheblicher Sehschwäche litt und trotz wiederholt fehlgeschlagener Laserbehandlungen nach eingehender und ernstlicher Aufklärung über das erhöhte Risiko einer Vernarbung der Hornhaut eine weitere Behandlung vornehmen ließ und eine irreversible Schädigung erlitt, bejahte das OLG Karlsruhe im Zivilprozess die unerlaubte Handlung. Das Gericht führte aus, es obliege dem Arzt, „aufgrund seiner medizinischen Fachkenntnisse Vor- und Nachteile sowie Risiken einer Maßnahme ein[zu]schätzen"[85]. Eine kontraindizierte Behandlung sei daher selbst bei einem nachhaltigen Wunsch der Patient:innen zu verweigern.

Diese Rechtsprechung erscheint aufgrund der allgemein anerkannten Einwilligungsvoraussetzungen auf den ersten Blick verwunderlich. Denn für eine solche bedarf es der Einsichtsfähigkeit und der Willensmängelfreiheit, welche in dem angesprochenen Fall vorlagen. Die Indikation oder Sinnhaftigkeit einer Behandlungsmaßnahme ist gerade nicht rechtliche Voraussetzung der Einwilligung. Würde man die Sinnhaftigkeit einer Behandlungsmaßnahme zur Bedingung einer wirksamen Einwilligung machen, wäre das Selbstbestimmungsrecht erheblich eingeschränkt. Ein Beispiel hierfür sind Schönheitsoperationen: Ob solche grundsätzlich sinnvoll sind oder nicht, hängt von den subjektiven Vorstellungen und Überzeugungen des Einzelnen ab und lässt sich nicht pauschal verallgemeinern.

Auch die Annahme der fehlenden Einsichts- und Urteilsfähigkeit von Patient:innen, die von ihren Ärzt:innen medizinisch sinnlose Eingriffe verlangten, führte zwar nicht offen zur Entmündigung der Patient:innen, doch aber zu pauschaler „Verdummung", was in der Sache auf dasselbe hinausliefe.[86] Auch die kategorische Aussage, in Behandlungsfehler könne nicht eingewilligt werden[87], führt bei der

[82] BGH, Urt. v. 22.2.1978 – 2 StR 372/77, NJW 1978, 1206.

[83] BGH, Urt. v. 22.2.1978 – 2 StR 372/77, NJW 1978, 1206.

[84] OLG Karlsruhe, Urt. v. 11.9.2002 – 7 U 102/01, MedR 2003, 104.

[85] OLG Karlsruhe, Urt. v. 11.9.2002 – 7 U 102/01, MedR 2003, 104 (106).

[86] *Duttge*, MedR 2005, 706 (707).

[87] *Kern*, MedR 2003, 104, sub „Problemstellung".

Begründung der Unwirksamkeit solcher Einwilligungen nicht weiter. Denn die Zustimmungserklärung betrifft immer das rechtsgutsrelevante Verhalten als solches und nicht die damit verknüpfte normative Qualität.[88] Ansatzpunkt für die Unwirksamkeit der Einwilligung kann lediglich die Sittenwidrigkeit des Eingriffs gem. § 228 StGB sein. Sittenwidrigkeit kann jedoch nicht grundsätzlich bei jeder pflichtwidrigen, jedoch ausdrücklich gewünschten Behandlung angenommen werden. Diese Bewertung führte im Ergebnis erneut zur Umkehrung des zwischen Selbst- und Fremdbestimmung bestehenden Regel-Ausnahme-Verhältnisses. Denn auch durch diese normative Einordnung würde die Autonomie der Betroffenen in Bezug auf unvernünftige Taten auf Null zurückgeschnitten.[89]

Trotz des Ziels, die Patientenautonomie möglichst weitgehend zu schützen, ist die Begrenzung der Behandlungsfestlegung durch Patient:innen in solchen Fällen richtig und keine Verletzung des Selbstbestimmungsrechts. Das machen folgende Überlegungen deutlich: In dem genannten Zahnextraktions-Fall war das gesetzte Ziel der Behandlung die Beendigung der Kopfschmerzen. Hierzu verlangte die Patientin, dass der Arzt ihr alle Zähne zog. Das Ziehen der Zähne war ein völlig untaugliches Mittel zur Erreichung der Schmerzlinderung, was der Arzt auch wusste. Maßnahmen, die zur Erreichung des gesetzten Ziels völlig ungeeignet und therapeutisch sinnlos sind, haben trotz des ausdrücklichen Patientenwunsches zu unterbleiben. Denn solche Maßnahmen können schon nicht als Mittel zur Zielerreichung angesehen werden.[90] Auch der Wunsch der Patient:innen kann auf diese Untauglichkeit keinen Einfluss haben. Daher dürfen Ärzt:innen selbst bei ausdrücklichem Verlangen ihrer Patient:innen keine therapeutisch sinn- und aussichtslosen Eingriffe vornehmen.

Die Begrenzung der Behandlungsfestlegung durch § 228 StGB steht auch nicht im Widerspruch damit, dass prinzipiell auch unvernünftige Patientenentscheidungen durch die Patientenautonomie geschützt sind. Denn selbst objektiv unvernünftige Entscheidungen können Mittel zur Wunscherfüllung sein. Dies ändert jedoch nichts daran, dass sich die Tauglichkeit eines Mittels nicht herbeiwünschen lässt. Vielmehr setzen Patient:innen bloß das Behandlungsziel, welches es zu erreichen gilt. Sodann muss das Mittel zur Verwirklichung dieser Ziele realitätsbezogen gewählt werden. Wer erkennt, dass die laienhafte Patientensicht der Zielerreichung schlicht falsch ist, weil sie erwiesenen Tatsachen widerspricht, handelt bei Erfüllung des Patientenwillens hinsichtlich der Behandlungsmethode nicht im Sinne des Patientenwunsches. Die Erreichung der Selbstverwirklichung der Patient:innen ist bei der Vornahme einer solchen Maßnahme von vornherein gar nicht möglich.[91]

---

[88] *Duttge*, MedR 2005, 706 (707).

[89] *Duttge*, MedR 2005, 706 (708).

[90] *Brettel*, medstra 2015, 324 (329).

[91] *Brettel*, medstra 2015, 324 (330).

3. Unterschiedliche Bewertung der Sittenwidrigkeit nach medizinischer Notwendigkeit

Auch wenn es auf den ersten Blick den Anschein macht, dass § 228 StGB das Selbstbestimmungsrecht und die Dispositionsfreiheit der Patient:innen einschränkt, geht diese Einschätzung fehl. Denn jeder Mensch darf sich selbst schrankenlos gefährden, verletzen oder gar selbst töten. Allerdings darf man nicht andere Rechtsgutsinhaber:innen schrankenlos gefährden, verletzen und schon gar nicht töten, selbst wenn diese hierin eingewilligt haben (vgl. § 216 StGB).[92] Ausnahmen hiervon stellen Fallgruppen der straffreien Sterbehilfe dar. Hiervon umfasst ist die indirekte Sterbehilfe als „Inkaufnahme eines früheren unbeabsichtigten Todeseintritts bei einem sterbenden oder todkranken Menschen infolge einer medizinisch indizierten schmerz- oder in sonstiger Weise leidensmindernden Therapie“[93] und der sogenannte Behandlungsabbruch als „jede aktive oder passive Begrenzung oder Beendigung einer lebenserhaltenden oder lebensverlängernden medizinischen Maßnahme im Einklang mit dem tatsächlichen oder mutmaßlichen Patientenwillen“[94]. Darüber hinaus gewährleistet Art. 2 I i. V. m. Art. 1 I GG das Recht, selbstbestimmt die Entscheidung zu treffen, sein Leben eigenhändig bewusst und gewollt zu beenden und bei der Umsetzung der Selbsttötung auf die Hilfe Dritter zurückzugreifen.[95] Hiervon umfasst ist allerdings nur die eigenhändige Selbsttötung, auch wenn hierzu die Unterstützung Dritter notwendig ist. Die Tötung durch einen anderen ist auch auf Verlangen verboten.

Unmittelbar setzt § 228 StGB daher eine Grenze der Handlungsfreiheit der Behandelnden. Lediglich mittelbar ergibt sich hierbei auch ein Schutz der Opfer vor sich selbst bei irreversiblen schweren Körperschäden. Hierdurch wird zusätzlich die Allgemeinheit vor den Folgekosten und -lasten schwerer Gesundheitsverletzungen geschützt.[96]

Nach Auffassung von Magnus muss hinsichtlich der Sittenwidrigkeit eines Eingriffs danach unterschieden werden, ob dieser medizinisch notwendig ist oder lediglich eine Wunschbehandlung darstellt.[97] Sie ist der Auffassung, dass der Maßstab der Sittenwidrigkeit bei Wunschbehandlungen aufgrund des Vertrauensverhältnisses zwischen Ärzt:innen und Patient:innen niedriger anzusetzen sei als bei medizinisch notwendigen Eingriffen. Insbesondere würde auch die Integrität der ärztlichen Rolle und des gesamten ärztlichen Berufsstands das Absenken der Sit-

---

[92] *Magnus*, medstra 2020, 137 (138).

[93] BVerfG, Urt. v. 26.2.2020 – 2 BvR 2347/15, BVerfGE 153, 182 = juris Rn. 23; vgl. BGH, Urt. v. 15.11.1996 – 3 StR 79/96, NStZ 1997, 182 (184).

[94] BVerfG, Urt. v. 26.2.2020 – 2 BvR 2347/15, BVerfGE 153, 182 = juris Rn. 23; vgl. BGH, Urt. v. 25.6.2010 – 2 StR 454/09, NJW 2010, 2963 (2967).

[95] BVerfG, Urt. v. 26.2.2020 – 2 BvR 2347/15, BVerfGE 153, 182 = juris Rn. 203.

[96] *Magnus*, medstra 2020, 137 (138).

[97] *Magnus*, medstra 2020, 137 (138).

tenwidrigkeitsschwelle erfordern. Behandelten und schädigten Ärzt:innen ihre Patient:innen „ohne einen aus ärztlicher Sicht vernünftigen Grund“ schwer, machten sie sich trotz Einwilligung strafbar.[98] Dieser Ansatz sei Ausdruck eines „wertgebundenen Patientenautonomiekonzepts“[99], wonach Behandelnde an den Patientenwunsch gebunden seien, diesen aber nur umzusetzen brauchten, wenn er dem langfristigen gesundheitlichen Wohl der Behandelten nicht zuwiderlaufe.

Dass unterschiedliche Einwilligungsanforderungen an medizinisch notwendige Eingriffe und solche der „Wunschmedizin“ nicht überzeugen können, wird an einer späteren Stelle ausführlich dargestellt.[100] Diese Überlegungen sind auch auf die Anforderungen der Sittenwidrigkeit zu übertragen. Denn auch in Bezug auf diese kann es nicht überzeugen, in der Rechtswissenschaft den medizinischen Heilauftrag und das Heilungsziel im Rang über die Patientenautonomie zu stellen.

IV. Fazit

Schon die Festlegung der vorzunehmenden Maßnahme im Dialog mit den Patient:innen ist Ausdruck ihrer Autonomie. Die Behandelnden können weder allein festlegen, welche Maßnahme medizinisch indiziert ist, noch welche Maßnahme dem „besten Wohl“ ihrer Patient:innen dient. Vielmehr haben Patient:innen als Ausdruck ihrer Autonomie ihr „bestes Wohl“ und das Therapieziel selbst festzulegen. Dieses Ziel bestimmt dann die Notwendigkeit einer medizinischen Maßnahme. Zur Festlegung des Ziels und der geeigneten Maßnahme ist ein Dialog zwischen Ärzt:innen und Patient:innen notwendig. Die Wünsche und vereinbarte Zielsetzung bilden sodann die Anforderungen, die auf Tatbestandsebene an den Eingriff zu stellen sind.

Wurde das durch die Behandlung angestrebte Ziel nach den Wünschen der Patient:innen festgelegt und eine hierauf zugeschnittene Maßnahme gefunden, haben Ärzt:innen über diese aufzuklären. Nur eine Aufklärung, die die Ausübung des Selbstbestimmungsrechts ermöglicht, ist geeignet, eine rechtfertigende Einwilligung herbeizuführen.

C. Bildung eines strafrechtlichen Aufklärungsmaßstabs

Im Folgenden wird der Versuch unternommen, geeignete Kriterien eines Aufklärungsmaßstabs zu bilden, um das Konzept des „informed consent“ auch im Strafrecht praktikabel machen.

---

[98] *Magnus*, medstra 2020, 137 (139).

[99] *Magnus*, medstra 2020, 137 (139).

[100] S. 3. Teil C. I. 1. c) bb).

I. Bestimmung der strafrechtlichen Sorgfaltspflichten bei der ärztlichen Aufklärung

Zur Bestimmung der bei der Aufklärung zu stellenden Sorgfaltspflichten können drei Maßstäbe herangezogen werden: Verhaltenspflichten können zunächst aus Sondernormen erwachsen, die sich mittelbar oder unmittelbar aus dem Gesetz ergeben. Es ist zu prüfen, ob bzgl. der strafrechtlichen Aufklärungspflichten solche Sondernormen bestehen.

Die zweite Gruppe der Sorgfaltspflichten entstammt den Gepflogenheiten und Standards bestimmter Verkehrskreise[101], die zwar nicht normativ konstituiert sind, jedoch innerhalb bestimmter Lebensbereiche das Verhalten steuern sollen. Hierzu gehört der Standard der ärztlichen Kunst im medizinischen Bereich.[102] Möglicherweise ergeben sich die Aufklärungspflichten daher aus dem medizinischen Standard.

Fehlt es an Sondernormen oder anerkannten Standards, ist zur Ermittlung der Sorgfaltspflichten auf sorgfältige, besonnene Durchschnittsbürger:innen aus dem Verkehrskreis der Täter:innen abzustellen. Entscheidend ist dann, wie sich solche in der konkreten Situation verhalten hätten. Das ist weniger eine tatsächliche Frage als vielmehr eine normative Erwartung, die an das Verhalten der durchschnittlichen Bürger:innen, die nicht nachlässig, aber auch nicht übervorsichtig sind, gestellt würde.[103]

Die sich hieraus ergebenden allgemein formulierten Sorgfaltspflichten gelten jedoch nicht pauschal in jedem Einzelfall, sondern müssen in jeder Situation konkretisiert werden. Die Verletzung der im Einzelfall geltenden Sorgfaltspflichten ist Tatbestandsvoraussetzung einer in Frage stehenden Strafbarkeit.

Zunächst könnte sich die strafbegründende Sorgfaltspflichtverletzung aus der Missachtung der §§ 630c ff. BGB ergeben. Diese normieren als Sondernormen die Aufklärungspflichten der Behandelnden im Vertragsrecht. Bis heute werden die im Zivilrecht erarbeiteten Aufklärungsanforderungen mit Verweisen auf zivilrechtliche Urteile ins Strafrecht übertragen.[104] Da diese zivilrechtlichen Anforderungen wie bereits dargelegt mangels hinreichender Bestimmbarkeit nicht auf das Strafrecht übertragbar sind,[105] kann die Erarbeitung der strafrechtlichen Sorgfaltspflichten auch nicht auf die zivilgerichtliche Praxis gestützt werden. Allerdings entfalten die §§ 630c, 630e BGB mittelbare Wirkung. Denn die grundsätzliche Aufklärungsform der Selbstbestimmungsaufklärung ist sehr wohl in das Strafrecht übertragbar. Die

---

[101] BGH, Urt. v. 19.4.2000 – 3 StR 442/99, NJW 2000, 2754 (2758); *Rengier*, StrafR AT, § 52 Rn. 18.

[102] *Kudlich*, in: BeckOK StGB, § 15 Rn. 41.

[103] *Kudlich*, in: BeckOK StGB, § 15 Rn. 42.

[104] *Duttge*, KriPoZ 2017, 265.

[105] S. 2. Teil B. I. 3. a).

im Gesetz aufgezählten, nur sehr allgemein gefassten Faktoren, über die Ärzt:innen aufklären müssen, sind als Grundstruktur zur Wahrung der Patientenautonomie auch im Strafrecht anzuwenden. Lediglich die konkret ausformulierten zivilgerichtlichen Anforderungen sind als zu streng und nicht praktikabel im Strafrecht zurückzuweisen.

1. Bildung strafrechtlicher Aufklärungsanforderungen

Sowohl die Rechtsprechung[106] als auch die h. L.[107] gehen im Strafrecht und im Zivilrecht vom Erfordernis des „informed consent" zur Wirksamkeit der Einwilligung aus. Im Rahmen dieses Konzepts finden sich in der Wissenschaft hinsichtlich der erforderlichen Begrenzung der strafrechtlichen Aufklärungsanforderungen einige Vorschläge. Die wichtigsten Vorschläge werden im Folgenden erörtert und auf ihre Tragfähigkeit hin überprüft.

Im Anschluss wird ein eigenes, erweiterndes Konzept des „informed consent" auf Grundlage einer kontextualisierten Aufklärung vorgestellt (3. Teil C. I. 1. b)). Nach Erörterung der maßgeblichen Faktoren soll sodann der Maßstab gebildet und auf seine Validität geprüft werden, an dem sich die Aufklärung im Einzelfall messen lassen muss.

a) Bisher diskutierte Einschränkungsansätze im Rahmen des „informed consent"

Die vorherrschende Meinung[108] spricht von einer wirksamen Einwilligung, wenn Patient:innen ihren „informed consent" erteilt haben. Zunächst besticht die Einfachheit dieses Ansatzes: wer hinreichend aufgeklärt („informed") ist, kann im Anschluss hieran eine Einwilligung („consent") erklären, und der ärztliche Eingriff ist gerechtfertigt.[109]

Die Praxis hat allerdings wiederholt gezeigt, dass häufig nicht eindeutig ist, unter welchen Voraussetzungen Patient:innen ausreichend informiert („informed") sind. Zur Bestimmung der genauen Aufklärungspflichten und zur Absenkung der zivil-

---

[106] Im Wortlaut LG Kempten, Urt. v. 8. 10. 2020 – 3 Ns 111 Js 10508/14, BeckRS 2020, 35198 Rn. 204; in der Sache BGH, Urt. v. 22. 12. 2010 – 3 StR 239/10, NJW 2011, 1088; BGH, Urt. v. 20. 2. 2013 – 1 StR 320/12, NJW 2013, 1688; BGH, Urt. v. 29. 6. 1995 – 4 StR 760/94, NStZ 1996, 34; BGH, Urt. v. 25. 9. 1990 – 5 StR 342/90, BGHR STGB § 223 Abs. 1 Heileingriff 2.

[107] *Hardtung*, in: MüKo StGB, § 223 Rn. 99; *Tsambikakis/Dorneck*, in: NK-MedStR, § 228 Rn. 55; *Sternberg-Lieben*, in: TK-StGB, § 223 Rn. 48.

[108] *Katzenmeier*, in: Laufs/Katzenmeier/Lipp, ArztR, Kap. V. Rn. 5.

[109] *Dorneck et al.*, MedR 2019, 431.

rechtlichen Anforderungen im Strafrecht wird in der Literatur vorgeschlagen, die Aufklärungspflichten durch strafrechtsspezifische Kriterien einzuschränken.[110]

aa) Körperlichkeitsbezug

Der wohl häufigste Einschränkungsversuch der strafrechtlichen Aufklärungspflichten knüpft an die Rechtsgutsbezogenheit bestimmter Informationen an.[111] Wie schon erörtert, schließen nur Irrtümer mit Körperlichkeitsbezug die Wirksamkeit der Einwilligung aus.[112] Hieraus ergibt sich, dass strafrechtlich relevante Aufklärungspflichten auch nur solche mit Rechtsgutsbezug sein können. Notwendiger Inhalt der strafrechtlichen Aufklärung sind demnach die Art, der Umfang, die Bedeutung und die Tragweite des Eingriffs, damit Patient:innen das Für und Wider des Eingriffs abwägen können.[113] Für die strafrechtlich rechtmäßige Aufklärung irrelevant sind nach diesem Kriterium Diagnoseaufklärung, Behandlungsalternativen, Kosten des Eingriffs und Faktoren, die unter das Stichwort der Sicherungsaufklärung fallen.

Nun kann ein solcher Rechtsgutsbezug allein jedoch nicht ausreichen, um die strafrechtlichen Aufklärungsanforderungen herabzusetzen. Denn in der Praxis sind es regelmäßig Aufklärungspflichten mit Rechtsgutsbezug, die zum Streitgegenstand werden. So hat auch ein Risiko mit einer extrem geringen Komplikationsdichte streng genommen einen Rechtsgutsbezug. Die strafrechtlichen Verfahren gegen Ärzt:innen wenden sich zumeist nicht gegen eine unzureichende wirtschaftliche Aufklärung und nur selten gegen eine mangelhafte Sicherungsaufklärung. In den allermeisten Fällen geht es um eine fehlerhafte Selbstbestimmungs- und Risikoaufklärung. Es ist daher im Grunde richtig, an einen Körperlichkeitsbezug anzuknüpfen. Dieser allein reicht jedoch zur Herstellung der Rechtssicherheit nicht aus.

Noch schwerer dürfte jedoch das Argument wiegen, dass das Kriterium des Rechtsgutsbezugs nicht immer eindeutig ist. Zwar betreffen nicht alle Faktoren unmittelbar den Eingriff in die körperliche Unversehrtheit im engeren Sinne. Wollte man diese zum entscheidenden Kriterium machen, müsste man auch der Aufklärung über Behandlungsalternativen den Rechtsgutsbezug absprechen.[114]

---

[110] Vgl.: *Duttge*, in: FS Schroeder, 179 (195); *Gaede*, Limitiert akzessorisches Medizinstrafrecht statt hypothetischer Einwilligung, S. 46 ff.; *Sowada*, NStZ 2012, 1 (10).

[111] *Sternberg-Lieben*, in: Aktuelle Entwicklungen im Medizinstrafrecht, S. 115; *Sternberg-Lieben*, in: TK-StGB, § 223 Rn. 68; *Hardtung*, in: MüKo StGB, § 223 Rn. 98 ff.; *Eschelbach*, in: BeckOK StGB, § 228 Rn. 14 ff.; *Brandts/Schlehofer*, JZ 1987, 442 (446 f.); *Müller-Dietz*, JuS 1989, 280 (281).

[112] S. 1. Teil B. II. 2.

[113] *Hardtung*, in: MüKo StGB, § 223 Rn. 100; *Sternberg-Lieben*, in: Aktuelle Entwicklungen im Medizinstrafrecht, S. 115.

[114] *Tsambikakis/Dorneck*, in: NK-MedStR, § 228 Rn. 55.

Eine solch restriktive Lösung hält jedoch auch die Literatur nicht durch, wenn sie der medizinischen Notwendigkeit einer Operation einen Rechtsgutsbezug zuspricht und einen Irrtum hierüber als eine Einwilligung ausschließend wertet.[115] Genau genommen hat die medizinische Notwendigkeit keinen Körperlichkeitsbezug, sondern betrifft lediglich vorangehende Überlegungen und Motivationen zur Vornahme eines Eingriffs. Allerdings müssen Irrtümer über die körperlichen Gründe und vorteilhafte Folgen eines Eingriffs die Wirksamkeit einer Einwilligung beeinträchtigen können. Denn sonst wäre auch eine Einwilligung in eine objektiv unnötige Beinamputation wirksam, wenn die behandelte Person irrtümlich davon ausging, ohne die Amputation sterben zu müssen.[116] Auch wenn die Notwendigkeit eines Eingriffs keinen Rechtsgutsbezug im engeren Sinne hat, muss ein Irrtum hierüber die Wirksamkeit der Einwilligung ausschließen. Der strenge Ansatz, für die Aufklärungspflichtigkeit eines Umstands einen Körperlichkeitsbezug im engeren Sinne zu fordern, überzeugt daher nicht.

Dass eine vereinheitlichende Annahme eines Körperlichkeitsbezugs im engeren Sinne nicht überzeugen kann, verdeutlicht auch das folgende Beispiel eindrücklich: Behauptet die Ärztin einer Schwangeren, an deren Fötus Trisomie 21 diagnostiziert worden ist, wahrheitswidrig, dass Mütter von Down-Syndrom-Kindern im Verlauf der Kindheitsjahre regelmäßig schwer depressiv würden, motiviert sie die Patientin zur Vornahme eines Schwangerschaftsabbruchs. Andersherum kann die unzutreffende Aussage, man stehe kurz vor der Anwendungsreife einer effektiven Gentherapie für betroffene Kinder die Mutter zum Austragen der Schwangerschaft bewegen. Die behaupteten Tatsachen erhöhter Erkrankungsrisiken oder Gentherapien in der Zukunft haben streng genommen keinen Rechtsgutsbezug, da sie nicht den Eingriff des Schwangerschaftsabbruchs selbst betreffen. Dieses verengte Verständnis eines erforderlichen Rechtsgutsbezugs ist jedoch nicht zielführend, denn die Faktoren eines zukünftigen Erkrankungsrisikos oder einer Therapie verzerren das Konfliktpotential und das Verhältnis zwischen Schwangerer und Fötus derart stark, dass es sich hierbei um „rechtsgutsbezogene", jedenfalls aber für die Einwilligung relevante Informationen handeln muss.[117] Denn die Information ist maßgeblich dazu geeignet, die Schwangere zur Vornahme oder Ablehnung des Eingriffs zu bewegen und damit über das Rechtsgut ihrer körperlichen Unversehrtheit zu disponieren. Die Beispiele zeigen, dass das Abstellen auf den Rechtsgutsbezug der Information im engeren Sinne nicht hinreichend zielführend ist. Das dieser Annahme zugrunde liegende statische Rechtsgutsverständnis wird der Funktion der geschützten Rechtsgüter nicht gerecht.[118]

Letztlich läuft es für Patient:innen stets auf die Entscheidung hinaus, ob sie ihre körperliche Unversehrtheit preisgeben wollen oder nicht. Diese Entscheidung kann

---

[115] *Sternberg-Lieben*, in: TK-StGB, vor §§ 32 ff. Rn. 74.

[116] *Frister*, StrafR AT, § 15 Rn. 18.

[117] *Merkel*, in: NK-StGB, § 218a Rn. 35.

[118] *Frister*, StrafR AT, § 15 Rn. 19.

individuell durch unterschiedliche Erwägungen und Vorstellungen bestimmt werden. Das Beispiel der Schwangeren zeigt, dass es existenzielle Motivationen geben kann, die den Eingriff zwar nicht direkt betreffen, für die Vornahme dessen aber ausschlaggebend sind und somit doch Rechtsgutsbezug im weiten Sinne haben.

Anhand des Rechtsgutsbezugs lässt sich daher keine ausreichende geeignete Begrenzung der Aufklärungspflichten erreichen. Es kann zwar objektiv festgestellt werden, ob eine Tatsache Körperlichkeitsbezug im engeren Sinne aufweist. Aufgrund der unterschiedlichen Beweggründe der Patient:innen ist jedoch nicht immer feststellbar, ob solche Faktoren die für die individuelle Entscheidung ausschlaggebenden sind[119] und damit doch in einem weiteren Sinne einen Rechtsgutsbezug für die individuelle Entscheidung aufweisen. Vielmehr bedarf es eines zusätzlichen Kriteriums, das dann jedoch zum eigentlichen Abgrenzungsmaßstab wird.[120]

bb) Komplikationsdichte

In der Wissenschaft wird teilweise als einschränkendes Kriterium im Rahmen der Risikoaufklärung auf die Risikoeintrittswahrscheinlichkeit abgestellt.[121] Da Risiken eindeutig und objektiv feststellbar sind, hätte dieses Vorgehen den Vorteil, dass einzelne Informationen allgemein erkennbar als aufklärungspflichtig oder nicht aufklärungspflichtig eingestuft werden könnten. Die Aufklärenden könnten anhand der Komplikationsdichte eines Risikos leicht erkennen, ob ihre Risikoaufklärung den rechtlichen Anforderungen genügt oder nicht. Auch für Patient:innen ist die Komplikationsdichte entscheidend, um sich von der Risikolage des geplantes Eingriffs ein realistisches Bild machen zu können. Denn zum Wesen eines Risikos gehört nicht nur das Ausmaß des möglichen Schadens, sondern auch dessen Eintrittswahrscheinlichkeit.[122]

Allerdings lehnt die Rechtsprechung die Komplikationsdichte geschlossen[123] und wiederholt als einschränkendes Kriterium ab, weil sie dem individuellen Informationsbedürfnis des einzelnen Patienten nicht gerecht wird.[124] Der Ansicht ist dahingehend zuzustimmen, dass objektiv nicht bestimmbar ist, welche Kriterien und Wahrscheinlichkeiten für einzelne Patient:innen höchstpersönlich und aufgrund eigener Ängste und Erfahrungen entscheidungserheblich sind. Daher streitet die Rechtsprechung anstelle der Komplikationsdichte für die Eingriffsspezifik als re-

---

[119] *Brandts/Schlehofer*, JZ 1987, 442 (448).

[120] *Duttge*, KriPoZ 2017, 265 (265 f.).

[121] *Katzenmeier*, in: Laufs/Katzenmeier/Lipp, ArztR, Kap. V Rn. 87; *Borgmann*, NJW 2010, 3190 (3191); *Immig*, Die Selbstbestimmungsaufklärung im Arztstrafrecht, S. 211; *Sternberg-Lieben*, in: FS Beulke, 299 (311).

[122] *Immig*, Die Selbstbestimmungsaufklärung im Arztstrafrecht, S. 189.

[123] Abweichend lediglich der 4. Strafsenat des BGH, der der Komplikationsdichte 1995 explizit Bedeutung zugemessen hat, BGH, Urt. v. 29. 6. 1995 – 4 StR 760/94, NStZ 1996, 34.

[124] Ausführlich bereits in 2. Teil B. I. 3. a) erörtert.

levantes Kriterium der Aufklärungspflichtigkeit eines Risikos. Diese sei gegeben, wenn ein Risiko dem Eingriff spezifisch anhafte, für den Laien überraschend sei und diesen im Falle der Verwirklichung in der Lebensführung schwer belasten würde.[125]

Gegen das Kriterium der Eingriffsspezifik muss jedoch eingewandt werden, dass weder das Überraschungsmoment noch die weitere Lebensführung unmittelbar etwas mit der durch den Eingriff stattfindenden Körperverletzung zu tun haben.[126] Werden objektive Maßstäbe und Typenbildungen komplett verweigert, führt das Kriterium der Eingriffsspezifik allein zu immer weiter gezogenen Grenzlinien, sodass immer mehr Risiken in den Computern und Aufklärungsbögen vermerkt werden, was am Ende zu einer Informationsflut führt, die die Patient:innen nicht mehr angemessen erfassen geschweige denn korrekt einordnen können.[127] In solch einer Situation versagt das Recht in seiner Funktion Verhaltensweisen vorzugeben.[128]

Des Weiteren muss sich die Rechtsprechung in ihrer vehementen Ablehnung des Kriteriums der Komplikationsdichte fragen lassen, ob überhaupt noch von einer Eingriffsspezifik gesprochen werden kann, wenn sich die Verwirklichungswahrscheinlichkeit im Promillebereich bewegt.[129] Denn nach dem allgemeinen Wortverständnis wird unter etwas Spezifischem etwas besonders Typisches und Charakteristisches verstanden. Es ist daher schwer nachvollziehbar, wie ein Risiko von 1:400 000[130] oder gar 1:15,5 Mio.[131] noch besonders typisch oder charakteristisch und damit eingriffsspezifisch für einen Eingriff sein soll. Solche Risiken haben die Behandelnden häufig selbst noch nicht in ihrem Berufsleben erfahren und kennen diese, wenn überhaupt, nur aus Statistiken. Es scheint daher doch naheliegend, die von den Gerichten geforderte Eingriffsspezifik nicht komplett losgelöst von der Komplikationsdichte eines Risikos zu beurteilen.

Trotz berechtigter Kritik an der Rechtsprechung kann zur Wahrung der individuellen Entscheidungsfreiheit und Gewichtung einzelner Risiken die Komplikationsdichte ebenso wenig wie das Kriterium des Körperlichkeitsbezugs allein über die Aufklärungspflichtigkeit eines Risikos entscheiden. Die Aufklärungspflichtigkeit allein aufgrund einer bestimmten Komplikationsdichte zu bestimmen, wird den individuellen Motivationen und Informationsgewichtungen der Patient:innen nicht gerecht. Allerdings sollte die Rechtsprechung dazu übergehen, die Komplikationsdichte bei der Bewertung eines Risikos als eingriffsspezifisch miteinzubeziehen.

---

[125] BGH, Urt. v. 18.11.2008 – VI ZR 198/07, NJW 2009, 1209 (1210).

[126] *Immig*, Die Selbstbestimmungsaufklärung im Arztstrafrecht, S. 189.

[127] *Katzenmeier*, in: Laufs/Katzenmeier/Lipp, ArztR, Kap. V. Rn. 88.

[128] *Katzenmeier*, in: Laufs/Katzenmeier/Lipp, ArztR, Kap. V. Rn. 88.

[129] *Katzenmeier*, in: Laufs/Katzenmeier/Lipp, ArztR, Kap. V. Rn. 87.

[130] OLG Bremen, Urt. v. 27.9.1989 – 1 U 2/89 (b), VersR, 425.

[131] BGH, Urt. v. 7.7.1994 – III ZR 52/93, NJW 1994, 3012.

cc) Grobe Pflichtverletzung

Man könnte nun gerade in Hinblick auf das *ultima ratio* Prinzip vertreten, dass nur grobe Pflichtverletzungen bei der Aufklärung strafwürdig und strafrechtliche Sanktionen gerechtfertigt seien.[132] Das wäre insbesondere der Fall, wenn Ärzt:innen durch ihre mangelhafte Aufklärung das Selbstbestimmungsrecht der Patient:innen derart stark beeinträchtigten, dass sie es *de facto* nicht beachten. Als unangemessen empfundene Bestrafungen wegen marginaler Aufklärungsmängel könnten durch das Kriterium der groben Pflichtverletzung vermieden werden.

Für die Einschränkung der strafrechtlichen Haftung auf diesem Wege spricht, dass es sich beim Arzt-Beruf um eine besonders gefahrgeneigte Tätigkeit[133] handelt, bei der selbst den gewissenhaftesten Ärzt:innen im Laufe eines jahrelangen Berufslebens Aufklärungsfehler unterlaufen. Eine Haftungseinschränkung auf grobe Pflichtverletzungen erscheint daher möglicherweise gerechtfertigt.

Dieser Ansatz knüpft an die Argumentation des BVerfG zur Verfassungsmäßigkeit des § 266 StGB an.[134] Denn in beiden Fällen handelt es sich um einen von der Rechtsordnung nicht klar vorstrukturierten Bereich, der durch strafrechtlich gesicherte Handlungsvorgaben zu präzisieren ist.[135]

Darüber hinaus scheint eine Begrenzung strafrechtlich relevanten Verhaltens auf grobe Pflichtverletzungen geeignet, defensive Verhaltensstrukturen der Ärzt:innen bei der Aufklärung und Behandlung zu vermeiden.[136]

Es stellt sich daher die Frage, wann eine Pflichtverletzung als „grob" einzustufen wäre. Zur Annahme grober Fahrlässigkeit muss „der Täter (…) besonders sorgfaltswidrig handeln (qualifizierte Pflichtwidrigkeit), also aus besonderer Gleichgültigkeit oder grober Unachtsamkeit (Leichtsinn) außer Acht lassen, dass bei seinem Handeln der Erfolgseintritt besonders nahe liegt bzw. sich geradezu aufdrängt"[137]. Hinsichtlich ärztlicher Aufklärungspflichten würde eine solche grobe Pflichtverletzung die Verletzung besonders grundlegender, wesentlicher Informationspflichten voraussetzen. Es müsste sich geradezu aufdrängen, dass eine bestimmte Information für die Patientenentscheidung bedeutsam ist. Strafrechtlich relevant wären dann nur solche Aufklärungsmängel, die die Schwere des Eingriffs und die Art der Belastung, die auf die Patient:innen in ihrer körperlichen Integrität oder Lebensführung zukommen könnten, beträfen. Nicht strafrechtlich relevant

---

[132] *Tsambikakis/Dorneck*, in: NK-MedStR, § 228 Rn. 54; *Böcker*, JZ 2005, 925 (931); *Ulsenheimer*, NStZ 1996, 132 (133), *Lindemann*, in: Rosenau/Hakeri, Kodifikation der Patientenrechte, 157 (169 f.); *Krüger*, in: FS Beulke, 137 (146).

[133] BVerfG, Beschl. v. 25.7.1979–2 BvR 878/74, BVerfGE 52, 131 = juris Rn. 116; *Tsambikakis/Dorneck*, in: NK-MedStR, § 228 Rn. 52.

[134] Vgl. 2. Teil B. I. 3. d).

[135] *Sternberg-Lieben*, in: Aktuelle Entwicklungen im Medizinstrafrecht, S. 116 f.

[136] *Tsambikakis/Dorneck*, in: NK-MedStR, § 228 Rn. 54.

[137] *Rengier*, StrafR AT, § 52 Rn. 9.

wäre nach dieser Einschränkung die Vorenthaltung von Informationen über die genaue Vorgehensweise des Eingriffs und die Angabe aller denkbaren Risiken.[138]

Dieser Einschränkungsversuch führt letztlich dazu, dass Informationen in „wesentlich“ und „unwesentlich“ eingeteilt werden müssten. Für eine solche Unterteilung gibt es keine in der im Rechtsgut der körperlichen Unversehrtheit verankerte objektive Matrix, was in der Vergangenheit eben zu der beanstandeten Ausweitung der Aufklärungspflichten geführt hat.[139] Ruft man sich den Grund der Aufklärung, nämlich das Selbstbestimmungsrecht der Patient:innen in Erinnerung, wird schnell deutlich, dass es objektiv keine Grenze und Beurteilung zwischen wesentlichen und unwesentlichen Informationen geben kann. Denn der:die Einzelne bestimmt aufgrund der eigenen individuellen Lebenserfahrungen, Ängste und Sorgen, welche Informationen für die Entscheidungsfindung von Relevanz sind und welche nicht. Es ist gerade Teil des Selbstbestimmungsrechts, dass Patient:innen nicht bevormundet werden, was für ihre Entscheidung erheblich ist oder nicht.

Daher muss für eine interessengerechte Beurteilung der in Frage stehenden Aufklärungspflichtverletzung darauf abgestellt werden, ob eine Information für den:die individuelle Patient:in subjektiv als „wesentlich“ bzw. „entscheidungsrelevant“[140] einzustufen ist. Ärzt:innen müssen zunächst darüber informieren, welche Informationen sie für die behandelte Person für wesentlich halten. Im Nachgang hierzu müssen Patient:innen nach Informationen, die sie darüber hinaus für sich für wesentlich halten, fragen.

dd) Fazit

Die in der Literatur diskutierten Einschränkungsversuche der ausgeweiteten zivilrechtlichen Aufklärungspflichten für das Strafrecht stoßen letztlich alle auf die gleiche Problematik des individuellen Informationsbedürfnisses der Patient:innen. Sowohl hinsichtlich des Rechtsgutsbezugs und der Komplikationsdichte als auch hinsichtlich der groben Pflichtverletzung wird die Schwierigkeit deutlich, einen für Ärzt:innen und objektive Dritte *ex ante* erkennbaren Pflichtenkatalog zu erstellen, der dem individuellen Informationsbedürfnis und dem Selbstbestimmungsrecht der Patient:innen gerecht wird. Denn alle drei Kriterien bemühen einen objektiven Maßstab, um die Aufklärungspflichten im Strafrecht einzuschränken. Da die Aufklärungspflichten jedoch auch im Strafrecht aus den individuellen Autonomierechten der Patient:innen resultieren, ist eine objektivierbare Einschränkung, so wünschenswert sie hinsichtlich der Vorhersehbarkeit zu sein scheint, schlicht unmöglich. Daher wird das Problem überzogener Aufklärungsanforderungen durch die vorgestellten Einschränkungsversuche nicht zufriedenstellend gelöst. Es bedarf

---

[138] *Sternberg-Lieben*, in: Aktuelle Entwicklungen im Medizinstrafrecht, S. 117.

[139] *Duttge*, KriPoZ 2017, 265 (266).

[140] *Hardtung*, in: MüKo StGB, § 223 Rn. 98.

einer anderen Methodik zur Bildung eines strafrechtlichen Maßstabs als die Einschränkung nach objektiven Kriterien.

b) Rekonstruktion des „informed consent" durch eine individuell kontextualisierte Aufklärung

In immer mehr Bereichen der Medizin findet eine Personalisierung der Behandlung statt. So hatte früher bspw. ein Großteil der an Dickdarmkrebs leidenden Patient:innen von den verschriebenen Medikamenten keinen Vorteil, weil die Symptome zwar ähnlich, genauere Untersuchungen der ursächlichen Veränderungen auf Zellebene jedoch unmöglich waren.[141] Dagegen können heute die genetischen Ursachen im Einzelfall zielgerichtet untersucht werden. Hierdurch ist es möglich, für Patient:innen individuell das passende Medikament zu finden und es in der richtigen Dosierung zu verabreichen („the right treatment for the right person at the right time"[142]).[143] Ähnlich muss auch die medizinische Aufklärung auf die einzelnen Patient:innen zugeschnitten und personalisiert werden.

Bei der Frage, wie ein „informed consent" der Patient:innen herzustellen ist, muss zunächst festgestellt werden, wovon dieser überhaupt abhängt. Denn so individuell wie die Motivationen, Wünsche und Vorstellungen der einzelnen Patient:innen sind, so individuell sind auch die Anforderungen an die den „informed consent" herstellende Aufklärung. Diese können nicht verallgemeinert und aus generellen Aufklärungspflichten abgeleitet werden. Die Aufklärung muss sich auf die Umstände beziehen, die für die Patient:innen in ihrer konkreten Lage unter Berücksichtigung ihrer körperlichen Beschaffenheit und ihrer sonstigen Situation für die Behandlungsentscheidung bedeutsam sind.[144] Sowohl das Informationsbedürfnis der Patient:innen als auch ihre Einwilligung hängt von Faktoren ab, die in den Besonderheiten ihrer Person und Situation liegen.[145]

Der „informed consent", wie er von der Rechtspraxis verstanden wird, fixiert sich punktuell auf Information und Einwilligung, wobei er den individuellen, sozialen, ökonomischen, medizinischen und technischen Kontext ausblendet. Damit ist der „informed consent" resistent gegen kontextbezogene Wechselwirkungen, die Einfluss auf die Selbstbestimmung der Patient:innen haben.[146] Von diesem Kontext hängt jedoch die medizinische Aufklärung ab, denn in diesem treffen die Patient:innen ihre Entscheidung. Der Kontext determiniert damit die Rahmenbedingungen der Akteur:innen. Das Konzept des „informed consent" erfasst sowohl in der Theorie als auch in der Praxis lediglich im Ansatz die komplexen Sachverhalte

---

[141] *Eberbach*, MedR 2019, 1.

[142] *Kroemer*, in: Personalisierte Medizin, S. 12.

[143] *Eberbach*, MedR 2019, 1.

[144] *Dölling*, in: HK-GS, § 228 Rn. 17.

[145] Ähnlich *Tag*, ZStW 2015, 523 (543).

[146] *Dorneck et al.*, MedR 2019, 431.

und Behandlungsrealitäten ohne sie in all ihren Facetten zu berücksichtigen.[147] Anstelle äußere Faktoren in die Aufklärung der Patient:innen miteinzubeziehen, hat die Rechtspraxis in den letzten Jahrzehnten die Anforderungen an die medizinische Aufklärung immer weiter ausgedehnt, sodass die Selbstbestimmung der Patient:innen angesichts der Komplexität der Praxis und des Medizinrechts verloren zu gehen droht. Nur eine neu gedachte, kontextualisierte Aufklärung wird auch den Anforderungen des BVerfG gerecht, welches deutlich macht, dass sich die für den:die Einzelne bedeutsamen Umstände aus der „konkrete[n] Situation dieses Patienten“[148] ergeben.

Aufgrund der notwendigen Kontextoffenheit können die relevanten Dimensionen der Aufklärung nicht allgemeingültig festgesetzt werden. Vielmehr ist das Konzept der kontextualisierten Aufklärung gerade offen für immer neue individuelle, sich weiter entwickelnden Facetten.[149] Beispielhaft sollen nun aber einige kontextbegründende Faktoren veranschaulicht werden:

Individuell können das Interesse an Gesundheitsinformation, bereits bestehende Kenntnisse, das Recht auf Nichtwissen, die Kapazität und Möglichkeit von Informationsverarbeitung aber auch die psychischen Folgen negativer Information das Informationsinteresse der Patient:innen beeinflussen. Insbesondere hinsichtlich negativer Folgen von Aufklärungen kann es zum Interessenkonflikt kommen, da Ärzt:innen hinsichtlich ihrer Patient:innen trotz aller Ablehnung einer paternalistischen Bevormundung eine ärztliche Fürsorgepflicht trifft.

Auch auf sozialer Ebene gibt es Faktoren, die das Informationsbedürfnis des:der Einzelnen prägen. Es gibt nämlich Entscheidungen, die bspw. von solchem Gewicht für Angehörige oder andere nahestehende Personen sind, dass Patient:innen sie in ihrem sozialen Gefüge besprechen und andere Personen in die Entscheidungsfindung mit einbeziehen. Interessant ist hierbei auch die Aufklärung Minderjähriger, die eine Entscheidung nur eingeschränkt allein und mit ihren Eltern zusammen treffen können und müssen.

Doch nicht nur die individuellen Bedürfnisse der Patient:innen beeinflussen den Aufklärungsumfang. Auch strukturell können äußere Faktoren wie Ressourcenknappheit oder Ausnahmesituationen im Gesundheitswesen den *de facto* möglichen Aufklärungsumfang bestimmen, vor denen nicht schlicht mit Verweis auf das Selbstbestimmungsrecht der Patien:innen die Augen verschlossen werden dürfen. So stellte das LG Heilbronn 2023 hinsichtlich der Verletzung von Aufklärungspflichten im Rahmen einer Covid-19-Impfaktion fest, dass die Besonderheit der Pandemielage im Land die individuellen Aufklärungspflichten beeinflusste.[150]

[147] *Dorneck et al.*, MedR 2019, 431; *Tsambikakis/Dorneck*, in: NK-MedStR, § 228 Rn. 55.

[148] BVerfG, Beschl. v. 25.7.1979 – 2 BvR 878/74, BVerfGE 52, 131 = juris Rn. 132.

[149] *Dorneck et al.*, MedR 2019, 431 (432).

[150] LG Heilbronn, Urt. v. 14.2.2023 – Wo 1 O 65/22, juris Rn. 34 f.

Ähnliche Einschränkungen sind in Notfallsituationen denkbar, in denen mehrere Patient:innen schnellstmöglich gleichzeitig medizinisch versorgen müssen.

Auch die Art, in welcher Struktur der kommunikativen Interaktion die Informationen an Patient:innen vermittelt werden können oder müssen, spielt bei der Festlegung der Aufklärungspflicht im Einzelfall eine Rolle (sog. informationelle Dimension).[151]

Die verschiedenen die Aufklärungspflicht beeinflussenden Faktoren machen deutlich, dass der sog. „informed consent" und die individuelle Aufklärungssituation kontextualisiert werden müssen. Diese Kontextualisierung ist nicht als Einschränkung oder Alternativkonzept zum „informed consent" in seiner klassischen Form zu verstehen, sondern ist vielmehr eine Erweiterung dessen. Zentral bleiben immer noch die Aufklärung und die selbstbestimmte Entscheidung der Patient:innen. Durch die Einbeziehung der Komplexität der medizinischen Praxis wird der Einfluss des Kontexts auf die Entscheidungsfindung der Patient:innen in den Aufklärungspflichten angemessen widergespiegelt.[152]

Für eine individualisierte Aufklärung ist ein Dialog zwischen Ärzt:innen und Patient:innen notwendig, in dem beide Parteien gemeinsam die für die Patient:innen relevanten Informationen herausarbeiten und den für sie geeigneten Aufklärungsumfang und die Aufklärungsintensität festlegen. Hierbei trifft Patient:innen eine Mitwirkungspflicht. Sie müssen den Ärzt:innen ein zutreffendes Bild der eigenen Lebenssituation widerspiegeln und hierdurch signalisieren, welche Informationen von Relevanz sind.

aa) Individuelles Informationsbedürfnis der Patient:innen

Beim Abstecken des Aufklärungsumfangs ist nach hier vertretener Auffassung ähnlich wie bei der Festlegung der geeigneten medizinischen Maßnahme ein Zusammenwirken von Ärzt:innen und Patient:innen nötig. Hierdurch wird die Eigenverantwortung der Patient:innen angemessen gewichtet, welche als mündige und selbstverantwortliche Partner:innen den Ärzt:innen gegenüberstehen. Der Aufklärungsumfang muss daher Gegenstand individueller Vereinbarung, gekennzeichnet durch „Angebot und Annahme"[153] („shared-decision-making")[154], sein.

(1) Recht auf Nichtwissen: der Aufklärungsverzicht

Eine Begrenzung der ärztlichen Aufklärungspflichten kann durch einen Aufklärungsverzicht herbeigeführt werden. Unter einem Aufklärungsverzicht wird die Erklärung von Behandelten verstanden, dass sie sich kein oder zumindest kein

---

[151] *Dorneck et al.*, MedR 2019, 431 (432).

[152] *Dorneck et al.*, MedR 2019, 431 (432).

[153] *Biermann*, in: Ulsenheimer/Gaede, Arztstrafrecht in der Praxis, Rn. 362.

[154] *Koyuncu*, PharmR 2006, 343 (346 f).

vollständiges Bild von den aufklärungsbedürftigen Umständen der eigenen Erkrankung machen wollen, sondern die medizinische Entscheidung in die Hände der Behandelnden legen.[155]

Die Verpflichtung der Behandelnden zur Aufklärung ist dispositiv. Das Recht auf Nichtwissen fungiert als subjektives Abwehrrecht gegen persönlichkeitsbezogene Informationen und ist in Form des § 630c IV BGB normiert. Hiernach bedarf es der Information einer behandelten Person nicht, wenn diese ausdrücklich auf sie verzichtet. In dem Verzicht liegt kein rechtsgeschäftlicher Verzicht, sondern eine Einwilligung ohne Aufklärung, die Patient:innen im Rahmen ihrer Autonomie erklären können.[156] Die Einwilligung ist dann trotz Unkenntnis rechtsgutsrelevanter Umstände wirksam. Auch ein partieller Informationsverzicht ist möglich.

Es gehört zum Selbstbestimmungsrecht des:der Einzelnen, Ärzt:innen freie Hand zu lassen, um sich selbst die Beunruhigung durch Einzelheiten einer Gefahr zu ersparen.[157] Die persönlichkeitsrechtliche Relevanz des Aufklärungsverzichts ergibt sich aus der Bedeutung sensibler Gesundheitsinformation für das eigene Selbstverständnis, den Lebensplan und Zukunftsentwürfe der Betroffenen. Die behandelte Person darf selbst bestimmen, wie sehr sie ihre Lebens- und Behandlungsentscheidungen von gesundheitlichen Informationen abhängig machen möchte. Es muss ihr daher möglich sein, die betreffenden Informationen zu erhalten (Leistungsrecht), aber auch, sie nicht zur Kenntnis zu nehmen (Abwehrrecht). Insoweit sind das Aufklärungsrecht und der Aufklärungsverzicht eng miteinander verbunden.[158]

Ein Aufklärungsverzicht setzt voraus, dass Patient:innen die Tragweite ihres Verzichts erkennen.[159] Es muss zumindest in groben Umrissen Kenntnis darüber bestehen, worauf verzichtet wird.[160] In diese Richtung argumentiert auch der BGH, wenn er der behandelten Person das Recht einräumt, „sich selbst die Beunruhigung durch Einzelheiten einer Gefahr zu ersparen, nachdem [sie] sich bereits von der Notwendigkeit ihrer Inkaufnahme überzeugt hat."[161] Es muss also eine grobe Grundorientierung in Form von Basisinformation hinsichtlich der medizinischen Situation vorliegen, aufgrund derer die Entscheidung eines Aufklärungsverzichts frei getroffen werden kann. Hierfür müssen Patient:innen zumindest die Erforderlichkeit einer Behandlung sowie deren Chancen und Risiken in groben Zügen zutreffend erkannt haben. Verfassungsrechtlich stößt die Zulässigkeit eines Aufklärungsverzichts an ihre Grenzen, wenn sich die behandelte Person aufgrund ihres

---

[155] *Harmann*, NJOZ 2010, 819 (820).

[156] *Wagner*, in: MüKo BGB, § 630e Rn. 81.

[157] BGH, Urt. v. 28.11.1972 – VI ZR 133/71, NJW 1973, 556 (558).

[158] *Harmann*, NJOZ 2010, 819 (823); *Joschko*, Das Recht auf Nichtwissen in der Gesundheitsversorgung, S. 19.

[159] *Immig*, Die Selbstbestimmungsaufklärung im Arztstrafrecht, S. 31.

[160] *Harmann*, NJOZ 2010, 819 (824).

[161] BGH, Urt. v. 28.11.1972 – VI ZR 133/71, NJW 1973, 556 (558).

Informationsdefizits zum Objekt Dritter macht.[162] Möchte eine Person keine nähere Information erhalten, weil sie die Risiken eines Eingriffs (z. B. Letalitätsrisiko einer Krebserkrankung) völlig falsch einschätzt, kann darin kein wirksamer Aufklärungsverzicht liegen. Stattdessen bedarf es einer irrtumsbereinigenden Aufklärung umso dringender.[163]

Insbesondere bei schweren, nicht behandelbaren Erkrankungen wie Chorea Huntington kann das Wissen um das Unvermeidliche häufig so belastend sein, dass Patient:innen von ihrem Selbstbestimmungsrecht als Abwehrrecht Gebrauch machen wollen. Eine „Zwangsaufklärung" würde dann die informationelle Selbstbestimmung der betroffenen Personen verletzen.[164]

Problematisch kann ein Aufklärungsverzicht sein, wenn er Schutzgüter Dritter tangiert. So kann das Nichtwissen über eine Erkrankung dazu führen, dass sich Patient:innen nicht angemessen verhalten und ihre Mitmenschen hierdurch gefährden. Man denke bspw. an einen Aufklärungsverzicht hinsichtlich der Diagnose „HIV-Infektion". In dieser Situation können Ärzt:innen einen schonenden Ausgleich herbeiführen, indem sie nicht über die Diagnose aufklären, jedoch die Möglichkeit einer Infektion mitteilen, damit sich die Patient:innen so verhalten können, als wären sie krank und auf diesem Wege trotz Unkenntnis der eigenen Diagnose eine Gefährdung anderer vermeiden.[165]

In der Praxis kommen Aufklärungsverzichte nicht selten vor. Zwar möchte ein Großteil der Patient:innen aufgeklärt werden, knapp die Hälfte der Patient:innen möchte jedoch nur über wesentliche Risiken aufgeklärt und knapp jede:r zehnte Patient:in möchte gar nicht aufgeklärt werden.[166] Hieraus ergibt sich eine hohe Praxisrelevanz des Aufklärungsverzichts, auch wenn dieser in der Literatur und Rechtsprechung häufig eher knapp behandelt wird.

Ein Aufklärungsverzicht darf nicht bereits aufgrund scheuen oder vertrauensseligen Verhaltens einer Person angenommen werden, da diese damit möglicherweise lediglich Angst verbergen oder unterdrücken möchte. Stattdessen bedarf es einer aktiven Aufgabe des Entscheidungsrechts,[167] an die strenge Anforderungen hinsichtlich der Klarheit und Eindeutigkeit zu stellen sind. Dementsprechend verlangt § 630e III BGB auch einen ausdrücklichen Verzicht. Im Strafrecht spielt die Ausdrücklichkeit materiell für die Wirksamkeit der Einwilligung keine Rolle. Sie dient im Zivilrecht lediglich der Klarheit und Nachweisbarkeit.[168]

---

[162] *Harmann*, NJOZ 2010, 819 (824).

[163] *Wagner*, in: MüKo BGB, § 630e Rn. 81.

[164] *Birnbacher*, in: Ethik im Gesundheitswesen, S. 501.

[165] *Harmann*, NJOZ 2010, 819 (823).

[166] *Harmann*, NJOZ 2010, 819 (821).

[167] *Sternberg-Lieben*, in: TK-StGB, § 223 Rn. 88.

[168] *Hardtung*, in: MüKo StGB, § 223 Rn. 98.

Auch wenn im Strafrecht der Grundsatz *in dubio pro reo* gilt, sollten sich Ärzt:innen der Eindeutigkeit und Ernsthaftigkeit des Verzichts versichern. Der Verzicht kann zwar konkludent erklärt werden, ein bloßes Schweigen reicht jedoch nicht aus. Vielmehr muss das Verhalten der Patient:innen den Verzichtswunsch deutlich manifestieren.

Die rechtliche Zulässigkeit eines „Blankoverzichts“, also ein Verzicht auf jegliche Aufklärung, ist umstritten. Während ein Großteil der Literatur einen solchen ablehnt,[169] erachten ihn Gegenstimmen für zulässig, weil es das gute Recht eines:r Patient:in sei, sich gerade von den negativen Seiten des geplanten Eingriffs kein Bild machen zu wollen.[170] Die Möglichkeit des Aufklärungsverzichts gem. § 630e III BGB wird gesetzlich nicht beschränkt. Zwar hat der Gesetzgeber in der Gesetzesbegründung festgestellt, dass Patient:innen für einen wirksamen Verzicht „die Erforderlichkeit der Behandlung sowie deren Chancen und Risiken zutreffend erkannt haben“[171] müssen. Allerdings legitimiert diese Begründung keine Zwangsaufklärung gegen den ausdrücklichen Willen der Patient:innen. Denn das allgemeine Persönlichkeitsrecht aus Art. 2 I i. V. m. Art. 1 I GG schützt auch das Recht der Patient:innen auf Nichtwissen, welches durch eine aufgezwungene Aufklärung verletzt würde.[172]

(2) Dialog statt Monolog

Soll die Aufklärungspflicht tatsächlich dem Selbstbestimmungsrecht der Patient:innen dienen und nicht dazu degradiert werden, dass Ärzt:innen sich durch intensive Information „in Sicherheit“ bringen, haben Ärzt:innen und Patient:innen im Dialog auszuhandeln, was Gegenstand der Aufklärung sein soll.[173] Patient:innen müssen an der Aufklärung in dem Sinne aktiv und eigenverantwortlich mitwirken, dass sie den Behandelnden ihre individuellen Belange (z. B. eigene Ängste und Sorgen, den Beruf, Lebensschwerpunkte) verdeutlichen und damit aktiv den Aufklärungsumfang mitbestimmen. Es obliegt ihnen, für sie relevante Information zu erfragen,[174] etwa, wenn sie bereits angesprochene Information noch nicht verstanden haben oder mehr Details wissen wollen. Denn auch ordnungsgemäß arbeitende Ärzt:innen können nicht immer alle individuellen Sonderbelange und Interessen einzelner Patient:innen erkennen.[175] Durch das Erfragen von Information bestimmt die behandelte Person, in welchem Umfang und mit welchem Inhalt die Aufklärung

---

[169] *Kern*, in: Laufs/Kern/Rehborn, ArztR-HdB, § 68 Rn. 9; *Katzenmeier*, in: BeckOK BGB, § 630e Rn. 54; *Harmann*, NJOZ 2010, 819 (824); *Roßner*, NJW 1990, 2291 (2294).

[170] *Knauer/Brose*, in: Spickhoff, MedR, § 223 StGB Rn. 82; *Sternberg-Lieben*, in: TK-StGB, § 223 Rn. 88.

[171] BT-Drucks. 17/10488, S. 22 f.

[172] *Sternberg-Lieben*, in: TK-StGB, § 223 Rn. 88.

[173] *Biermann*, in: Ulsenheimer/Gaede, Arztstrafrecht in der Praxis, Rn. 362.

[174] *Eberbach*, MedR 2019, 111 (117).

[175] *Koyuncu*, PharmR 2006, 343.

sie in ihrer Entscheidung über eine Maßnahme unterstützen soll. Insoweit ist sie „Herrin des Aufklärungsgesprächs".[176] Art und Umfang der Aufklärung richten sich nach dem Empfängerhorizont der individuellen Patient:innen.[177]

Eine solche Verantwortungsverteilung zwischen Ärzt:innen und Patient:innen ist vor dem Hintergrund des angestrebten und wünschenswerten partnerschaftlichen Verhältnisses[178] beider Parteien vielversprechend. Auch das BVerfG hat hinsichtlich des Aufklärungsgesprächs einen „auch von Seiten des Patienten mitverantwortlich geführten Dialog"[179] verlangt. Haben Patient:innen Verständnisprobleme oder inhaltliche Fragen, kann von ihnen erwartet werden, dass sie nachfragen, wenn die bisherige Aufklärung dem eigenen Informationsbedürfnis nicht genügt.[180] Die aktive Informationseinholung und Nachfrage im Interesse der eigenen Gesundheit ist Patient:innen als Minimalanforderung auch zumutbar. Denn nur sie selbst wissen, ob sie noch Fragen zu einer in Rede stehenden Maßnahme haben oder nicht. Es ist nicht Pflicht der aufklärenden Person, zu testen und nachzuprüfen, ob nicht geäußerte Verständnisprobleme bei ihrem Gegenüber bestehen.

Ein individuell auf den:die Einzelne:n abgestimmtes Aufklärungsprogramm in Form eines Dialogs verteilt die Verantwortung in Form einer „Aufklärungs- und Fragelast"[181] gleichmäßig auf die beteiligten Parteien. Darüber hinaus entspricht ein als Dialog konzipiertes Aufklärungsgespräch dem gesetzlichen Mündlichkeitserfordernis der Aufklärung (§ 630e II Nr. 1 BGB) und ist aufgrund der geteilten Verantwortung geeignet, die Informationspflichten im Rahmen des im persönlichen Gespräch Vermittelbaren zu halten. Der mündliche Dialog führt zu einer Abkehr von dem bürokratischen Hantieren mit Aufklärungsformularen.[182] Denn hierdurch kann ärztlichen Bestrebungen, sich durch ein Mehr an Informationen mithilfe schriftlicher Formularaufklärungen rechtlich abzusichern, begegnet werden. Ein auf die konkrete Person zugeschnittener Aufklärungsdialog verfolgt weniger die beweisrechtliche Absicherung der Ärzt:innen als vielmehr die Wahrung der Interessen und Bedürfnisse der aufgeklärten Person.

Grundsätzlich ist anerkannt, dass eine Einwilligung nur wirksam ist, wenn die einwilligende Person die rechtsgutsbezogenen Umstände kennt, die sie kennen möchte.[183] Patient:innen bestimmen somit den Umfang der Aufklärung, indem sie zu erkennen geben, über welche Informationen sie aufgeklärt werden möchten und über welche nicht. Die bisherige Praxis, in der Patient:innen häufig einen schriftli-

---

[176] *Biermann*, in: Ulsenheimer/Gaede, Arztstrafrecht in der Praxis, Rn. 362.

[177] *Drechsler*, MedR 2021, 439 (440).

[178] *Rego Sousa Torres*, Die Patientenverfügung – ein Rechtsinstrument der Selbstbestimmung, S. 54; *Hart*, MedR 1998, 8.

[179] BVerfG, Beschl. v. 25.7.1979 – 2 BvR 878/74, BVerfGE 52, 131 = juris Rn. 116.

[180] *Hardtung*, in: MüKo StGB, § 223 Rn. 102.

[181] *Eberbach*, MedR 2019, 111 (117).

[182] *Katzenmeier*, in: Laufs/Katzenmeier/Lipp, ArztR, Kap. V. Rn. 88.

[183] *Hardtung*, in: MüKo StGB, § 223 Rn. 98.

chen Aufklärungsbogen überreicht bekommen, entspricht dieser individuellen Aufklärungspflicht nicht.

Ohne Weiteres ist ersichtlich, dass die Bedeutung sich gegenüberstehender Faktoren und Risiken für verschiedene Personen variieren kann. Denn die widerstreitenden Faktoren werden von jeder Person subjektiv bewertet und unterschiedlich gewichtet. So kann bspw. die Risikoaversion erheblich variieren. Während einige Menschen einer Erkrankung eher sorglos gegenüberstehen und die mit einer Impfung verbundenen Risiken skeptisch sehen, wollen andere einen schweren Krankheitsverlauf mit Hilfe einer Impfung trotz bekannter Nebenwirkungen unbedingt vermeiden.[184]

Allerdings trifft die Bestimmung des Aufklärungsumfangs und -inhalts durch die Patient:innen auch auf Schwierigkeiten. So bestechend der Ansatz hinsichtlich des partnerschaftlichen Verhältnisses sein mag; es bedarf hierfür immer einer gewissen Grundinformation der aufzuklärenden Person. Denn um den Umfang und Inhalt der Aufklärung selbstbestimmt abstecken zu können, müssen Patient:innen wissen, aus welchem Informationsspektrum sie die für sich relevanten Faktoren auswählen. Es ist es daher notwendig, dass sie Kenntnis von Tatsachen haben, deren Kenntniserlangung sie aber gerade einschränken sollen.

Es ist denkbar, dass Patient:innen anhand allgemeiner Fragen ihre Interessenschwerpunkte signalisieren. So könnte ein Sportler gezielt nach möglichen Bewegungseinschränkungen oder Belastungen des Herzens fragen. Auch ein Informationsbedürfnis über Risiken aufgrund einer bestimmten Eintrittswahrscheinlichkeit wäre denkbar. Allerdings können Patient:innen keine Information erfragen, deren mögliche Existenz sie gar nicht kennen. Es ist gerade Sinn und Zweck der medizinischen Aufklärung, Patient:innen auf Umstände hinzuweisen, die sich ihnen nicht selbst erschließen.

Entkräftet werden diese Bedenken durch die Tatsache, dass Patient:innen heute öfter als früher aufgrund umfassender Informationsmöglichkeiten mit einem gewissen Vorwissen aufwarten.[185] Vor diesem Hintergrund sind sie in vielen Fällen durchaus in der Lage, mitzubestimmen, in welchem Umfang sie von dem ärztlichen Informationsangebot Gebrauch machen wollen.[186]

Aufgrund dieser Überlegungen bedarf es einer Grundinformation der Patient:innen in der Weise, dass Ärzt:innen sie im Groben über eine Maßnahme aufklären, wobei sie Informationsgebiete bilden, im Rahmen derer die jeweilige Person signalisieren kann, welche Faktoren von besonders relevant sind. Im Anschluss hieran sind Patient:innen darauf hinzuweisen, dass sie nach weiteren Risiken und Umständen fragen können. Auf Fragen haben Ärzt:innen dann selbstverständlich

---

184 *Drechsler*, MedR 2021, 439 (440).

185 Zur Relevanz anderer Informationsquellen für das Aufklärungsgespräch s. 3. Teil C. I. 1. b) dd).

186 *Biermann*, in: Ulsenheimer/Gaede, Arztstrafrecht in der Praxis, Rn. 362.

vollumfänglich und wahrheitsgemäß zu antworten. Es muss möglich sein, dass Ärzt:innen ihren Patient:innen eine Grundinformation hinsichtlich des möglichen Risikospektrums geben, wobei Patient:innen stärker als bisher die Fragelast hinsichtlich möglicher Details trifft.[187]

Ein solcher Aufklärungsdialog bietet sich insbesondere für sehr seltene Risiken an. Denn er fördert eher eine sinnvoll abgewogene, eigenverantwortliche Entscheidung der Patient:innen als eine Ausweitung immer detaillierterer Aufklärungsformulare, die dem Vertrauensverhältnis zwischen Ärzt:innen und Patient:innen eher schaden als nützen.[188] Durch einen Dialog kann der individuelle Informationsbedarf der betroffenen Person sinnvoll austariert werden.

(3) Physische Parameter der behandelten Person

Darüber hinaus bestimmen auch die physischen Parameter der Patient:innen deren Informationsbedürfnis. Relevante Faktoren können dabei etwa Unverträglichkeiten, Allergien, Immunitäten, Alter, Geschlecht oder Vorerkrankungen sein, da diese die Erfolgschancen, Risiken oder Behandlungsalternativen maßgeblich beeinflussen können.

So müssen Ärzt:innen eine Frau im gebärfähigen Alter nach einer möglichen Schwangerschaft fragen und auf Risiken im Falle einer solchen hinweisen, während es beim gleichen Eingriff bei einem Mann solcher Hinweise nicht bedarf. Dasselbe gilt für mögliche Nebenwirkungen von Medikamenten oder Auswirkungen von Eingriffen für Stillende. Auch im Rahmen der Covid-19 Pandemie wurde deutlich, dass Personen mit Vorerkrankungen ein höheres Risiko hatten, bei einer Infektion einen schweren Verlauf zu erleiden als gesunde Personen. Diese Dispositionen mussten bei der Aufklärung über eine Impfung gegen das Virus beachtet und angesprochen werden.[189] Die subjektive Bedeutung derselben drohenden Beeinträchtigung wird auch am folgenden Beispiel deutlich: Das Risiko, aufgrund eines aggressiven Medikaments auf einem Auge zu erblinden, wiegt für einen Menschen mit zwei funktionsfähigen Augen anders als für jemanden, der bereits auf einem Auge erblindet ist.

Von Relevanz kann auch der Konsum von gesundheitsschädigenden Gütern wie Alkohol oder Tabak sein. So ist das Rauchen ein Risikofaktor für Thrombosen, der bei der Verschreibung und Aufklärung der Anti-Baby-Pille angesprochen werden muss. Dasselbe gilt für starkes Übergewicht. Diese Überlegungen machen deutlich, dass Ärzt:innen nach solchen physischen Faktoren fragen müssen, die für den in Frage stehenden Eingriff relevant sind. Am Beispiel der geeigneten Verhütungsmethode einer übergewichtigen Raucherin wird deutlich, dass dieser eine eingriffsintensivere Verhütung wie die Hormonspirale im Aufklärungsgespräch zur

---

[187] *Biermann*, in: Ulsenheimer/Gaede, Arztstrafrecht in der Praxis, Rn. 362.

[188] *Katzenmeier*, in: Laufs/Katzenmeier/Lipp, ArztR, Kap. V. Rn. 88.

[189] *Drechsler*, MedR 2021, 439 (441).

Anti-Baby-Pille aufgrund des niedrigeren Thromboserisikos als geeignete Behandlungsalternative näher gelegt werden muss als einer normalgewichtigen Nichtraucherin.

Diese Überlegungen zeigen, dass es nicht eine allgemeine richtige Aufklärung geben kann, die alle theoretischen Risiken und Behandlungsalternativen enumerativ benennt. Während für die einen Patient:innen manche Risiken aufgrund ihres Alters oder Geschlechts keine Rolle spielen, können die gleichen Risiken bei einer anderen Personengruppe den Eingriff geradezu kontraindizieren.

bb) Reduzierte Aufklärungspflichten aufgrund des Fürsorgeprinzips

Nicht nur das von Patient:innen kommunizierte Informationsinteresse und physische Parameter gestalten die ärztlichen Aufklärungspflichten. Auch psychische Dispositionen können den Aufklärungsumfang beeinflussen. Denn zu umfängliche Aufklärungen können durch negative Patientenreaktionen schaden. Solche negativen Auswirkungen stehen dem hippokratischen Eid (*primum nihil nocere*) unvereinbar gegenüber. Daher muss nach dem anerkannten Fürsorgeprinzip die Patienteninformation so ausgestaltet werden, dass durch sie hervorgerufene negative Effekte minimiert werden.

Unter dem missverständlichen Stichwort des sog. „therapeutischen Privilegs" wird diesbezüglich eine Einschätzungsprärogative der aufklärenden Person diskutiert, die abschätzen muss, wie viel Information sie ihren Patient:innen zukommen lassen muss und bisweilen zumuten darf. Denn die ärztliche Aufklärungspflicht findet ihre Grenze, wo der psychische Zustand der Patien:innten zu einer Gefährdung der Heilungsaussicht führen kann.[190] Im Extremfall muss aufgrund der ärztlichen Fürsorgepflicht aufgrund der befürchteten Patientenreaktion auf eine Aufklärung verzichtet werden.

(1) Gesundheitsschädliche Aufklärungsreaktionen

Insbesondere bei schweren Diagnosen, für die keine erfolgsversprechenden Therapiemöglichkeiten bestehen, kann eine Diagnosemitteilung Reaktionen hervorrufen, die nicht mit der diagnostizierten Krankheit selbst assoziiert sind. Psychische Folgen können Depressionen, Angstzustände oder Suizidgedanken sein. Von besonderer Bedeutung in diesem Zusammenhang sind die medizinischen Fortschritte im Bereich der genetischen Diagnostik. Denn hier besteht inzwischen vielfach die Möglichkeit genetische Dispositionen festzustellen. Allerdings gibt es je nach Erkrankung (noch) keine wirksamen Therapiemöglichkeiten.[191]

---

[190] *Jütte*, Dt. Ärzteblatt 2018, A 1324 (A 1325); *Wagner*, in: MüKo BGB, § 630e Rn. 84; *Heger*, in: Lackner/Kühl/Heger StGB, § 228 Rn. 14a; *Sternberg-Lieben*, in: TK-StGB, § 223 Rn. 86; *Paeffgen/Zabel*, in: NK-StGB, § 228 Rn. 79.

[191] *Joschko*, Das Recht auf Nichtwissen in der Gesundheitsversorgung, S. 18.

Ein Entfallen der Aufklärungspflicht zum Wohle der Patient:innen ist nach der ständigen Rechtsprechung allerdings nur in extremen Ausnahmefällen anzunehmen, nämlich dann, wenn eine durch die Aufklärung drohende Gefährdung der Patient:innen gravierender ist als die Beeinträchtigung des Selbstbestimmungsrechts.[192] Das soll der Fall sein, wenn eine „ernste und nicht behebbare Gesundheitsschädigung“ der Patient:innen zu befürchten ist.[193] Um mögliche Schockreaktionen auf Diagnose- oder Risikomitteilungen bei Patient:innen zu mildern, kann in diesen Fällen eine verharmlosende Mitteilung über Sachlage und Eingriff erfolgen. Eine solche „fromme Lüge“[194] stellt einen tiefen Eingriff in das Selbstbestimmungsrecht dar, kann jedoch im Einzelfall interessengerecht sein. Im Regelfall besteht ein „therapeutisches Privileg“ nach der ständigen Rechtsprechung jedoch nicht.[195]

Die hohen und starren Voraussetzungen, die von der Rechtsprechung an die zu befürchtenden Gesundheitsschäden zu stellen sind, widersprechen einem System, in dem miteinander streitende Faktoren zum Wohle der Patient:innen flexibel gegeneinander abgewogen werden müssen.[196] Insbesondere fragt sich, warum die drohenden negativen Folgen für die Patient:innen irreversibel sein müssen. Denn es können wohl schon überwiegende Gründe für eine Einschränkung der Aufklärung sprechen, wenn Patient:innen aufgrund dieser eine erhebliche Störung in dem Sinne droht, dass ein besonders tiefgreifendes Leid von einiger Dauer herbeigeführt wird. Insbesondere müssen auch schwerwiegende psychische Empfindungen der Patient:innen berücksichtigt werden. Denn zu den ärztlichen Berufspflichten gehört auch, Patient:innen in ihrem Heilungswillen zu stärken und nicht durch Angst zu lähmen. Hoffnung und Heilungswille sind für einen Genesungsprozess von großem Gewicht.[197] Da die Aufklärung auf die individuell aufzuklärende Person abgestimmt werden muss, können starre Mindestanforderungen an die durch die Aufklärung hervorgerufenen Schäden nicht überzeugen. Vielmehr ist in jedem Einzelfall zu prüfen, ob ein gewisser Aufklärungsinhalt zu einer körperlichen Schädigung führen kann. Das ist insbesondere bei Patient:innen mit Angststörungen, einer entsprechenden Historie, körperlichen Stressreaktionen oder ähnlichen psychischen Dispositionen denkbar. Liegen solche Anhaltspunkte vor, kann die Aufklärungspflicht hierdurch limitiert sein. Führt eine an den Zustand der Patient:innen nicht angepasste Aufklärung zu einem körperlichen Schaden, ist die aufklärende Person wegen Körperverletzung verantwortlich.[198]

---

[192] *Sternberg-Lieben*, in: TK-StGB, § 223 Rn. 86.

[193] BGH, Urt. v. 16.1.1959 – VI ZR 179/57, NJW 1959, 814 (815); BGH, Urt. v. 23.11. 1982 – VI ZR 222/79, NJW 1983, 328 (329); BGH, Urt. v. 7.2.1984 – ZR 174/82, NJW 1984, 1397 (1398).

[194] *Paeffgen/Zabel*, in: NK-StGB, § 228 Rn. 79.

[195] *Mansel*, in: Jauernig BGB, § 630e Rn. 10.

[196] *Katzenmeier*, in: Laufs/Katzenmeier/Lipp, ArztR, Kap. V. Rn. 90.

[197] *Katzenmeier*, in: Laufs/Katzenmeier/Lipp, ArztR, Kap. V. Rn. 91.

[198] *Deutsch/Spickhoff*, MedR, Rn. 510.

Bereits die Bezeichnung des gewissenhaften Abwägens des Aufklärungsumfangs zum Wohle der Patient:innen als therapeutisches „Privileg“ ist unpassend. Denn dieses ist gerade kein Vorrecht der Ärzt:innen, ihre Patient:innen durch selektive Aufklärung zu bevormunden. Vielmehr müssen die Aufklärenden eine wohlüberlegte Entscheidung treffen, ob und welcher Informationsumfang für die Gesundheit ihrer Patient:innen nachteilig wäre. Es geht für die Aufklärenden darum, mit belastender Information ihren Patient:innen gegenüber verantwortungsvoll umzugehen und eine Abwägung zu treffen, wie viel Informationsvermittlung für die Wahrung des Selbstbestimmungsrechts notwendig ist und welche Information schaden würde. Diese Verantwortung stellt aus Gründen des Fürsorgeprinzips und des ärztlichen Heilauftrags gerade kein „Privileg“, sondern eine weitere gewissenhaft auszuübende Pflicht und ein fremdnütziges, patientenschützendes Recht[199] dar. Von einem „Privileg“ wäre vielmehr dann zu sprechen, wenn Ärzt:innen schonungslos und hinsichtlich gesundheitsschädigender Konsequenzen rücksichtslos sämtliche medizinische Information zur Verfügung stellen dürften, um ihrer Aufklärungspflicht zu genügen und sich aus der Verantwortung zu ziehen.

Aus diesem Grund wird in der Wissenschaft teilweise zurecht dafür plädiert, eine *ex ante* gewissenhaft gefällte Entscheidung der Ärzt:innen über eine selektive Aufklärung nicht als paternalistisch zu werten, sondern diese vielmehr als Garant für Humanität und Sorgfalt zu verstehen.[200] Eine solche Gewissensentscheidung könnte von den Gerichten insoweit kontrolliert werden, als sie prüfen, ob die Aufklärenden alle für und wider eine vollumfängliche Aufklärung sprechenden Argumente sorgfältig gegeneinander abgewogen und eine vertretbare Entscheidung getroffen haben. Ein solcher gerichtlich eingeräumter Beurteilungsspielraum würde dem Vertrauensverhältnis zwischen Ärzt:innen und Patient:innen gerecht.

In Fällen, in denen Ärzt:innen ihre Aufklärung aufgrund entsprechender Erwägungen reduzieren, sollten sie daher sowohl die Krankheits- als auch die Gefahrendiagnose (z.B. Suizid) sorgfältig dokumentieren. Darüber hinaus kann es nötig sein, dass Ärzt:innen mit nahen Angehörigen und sonstigen Sorgewilligen/-pflichtigen sprechen, um die Persönlichkeit und psychische Verfassung ihrer Patient:innen besser kennenzulernen und einschätzen zu können.[201]

(2) Nocebo-Effekt

Weniger eindeutig ist die Bedeutung des sog. Nocebo-Effekts („ich werde schaden“), der die Kehrseite des Placebo-Effekts darstellt. Der Nocebo-Effekt ist eine negative gesundheitliche Auswirkung eines Ereignisses, z.B. durch die Ankündigung oder Vergabe eines Arzneimittels oder eines Eingriffs, ohne dass ein

---

[199] *Jansen*, Der medizinische Standard, S. 243.

[200] *Katzenmeier*, in: Laufs/Katzenmeier/Lipp, ArztR, Kap. V. Rn. 91.

[201] *Paeffgen/Zabel*, in: NK-StGB, § 228 Rn. 79.

direkter Zusammenhang zwischen dem Ereignis und der Auswirkung besteht.[202] Konkret versteht man unter dem Nocebo-Effekt, dass Patient:innen, die über Nebenwirkungen informiert werden, häufiger unter diesen leiden als Patient:innen, die keine Kenntnis hierüber haben. Hierdurch kann der Heilungsverlauf verzögert werden.

Die Annahme, ein Eingriff oder Arzneimittel löse schwere Nebenwirkungen oder Komplikationen aus, kann zu psychischen Reaktionen und negativen inneren Haltungen führen, die schädliche somatische Wirkungen auslösen können.[203] Die auftretenden Nebenwirkungen sind nicht spezifisch-pharmakologisch erklärbar. Es wird daher davon ausgegangen, dass sie auf Konditionierung oder negative Erwartungshaltungen zurückzuführen sind.[204] Solche Symptome sind jedoch nicht „nur" psychosomatischer Natur, sondern sind messbar und können z. B. bei der nocebo-induzierten Schmerzwirkung anhand spezifischer Gehirnmuster nachgewiesen werden.[205] Das wird damit erklärt, dass bereits durch die erhöhte Erwartungshaltung von Schmerzen die im Gehirn zuständigen Areale für Schmerzempfinden aktiviert werden.

Ein typisches Beispiel für den Nocebo-Effekt ist der Fall, in dem eine Person, die eine regelmäßige Chemotherapie absolviert hat, bereits Übelkeit verspürt, wenn sie die Krankenschwester, die ihr die Medikamente verabreicht sieht. Diese Reaktion kann auf Pawlowsche Konditionierung und auf Erwartungen, ausgelöst durch verbale Informationen und Suggestion, zurückgeführt werden.[206] Aber auch in Bezug auf die Diagnose einer schwerwiegenden Erkrankung ohne erfolgsversprechende Therapiemöglichkeit kann eine psychische oder physische Reaktion hervorgerufen werden, die nicht durch die diagnostizierte Erkrankung selbst verursacht wird.[207]

Ebenfalls konnte nachgewiesen werden, dass Männer mit Herzerkrankungen, die β-Rezeptoren-Blocker einnahmen, abhängig von der erfolgten Aufklärung an Erektionsstörungen litten. Wurden die Tabletten als „Medikament gegen Ihre Herzerkrankung" angeboten, litten 3–8 % der Patienten an Erektionsstörungen. Wurden sie dagegen als „β-Rezeptoren-Blocker" angekündigt, trat die Nebenwirkung bereits in 13–16 % der Fälle auf. Erhielten die Patienten den Hinweis, dass „es sich um einen β-Rezeptoren-Blocker handelt, der in seltenen Fällen eine Erektionsstörung auslösen könnte", waren es 31–32 %, d. h. 10-mal so viele Betroffene wie in der Ausgangsaufklärung. In dieser Studie wurde den Patienten als Gegen-

---

[202] *Mosser*, Schmerz Nachr 2022, 240 (242).

[203] *Joschko*, Das Recht auf Nichtwissen in der Gesundheitsversorgung, S. 17 f.

[204] *Zech/Seemann/Hansen*, Der Anaesthesist 2014, 816.

[205] *Minwegen*, ZAP 2013, 945.

[206] *Häuser/Hansen/Enck*, Dt. Ärzteblatt int. 2012, 459 (460).

[207] *Joschko*, Das Recht auf Nichtwissen in der Gesundheitsversorgung, S. 18.

mittel Viagra verschrieben, wobei sowohl die tatsächlichen Viagra-Tabletten als auch die Placebo-Arznei die Störung in allen Fällen beheben konnte.[208]

Doch nicht nur das „ob“ einer Information auch das „wie“ hat einen erheblichen Einfluss auf das Auftreten von Nebenwirkungen. Das belegte eine Studie[209], in der Personen, die eine Grippeschutzimpfung bekamen, in zwei Gruppen eingeteilt wurden. Der einen Gruppe wurde der Prozentsatz an Patient:innen mitgeteilt, bei denen keine Nebenwirkungen in klinischen Studien zu beobachten waren. Die andere Gruppe bekam die Zahl derjenigen genannt, bei denen Nebenwirkungen aufgetreten waren. Bei der ersten Gruppe, die die positiv formulierte Information erhielten, traten weniger Nebenwirkungen auf als statistisch zu erwarten gewesen wäre. In der Vergleichsgruppe war es hingegen genau andersherum.[210]

(a) Folgen für den Aufklärungsumfang

Gegen die Beachtlichkeit des Nocebo-Effekts bei der Bildung des Aufklärungsumfangs könnte man argumentieren, dass negative Erwartungshaltungen nun einmal die unvermeidbare Kehrseite einer selbstbestimmten und informierten Entscheidung seien, diese aber zum Schutze der Patientenautonomie in Kauf genommen werden müssen.

Dieser Einwand vermag jedoch nicht zu überzeugen. Zum einen darf das mögliche Ausmaß des Nocebo-Effekts nicht unterschätzt werden. Denn die verbreitete Vorstellung, beim Nocebo-Effekt handele es sich lediglich um leichte Nebenwirkungen, ist falsch. Vielmehr kann dieser im Extremfall lebensgefährlich werden. Das zeigt folgender Fall: Ein Patient in England hatte in suizidaler Absicht 29 Placebo Tabletten eines Antidepressivums genommen, die er im Rahmen einer Studienteilnahme erhalten hatte. Trotz fehlenden Wirkstoffs wurde der Mann in die Notaufnahme eingeliefert, weil er zitterte, schwer und schnell atmete und Bluthochdruck hatte. Er benötigte zur Kreislaufstabilisierung Infusionen und herzwirksame Medikamente, wobei eine vollkommene Erholung erst eintrat, als dem Patienten mitgeteilt wurde, dass es sich bei den von ihm genommenen Tabletten lediglich um Placebos handelte.[211]

Wie dieser Fall zeigt, können durch Nocebo-Effekte nicht nur subjektive Symptome wie Übelkeit, Schmerz oder Erschöpfung, sondern auch objektiv messbare Symptome wie Bluthochdruck oder Tachykardie (erhöhte Herzfrequenz) herbeigeführt werden. Diese können sowohl vorübergehend, aber auch chronisch und im Extremfall sogar letal sein.[212]

---

[208] *Hansen/Zech/Benson*, Der Nervenarzt 2020, 691 (692).

[209] *Jütte*, Dt. Ärzteblatt 2018, A 1324 (A 1328).

[210] *Jütte*, Dt. Ärzteblatt 2018, A 1324 (A 1328).

[211] *Reeves/Ladner/Hart/Burke*, General Hospital Psychiatry 2007, 275 (275 f).

[212] *Mosser*, Schmerz Nachr 2022, 240 (242).

Darüber hinaus führt der Nocebo-Effekt nicht nur zu zusätzlich auftretenden Nebenwirkungen. Er kann auch die Wirksamkeit der Behandlung einschränken oder sie sogar ins Gegenteil verkehren. So blieb nach vorheriger Ankündigung zu erwartender „erhöhter Körperempfindlichkeit" bei zahnärztlichen Eingriffen unter Lokalanästhesie die analgetische Wirkung von Lachgas aus.[213]

Bei der Beurteilung, inwiefern diese Erkenntnisse bei der Aufklärung eine Rolle spielen können oder müssen, bildet sich unweigerlich ein Spannungsverhältnis zwischen dem ärztlichen Fürsorgeprinzip und der Selbstbestimmung der Patient:innen. Würde man zur Vermeidung eines Nocebo-Effekts auf die Aufklärung über negative Wirkungen verzichten, hätten Patient:innen keine Möglichkeit, Risiken und Chancen gegeneinander abzuwägen. Das eigenmächtige Absehen von einer Aufklärung aufgrund eines befürchteten Nocebo-Effekts ist daher ein tiefer Eingriff in das Selbstbestimmungsrecht der Behandelten. Da die Patientenautonomie oberstes Prinzip der Aufklärung bleiben muss, ist ein solches Vorgehen unzulässig.

Allerdings kann ein erlaubtes Schweigen das Risiko eines Nocebo-Effekts minimieren. So können Ärzt:innen über die Problematik des Nocebo-Effekts aufklären und mit ihren Patient:innen besprechen, ob sie Informationen über milde und/oder passagere Nebenwirkungen erhalten möchten oder diese zur Vermeidung eines Nocebo-Effekts nicht angesprochen werden sollen. Im Rahmen einer solchen antizipierten Einwilligung können die Patient:innen ihr Recht auf körperliche Unversehrtheit wahrnehmen und sich vor Aufklärungsschäden schützen. Das Abstecken des Aufklärungsumfangs auf diesem Wege stellt dann einen (partiellen) Aufklärungsverzicht dar. Selbst wenn sich die Patient:innen trotz Erklären des Nocebo-Effekts für eine ausführliche und umfangreiche Aufklärung entscheiden, führt bereits die Kenntnis über das Phänomen zur Reduzierung von Nebenwirkungen.[214]

(b) Folgen für die Art und Weise der Aufklärung

Auch in Hinblick auf die Art der Kommunikation sollte der Nocebo-Effekt berücksichtigt werden. Eine aus Sorge vor haftungsrechtlichen Konsequenzen schonungslose Aufklärung kann Patient:innen so verschrecken, dass diese sich nicht an die Einnahme verordneter Medikamente halten, sie notwendige Eingriffe verzögern oder verweigern. Das bloße Aufzählen möglicher Risiken kann ebendiese bei den Patient:innen hervorrufen. Für die Folgen solchen Verhaltens sind dann nicht die Notwendigkeit der medizinischen Aufklärung, sondern die Art ihrer Durchführung verantwortlich.[215] Durch eine positive Kommunikation können Risiken minimiert und negative Erwartungen aufgefangen werden. Aus dem Fürsorgeprinzip der Mediziner:innen ergibt sich daher zum Schutze der Patient:innen die Pflicht einer schonenden Aufklärung. So kann die Information wie in der zitierten Studie positiv formuliert werden (z. B. „Die allermeisten Patienten vertragen die Maßnahme sehr

---

[213] *Zech/Seemann/Hansen*, Der Anaesthesist 2014, 816 (817).

[214] *Braun et al.*, rheuma plus 2020, 179 (185).

[215] *Hansen/Zech/Benson*, Der Nervenarzt 2020, 691.

gut. Nur einige wenige haben Schmerzen in der Brust"). Auf diesem Weg erhalten Patient:innen die notwendige Information für eine selbstbestimmte Entscheidung. Trotzdem wird dem Nocebo-Effekt mit wenig Aufwand effektiv entgegengewirkt.

Dagegen sollten negative Wörter wie „stechen", „brennen", „schlimm" und negative Suggestionen (z. B. „Sie sind ein Risikopatient"; „Sie sollten nichts Schweres heben. Nicht, dass sie am Ende noch gelähmt sind") vermieden werden. Außerdem kann auch die Kombination von Risikoinformation und positiven Aspekten den Nocebo-Effekt minimieren. So sollten Risiken niemals für sich allein genannt werden, sondern auch mit dem Nutzen der Therapie verbunden und damit in ein positives Framing[216] gesetzt werden („Es besteht die Möglichkeit, dass es aufgrund der Impfung zu Gliederschmerzen oder Fieber kommt. Das deutet darauf hin, dass die Impfung anschlägt und ihr Immunsystem angemessen reagiert"). Hierbei darf das Risiko nicht verharmlost werden. Allerdings entsteht durch die Kopplung der Risikoaufklärung mit positiver Information ein nicht lediglich negativer, beängstigender Eindruck von möglichen Folgen.[217] Hierbei kann es auch helfen, Patient:innen aufzuzeigen, dass es für eventuelle Nebenwirkungen Behandlungsmöglichkeiten gibt.

In der Gedächtnisforschung wird darüber hinaus der sog. Primacy- bzw. Recency-Effekt beschrieben, wonach aus einem Gespräch die ersten und die letzten Informationen aufgrund einer vertieften Verarbeitung besonders erinnert und behalten werden. Dieser Effekt kann auch bei einer Aufklärung genutzt werden, indem an den prominenten Stellen des Aufklärungsgesprächs der realistische Nutzen der Intervention beschrieben wird und nicht die potenziellen Nebenwirkungen stehen.[218]

Außerdem müssen unbeabsichtigte doppeldeutige Aussagen wie „dann machen wir Sie jetzt fertig" zur Operationsvorbereitung oder „jetzt schläfern wir Sie ein, gleich ist alles vorbei" bei der Narkoseeinleitung unterlassen werden, da diese negative Erwartungen und Angst hervorrufen können.

Die Wiederholung von negativen Informationen verstärkt ebenfalls den Nocebo-Effekt. Daher sollte möglichst nicht mehrfach über die gleichen Risiken aufgeklärt werden. Auch das Erfragen vorhandenen Wissens kann helfen, den Aufklärungsrahmen zu reduzieren. Denn Risiken, die durch Patient:innen selbst benannt werden, sind für diese weniger beängstigend als solche, die von einer ärztlichen Autoritätsperson ausgesprochen werden.[219]

Diese Überlegungen zeigen, dass die informationelle Dimension der Aufklärung nicht nur den Aufklärungsumfang definiert, sondern auch die Art der Arzt-Patienten-Kommunikation betrifft. Die Aufklärung ist nicht lediglich die Übermittlung

---

216 *Braun et al.*, rheuma plus 2020, 179 (185).

217 *Hansen/Zech/Benson*, Der Nervenarzt 2020, 691 (698).

218 *Asan/Benson/Bingel*, MMW 2021, 56 (58).

219 *Hansen/Zech/Benson*, Der Nervenarzt 2020, 691 (696).

von Information. Sie ist vielmehr schon für den Therapieerfolg und mögliche Nebenwirkungen von Bedeutung, und wird damit zur „therapeutischen Kommunikation“[220].

Im Rahmen der Kontextualisierung der Aufklärung sollten Ärzt:innen daher besonders aufmerksam sein, ob sie bei ihren Patient:innen negative Erwartungshaltungen feststellen können. Solche können dadurch entstehen, dass Patient:innen die Behandlung bereits bei einer anderen Person begleitet und Nebenwirkungen oder Komplikationen miterlebt haben. Darüber hinaus können auch Medienberichte über Krankheiten, Medikamente oder Maßnahmen Erwartungshaltungen negativ beeinflussen und das Risiko für das Auftreten eines Nocebo-Effekts drastisch erhöhen. Beispielhaft hierfür kann die ausführliche Berichterstattung über Long-Covid und vermehrte Impfreaktionen während der Covid-19 Pandemie angeführt werden. Nur wenn Ärzt:innen sich solcher negativen Erwartungshaltungen bewusst sind, können sie durch eine schonende und therapeutische Aufklärung ihrer Fürsorgepflicht gerecht werden und einem Nocebo-Effekt entgegenwirken.

(c) Placebo-Effekt

Ähnliche Fragen stellen sich beim Ausnutzen des Placebo-Effekts, welcher gerade darauf beruht, dass Patient:innen nicht wissen, dass das ihnen verabreichte Medikament lediglich ein Placebo ohne Wirkstoff ist. Die Gabe eines Placebos kann aus medizinischer Sicht gerechtfertigt sein, wenn Ärzt:innen durch Erfahrungen und nach Abwägung des Für und Wider mit guten Gründen hoffen können, dass die Placebogabe zur Heilung ihrer Patient:innen nützlich sein könnte. Hierzu ist erforderlich, dass es in diesem Bereich bereits Studien zur positiven Placebo-Wirkung gibt und für den:die individuelle:n Patient:in die Wahrscheinlichkeit besteht, dass er:sie als Placebo-Responder:in auf die Behandlung anspricht.[221] Die Gabe von Placebo-Mitteln eignet sich insbesondere, wenn wirkstoffhaltige Medikamente viele oder schwere Nebenwirkungen hervorrufen können oder Patient:innen besonders anfällig für solche sind. Dann können Ärzt:innen versuchen, die Beschwerden ihrer Patient:innen zunächst durch ein Placebo zu mindern. Wenn dieses Vorgehen nicht den erhofften Erfolg bringt, kann das wirkstoffhaltige Mittel verabreicht werden.

Da ein weitreichendes therapeutisches Privileg von der Rechtspraxis nicht anerkannt ist, haben Ärzt:innen darüber aufzuklären, wenn sie beabsichtigen, ein Placebo-Mittel zu verabreichen.[222] Durch diese Aufklärung wird das Eintreten des Placebo-Effekts jedoch verhindert.[223] Denn ein solcher tritt gerade nur deshalb ein, weil die Einnehmenden glauben, sie hätten ein wirkstoffhaltiges Medikament bekommen. Das hat zur Folge, dass Patient:innen zur Behandlung ihrer Beschwerden

---

220 *Hansen/Zech/Benson*, Der Nervenarzt 2020, 691 (698).

221 *Katzenmeier*, MedR 2018, 367 (368).

222 OLG Hamm, Urt. v. 15.2.2022 – 26 U 21/21, NJW—RR 2022, 818 (820).

223 *Reichmann*, Die Placeboapplikation, S. 187.

ein Medikament mit Wirkstoff verschrieben werden muss, das ggf. mehr Nebenwirkungen und Schadenspotential aufweist als das Placebo-Mittel. Man spricht insoweit auch vom sog. Placebo-Dilemma.[224]

Es ist daher ähnlich wie beim Nocebo-Effekt möglich, dass eine antizipierte Einwilligung eingeholt wird, im Rahmen derer Patient:innen zu Beginn der Behandlung erklären, sie seien auch mit der Gabe eines Placebos zu einem späteren Zeitpunkt einverstanden.[225] Hierdurch müssten Ärzt:innen zu dem späteren Zeitpunkt, zu dem sie aufgrund des Behandlungsverlaufs die Gabe des Placebos beabsichtigen, nicht mehr darüber aufklären, dass das verordnete Mittel keinen Wirkstoff enthält. Hierdurch wäre der Eintritt des Placebo-Effekts möglich. Ein solches Vorgehen ist vergleichbar mit der Einwilligung bei der Teilnahme an medizinischen Studien. Auch dort wissen die Proband:innen nicht, ob es sich bei dem von ihnen eingenommenen Medikament um das zu erprobende Mittel handelt oder ob sie lediglich Teil der Vergleichsgruppe sind. Allerdings eignet sich die dargestellte Verfahrensweise nur in Konstellationen, in denen sich Patient:innen mehrfach bei den gleichen Mediziner:innen in Behandlung begeben, nicht aber bei direktem Behandlungsversuch.[226]

cc) Soziale Strukturen der Patient:innen

Auch soziale Strukturen der Patient:innen wirken sich auf die Fähigkeit zur Autonomie aus[227] und beeinflussen damit die ärztlichen Aufklärungspflichten. Das ist zum einen der Fall, wenn die Krankheit oder die medizinische Maßnahme mittelbar Auswirkungen auf nahestehende Personen hat. Darüber hinaus ergeben sich auch sozial-strukturelle Besonderheiten bei Minderjährigen, bei denen aufgrund der sich erst noch entwickelnden Einwilligungsfähigkeit immer ein Spannungsverhältnis zwischen Selbstbestimmung der Patient:innen und Fremdbestimmung durch ihre rechtlichen Vertreter:innen besteht.

(1) Auswirkungen medizinischer Maßnahmen auf nahestehende Dritte

Der Einfluss nahestehender Dritter auf Patientenentscheidungen kann insbesondere im Rahmen der Sexualmedizin oder folgenschweren Behandlungen verdeutlicht werden.

Erscheinen Patient:innen mit ihren Partner:innen bspw. zur Beratung über Fragen der Schwangerschaftsverhütung oder der Sterilisation, ist im Regelfall vom (konkludenten) Einverständnis der Patient:innen auszugehen, dass auch Begleitpersonen die notwendigen Informationen erhalten dürfen und sollen. Dasselbe gilt,

---

[224] *Wagner*, Strafrechtliche Aspekte des Einsatzes von Placebos in der Medizin, S. 51.

[225] *Reichmann*, Die Placeboapplikation, S. 187 ff.

[226] *Katzenmeier*, MedR 2018, 367 (372).

[227] *Stoljar*, in: Medizinethik, S. 176.

wenn Begleitpersonen mit zu einer Geburt kommen und schon bei Vorsorgeuntersuchungen anwesend waren.[228]

(a) Auswirkungen sozialer Einflüsse auf die Patiententenentscheidung

Ein familiärer Einfluss auf Patiententenentscheidungen ist in verschiedenen Lebensabschnitten und Behandlungsbereichen vorstellbar. Zu denken ist z.B. an eine Entscheidung über eine Hormonersatztherapie wegen menopausaler Symptome. Nach dem bisherigen Konzept der informierten Einwilligung müssten Ärzt:innen ihren Patientinnen die vollständige medizinische Evidenz zur Therapieform offenlegen, welche Risiken und Nutzen mit der Therapie einhergehen und was sie bei der Einnahme und Anwendung beachten müssen. Zu diesen Informationen treten bei der Entscheidungsfindung der Patientinnen jedoch regelmäßig noch andere, soziale Faktoren hinzu.

Denn auch kulturelle Normvorstellungen, wie die positive Bewertung jugendlichen Aussehens oder familiäre Reaktionen hinsichtlich menopausaler Symptome können die Entscheidung einer Patientin beeinflussen.[229] Für die ärztliche Aufklärungspflicht resultiert hieraus, dass die Aufklärenden besonders sensibel für die sozialen Strukturen und Einflüsse ihrer Patientinnen sein müssen. Hierdurch können mögliche familiäre Konflikte oder Missverständnisse Angehöriger aufgedeckt werden, die Patientinnen in ihre Entscheidung einbeziehen.

Das Streben des Menschen nach der eigenen Optimierung hat ein Aufeinandertreffen von Selbst- und Fremdbestimmung zur Folge. Das wird besonders deutlich, wenn man an Interessen Dritter (z.B. soziales und berufliches Umfeld, Arbeitgeber, Versicherer, Staat, etc.) denkt, die aus unterschiedlichen Motivationslagen Anreizsysteme durch Erwartungen und Wettbewerb zur Vornahme wunschmedizinischer Maßnahmen schaffen. Solche Interessen sind sowohl bei kosmetischen Operationen (durch nahestehende Personen oder bei Menschen, die in der Unterhaltungsbranche tätig sind) als auch bei pharmakologischen Einwirkungen bis hin zu Kombination und Interaktion von Mensch und Maschine denkbar. Besondere Aktualität erfahren rechtliche Problemkreise rund ums Enhancement[230] durch die wachsenden Möglichkeiten genetischer Interventionen, insbesondere durch das CRISPR/Cas9-Verfahren[231].[232]

---

[228] *Ulsenheimer/Gaede*, in: Ulsenheimer/Gaede, Arztstrafrecht in der Praxis, Rn. 1094.

[229] *Stoljar*, in: Medizinethik, S. 184.

[230] Enhancement meint „alle korrigierenden Eingriffe in den menschlichen Körper, durch die nicht eine Krankheit behandelt wird bzw. die nicht medizinisch indiziert sind", *Beck*, MedR 2006, 95.

[231] Hierunter versteht man eine neue Methode, mit der Erbgut sehr viel schneller und einfacher als bisher verändert werden kann. Hierbei wird der DNA-Strang an einer bestimmten Stelle durchtrennt, um Gene auszuschalten oder an der Schnittstelle neue Abschnitte einzufügen. Auf diesem Wege können z.B. Erbkrankheiten besser behandelt werden, *Irmer*, in: CRISPR/Cas9 – einschneidende Revolution in der Gentechnik, S. 158 ff.

[232] *Dorneck et al.*, MedR 2019, 431 (436).

Aus diesen komplexen Interessenlagen können selbstbestimmungsgefährdende Konflikte erwachsen. Der „informed consent", wie er aktuell von der Praxis verstanden wird, ist nicht in der Lage, diese Konfliktpotentiale angemessen zu berücksichtigen. Rechtsprechung und Gesetzgeber verstehen die ärztliche Aufklärungspflicht als ein binäres Konstrukt zwischen der behandelten und der behandelnden Person, doch weder in der Gesetzesbegründung[233] noch in der Rechtsprechung wird darauf eingegangen, dass Interessen Dritter bei der Entscheidung für oder gegen eine Behandlung eine Rolle spielen können.

Welche Drittinteressen für die Patientenentscheidung von Relevanz sein können, wird im Folgenden exemplarisch dargelegt. Die Ausführungen werden verdeutlichen, dass es bei dem aktuellen engen Verständnis von „informed consent" an der nötigen Sensibilität für fremdbestimmte Einflüsse fehlt. Solche dürfen jedoch aufgrund ihrer Relevanz für die individuelle Entscheidung bei der Aufklärung nicht außer Acht gelassen werden. Es bedarf daher gerade auch bei wunschmedizinischen Maßnahmen einer Kontextualisierung der Einwilligung und der mit ihr zusammenhängenden Aufklärung.[234] Der besonderen Situation beeinflussender Drittinteressen muss durch hinreichend flexible und kontextabhängige Verfahren Rechnung getragen werden. Das erfordert die Sensibilität der aufklärenden Ärzt:innen, die im Gespräch mit ihren Patient:innen mögliche Interessen Dritter identifizieren und bei der Entscheidungsfindung besprechen müssen.

Darüber hinaus können medizinische Maßnahmen auch die Unterstützung nahestehender Dritter während oder nach der Behandlung erfordern, sodass Patient:innen die Vornahme einer solchen in der Regel mit Angehörigen besprechen. Doch selbst ohne notwendige Unterstützung seitens der Familie diskutieren Patient:innen aufgrund von Nähebeziehungen, religiöser oder kultureller Einstellungen sowie Vertrauensverhältnissen regelmäßig intensive oder risikoreiche Eingriffe mit nahestehenden Personen. Nicht selten möchten Patient:innen ihre Vertrauenspersonen auch beim Aufklärungsgespräch an ihrer Seite wissen. Das bedeutet nicht, dass nun Angehörige das Selbstbestimmungsrecht der Patient:innen einschränken und eine eigene Entscheidungsmacht über in Frage stehende Behandlungsoptionen haben. Es ist jedoch nicht von der Hand zu weisen, dass Patient:innen gerade in Fällen, in denen auch die weitere Lebensführung ihrer Angehörigen von einer Maßnahme betroffen ist, mit diesen beraten und sprechen werden, bevor sie sich für oder gegen eine Behandlung entscheiden. Aufgrund dieser Einflüsse entscheiden Angehörige mittelbar mit, wobei ihre Rolle häufig nicht offenkundig für Aufklärende erkennbar ist.

Insbesondere bei notwendiger Unterstützung und Nachsorge durch Familienmitglieder kann die Einbeziehung dieser in das Aufklärungsgespräch Ängste und Sorgen adressieren, sodass sie Patient:innen trotz eigener Zweifel zur Vornahme

---

[233] Vgl. BT-Drucks. 17/10488, S. 24 f.

[234] *Dorneck et al.*, MedR 2019, 431 (436).

einer Maßnahme motivieren können. Denn die Sorge, der eigenen Familie durch die Vornahme eines Eingriffs zeitlich, ökonomisch oder emotional zur Last zu fallen, kann die Patientenentscheidung erheblich beeinflussen. Um eine selbstbestimmte Entscheidung zu ermöglichen, sollten Patient:innen möglichst frei von Interessenkonflikten mit ihrer Angehörigen sein. Hieraus ergibt sich die Notwendigkeit, dass sich Ärzt:innen bei ihrer Aufklärung der sozialen Rahmenbedingungen bewusst sein müssen, die die Fähigkeit ihrer Patient:innen zur autonomen Entscheidungsfindung beeinflussen.[235] Aus diesem Grund ist insbesondere bei erheblichen Auswirkungen von Krankheiten oder Eingriffen auf die Lebensführung oder Gesundheit nahestehender Dritter die Einbeziehung dieser oder ihrer Belange in die Aufklärung unabdingbar. Bittet ein:e Patient:in aufgrund bestehender Drittinteressen um die Einbeziehung einer Begleitperson in das Aufklärungsgespräch, steht der Begleitperson ebenfalls ein Fragerecht und ein Anspruch auf Antwort zu. Denn es wäre sinnlos, wenn der:die Patient:in zunächst die Fragen ihrer Begleitperson mit dieser besprechen und sodann stellen dürfte, die Begleitperson selbst jedoch nicht. Durch die ausdrückliche Zustimmung der:des Patient:in zur Einbeziehung der dritten Person in das Gespräch macht er:sie die von der Begleitperson gestellten Fragen zum Inhalt des Aufklärungsgesprächs. Liegt eine ausdrückliche Zustimmung zur Einbeziehung nicht vor, ist alleiniger Aufklärungsadressat die behandelte Person.

(b) Gefährdung des sozialen Umfelds durch Erkrankungen

Allerdings können nicht nur Dritte die Patiententenentscheidung erheblich prägen, andersherum können auch Patiententenentscheidungen erhebliche Auswirkungen auf Dritte haben. Die Bedeutung der Gefahrabwendung von Dritten wurde bereits im Polioimpfungs-Fall[236] deutlich. Besteht aufgrund einer Maßnahme eine Gefahr für Kontaktpersonen der Patient:innen, müssen Ärzt:innen ihre Patient:innen hierüber aufklären, um eine Schädigung Dritter zu vermeiden.

Auch bei ansteckenden Infektionen, durch die Patient:innen ihr soziales Umfeld gefährden, kann die Notwendigkeit der Einbeziehung von Angehörigen in die Aufklärung bestehen. In solchen Situationen müssen Ärzt:innen mit dem Einverständnis ihrer Patient:innen Angehörige in die Aufklärung miteinbinden, damit diese nötige Schutzmaßnahmen treffen und sich im Infektionsfall ebenfalls angemessen verhalten können.

In einzelnen Fällen dürfen und müssen Ärzt:innen durch die Information Dritter sogar ihre Schweigepflicht brechen, selbst wenn ihre Patient:innen sie bitten, die Diagnoseinformation nicht an Dritte weiterzugeben. So haben Mediziner:innen die Pflicht, die Lebenspartner:innen über hoch ansteckende, tödliche Krankheiten (z. B. HIV) zu informieren, wenn diese ebenfalls bei ihnen in Behandlung sind.[237] Denn dann besteht auch den Partner:innen gegenüber eine Garantenstellung, aufgrund

---

[235] *Stoljar*, in: Medizinethik, S. 185.

[236] S. 2. Teil B. I. 3. a).

[237] OLG Frankfurt a. M., Beschl. v. 8. 7. 1999 – 8 U 67/99, NStZ 2001, 150 (151).

derer die Behandelnden verpflichtet sind, die Gefahr einer Ansteckung abzuwenden. Hiervon können sie nur abweichen, wenn sie sich von der Krankheitseinsicht ihrer Patient:innen in vollem Umfang überzeugt haben und daher nicht mehr von einer erhöhten Ansteckungsgefahr auszugehen ist. Auch wenn keine Garantenstellung aus einem Behandlungsverhältnis besteht, erlaubt § 34 StGB die Information einer gefährdeten Person zum Schutz ihres Lebens und rechtfertigt damit den Bruch der Schweigepflicht.[238] Dies gilt jedoch nur, sofern keine andere Möglichkeit besteht, die Gefahr abzuwenden.[239] Darüber hinaus bestehen bei bestimmten Krankheiten gem. §§ 6, 7 IfSG gesetzliche Offenbarungspflichten zum Schutz der Allgemeinheit vor Ansteckung.

Existiert durch die mögliche Notwendigkeit einer medizinischen Maßnahme wie einer Bluttransfusion eine Infektionsgefahr, müssen nahe Angehörige hierüber ebenfalls informiert werden. Denn Ärzt:innen haben nicht nur die höchstmögliche Sorgfalt anzuwenden, damit ihre Patient:innen nicht durch eine Intervention geschädigt werden. Vielmehr haben sie auch dafür Sorge zu tragen, dass sich eine gefährliche Infektion nicht verbreitet.[240] Daher sind zumindest Ehepartner:innen oder ständige Lebensgefährt:innen mit in den Schutzbereich der Sicherungsaufklärung einzubeziehen.

(2) Selbst- und Fremdbestimmung bei beschränkt Einwilligungsfähigen

Auch die Aufklärung beschränkt einwilligungsfähiger Minderjähriger sowie volljähriger einwilligungsunfähiger Personen weisen besondere soziale Strukturen auf.

Die Einwilligungsfähigkeit wird bei gesunden Volljährigen grundsätzlich angenommen, während sie bei offensichtlich Urteilsunfähigen, Kindern und Dementen nicht gegeben ist. Sind Patient:innen einwilligungsunfähig, entscheiden für sie stellvertretend ihre berechtigten Vertreter:innen.[241] Daher muss sich die Aufklärung auch an diese richten, wobei die Patient:innen die Informationen angepasst an ihre Verständnismöglichkeiten erhalten müssen, § 630e V 1 BGB.

Im Falle beschränkt einwilligungsfähiger oder einwilligungsunfähiger Patient:innen sind daher drei Beteiligte in die Aufklärung und Einwilligung eingebunden, wobei es insbesondere zwischen den Patient:innen und ihren Vertreter:innen zu einem Spannungsverhältnis von Selbstbestimmung und Fremdbestimmung kommen kann.

---

[238] *Knauer/Brose*, in: Spickhoff, MedR, § 205 StGB Rn. 38.

[239] *Ulsenheimer/Gaede*, in: Ulsenheimer/Gaede, Arztstrafrecht in der Praxis, Rn. 1082.

[240] BGH, Urt. v. 14.6.2005 – VI ZR 179/04, NJW 2005, 2614 (2617).

[241] 1. Teil A. VII. 2.

(a) Beschränkte Einwilligungsfähigkeit bei Minderjährigen

Ein soziales Spannungsverhältnis bei der Einwilligung Minderjähriger kann sich daraus ergeben, dass diese mit zunehmendem Alter selbst einsichts- und urteilsfähig und damit einwilligungsfähig werden, die Eltern andererseits aber noch das Recht und die Pflicht zur elterlichen Sorge haben (§ 1626 BGB). Hiervon umfasst sind die Personen- und Vermögensorge. Kinder und Jugendliche sollen sowohl vor Gefahren aufgrund ihrer eigenen Unvernunft als auch vor Dritten, die die Schwäche und Unerfahrenheit der Minderjährigen ausnutzen könnten, geschützt werden.[242] Die Janusköpfigkeit dieser Schutzrichtung wird auch bei der Einwilligung in einen ärztlichen Eingriff deutlich. Die Sorgeberechtigten schützen zum einen die autonome Entscheidung über den in Rede stehenden Eingriff. Zum Anderen umfasst die Einwilligung aber auch die Freigabe des Rechtsguts „Gesundheit" für den – strafrechtlichen – Angriff eines Dritten.[243] Somit sind bei der Entscheidung über medizinische Maßnahmen bei Minderjährigen das Kind, die behandelnde Person und die Eltern an der Aufklärung beteiligt, was zu Konfliktpotential führen kann.[244]

Fehlt minderjährigen Patient:innen noch die natürliche Einsichtsfähigkeit, vertreten die Eltern die Kindesinteressen und willigen in Vertretung für ihr Kind gem. § 1629 BGB ein. Da es für die wirksame Einwilligung in einen Eingriff in die körperliche Unversehrtheit nicht der Geschäftsfähigkeit der Patient:innen, sondern bloß deren natürlicher Einwilligungsfähigkeit bedarf, endet die elterliche Vertretungsmacht nicht erst mit der Volljährigkeit der Patient:innen. Stattdessen hängt die Einwilligungsfähigkeit von der tatsächlichen sittlichen Reife ab[245] und ist in den meisten Fällen bereits schon früher gegeben. Aufgrund des individuellen Reifeprozesses verbieten sich bei der Prüfung der Einwilligungsfähigkeit starre Altersgrenzen.[246]

Sofern die Rechtsprechung Minderjährigen bei vorhandener Einwilligungsfähigkeit lediglich ein Vetorecht gewähren will,[247] ist dies abzulehnen. Damit würde nämlich das Recht der Eltern zur elterlichen Sorge über das Selbstbestimmungsrecht der Patient:innen gestellt werden, wobei es hierfür keinen legitimen Grund gibt. Für das Recht zur elterlichen Sorge besteht neben dem verfassungsrechtlich geschützten Selbstbestimmungsrecht, soweit die betroffene Person selbst vollständig in der Lage ist, dieses auszuüben, kein Raum. Denn bei vorhandener Einsichtsfähigkeit minderjähriger Patient:innen bedarf es keiner Vertretung und Fremdbestimmung durch die Eltern mehr, die diese gerade zum Wohle des Ju-

---

[242] *Nebendahl*, MedR 2009, 197 (199).

[243] *Nebendahl*, MedR 2009, 197 (199).

[244] *Dorneck et al.*, MedR 2019, 431 (433).

[245] *Kaeding/Schwenke*, MedR 2016, 935.

[246] *Tsambikakis/Dorneck*, in: NK-MedStR, § 228 Rn. 12; *Kreße*, MedR 2015, 91 (92); *Valerius*, RdJB 2018, 243 (255); *Lesch*, NJW 1989, 2309 (2310); *Nebendahl*, MedR 2009, 197 (202).

[247] BGH, Urt. v. 10.10.2006 – VI ZR 74/05, NJW 2007, 217.

gendlichen und angepasst an dessen Fähigkeiten ausüben sollen (§ 1626 II BGB). Das Selbstbestimmungsrecht einwilligungsfähiger Minderjähriger ergibt sich ebenso wie bei allen anderen Patient:innen auch aus ihren Grundrechten. Eine Einschränkung hiervon ist weder erforderlich noch geboten. Die bloße Gewährung eines Vetorechts bei voller Einwilligungsfähigkeit verletzt Minderjährige daher in ihren Grundrechten.[248]

Das gilt auch bei besonders schwerwiegenden Eingriffen und kann anhand eines Schwangerschaftsabbruchs verdeutlicht werden: Hinsichtlich einer Entscheidung über diesen ist bei vorliegender Einwilligungsfähigkeit eine Verweigerung der Eltern irrelevant. Eine Schwangere gegen ihren Willen zum Austragen einer Schwangerschaft zu zwingen, stellt altersunabhängig einen erheblichen Eingriff in ihr Selbstbestimmungsrecht dar.[249] Ob in solch existenziellen Situationen die Alleinkompetenz einer Minderjährigen vorliegt, ist daher genau zu prüfen und muss anhand der Fähigkeit zur medizinischen Selbstbestimmung, zur Rechtsgüterabwägung, der Bewertungsmöglichkeit möglicher psychischer Belastungen und Konsequenzen für das weitere Leben festgestellt werden. Indizien bei dieser Überprüfung sind sowohl vorangegangene Gespräche im privaten Umfeld und mit medizinischem Personal, Sachkenntnisse der Patientin, deren Reflexion über die eigene Lebenssituation als auch das selbstständige Informieren bei zuständigen Beratungsstellen.[250]

Das Alter kann nur als Indiz bei der Erforschung der Einwilligungsfähigkeit herangezogen werden. Allerdings ist zu beachten, dass der Gesetzgeber wesentliche Entscheidungen im höchstpersönlichen Lebensbereich (Testamentserrichtungen, Einwilligung zur postmortalen Organentnahme, alleiniger Auskunftsanspruch über medizinische Information beim Deutschen Institut für Medizinische Dokumentation und Information) an die Vollendung des 16. Lebensjahr knüpft. Er geht daher rechtsgebietsübergreifend grds. von einer weit fortgeschrittenen Entwicklung der Fähigkeit zur Selbstbestimmung in diesem Alter aus. Nichtsdestotrotz bedarf es selbstverständlich in jedem Alter unter 18 Jahren einer Einzelfallprüfung der Einwilligungsfähigkeit.

Darüber hinaus kann die Annahme eines bloßen Vetorechts auch gesetzessystematisch nicht überzeugen. Denn der Gesetzgeber hat Vetorechte Minderjähriger als Instrument erkannt und auch in § 40b III, IV AMG und § 20 IV Nr. 3 S. 3 MPG normiert. Eine vergleichbare Regelung findet sich im Patientenrechtegesetz nicht.

Hinsichtlich beschränkt einwilligungsfähiger Minderjähriger ist die Rechtslage unklar.[251] Im Zusammenhang mit beschränkt einwilligungsfähigen Minderjährigen wird im Folgenden von Jugendlichen und nicht von Kindern gesprochen. Denn es

---

[248] *Kaeding/Schwenke*, MedR 2016, 935 (937); *Kreße*, MedR 2015, 91 (94).

[249] OLG Hamm, Beschl. v. 29.11.2019 – 12 UF 236/19, NJW 2020, 1373 (1375).

[250] OLG Hamm, Beschl. v. 29.11.2019 – 12 UF 236/19, NJW 2020, 1373 (1375).

[251] *Dorneck et al.*, MedR 2019, 431 (433); *Kaeding/Schwenke*, MedR 2016, 935 (935 ff.).

ist davon auszugehen, dass Kinder in der Regel nicht einmal eine beschränkte Einsichtsfähigkeit haben, um eigenständig in einen Heileingriff einzuwilligen. Das Spannungsverhältnis von Selbst- und Fremdbestimmung bei beschränkt einwilligungsfähigen Personen ergibt sich in den meisten Fällen erst im Jugendlichenalter.

Angesichts familiärer Wechselwirkungen kann keine einheitliche verallgemeinerte Aufklärungspflicht definiert und festgelegt werden. Vielmehr entwickelt sich die Selbstbestimmung der Jugendlichen individuell und im (fremdbestimmten) Familienkontext nicht linear. Zur Feststellung der Einwilligungsfähigkeit im Einzelfall und in Bezug auf den konkret in Rede stehenden Eingriff ist stets die individuelle geistige und sittliche Reife zu bestimmen.[252]

Um dem verfassungsrechtlich verankerten Schutz von Familienstrukturen gerecht zu werden, bedarf es einer Aufklärung, die den Jugendlichen mit seinen Eltern an eine informierte Selbstentscheidungskompetenz heranführt und Raum für Verlässlichkeit und Vergewisserung bei der Übernahme der Selbstverantwortung schafft.[253] Denn einen punktuellen Wechsel von elterlicher Fremdbestimmung zu eigenverantwortlicher Selbstbestimmung gibt es nicht. Nun können Ärzt:innen evident nicht immer sicher erkennen, wie weit Minderjährige in der Entwicklung ihrer Einwilligungsfähigkeit fortgeschritten sind. Bei einer Einschätzung und Beurteilung dieser müssen Ärzt:innen verschiedene Faktoren wie z.B. Alter, physische und psychische Konstitution, Einfluss von Medikamenten, Grad der Verständnisfähigkeit, Bildungsgrad, Vorkenntnisse, Herkunft und kulturelle Traditionen berücksichtigen.[254] Es ist daher durchaus denkbar, dass bei der Entscheidung über die Fortsetzung einer Chemotherapie bei einem krebskranken, moribunden 14-Jährigen mit Therapieerfahrung von einer behandlungsspezifischen natürlichen Einsichtsfähigkeit auszugehen ist.[255]

Bei bestehenden Unsicherheiten über die Einwilligungsfähigkeit im Einzelfall und beschränkt Einwilligungsfähigen bietet das Erfordernis einer kumulativen Einwilligung von Eltern und Jugendlichen Rechtssicherheit. Dies widerspricht auch nicht dem bisher Gesagten, da sich das Erfordernis der kumulativen Einwilligung nicht auf einwilligungsfähige Jugendliche bezieht, sondern lediglich auf beschränkt einwilligungsfähige Jugendliche anzuwenden ist.

Eine kumulative Einwilligung schützt das Recht zur elterlichen Sorge sowie das Selbstbestimmungsrecht der Jugendlichen, wobei ein Eingriff gegen den Willen der Minderjährigen ausgeschlossen wäre. Andersherum können beschränkt Einwilligungsfähige auch nicht allein über die Vornahme einer Behandlung entscheiden. Die Einschränkung dieser positiven Grundrechtsdimension des Selbstbestimmungsrechts durch das Recht der elterlichen Sorge ist aufgrund der noch nicht

---

[252] *Valerius*, RdJB 2018, 243 (255).

[253] *Dorneck et al.*, MedR 2019, 431 (433).

[254] *Biermann*, in: Ulsenheimer/Gaede, Arztstrafrecht in der Praxis, Rn. 435.

[255] *Kreße*, MedR 2015, 91 (92).

vollständig gegebenen Einsichts- und Urteilsfähigkeit der Minderjährigen gerechtfertigt. Eine alleinige Entscheidung zur Vornahme eines medizinischen Eingriffs ist erst mit Bestehen der vollständigen Einwilligungsfähigkeit möglich. Die kumulative Einwilligung wird der Interessenlage bei beschränkt Einwilligungsfähigen gerecht. Die Betroffenen haben schon zu viel Urteils- und Einsichtsfähigkeit, als dass eine Entscheidung gegen ihren Willen möglich sein darf. Sie haben jedoch noch nicht genügend Urteils- und Einsichtsfähigkeit, um bereits alleine über die Vornahme eines Eingriffs zu entscheiden.

Divergierende Meinungen zwischen Eltern und Kind würden beim Erfordernis einer kumulativen Einwilligung nicht zulasten der Ärzt:innen gehen. Stattdessen wird der Konflikt in die Beziehung zwischen Eltern und Kind verlagert. Dies entspricht auch den Vorstellungen des Gesetzes, das in § 1626 II 2 BGB statuiert, dass Eltern Fragen der elterlichen Sorge nach Maßgabe des kindlichen Entwicklungsstandes mit ihrem Kind besprechen und mit diesem Einvernehmen anstreben sollen. Eine kumulative Einwilligung setzt die Aufklärung aller Beteiligten voraus, wobei die Parteien aufgrund ihrer unterschiedlichen Perspektiven und Rollen divergierende Fragen und Interessenschwerpunkte haben können. Während für Eltern u. a. auch ökonomische Faktoren und die erforderliche Nachsorge von Relevanz sein können, dürften für minderjährige Patient:innen vor allem akute Einschränkungen in der Lebensführung und temporäre Nebenwirkungen von großer Bedeutung sein. Die jeweiligen Beteiligten müssen dann im Gespräch ihre Interessen vertreten und Fragen stellen, wobei bei der Entscheidungsfindung Leitbild für alle Beteiligten der Konsens im Interesse des Kindeswohls sein muss.[256]

Können sich die Sorgeberechtigten mit ihrem Kind nicht einigen, dürfen Ärzt:innen den Eingriff mangels Einwilligung nicht vornehmen. Halten Ärzt:innen den Eingriff in dieser Konfliktsituation für geboten, sollten sie im Interesse des vertrauensvollen Behandlungsverhältnisses versuchen, die Einwilligung aller Beteiligten zu erlangen. Hierbei müssen sie die allgemeinen Anforderungen einer Aufklärung einhalten, wobei sie sowohl gegenüber den Eltern als auch gegenüber den Minderjährigen auf die billigenswerten Motive der jeweils anderen Partei hinweisen dürfen und sollten.[257]

Das kumulative Einwilligungserfordernis ist auch nicht mit dem in der Rechtsprechung sogar für einwilligungsfähige Jugendliche geforderten Vetorecht vergleichbar. Während dieses von den Minderjährigen gegenüber ihren Eltern ausgesprochen werden muss, die nach außen die alleinige Entscheidung treffen, ist die Einwilligung der beschränkt einwilligungsfähigen Minderjährigen bei einem kumulativen Einverständnis unabdingbare Voraussetzung für die Rechtfertigung des ärztlichen Eingriffs.[258]

---

[256] *Dorneck et al.*, MedR 2019, 431 (434).

[257] *Nebendahl*, MedR 2009, 197 (203).

[258] *Kaeding/Schwenke*, MedR 2016, 935 (940).

(b) Einwilligungserfordernis bei mehreren Personensorgeberechtigten

Gibt es mehrere gleichgestellte Personensorgeberechtigte, dürfen Ärzt:innen bei der Behandlung leichter Erkrankungen und Routineeingriffen ungefragt davon ausgehen, dass der erschienene Elternteil durch den anderen Elternteil ermächtigt wurde, auch für den Abwesenden die erforderliche Einwilligung zu erteilen.[259] Denn diesbezüglich besteht ein Vertrauensverhältnis zwischen Ärzt:innen und den Sorgeberechtigten.[260] Für die Aufklärungspflicht bedeutet das, dass eine Aufklärung der erschienen sorgeberechtigten Person ausreicht.

Bei Eingriffen schwererer Art, die Risiken für das Kind mit sich bringen, müssen sich Ärzt:innen durch Nachfrage versichern, ob und wie weit der erschienene Elternteil von dem anderen zur Erteilung der Einwilligung ermächtigt wurde. Bestehen keine Anhaltspunkte zum Misstrauen, dürfen sie sich hierbei auf die Auskunft des erschienen Elternteils verlassen[261] und davon ausgehen, dass die dem erschienenen Elternteil erteilte Information adäquat an den Abwesenden weitergegeben wurde. Handelt es sich bei dem in Rede stehenden Eingriff um eine mit erheblichen Risiken verbundene Maßnahme, wie etwa eine Herz-Operation, verlagert sich die Verantwortung, eine hinreichende Einwilligung beider Elternteile einzuholen, auf die behandelnde Person. In solchen Fällen hat sie sich zur Wahrung der elterlichen Personensorge Gewissheit über die Zustimmung des nicht erschienen Sorgeberechtigten zu verschaffen.[262] Das kann durch die Aufklärung und Einholung der Einwilligung beider Sorgeberechtigten oder eine ausdrückliche Verzichtserklärung des abwesenden Teils erfolgen.

Bestehen unterschiedliche Meinungen gleichgestellter Sorgeberechtigter hinsichtlich der Behandlungsentscheidung, sollte dieser Konflikt nicht zu Lasten der Behandelnden gehen. Denn hierbei handelt es sich um das typische Konfliktpotenzial, welches das geteilte Sorgerecht auf sämtlichen Feldern der Personensorge mit sich bringt. Es ist Aufgabe der Sorgeberechtigten, sich untereinander auf ein gemeinsames Vorgehen zu einigen.

(c) Beschränkte Einwilligungsfähigkeit oder Einwilligungsunfähigkeit bei volljährigen Patient:innen

Auch bei volljährigen Patient:innen kann die Einwilligungsfähigkeit vorübergehend oder dauerhaft eingeschränkt sein. Vorübergehende Einwilligungsunfähigkeit kann u. a. aufgrund von Alkoholisierung oder Medikamenteneinnahmen aber auch wegen dementieller Perioden oder Schockzuständen vorliegen. Dauerhafte Einschränkungen der Einwilligungsfähigkeit ergeben sich bspw. aus psychischen

---

[259] BGH, Urt. v. 15. 6. 2010 – VI ZR 204/09, NJW 2010, 2430 (2431); BGH, Urt. v. 28. 6. 1988 – VI ZR 288/87, NJW 1988, 2946 (2947).

[260] BGH, Urt. v. 28. 6. 1988 – VI ZR 288/87, NJW 1988, 2946 (2647).

[261] *Valerius*, RdJB 2018, 243 (254); BGH, Urt. v. 28. 6. 1988 – VI ZR 288/87, NJW 1988, 2946 (2947).

[262] *Valerius*, RdJB 2018, 243 (245 f.).

Erkrankungen oder neurologischen Defiziten. In diesen Situationen besteht wiederum das Spannungsverhältnis zwischen Selbst- und Fremdbestimmung, wobei es keine Dritten gibt, die basierend auf eigenen (Grund-)Rechten ein Interesse an der Personensorge haben. Vielmehr gilt bei volljährigen Einwilligungsunfähigen das Betreuungsrecht gem. §§ 1814 ff. BGB.

Um eine Fremdbestimmung über die Maßen zu vermeiden, muss der Selbstbestimmung der Einwilligungsunfähigen so viel Rechnung wie möglich getragen werden. Es bedarf daher der genauen Abwägung im Einzelfall, inwiefern und in welchem Grad die Einwilligungsfähigkeit der Patient:innen eingeschränkt ist. Das ist für Ärzt:innen nicht immer zweifelsfrei feststellbar.

Besteht bei Einwilligungsunfähigen noch die Fähigkeit zur Äußerung, sind die geäußerten Wünsche bei der Entscheidungsfindung maßgeblich.[263] Können sich Patient:innen nicht mehr äußern, ist der mutmaßliche Wille aufgrund früherer Äußerungen und Wertevorstellungen zu ermitteln. Hierbei können Patientenverfügungen oder nahe Angehörige als Informationsquelle dienen. Steht der geäußerte Wille der Betreuten im Gegensatz zu der Einschätzung der Betreuer:innen, ist der Wille der Betreuten maßgeblich. Ausnahmen hiervon können sich nur bei erheblichen Gefahren für die Gesundheit oder das Leben der Patient:innen ergeben.[264]

Insbesondere bei irreversiblen Eingriffen wie der Sterilisation muss untersucht werden, ob nicht lediglich eine vorübergehende Einwilligungsunfähigkeit der Patient:innen vorliegt. Ist dies der Fall, reicht die Einwilligung der Betreuer:innen nicht aus. Vielmehr muss der Zeitpunkt abgewartet werden, zu dem die Patient:innen ihre Einwilligungsfähigkeit wieder erlangen. Betreuer:innen können daher nur in die Sterilisation der Einwilligungsunfähigen einwilligen, wenn die Einwilligungsunfähigkeit für die gesamte Dauer der Zeugungs- bzw. Empfängnisfähigkeit gegeben ist.[265]

Sind die betreuenden Personen einwilligungsberechtigt, müssen Ärzt:innen diese aufklären, wie sie sonst die einwilligenden Patient:innen aufklären müssten. Das bedeutet, dass sich auch die den Betreuer:innen gegenüber erfolgende Aufklärung nach den individuellen Belangen, Interessen und Lebensrealitäten der Betreuten richten muss. Zur Erörterung dieser Belange ist auf die Lebensgewohnheiten der Patient:innen, ihr soziales Umfeld, mögliche physische Dispositionen und Vorstellungen der Lebensführungen einzugehen. Hierbei können nicht nur die Betreuer:innen, sondern auch die Betreuten befragt werden. Mögliches Vorwissen auf Seite der Betreuer:innen begrenzt die Aufklärungspflicht ebenso wie bei allen anderen Patient:innen.

---

[263] *Spickhoff*, in: Spickhoff, MedR, § 1829 BGB Rn. 5.

[264] *Spickhoff*, in: Spickhoff, MedR, § 1829 BGB Rn. 5.

[265] *Müller-Engels*, in: BeckOK BGB, § 1830 Rn. 5.

Einwilligungsunfähige Patient:innen müssen vor der Vornahme des Eingriffs entsprechend ihren Verständnismöglichkeiten über die beabsichtigte Behandlung und deren Wirkungen informiert werden (§ 630e V 1 BGB).

dd) Einbeziehung anderer Informationsquellen

Setzt man die Patientenaufklärung in den individuellen Behandlungskontext, müssen auch bereits vorhandene Kenntnisse der Patient:innen sowie anderweitige Informationsquellen richtig eingeordnet und bei der Aufklärung beachtet werden. Im Zeitalter knapper Ressourcen in ökonomisierten Krankenhäusern und Praxen einerseits und einem zuvor nie gekannten offenen Informationszugang für Patient:innen andererseits könnten auch andere Informationsquellen als das ärztliche Aufklärungsgespräch die strafrechtlichen Aufklärungsanforderungen beeinflussen und die Verantwortungen neu verteilen. Insbesondere ist zu untersuchen, ob und inwieweit standardisierte Aufklärungsbögen sowie die eigenständige Informationsbeschaffung der Patient:innen über einschlägige Literatur und das Internet Ärzt:innen in ihren Aufklärungspflichten entlasten können.

(1) Schriftliche Aufklärung nach dem Modell des „pharmaceutical informed consent"

Wegen zeitlicher und personeller Knappheit sowie rechtlicher Unsicherheiten greifen Ärzt:innen häufig auf schriftliche Aufklärungsmaterialien zurück.

Bei der Kontextualisierung der Patientenaufklärung müssen auch strukturelle Umstände und Ressourcen des medizinischen Alltags berücksichtigt werden. Möglicherweise machen diese eine erhöhte Zulässigkeit schriftlicher Aufklärungsmaterialien unabdingbar. Bei der Nutzung solcher müsste jedoch ein Weg gefunden werden, der Ärzt:innen entlastet, ohne zu Einbußen des Selbstbestimmungsrechts der Patient:innen zu führen.

(a) Die zweistufige Arzneimittelaufklärung

Das Prinzip der mündlichen Aufklärung ist in § 630e II Nr. 1 BGB statuiert. Hiernach darf lediglich ergänzend auf schriftliche Unterlagen Bezug genommen werden. Auch Rechtsprechung und Literatur sind in Bezug auf die Zulässigkeit von standardisierten Aufklärungsbögen vor medizinischen Eingriffen zurückhaltend. So kann eine schriftliche Formularaufklärung das mündliche Aufklärungsgespräch nicht ersetzen.[266] Vielmehr bedarf es zum Zwecke der Aufklärung des „vertrauensvollen Gesprächs zwischen Arzt und Patient".[267] Schriftliche Merkblätter oder Formulare sollen ein solches nur ergänzen können.

---

[266] *Katzenmeier*, NJW 2013, 817 (820).

[267] BGH, Urt. v. 8. 1. 1985 – VI ZR 15/83, NJW 1985, 1399.

Weniger zurückhaltend begegnet die Rechtswissenschaft schriftlicher Information im Bereich der Arzneimittelaufklärung. Wie bereits erörtert,[268] unterscheidet sich die Aufklärung im pharmazeutischen Bereich von der im chirurgischen im Wesentlichen durch die Mitwirkung eines Pharmaunternehmens. Erst das Zusammenwirken der drei Parteien (Ärzt:innen, Patient:innen, Hersteller) komplettiert die Aufklärung vor der Einnahme pharmazeutischer Medikamente. Der wesentliche Unterschied des sog. „pharmaceutical informed consent“ vom allgemeinen Konzept des „informed consent“ besteht vor allem in der hieraus resultierenden Zweistufigkeit der Patientenaufklärung. Nach der Rechtsprechung führen Ärzt:innen vor der Verordnung eines Medikaments eine Grundaufklärung durch, in der sie „im Großen und Ganzen“ auf die spezifischen Risiken des Arzneimittels hinweisen.[269] Auch auf individuelle Einnahmeintervalle oder Dosen weist die behandelnde Person hin. Die ärztliche Aufklärung bezieht sich auf die Einwilligung der Patient:innen in die Verordnungsentscheidung.[270] Insoweit laufen die Anforderungen an die Arzneitherapieaufklärung und die chirurgische Aufklärung gleich. Sodann dürfen die Behandelnden die Patient:innen jedoch auf die Packungsbeilage verweisen.[271]

In der zweiten Aufklärungsphase lesen die Patient:innen die Packungsbeilage, es erfolgt vor der Einnahme somit eine schriftliche Aufklärung durch das pharmazeutische Unternehmen. Die Aufklärung durch das Pharmaunternehmen listet pauschal mögliche Risiken und Nebenwirkungen auf und bezieht sich auf die Einwilligung in die Therapiedurchführung. Sie soll gewährleisten, dass das Arzneimittel sachgerecht zur Anwendung gelangt und eventuellen Schäden vorbeugen.[272] Sowohl die Selbstbestimmungs- als auch die Sicherungsaufklärung werden unter den Ärzt:innen und den pharmazeutischen Unternehmen aufgeteilt. Die Zweistufigkeit der Aufklärung begründet den Unterschied des „pharmaceutial informed consent“ zum klassischen „informed consent“. Sehen die Patient:innen von einer Lektüre des Beipackzettels ab, liegt hierin ein konkludenter Aufklärungsverzicht. Durch die Einnahme des Medikaments erfolgt sodann die konkludente Einwilligung der Patient:innen.[273]

Diese zweistufige Aufklärung bei der Einnahme pharmazeutischer Arznei wird auch als sachgerecht empfunden. Im Unterschied zum chirurgischen Eingriff führen hier nämlich nicht Ärzt:innen, sondern die Patient:innen selbst die Therapie durch,

---

[268] 1. Teil A. VI.

[269] BGH, Urt. v. 15.3.2005 – VI ZR 289/03, NJW 2005, 1716.

[270] *Koyuncu*, PharmR 2006, 343 (344).

[271] LG Dortmund, Urt. v. 6.10.1999 – 17 O 110/98, MedR, 331 (332); etwas anderes gilt, wenn die Gebrauchsinformation im Beipackzettel die ärztliche Aufklärung nicht ersetzen kann, etwa bei aggressiv wirkenden Medikamenten, *Terbille/Feifel*, in: MAH MedR, § 1 Rn. 357.

[272] *Freund*, in: MüKo StGB, AMG § 11 Rn. 1.

[273] *Koyuncu*, PharmR 2006, 343 (344).

sodass sie zu keinem Zeitpunkt die Herrschaft über den integritätsverletzenden Moment abgeben.

Möchte man zunächst annehmen, dass Ärzt:innen durch den zulässigen Verweis auf die Packungsbeilage und die unternehmerische Aufklärung in ihren Aufklärungspflichten entlastet werden, darf nicht verkannt werden, dass Ärzt:innen auch im Rahmen der Arzneitherapieaufklärung zu einer Grundaufklärung im „Großen und Ganzen" verpflichtet sind.[274] Der diesbezügliche Aufklärungsumfang ist nicht generell vorgegeben. Vielmehr hängt auch hier die Risikoaufklärung nicht von statischen Werten ab, sondern davon, ob das Risiko dem Medikament spezifisch anhaftet und bei seiner Verwirklichung die Lebensführung der das Medikament einnehmenden Person besonders belastet.[275] Auch individuelle Umstände wie Wechselwirkungen mit anderen verschriebenen Medikamenten oder Auswirkungen auf bekannte Vorerkrankungen sind von den aufklärenden Ärzt:innen zu berücksichtigen und können nicht von der Aufklärung des Beipackzettels übernommen werden. Damit befinden sich Ärzt:innen bei der Arzneitherapieaufklärung im gleichen Dilemma wie bei der Eingriffsaufklärung. Denn was eine Aufklärung in den Augen der Rechtsprechung „im Großen und Ganzen" beinhaltet, ist wie erörtert, häufig nicht erkennbar.

Allerdings darf dieser Umstand nicht darüber hinwegtäuschen, dass grundsätzlich trotzdem eine gewisse Entlastung der Ärzt:innen durch das Zusammenspiel der unterschiedlichen Aufklärungsparteien erreicht wird. Denn die Packungsbeilage vermittelt den Patient:innen weitergehende Informationen zu Anwendung, Risiken und Vorsichtsmaßnahmen, die Patient:innen wiederholt nachlesen und sich in Erinnerung rufen können. Die Information der Beipackzettel dürfte regelmäßig ausführlicher ausfallen als die ärztliche Aufklärung und ergänzt diese. Ärzt:innen werden hierdurch sachgerecht entlastet, da nur der pharmazeutische Unternehmer einen Einblick in die produktbezogenen Informationen aus Forschung, Entwicklung, Produktion und Produktbeobachtung hat.[276]

(b) Übertragung der Zweistufigkeit auf die Eingriffsaufklärung

Eine ähnliche Entlastung der Ärzt:innen bei der Eingriffsaufklärung durch den zulässigen Verweis auf offiziell zugelassene schriftliche Aufklärungsmaterialien ist durchaus vorstellbar. Denn auch hier wäre es möglich, dass die Verantwortung, einen Überblick über aktuelle Forschung, Entwicklungen und Erkenntnisse im Zusammenhang mit dem angestrebten Eingriff zu vermitteln, nicht bei den einzelnen Ärzt:innen liegt, sondern auf die Autor:innen jener Aufklärungsmaterialien übertragen wird. Durch die weitergehende Zulässigkeit standardisierter Aufklärungsbögen würde Ärzt:innen auch die rechtliche Sicherheit gewährleistet, die sie ohne-

---

[274] *Koyuncu*, PharmR 2006, 343 (344).

[275] BGH, Urt. v. 15.3.2005 – VI ZR 289/03, NJW 2005, 1716 (1717); *Koyuncu*, PharmR 2006, 343 (345).

[276] *Koyuncu*, PharmR 2006, 343 (345).

hin durch die Verwendung jener Formularaufklärungen anstreben. Es fragt sich allerdings, ob die Übertragung der Grundsätze aus der Arzneitherapieaufklärung überhaupt auf Formularaufklärungen bei medizinischen Eingriffen überzeugen kann.

Eine gewisse Parallelität von Beipackzetteln und Formularaufklärungen ist nicht von der Hand zu weisen. Beide Schriftstücke informieren Patient:innen besonders ausführlich über generelle Risiken und Nebenwirkungen einer Medikation oder eines Eingriffs. Das OLG Nürnberg stellte einen Zusammenhang und Gleichlauf zwischen Beipackzetteln und Aufklärungsformularen durch die Feststellung her, dass Häufigkeitsangaben, die in Aufklärungsbögen verwendet werden, in Übereinstimmung mit den Definitionen in Medikamentenbeipackzetteln zu erfolgen haben.[277] Auch die Therapiesicherung in Form bestimmter Verhaltensanweisungen ist regelmäßig Bestandteil der schriftlichen Aufklärung. Sie muss naheliegende Fragen antizipieren und beantworten. Hierbei fallen schriftliche Aufklärungen regelmäßig wesentlich präziser und umfassender aus als mündliche Aufklärungsgespräche.[278] Das liegt auch in der Natur der Sache, da die Verfasser:innen der Schriftstücke zum einen nicht so sehr durch zeitliche Ressourcen beschränkt sind. Zum anderen haben sie zum Zeitpunkt des Erstellens Zugriff auf sämtliche wissenschaftliche Quellen, was zumindest theoretisch die Vollständigkeit der Aufklärung ermöglicht. Im Gegensatz dazu liegt es nahe, dass viele Ärzt:innen bei ihren Aufklärungsgesprächen nicht über alle aktuellen und weniger bekannten Erkenntnisse verfügen.

Vor der Kodifizierung der mündlichen Aufklärung in § 630 II Nr. 1 BGB war von der Rechtsprechung anerkannt, dass gerade bei Routinebehandlungen schriftliche Aufklärungsmaterialien zulässig und geboten seien.[279] Bei der Verwendung solcher mussten sich Ärzt:innen in einem persönlichen Gespräch davon überzeugen, dass die Patient:innen die schriftlichen Hinweise gelesen und verstanden haben. Insbesondere im Rahmen routinemäßiger Eingriffe und öffentlich empfohlener Impfungen durften Ärzt:innen bei fehlender Nachfrage davon ausgehen, dass ihre Patient:innen keinen Wert auf eine mündliche Risikodarstellung legen.[280] Im konkreten Fall[281], hatte die Mutter eines Impflings im Wartezimmer ein Merkblatt überreicht bekommen. Der Arzt fragte sie beim Betreten des Behandlungszimmers, ob sie das Merkblatt gelesen habe. Nach einer Untersuchung des Säuglings erklärte er, man könne jetzt impfen. Damit war der Mutter in ausreichender Weise Gelegenheit gegeben, weitere Fragen zur bevorstehenden Impfung zu stellen.[282] Diese

---

[277] OLG Nürnberg, Urt. v. 27.3.2015 – 5 U 2282/13, MedR, 344 (346); *Borgmann*, NJW 2010, 3190 (3192).

[278] BGH, Urt. v. 15.2.2000 – VI ZR 48/99, NJW 2000, 1784 (1787).

[279] BGH, Urt. v. 15.2.2000 – VI ZR 48/99, NJW 2000, 1784 (1787).

[280] BGH, Urt. v. 15.2.2000 – VI ZR 48/99, NJW 2000, 1784 (1787); LG Heilbronn, Urt. v. 14.2.2023 – Wo 1 O 65/22, juris Rn. 32

[281] BGH, Urt. v. 15.2.2000 – VI ZR 48/99, NJW 2000, 1784.

[282] BGH, Urt. v. 15.2.2000 – VI ZR 48/99, NJW 2000, 1784 (1787).

Rechtsprechung ist aufgrund der ausdrücklich verpflichtenden Mündlichkeit des 2013 kodifizierten § 630e II Nr. 1 BGB überholt und mit der neuen Gesetzeslage nicht mehr in Einklang zu bringen.[283]

Allerdings ist auch im Rahmen der Covid-19-Pandemie einmal mehr deutlich geworden, dass in bestimmten Situationen persönlich geführte, ausführliche Aufklärungsgespräche für jeden Impfling logistisch kaum zu leisten sind und eine solche Impfkampagne erheblich verzögern würden.[284] Zwar handelt es sich bei der öffentlich empfohlenen Schutzimpfung der breiten Bevölkerung in einer pandemischen Situation um eine besondere Ausnahmesituation, deren Folgen nicht ohne weiteres auf jeden anderen Eingriff übertragen werden können. Trotzdem ist es bemerkenswert, dass das LG Heilbronn in diesem Zusammenhang trotz des Mündlichkeitserfordernisses in § 630e II Nr. 1 BGB davon ausging, dass es angemessen und ausreichend war, dass nach vorheriger schriftlicher Aufklärung mittels Merkblatt die Möglichkeit gegeben wurde, im mündlichen Arztgespräch Nachfragen zu stellen und weitere Informationen einzuholen. Denn aufgrund „der breiten öffentlichen Diskussion, dem hohen Informationsstand in der Bevölkerung und auch der hohen Impfbereitschaft konnte der Impfarzt davon ausgehen, dass der Impfling bei der schriftlichen Aufklärung auf eine zusätzliche gesprächsweise Risikodarstellung keinen Wert legt“[285].

Während gegen die verstärkte Verwendung und Zulässigkeit von schriftlichem Aufklärungsmaterial eingewandt werden kann, dieses schwäche das Recht auf ein individuell zugeschnittenes Aufklärungsgespräch, muss anerkannt werden, dass durch geeignetes Material auch das Verständnis für einen Eingriff und damit die selbstbestimmte Entscheidung gestärkt werden kann.

Im Rahmen einer Studie[286] von 2019 klärte ein Kardiologe der Charité 121 Patient:innen über eine bevorstehende Koronarangiographie[287] auf. Die Durchführung der Aufklärungsgespräche übernahm derselbe Arzt, um die inhaltliche Einheitlichkeit und Vergleichbarkeit der Gespräche zu gewährleisten. Während 60 Patient:innen lediglich das mündliche Aufklärungsgespräch führten und einen schriftlichen standardisierten Aufklärungsbogen erhielten, wurde den 61 anderen Patient:innen darüber hinaus ein Comic zur Verfügung gestellt, der die besprochenen Inhalte auf 15 Seiten in Form von Zeichnungen und Sprechblasen visualisierte.

Anschließend wurden die Patient:innen hinsichtlich ihres Verständnisses für den Eingriff sowie ihrer Zufriedenheit mit der Aufklärung und ihrer Angst vor dem

---

[283] *Spickhoff*, in: Spickhoff, MedR, § 630e BGB Rn. 8.

[284] LG Heilbronn, Urt. v. 14.2.2023 – Wo 1 O 65/22, juris Rn. 35.

[285] LG Heilbronn, Urt. v. 14.2.2023 – Wo 1 O 65/22, juris Rn. 35.

[286] *Brand et al.*, Ann Intern Med 2019, 1.

[287] Hierbei handelt es sich um eine spezielle Röntgenuntersuchung, bei der die Herzkranzgefäße abgebildet werden. Dies wird durch Injizieren eines Röntgenkontrastmittels über einen Herzkatheter ermöglicht.

Eingriff befragt. Bezüglich des Verständnisses wurden den Patient:innen 13 Fragen zu Durchführung, Risiken und weiteren notwendigen Verhaltensmaßnahmen gestellt. Während die Patient:innen nach der „üblichen" Aufklärung im Durchschnitt 9,1 Fragen (70,2 %) richtig beantworteten, waren es nach der zusätzlichen Verwendung der Comics 11,5 Fragen (88,1 %).[288] Hinsichtlich der Sorge und Angst vor dem bevorstehenden Eingriff wurde nach dem geführten Aufklärungsgespräch ohne Comic bei den Patient:innen ein erhöhtes Angstniveau festgestellt, während die Patient:innen, die ein Comic erhielten, beruhigter waren als vor der Aufklärung.[289] Auch die Patientenzufriedenheit mit der Aufklärung erhöhte sich durch die Bereitstellung des Comic-Materials von 41,3 % auf 46,2 %.[290] Die Autor:innen der Studie führen die besseren Ergebnisse auf ein Zusammenspiel des kognitiven Verarbeitens von visueller und narrativer Information zurück. Darüber hinaus ermöglichten die Comics den Patient:innen die Aufnahme und Verarbeitung der Information in der eigenen Geschwindigkeit, sodass sie schwierigere Abschnitte im eigenen Tempo reflektieren und wiederholt lesen konnten. Als weiterer Vorteil der Comics stellte sich heraus, dass die Patient:innen die Informationen durch die Verbindung visueller Zeichnungen mit schriftlichen Informationen besser verstanden und abrufen konnten als es beim bloßen Gespräch oder Lesen eines Aufklärungstexts der Fall war. Diese Ergebnisse zeigen, dass die Verwendung geeigneter schriftlicher Materialien das Selbstbestimmungsrecht nicht nur beschränken, sondern bei ansprechender Illustration durch eine bessere Verständlichkeit auch stärken können.

Festzuhalten bleibt, dass gerade aufgrund des Erfordernisses einer individualisierten Aufklärung kein schriftliches Material allein ein gelungenes Aufklärungsgespräch ersetzen kann. Allerdings dürfen auch die potentiellen Vorteile schriftlichen Aufklärungsmaterials nicht verkannt werden. Denn solches kann gezielt zum besseren Verständnis eingesetzt werden und gerade bei personeller und ökonomischer Ressourcenknappheit die Patientenautonomie stärken. Geeignetes Informationsmaterial sollte daher idealerweise zusätzlich zu einem individuellen Aufklärungsgespräch zur Verfügung gestellt werden.

(c) Geeignete Autor:innen für schriftliches Aufklärungsmaterial

Möchte man Aufklärungsbögen wie dargestellt eine höhere Bedeutung in der Aufklärung zukommen lassen, stellt sich die Frage, von welcher Stelle diese verfasst und veröffentlicht werden sollen. Denn keinesfalls eignen sich Stellen, die eigene (wirtschaftliche) Interessen an der Durchführung des in Frage stehenden Eingriffs haben, wie Produzenten medizinischer Instrumente oder Materialien. Vielmehr bedarf es der Information durch eine unabhängige Stelle, die einen vollständigen Überblick über die aktuelle Wissenschaft und Forschung hat. Beispielhaft hierfür steht der Aufklärungsbogen zur Covid-Schutzimpfung, um den es im Urteil

[288] *Brand et al.*, Ann Intern Med 2019, 1 (2).

[289] *Brand et al.*, Ann Intern Med 2019, 1 (2).

[290] *Brand et al.*, Ann Intern Med 2019, 1 (2).

des LG Heilbronn ging. Das Aufklärungsmerkblatt wurde vom Deutschen Grünen Kreuz Marburg in Kooperation mit dem Robert-Koch-Institut erstellt und vom Sozialministerium herausgegeben. Auch medizinische Fachgesellschaften könnten über notwendige Kompetenzen verfügen, evidenzbasierte Entscheidungshilfen herauszugeben.[291] Denn diese erstellen auch die für Ärzt:innen häufig bedeutsamen Leitlinien, welche maßgeblich den medizinischen Standard beeinflussen und wiedergeben.[292] Darüber hinaus wäre auch die Bundesärztekammer eine geeignete Stelle zur Herausgabe unabhängiger, qualitätsgesicherter Informationen. Solche Verfasser:innen und Herausgeber:innen gewährleisteten eine unabhängige öffentliche Qualitätssicherung der Aufklärungsinhalte. Diese Stellen haben auch mehr Ressourcen für eine vollständige Aufklärung als die einzelnen Ärzt:innen in ihren Praxes oder auf ihren Stationen.

(2) Zwischenergebnis zu schriftlichen Aufklärungsmaterialien

Festzuhalten bleibt, dass ausführliches, strukturiertes und von offizieller Stelle qualitätsgesichertes Informationsmaterial Ärzt:innen aus der alleinigen Verantwortung entlastet und für Patient:innen eine zweite verständliche Informationsquelle schafft. Das bedeutet jedoch nicht, dass auf ein individuelles und persönliches Arzt-Patienten-Gespräch verzichtet werden kann. Vielmehr bedarf es einer sinnvollen und qualitätssichernden Unterstützung dessen durch schriftliche Materialien, die sich Patient:innen wiederholt durchlesen können. Das Aufklärungsmaterial muss geeignet sein, Informationen zu visualisieren. Hierbei ist darauf zu achten, dass die Materialien übersichtlich und verständlich gestaltet sind. Insbesondere für Menschen mit schwächeren Rechenkenntnissen ist es für das Verständnis und die Informationseinordnung hilfreich, Wahrscheinlichkeiten in Form von Piktogrammen und Säulendiagrammen zu visualisieren.[293]

Die Comic-Studie verdeutlicht, dass es nicht nur auf den Inhalt des Materials, sondern auch auf die Art der Darstellung von Information ankommt. Daher sollte bei der Erstellung schriftlicher Informationen nicht nur auf den Umfang und die Richtigkeit geachtet werden, sondern auch ein ansprechendes Layout gewählt und die Information durch Zeichnungen und Bilder visualisiert werden. Die Materialien dürfen nicht unbewusst manipulativ gestaltet werden. Denn es besteht die Gefahr, dass sie durch die Auswahl der visualisierten Daten, Verwendung von starken oder sanften Farben oder die Anpassung von Skalenhöhen eher überzeugen als informieren. Darüber hinaus können Darstellungen auch verwirren oder Interpretationsspielräume lassen, welche zur Vorbeugung von Missverständnissen möglichst klein gehalten werden müssen.[294] Insbesondere sollten die Darstellungen so gestal-

[291] *Mühlhauser*, in: Evidenzbasierte | evidenzinformierte Gesundheitskommunikation, S. 18.

[292] 3. Teil C. II. 1) b) aa).

[293] *Dan*, in: Evidenzbasierte | evidenzinformierte Gesundheitskommunikation, S. 131.

[294] *Dan*, in: Evidenzbasierte | evidenzinformierte Gesundheitskommunikation, S. 131.

tet werden, dass sie die Patient:innen nicht übermäßig emotional aufwühlen oder ergreifen, ohne beschönigend zu wirken.

Da die aktuell genutzten standardisierten Aufklärungsbögen erhebliche Mängel aufweisen,[295] bedarf es bei einer ausgeweiteten Nutzung solchen Materials eine inhaltliche und strukturelle Umgestaltung im Sinne der vorangegangenen Ausführungen.

Gelungene Informationsmaterialien können das Aufklärungsgespräch ergänzen und mögliche Schwächen der rein mündlichen Informationsvermittlung kompensieren. Im Aufklärungsgespräch selbst muss auf patientenspezifische Faktoren eingegangen und damit die vorangegangene allgemeine Aufklärung individualisiert werden. Schriftliche Materialien sind somit grds. nicht geeignet, das mündliche Gespräch zu ersetzen. In Routineuntersuchungen und -eingriffen, in denen der individualisierte Teil der Aufklärung regelmäßig sehr knapp ausfällt, eignen sich schriftliche Materialien jedoch sehr wohl zur Entlastung des medizinischen Personals.

(3) Informationsbeschaffung über Literatur, Internet und interaktive Videos

Aufgrund neuer Technologien und öffentlich zugänglicher Informationsquellen stellt sich die Frage, ob das persönliche Aufklärungsgespräch zwischen Ärzt:innen und Patient:innen tatsächlich das einzig geeignete Mittel zur ärztlichen Aufklärung ist.

Einigkeit besteht darüber, dass eine Aufklärung insoweit entbehrlich ist, als Patient:innen bereits anderweitig hinreichend vorinformiert sind, z.B. aufgrund eigener Sachkunde, vorangegangener Konsultation anderer Ärzt:innen oder infolge hinreichender Aufklärung im Rahmen eines vorausgegangenen Eingriffs.[296]

(a) Vorinformation der Patient:innen durch andere Informationsquellen

Weit weniger Patient:innen als früher stellen sich heute vollkommen uninformiert bei der behandelnden Person vor. Die Informationsquellen, die digitale Medien bereithalten, führen zu einer massiven Steigerung der Heterogenität bestehender Vorinformationen in der Bevölkerung.[297]Auch öffentliche Informationskampagnen für Impfungen oder Krebsfrüherkennungen machen Patient:innen auf Behandlungsmöglichkeiten aufmerksam und dienen als Informationsquellen. Die hierdurch erlangten Informationen sind jedoch hinsichtlich ihrer Aufklärung zurückhaltend zu gewichten. Denn öffentliche Kampagnen arbeiten vorrangig mit emotionalen Botschaften. Sie sind darauf angelegt, möglichst viele Bürger:innen für eine Untersuchung zu gewinnen. In dem Bestreben, viele Adressat:innen zu erreichen, werden Krankheitsrisiken besonders drastisch dargestellt, wodurch es auch zu

---

[295] 1. Teil C. I. 3.

[296] *Sternberg-Lieben*, in: TK-StGB, § 223 Rn. 87.

[297] *Drechsler*, MedR 2021, 439 (441).

Falschmeldungen kommen kann und der Nutzen von Früherkennungs- und Präventionsmaßnahmen übertrieben positiv darstellt wird.[298]

Aktuell wird die eigene Informationsbeschaffung über das Internet nicht als relevante Vorinformation, die die ärztliche Aufklärungspflicht beeinflusst, anerkannt.[299] Dies entspricht allerdings nicht mehr der Realität, in der sich viele Patient:innen auf diesem Weg vorab informieren. Oft recherchieren Patient:innen beim Auftreten erster Symptome bereits im Internet und haben bei erfolgreicher Recherche schon ein gewisses Vorwissen, wenn sie sich in ärztliche Behandlung begeben. Unter medizinischen Lai:innen beschäftigen sich insbesondere chronisch Kranke häufig intensiv mit ihrem Leiden und erwerben dabei nicht selten ein erhebliches Maß an Expertise, das bei der Bemessung der ärztlichen Aufklärungspflicht in Rechnung zu stellen ist.[300] Solche zutreffenden Vorkenntnisse mindern die Aufklärungspflicht entsprechend, ohne diese gänzlich entfallen zu lassen. Das ergibt sich bereits aus allgemeinen Grundsätzen der Dogmatik von Aufklärungspflichten.[301] Denn wenn Patient:innen über relevantes Wissen verfügen, sind sie diesbezüglich nicht mehr aufklärungsbedürftig. Das gilt unabhängig von der Informationsquelle und ergibt sich zwingend aus dem Zweck der Aufklärung. Diese soll der behandelten Person eine selbstbestimmte Entscheidung ermöglichen. Auf welche Weise und von wem sie die hierfür nötige Information erhält, ist für ihre Einwilligungs- und Erkenntnisfähigkeit irrelevant.[302] Beispielsweise ist im klinischen Kontext nicht gesagt, dass besonders talentierte Operateur:innen zugleich besonders gelungen über bestehende Risiken aufklären. Möglicherweise klären erfahrene OP-Pfleger:innen empathischer oder verständlicher auf. Für die Wirksamkeit der Einwilligung im Strafrecht kann es bei ausreichender Informationsgrundlage für eine autonome Patientenentscheidung keine Rolle spielen, wer der behandelten Person die notwendige Information verschafft.[303]

Für eine adäquate rechtliche Bewertung bedarf es der angemessenen Anerkennung und Einordnung bestehender Vorinformation. Denn heutzutage hat jeder Mensch Zugang zu der Information, die er sich beschaffen will. In der bereits zitierten Befragung des WIdO wurden über 2000 Teilnehmer:innen offen danach gefragt, wo sie sich über Früherkennungsuntersuchungen informieren. Rund die Hälfte der (51,1 % der weiblichen und 47,1 % der männlichen) Befragten gab an, sich über das Internet zu informieren. 40,2 % der Frauen und 50,4 % der Männer gaben ihre:n Hausärzt:in als Informationsquelle an, rund 10 % nannten als Informationsquelle Bücher und Zeitschriften, 6 % die Presse, Rundfunk und Fernse-

[298] *Mühlhauser*, in: Evidenzbasierte | evidenzinformierte Gesundheitskommunikation, S. 20.

[299] *Sternberg-Lieben*, in: TK-StGB, § 223 Rn. 87.

[300] *Wagner*, in: MüKo BGB, § 630e Rn. 48.

[301] *Wagner*, in: MüKo BGB, § 630e Rn. 82.

[302] *Tsambikakis/Dorneck*, in: NK-MedStR, § 228 Rn. 82.

[303] *Tsambikakis/Dorneck*, in: NK-MedStR, § 228 Rn. 82.

hen.[304] Im Zeitalter öffentlich zugänglicher Informationen über das Internet, Rundfunk und die Presse ist das Bild von allwissenden Mediziner:innen und gutgläubigen Patient:innen nicht mehr aktuell.

Da die meisten Patient:innen ohnehin auf verschiedenen Informationswegen recherchieren, kann es helfen, wenn Ärzt:innen Ihnen zuverlässige und geprüfte Quellen nennen, auf deren Richtigkeit die Patient:innen vertrauen können. Ärzt:innen müssen in dem allgemeinen Informationsfluss sodann eine medizinisch umfassende Einschätzung für den Einzelfall geben. Denn die ungefilterten Informationen aus anderen Medien lassen Patient:innen oft überfordert zurück und können verunsichernd wirken. Dieser Zustand kann sich auch hinsichtlich des bereits erörterten Nocebo-Effekts[305] negativ auswirken. Ärzt:innen müssen die ungeordneten Vorinformationen ihrer Patient:innen erläutern, individuell bewerten und in den Behandlungskontext einordnen.[306] Daher besteht die Selbstbestimmungsaufklärung in der heutigen Zeit häufig nicht mehr eindimensional in der Beseitigung der medizinischen Unkenntnis der Patient:innen, sondern vielmehr mehrdimensional in der Erkennung und Beseitigung von Fehlinformationen und Fehlvorstellungen.[307]

Es ist daher eine Illusion, wenn davon gesprochen wird, Ärzt:innen könnten ihren Patient:innen mithilfe einer richtig dosierten Aufklärung zur für ihre Gesundheit besten Entscheidung ermutigen. Vielmehr geht es weniger um die Kluft der wissenden Ärzt:innen und der unwissenden Patient:innen, sondern um die Schere zwischen dem einerseits medizinisch korrekten, vollständigen Wissen der Behandelnden und den verzerrten bis gänzlich falschen Informationen, die sich Lai:innen aus zweifelhaften Quellen beschafft haben.[308]

Bei der Aufklärung ist ein besonderes Augenmerk darauf zu legen, ob Patient:innen in der Lage sind, die allgemeinen Informationen auf ihren konkreten Einzelfall anzuwenden. Denn selbst wenn Patient:innen über weitreichende zutreffende medizinische Kenntnis verfügen, können ihre Einschätzungen der konkreten Behandlungssituation gleichwohl unrichtig sein, etwa wenn sie Krebsrisiken falsch einschätzen.[309]

(b) Exkurs: Die Stiftung Unabhängige Patientenberatung Deutschland, UPD

Bei der Einordnung anderer Informationsquellen kann die alleinige Verantwortung der Ärzt:innen jedenfalls teilweise ähnlich wie bei schriftlichem Informationsmaterial auf weitere Akteur:innen verteilt werden. Die qualitätsgesicherte, unabhängige und kostenfreie Patienteninformation und -beratung in gesundheitlichen

[304] *Schmuker/Zok*, in: Versorgungs-Report Früherkennung, S. 42.

[305] 3. Teil C. I. 1. b) bb) (2).

[306] *Hansen/Zech/Benson*, Der Nervenarzt 2020, 691 (698).

[307] *Drechsler*, MedR 2021, 439 (442).

[308] *Nestler*, medstra 2018, 330 (333).

[309] *Wagner*, in: MüKo BGB, § 630e Rn. 48.

Fragen als gesamtgesellschaftliche Aufgabe ist das Anliegen der in § 65b SGB V geregelten „Stiftung Unabhängige Patientenberatung Deutschland" (UPD). Die Beratungsstelle hat ab dem 01.01.2024 ihre Informations- und Beratungstätigkeit als Stiftung bürgerlichen Rechts aufgenommen, § 65b I SGB V. Für die Beratung zu gesundheitlichen Fragestellungen stehen bei der UPD ärztliche, zahnärztliche und pharmazeutische Berater:innen, Fachkräfte aus Pflege und anderen Gesundheitsfachberufen und ein psychosoziales Team zur Verfügung. Die Beratung der UPD geht hierbei weiter als das bloße Verfassen und Herausgeben von Informationsblättern. Vielmehr bietet sie Patient:innen persönliche Beratungsgespräche zu Arzneimitteln, Untersuchungen und Behandlungen von Krankheiten, Befunderläuterungen, Behandlungsfehlern und Früherkennung von Krankheiten und Impfungen an.[310] Vorteile der Aufklärung durch solche Beratungsstellen sind größere personelle, zeitliche und informationelle Ressourcen als sie einzelne Ärzt:innen zur Verfügung haben. Auf diese Weise bekommen Patient:innen eine zweite fachliche Meinung und können aufgrund der zumindest bei eingriffsintensiven Maßnahmen zwingenden zeitlichen Zäsur zwischen Aufklärung und Behandlung die erhaltene Information verarbeiten und eine Entscheidung wohlüberlegt treffen.

Evident können solche Beratungsstellen das Aufklärungsgespräch der Behandelnden nicht vollständig ersetzen. Allein diese kennen alle Umstände des Einzelfalls und die Krankheitsgeschichte der Patient:innen sowie bereits durchgeführte Behandlungen. Allerdings können gerade hinsichtlich Routine- oder Vorsorgeuntersuchungen sowie Impfungen Beratungsstellen die Information von Patient:innen in weiten Teilen übernehmen, sodass Ärzt:innen in ihren Ressourcen geschont würden und nur noch individuelle Belange und Besonderheiten mit den einzelnen Patient:innen besprechen müssten. Aufgrund der längeren Entscheidungszeit können Patient:innen aufkommende Fragen unmittelbar vor der Behandlung mit ihren Ärzt:innen besprechen.

(c) Neue technische Möglichkeiten im Rahmen der ärztlichen Aufklärung

Auch hinsichtlich der Art und Weise der Aufklärung selbst können neue technische Möglichkeiten genutzt werden. Denn schriftliche Aufklärungsmaterialen sind neben Aufklärungsgesprächen längst nicht mehr der einzig mögliche Weg der Informationsüberbringung im medizinischen Aufklärungskontext.

So befürworteten in einer 2020 publizierten Studie[311] 95,3 % der 106 befragten Ärzt:innen und 88,7 % der 512 Patient:innen eine Aufklärung vor einer CT-Untersuchungen mithilfe interaktiver Videos und Animationen.[312] Neben solchen Animationen und Videos könnten über Tablets und Computer auch Fragen zum Gesundheitszustand der einzelnen Patient:innen beantwortet werden. Das befürwor-

---

[310] *UPD Patientenberatung Deutschland gGmbH*, UPD Patientenflyer, Stand: Juli 2020, S. 2.

[311] *Vogele et al.*, Der Radiologe 2020, 1077.

[312] *Vogele et al.*, Der Radiologe 2020, 1077 (1082).

teten immerhin 74% der Patient:innen und 98,8% der Ärzt:innen.[313] Hieraus lässt sich schlussfolgern, dass grundsätzlich von einer großen Akzeptanz sowohl auf Behandelnden- als auch auf Behandeltenseite gegenüber neuen Technologien im Rahmen der medizinischen Aufklärung auszugehen ist. Eine solche Einigkeit kann die Anforderungen an die Aufklärung modifizieren und neu gestalten. Vorteil der interaktiven technischen Aufklärung im Vergleich zum klassischen Aufklärungsbogen wäre die Möglichkeit, das Vorverständnis der Patient:innen bereits vor dem persönlichen Arztgespräch abzufragen. Diese Möglichkeit entbindet Ärzt:innen zwar nicht von ihrer Pflicht, im Gespräch nachzuvollziehen, ob ihr Gegenüber tatsächlich in der Lage ist, die Sachinformationen auf den konkreten Fall zu beziehen. Denn das hierfür nötige Einfühlungsvermögen kann durch Computer und künstliche Intelligenz (KI) nicht gewährleistet werden. Jedoch kann auf diesem Wege ein allgemeines Grundverständnis der Patient:innen abgefragt werden, auf welches sich Ärzt:innen im Rahmen des persönlichen Gesprächs stützen könnten. Das würde zu einer zeitlichen Entlastung der Ärzt:innen führen, die sich infolgedessen bei ihrer Aufklärung auf die einzelnen Patient:innen konzentrieren könnten, anstelle aus Sorge vor haftungsrechtlichen Konsequenzen ohne Einbeziehung individueller Parameter pauschal möglichst viele Informationen in ihre Aufklärung einzubeziehen.

Vorteil einer interaktiven technischen Aufklärung wäre zum einen die bereits im Rahmen der Comics angesprochene Visualisierung, die das Verständnis der Patient:innen unterstützen würde. Bildliche Kommunikation und Wiederholungen der Information (u.a. auch in leichter Sprache) unterstützen Patient:innen darin, ihre Entscheidungsfähigkeit herzustellen und erleichtern die gedankliche Orientierung.[314] Darüber hinaus wäre durch die erzeugten Datensätze auch eine Dokumentation der erfolgten Aufklärung der einzelnen Patient:innen möglich, welche zumindest dazu geeignet wäre, das Grundverständnis der Patient:innen durch korrekt beantwortete Fragen zu belegen.

Nichtsdestotrotz ist die Unterstützung und Nutzung technischer Aufklärungsmodule kein Ersatz für das ärztliche Aufklärungsgespräch, welches zur Wahrung der Patientenautonomie unbedingt von einem Menschen geführt werden muss. Dieser darf nicht durch eine Maschine ersetzt werden, sie kann ihm hierbei lediglich aus den genannten Gründen unterstützend assistieren.

ee) Zwischenergebnis

Die genannten Faktoren der individuellen physischen, psychischen, und sozialstrukturellen Belange der Patient:innen auf der einen Seite sowie die zeitlichen und informationellen Kapazitäten auf ärztlicher Seite beeinflussen die Aufklärungsanforderungen und -realitäten im medizinischen Alltag. Durch die Pflicht der Patient:innen zur aktiven Mitarbeit kann eine sachgerechte Verantwortungsverteilung

[313] *Vogele et al.*, Der Radiologe 2020, 1077 (1082).

[314] *Birnbacher*, in: Ethik im Gesundheitswesen, S. 496.

hergestellt werden. Die Abgrenzung der Verantwortungsbereiche führt zur Entlastung des medizinischen Personals von der alleinigen Verantwortung für ein gelungenes Aufklärungsgespräch.

Hieraus entstehen bei gelungener Umsetzung auch keine Einbußen für die Patientenautonomie. Vielmehr steht diese im Zentrum des Arzt-Patienten-Gesprächs, in welchem die einzelnen Patient:innen und ihre Lebensrealitäten den Aufklärungsumfang und -inhalt bestimmen. Wird eine solche Zusammenarbeit von Patient:innen und Ärzt:innen in Form eines Dialogs erreicht, führt dies nicht nur zur Förderung des Vertrauens zwischen den Parteien, sondern auch zur Stärkung der Patientenautonomie und einer autonomen Patientenentscheidung. Durch die Kontextualisierung der Behandlung in den Lebenszusammenhang des:der Einzelnen bleibt diese:r das selbstbestimmte Subjekt der eigenen Gesundheitsversorgung. Während eine pauschale und allgemeine Informationsflut zur Objektivierung der behandelten Person führt, wird eine solche durch die Individualisierung der Aufklärung vermieden. Stattdessen wird den persönlichen Belangen und Interessen angemessen Rechnung getragen.

c) Unterscheidung der Anforderungen nach Dringlichkeit und medizinischer Indikation

Die Gerichte unterscheiden bei den Aufklärungspflichten danach, ob ein Eingriff medizinisch notwendig oder wie im Lipotransfer-Fall „nur" aus kosmetischen Gründen erfolgt. Auch die Dringlichkeit eines Eingriffs beeinflusst nach der Rechtsprechung den Umfang der Aufklärungspflichten.[315] Es fragt sich, ob eine solche Unterscheidung überzeugen kann.

aa) Die richterliche Praxis

Grundsätzlich gilt nach der Rechtsprechung: Je dringlicher und zwingender ein Eingriff medizinisch indiziert ist, desto begrenzter ist die Aufklärungspflicht.[316] Im Umkehrschluss sind die gerichtlichen Anforderungen an die ärztliche Aufklärung bei rein kosmetischen Eingriffen wie im Lipotransfer-Fall besonders hoch. Das Gleiche gilt für rein prophylaktische oder diagnostische Eingriffe[317] sowie sonst aufschiebbarer oder freiwillig durchgeführter Eingriffe, wie Blut- oder Organspen-

---

[315] BGH, Urt. v. 16.11.1971 – VI ZR 76/70, NJW 1972, 335; BGH, Urt. v. 6.11.1990 – VI ZR 8/90, NJW 1991, 2349.

[316] BGH, Urt. v. 16.11.1971 – VI ZR 76/70, NJW 1972, 335 (337); BGH, Urt. v. 6.11.1990 – VI ZR 8/90, NJW 1991, 2349; BGH, Urt. v. 22.12.2010 – 3 StR 239/10, NJW 2011, 1088 (1089); OLG Dresden, Beschl. v. 8.10.2019 – 4 U 1052/19, NJW-RR 2020, 149 (150); OLG Naumburg, Urt. v. 20.11.2014 – 1 U 1/14, BeckRS, 19836, Rn. 10.

[317] *Fischer*, in: StGB, § 228 Rn. 16.

den. Insbesondere greife bei medizinisch nicht notwendigen Maßnahmen die Erwägung, man wolle die Patient:innen nicht unnötig verunsichern, nicht.[318]

bb) Stellungnahme

Den Umfang der Aufklärungspflicht von der medizinischen Indikation eines Eingriffs abhängig zu machen, kann nur auf den ersten Blick überzeugen.

(1) Bedeutung der medizinischen Indikation für den Aufklärungsumfang

Bei einer fehlenden medizinischen Indikation besteht keine biologische Notwendigkeit, vom gesunden *status quo* abzuweichen und nicht erforderliche Risiken einzugehen.

Nach der ständigen Rechtsprechung[319] und einem Großteil der Literatur[320] bedürfe es zur selbstbestimmten Entscheidung der Patient:innen bei medizinisch nicht notwendigen Eingriffen einer schonungslosen Aufklärung über jedes in Betracht kommende Risiko. Denn bei solchen bringe der Eingriff keine beabsichtigte Heilung oder Verbesserung der Gesundheit. Vielmehr werde erst durch die Behandlung temporär ein pathologischer Zustand hervorgerufen, der einer Heilung bedürfe. Daher stünde eine Wunschbehandlung nicht auf der gleichen Stufe wie die Wahrnehmung eines Gesundheitsinteresses.[321]

Auf den ersten Blick stärken die strengeren Aufklärungsanforderungen bei medizinisch nicht indizierten Eingriffen das Selbstbestimmungsrecht der Patient:innen. Allerdings muss sich die Rechtsprechung fragen lassen, woher die Annahme rührt, dass das Selbstbestimmungsrecht bei kosmetischen Eingriffen oder solchen der sog. „Wunschmedizin" gegenüber medizinisch indizierten Eingriffen gestärkt werden muss. Auf welcher Grundlage ist eine solche Stärkung überhaupt möglich? Verlangt nicht das Selbstbestimmungsrecht unabhängig von der medizinischen Indikation eine ausreichende Kenntnis von allen relevanten Fakten, damit eine Einwilligung wirksam ist?[322]

Hinter der Forderung nach einer schonungslosen Aufklärung bei nicht indizierten Eingriffen steht mutmaßlich die Überlegung, dass Patient:innen Risiken bei ihrer Behandlungsentscheidung über nicht notwendige Eingriffe schwächer ge-

---

[318] LG Düsseldorf, Urt. v. 16.11.2021 – 1 Ks 24/20, BeckRS 2021, 55107, Rn. 181.

[319] BGH, Urt. v. 18.11.2008 – VI ZR 198/07, NJW 2009, 1209 (1210); OLG Naumburg, Urt. v. 20.11.2014 – 1 U 1/14, BeckRS, 19836, Rn. 12; OLG Dresden, Beschl. v. 8.10.2019 – 4 U 1052/19, NJW-RR 2020, 149 (150).

[320] *Spickhoff*, NJW 2021, 1713 (1718); *ders.*, in: Spickhoff, MedR, § 630e Rn. 4; *Wagner*, in: MüKo BGB, § 630e Rn. 12; *Paeffgen/Zabel*, in: NK-StGB, § 228 Rn. 63a.

[321] *Magnus*, medstra 2020, 137 (138).

[322] *Nestler*, medstra 2018, 330 (333).

wichten[323] und stärker den gewünschten Ausgang in den Blick nehmen als bei medizinisch indizierten Behandlungen. Aufgrund dessen, so die Annahme, könnte es zu einer Fehleinschätzung der mit einer Maßnahme einhergehenden Risiken kommen. Denn mit den Worten des BGH sei es „noch weniger als sonst (…) selbstverständlich, daß [der Patient] in Unkenntnis dessen, worauf er sich einläßt, dem ärztlichen Eingriff zustimmt…".[324] Es sei jedoch das Recht der behandelten Person, abzuwägen, ob sie bereit ist, das Risiko eines Misserfolges in Form von Entstellungen oder gesundheitlichen Belastungen zu tragen, selbst wenn das Risiko hierfür gering ist und diese nur „entfernt als Folge des Eingriffs in Betracht kommen"[325].

(a) Paternalistische Erwägungen der Gerichte

Aus den Erwägungen des BGH lässt sich folgern, dass der Umfang der Aufklärung zumindest auch danach bemessen wird, was objektiv als medizinisch sinnvoll erachtet wird. Das bedeutet im Umkehrschluss, dass der Heilauftrag und das Heilungsziel von der Rechtswissenschaft im Rang nach wie vor über die Patientenautonomie gestellt wird.[326] Wenn die Gerichte fordern, über die reine Information hinausgehend sei eine schonungslose oder sogar abschreckende Aufklärung notwendig, treffen sie eine Vorgewichtung.[327] Die gerichtlichen Erwägungen lassen gerade solche paternalistischen Züge erkennen,[328] die den behandelnden Mediziner:innen immer wieder unterstellt werden und die es richtigerweise zu vermeiden gilt. Denn mit der Unterscheidung zwischen medizinisch indizierten und nicht indizierten Eingriffen nehmen die Gerichte eine Wertung über das gebotene Schutzniveau der körperlichen Unversehrtheit der Patient:innen vor. Ziel der erhöhten Aufklärungspflichten ist es, das körperliche Wohl der Patient:innen auch gegen einen objektiv unvernünftigen eigenen Willensentschluss zu schützen.[329] Dass es Sache der Behandelten ist, für welche Zwecke sie ihre körperliche Unversehrtheit preisgeben und für welche nicht, wird hierdurch zweitrangig. Aufgabe der Aufklärung ist allein die Schaffung einer hinreichenden Entscheidungsgrundlage und nicht die „Vorwegnahme der Abwägung" für die Patient:innen.[330]

Auch die Argumentation, Entscheidungen über wunschmedizinische Maßnahmen könnten zu sehr von dem gewünschten Ergebnis getragen und mögliche Risiken könnten aufgrund dessen zu wenig in die Entscheidung mit einbezogen werden, begründet keine Rechtfertigung erhöhter Aufklärungsanforderungen. Denn für solch eine Annahme gibt es keinen allgemeingültigen Erfahrungssatz. Sowohl bei

---

[323] *Nestler*, medstra 2018, 330 (333).

[324] BGH, Urt. v. 6.11.1990 – VI ZR 8/90, NJW 1991, 2349.

[325] BGH, Urt. v. 6.11.1990 – VI ZR 8/90, NJW 1991, 2349.

[326] *Nestler*, medstra 2018, 330 (334).

[327] *Vogelbusch*, medstra 2024, 91 (96).

[328] *Rosenau*, in: Jahrbuch für Recht und Ethik, S. 276; *Vogelbusch*, medstra 2024, 91 (96).

[329] *Rosenau*, in: Jahrbuch für Recht und Ethik, S. 276.

[330] *Vogelbusch*, medstra 2024, 91 (96).

medizinisch notwendigen als auch bei nicht notwendigen Maßnahmen verfolgen Patient:innen subjektiv eine Verbesserung ihres aktuellen Zustands. Wie im folgenden Abschnitt dargestellt wird, hängt der subjektiv empfundene Leidensdruck nicht zwingend von der medizinischen Indikation einer Maßnahme ab. Insbesondere sind die Grenzen zwischen medizinischer Indikation und Wunschmedizin teilweise fließend. Für wie erforderlich ein:e Patient:in einen Eingriff hält, ist daher nicht notwendigerweise abhängig von der objektiven Gesundheitsverbesserung. Vielmehr unterstellt auch die Annahme, Patient:innen liefen allgemein Gefahr, bei einer wunschmedizinischen Maßnahme Risiken zu schwach zu gewichten, diesen eine gewisse Leichtsinnigkeit und Unvernunft. Stellt die behandelnde Person im Einzelfall ein fehlendes Bewusstsein des Gegenübers für die bestehenden Risiken fest, hat sie freilich auch nach dem hier erarbeiteten Aufklärungskonzept ihre Risikoaufklärung zu intensivieren und eindrücklich auf mögliche Gefahren hinzuweisen.

Zuletzt erscheint die Privilegierung medizinisch indizierter Eingriffe zur sonstigen Einwilligungsdogmatik widersprüchlich, wenn man bedenkt, dass weder im Rahmen der mutmaßlichen noch im Rahmen der hypothetischen Einwilligung bei der Beurteilung des Patienteninteresses die medizinische Sinnhaftigkeit einer Maßnahme entscheidend ist. Es ist allgemein anerkannt, dass im Rahmen dieser Beurteilung zum Schutze der Patientenautonomie allein auf den mutmaßlichen bzw. hypothetischen Patientenwunsch abzustellen ist. Ob dieser objektiv vernünftig ist, spielt gerade keine Rolle.

Es bedarf daher eines einheitlichen Aufklärungsmaßstabs unabhängig von der medizinischen Indikation.

(b) Nicht immer eine eindeutige Abgrenzung medizinischer Notwendigkeit und „Wunschmedizin" möglich

Wie missglückt eine Unterscheidung der Aufklärungsanforderungen nach medizinischer Notwendigkeit ist, wird auch anhand des folgenden Beispiels deutlich: Möchte eine Patientin sich aufgrund ästhetischer Ideale ihre Brüste vergrößern oder verkleinern lassen, bedarf es nach der aktuellen Rechtslage einer besonderes ausführlichen, drastischen und schonungslosen Aufklärung.

Eine Privilegierung erfährt dagegen die Aufklärung einer Patientin, die aufgrund von Rückenschmerzen und -beschwerden medizinisch indiziert ihre Brüste verkleinern lassen möchte. In diesen Fällen gelten für denselben Eingriff der Brustverkleinerung beim gleichen Behandelnden unterschiedliche Aufklärungspflichten.

Denkbar sind auch andere Maßnahmen, die sowohl zu medizinischen Heilzwecken als auch als „wunscherfüllende" Medizin durchgeführt werden; man denke an eine Empfängnisverhütung wie Sterilisation oder einen Schwangerschaftsabbruch. Beide Eingriffe können aufgrund gesundheitlicher Gefahren für die Mutter aber auch ohne medizinische Notwendigkeit aufgrund individueller Wünsche zur Lebensgestaltung durchgeführt werden. Zudem verliert sich in manchen Bereichen die

Grenze der Gesundheitsförderung auch im Ungefähren, so etwa bei Maßnahmen zur Steigerung der sexuellen Potenz oder zur Behandlung einer erektilen Dysfunktion.[331]

Die Unterscheidung der Aufklärungsanforderungen nach medizinischer Indikation oder bloßer „Wunschmedizin“ ist daher auch unter Gesichtspunkten des Art. 3 GG nicht begründbar. Denn an die Aufklärung der gleichen Eingriffe würden trotz gleicher Risiken grundsätzlich unterschiedliche Anforderungen gestellt werden. Wesentlich Gleiches würde ungleich behandelt. Grund für die Differenzierung der Aufklärung wäre allein der Beweggrund der Behandlung. Diesen soll die behandelte Person aber gerade auf Grundlage der Aufklärung als Vorteil den möglichen Nachteilen gegenüberstellen und abwägen können.[332] Hierbei hat allein der:die Patient:in zu entscheiden, ob die Abwägung zugunsten der Eingriffsvornahme ausfällt. Insbesondere ist hervorzuheben, dass ein ästhetischer Wunsch zu einem derartigen Leidensdruck und zu einer Beeinträchtigung der Lebensführung bei Betroffenen führen kann, dass nicht immer eindeutig feststellbar ist, ob es sich um einen kosmetischen oder einen aufgrund psychischer Belastung medizinisch indizierten Eingriff handelt.

Wer einen Schnupfen hat, leidet in der Regel weniger als etwa ein Mensch mit ausgeprägten, jedoch nicht krankheitswertigen Unzulänglichkeiten des äußeren Erscheinungsbilds.[333]

(2) Bedeutung der Dringlichkeit der Maßnahme für den Aufklärungsumfang

Die Dringlichkeit eines Eingriffs beeinflusst die Aufklärungspflicht, wenn die Aufklärung zulasten der Erfolgsaussichten der Behandlung gehen würde.[334] Fehlt die Zeit für eine ausführliche Aufklärung mit anschließender Bedenkzeit, weil sonst Leib und Leben der Patient:innen gefährdet sind, reicht eine Aufklärung im tatsächlich möglichen Maße aus.[335] So führte der BGH schon 1959 aus: „Hat der Arzt einen Patienten vor sich, dessen Leben nach seiner ärztlichen Ansicht bedroht ist, wenn er ihn nicht sofort operiert, so braucht er mit der Einwilligung nicht viel Umstände machen.“[336] Bezogen auf die Aufklärung setzt die ständige Rechtsprechung auch heute noch zu Recht den notwendigen Aufklärungsumfang in umgekehrte Proportionalität zu der Dringlichkeit des Eingriffs.[337]

---

[331] *Brettel*, medstra 2015, 324 (328).

[332] *Vogelbusch*, medstra 2024, 91 (96).

[333] *Brettel*, medstra 2015, 324 (329).

[334] *Tsambikakis/Dorneck*, in: NK-MedStR, § 228 Rn. 75; *Dölling*, in: HK-GS, § 228 Rn. 18.

[335] *Knauer/Brose*, in: Spickhoff, MedR, § 223 Rn. 40.

[336] BGH, Urt. v. 10.2.1959 – 5 StR 533/58, NJW 1959, 825.

[337] BGH, Urt. v. 22.12.2010 – 3 StR 239/10, NJW 2011, 1088 (1089); BGH, Urt. v. 15.5.1979 – VI ZR 70/77, NJW 1979, 1933 (1934); BGH, Urt. v. 22.4.1980 – VI ZR 37/79, NJW

Bei tatsächlich fehlender Möglichkeit zur Aufklärung ist der Anwendungsbereich der mutmaßlichen Einwilligung eröffnet. Das ist der Fall, wenn die behandelte Person überhaupt nicht mehr in der Lage ist, einzuwilligen, etwa weil sie bewusstlos ist.

Nicht ganz so eindeutig ist die dogmatische Rechtfertigung eines Eingriffs, der zwar dringlich und stark indiziert ist, die behandelte Person jedoch grundsätzlich einwilligungsfähig ist. Auch in solchen Situationen kann aufgrund der Dringlichkeit eine ausführliche Aufklärung zeitlich unmöglich sein. Einige Stimmen in der Literatur[338] wollen auch in diesen Fällen die fehlende ausdrückliche Einwilligung durch die mutmaßliche Einwilligung ersetzen. Denn diese könne die fehlende Einwilligung nicht nur bei vollkommener Einwilligungsunfähigkeit aufgrund von Bewusstlosigkeit oder anderen Bewusstseinsstörungen ersetzen. Vielmehr komme sie auch dann zum Einsatz, wenn in einem Notfall die Einwilligung der Rechtsgutsträger:innen aus zeitlichen Gründen nicht eingeholt werden könne.[339] Die Anwendung der mutmaßlichen Einwilligung auf solche Fälle widerspricht streng genommen der Subsidiarität der mutmaßlichen Einwilligung. Diese ist nämlich für Fälle konzipiert worden, in denen die zur Disposition berechtigte Person nicht zur Willensbildung und -äußerung in der Lage ist.[340] Genau genommen ist eine einwilligungsfähige Person jedoch auch bei zeitlicher Dringlichkeit in der Lage zur Willensbildung. Es fehlt lediglich die nötige Zeit, eine solche nach erfolgter Aufklärung zu ermöglichen.

Eine präzisere Begründung der Rechtfertigung – mit letztlich gleichem Ergebnis – liegt daher in der Annahme beschränkter Aufklärungspflichten und der ausdrücklichen oder konkludenten Einwilligung der einwilligungsfähigen Person. Kann aufgrund der Dringlichkeit des Eingriffs dem:der Patient:in nur eine grobe Erklärung zum bevorstehenden Eingriff gegeben werden, ergibt sich aus einem ausdrücklichen oder mutmaßlichen Aufklärungsverzicht eine Beschränkung der Aufklärungspflichten. Denn aufgrund der Dringlichkeit fehlt es rein tatsächlich an der Zeit, eine ausführliche, auf die individuellen Belange der behandelten Person zugeschnittene Aufklärung vorzunehmen. Diese ist aufgrund der schwindenden Erfolgsaussichten der Maßnahme auch nicht mehr im Interesse der aufzuklärenden Person. Abhängig von der konkreten Dringlichkeit verringert sich mit der Aufklärungsmöglichkeit auch die Aufklärungspflicht.

1980, 1905 (1907); BGH, Urt. v. 18.11.2008 – VI ZR 198/07, NJW 2009 (1210); OLG Brandenburg, Urt. v. 27.03.2008 – 12 239/06, BeckRS 41812.

[338] *Wagner*, in: MüKo BGB, § 823 Rn. 81; *Tsambikakis/Dorneck*, in: NK-MedStR, § 228 Rn. 90.

[339] *Wagner*, in: MüKo BGB, § 823 Rn. 81; *Tsambikakis/Dorneck*, in: NK-MedStR, § 228 Rn. 90.

[340] *Erb*, in: MüKo StGB, § 34 Rn. 42; *Sternberg-Lieben* in: TK-StGB, § 223 Rn. 58; *Knauer/Brose*, in: Spickhoff, MedR, § 223 Rn. 10.

Je dringender eine Maßnahme, desto weitreichender ist der anzunehmende Aufklärungsverzicht. Andersherum ist nicht nur der Aufklärungsumfang, sondern auch der zu individualisierende Aufklärungsinhalt umgekehrt proportional zur Dringlichkeit des Eingriffs. Kennt die behandelnde Person bereits aufgrund früherer Gespräche besondere Interessen des:der Patient:in und besteht noch Zeit, diese anzusprechen, erstreckt sich die Aufklärungspflicht hierauf. Auf diesem Weg werden die Patienteninteressen an möglichst großen Erfolgsaussichten einerseits und einer selbstbestimmten Entscheidung nach erfolgter Aufklärung andererseits in einen sachgerechten Ausgleich gebracht.

Dieser Ansatz ist auch deshalb sinnvoll, weil von Ärzt:innen nichts Unmögliches verlangt werden darf. Würden Ärzt:innen auch in dringenden Notfällen eine individualisierte ausführliche Aufklärung vornehmen, ihren Patient:innen Bedenkzeit einräumen und deshalb aufgrund der verzögerten Eingriffsvornahme die Gesundheit ihrer Patient:innen gefährden, läge ein strafrechtlich relevantes Unterlassen vor.

2. Zusammenfassung und Fazit

Die kontextualisierte Aufklärung ermöglicht eine Information und Einwilligung der Patient:innen, in der ihr Wille das leitende Element der Behandlung bleibt. Das gelingt, indem kontextbezogene Wechselwirkungen, die die selbstbestimmte Entscheidung beeinflussen, in die Aufklärung einbezogen werden.[341] Eine Kontextualisierung ist daher als Erweiterung des „informed consent" zu verstehen. Die dargestellten Faktoren individueller kognitiver, psychischer und physischer sowie sozialer Art auf Patientenseite und technischer sowie ökonomischer Art im medizinischen Alltag stehen beispielhaft für mögliche kontextbildende Einflüsse. Es ist gerade Teil des Konzepts der kontextualisierten Aufklärung, dass die modellierenden Faktoren nicht statisch gleich bleiben, sondern sich im Laufe des wissenschaftlichen und gesellschaftlichen Wandels verändern können, sodass im Einzelfall die relevanten Umstände ausreichend Berücksichtigung finden.

Hierbei kann es keinen Unterschied machen, ob die in Frage stehende Behandlung medizinisch indiziert ist oder lediglich eine Maßnahme der sog. „Wunschmedizin" ist. Denn es gibt keine sachliche Begründung dafür, weshalb die Patientenautonomie in einem der beiden Fälle einen stärkeren oder schwächeren Schutz genießen sollte.

II. Entwicklung eines Aufklärungsmaßstabs

Dieses Konzept bezieht durch die Berücksichtigung individueller, sozialer, technischer und ökonomischer Strukturen deutlich mehr Faktoren in die Anforde-

---

[341] *Dorneck et al.*, MedR 2019, 431 (439).

rungen an die Aufklärung ein als die meisten anderen Ansätze in Rechtsprechung und Wissenschaft. Man könnte daher meinen, dass die Kontextualisierung eine Vorhersage über eine strafrechtlich relevante Aufklärungspflichtverletzung noch schwieriger macht. Allerdings hat die Betrachtung der aufklärungsbestimmenden Faktoren erst einmal wenig mit den Voraussetzungen der Pflichtverletzung zu tun. Sie dient lediglich der Betrachtung, was die Pflicht der Ärzt:innen überhaupt beeinflusst und woraus sie sich bildet.

Wann eine Verletzung der gebildeten Aufklärungspflicht von strafrechtlicher Bedeutung ist, muss in einem zweiten Schritt untersucht werden.

Konkrete Sorgfaltspflichten lassen sich häufig nicht originär aus den Fahrlässigkeitsdelikten selbst oder dem Allgemeinen Teil des StGB ableiten, sondern ergeben sich aus einer selbstständigen Konstruktion. Sie knüpfen in vielen Fällen maßgeblich an andere Rechtsgebiete an oder nehmen auf diese Bezug. Da die zivilrechtlichen Anforderungen an die ärztliche Aufklärung – ähnlich wie andere Sorgfaltspflichten – nur grob auf das Strafrecht übertragbar sind und es an konkret ausgestalteten gesetzlichen Vorgaben fehlt, bereitet die Bestimmung strafrechtlicher Aufklärungspflichten häufig Schwierigkeiten. Das führt dazu, dass *ex ante* die Beeinträchtigung der Handlungsfreiheit durch eine mehr oder minder diffuse Angst vor Strafbarkeitsrisiken bei den Handelnden besteht.[342] *Ex post* besteht darüber hinaus die Gefahr, dass im Strafverfahren aus dem Bestehen eines Erfolgsunrechts auf ein Verhaltensunrecht geschlossen oder eine Sorgfaltspflichtverletzung nachträglich konstruiert wird,[343] um gesellschaftliche Strafbedürfnisse zu befriedigen oder einen wirtschaftlichen Ausgleich für die Geschädigten herbeizuführen.

Wenn sich den gesetzlichen Normierungen und Sondernormen keine Handlungsanweisungen im konkreten Einzelfall entnehmen lassen, ist auf die Gepflogenheiten und Standards des einschlägigen Verkehrskreises abzustellen. Im Rahmen der medizinischen Behandlung ist Maßstab der einzuhaltenden Sorgfaltspflicht der sog. medizinische Standard.[344] Da die Aufklärungspflicht nicht nur Voraussetzung zur Ausübung des Selbstbestimmungsrechts, sondern auch Teil der ärztlichen Behandlungspflicht ist, könnte möglicherweise auch im Rahmen der Aufklärungssorgfaltspflicht der medizinische Standard in Form eines an ihm orientierten eigens gebildeten Aufklärungs„standards" entscheidend sein.

Es ist daher zunächst zu beleuchten, was der sog. medizinische Standard überhaupt ist und wie er gebildet wird. Die erarbeiteten Erkenntnisse werden dafür genutzt, die Übertragbarkeit des Standards auf die Aufklärung zu untersuchen.

---

[342] *Schuhr/Weng*, in: FS Dannecker, 673 (675).

[343] *Schuhr/Weng*, in: FS Dannecker, 673 (675).

[344] *Terbille/Feifel*, in: MAH MedR, § 1 Rn. 547; *Katzenmeier*, in: Laufs/Katzenmeier/Lipp, ArztR, Kap. X Rn. 6; *Knauer/Brose*, in: Spickhoff, MedR, § 222 StGB Rn. 17; *Ulsenheimer/Gaede*, in: Ulsenheimer/Gaede, Arztstrafrecht in der Praxis, Rn. 66; *Gutmann*, in: Staudinger BGB, § 630a Rn. 133; *Hase*, GesR 2012, 601 (602).

1. Der medizinische Standard als strafrechtlicher Sorgfaltspflichtenmaßstab

Ursprünglich von der zivilrechtlichen Judikatur entwickelt, ist der medizinische Standard inzwischen auch gesetzlich determiniert. So heißt es in § 630a II BGB: „Die Behandlung hat nach den zum Zeitpunkt der Behandlung bestehenden, allgemein anerkannten fachlichen Standards zu erfolgen, soweit nicht etwas anderes vereinbart ist." Das Handeln auf Niveau des fachlichen Standards ist zivilrechtlich primäre Vertragspflicht der Behandelnden. Auf Sekundärebene wird der Standard bei der Bewertung einer Pflichtverletzung im Arzthaftungsrecht relevant. Strafrechtlich spielt der medizinische Standard zur Feststellung einer Sorgfaltspflichtverletzung oder einer Garantenpflichtverletzung eine entscheidende Rolle.[345] Der rechtliche Sorgfaltsmaßstab deckt sich mit dem medizinischen und richtet sich danach, was in der Medizin in dem jeweiligen Fachgebiet für geboten erachtet und damit als „Standard" bezeichnet wird.[346]

a) Konzept des Standards

Der Begriff des Standards ist in der Rechtswissenschaft verhältnismäßig unbestimmt.[347] Auch in § 630a II BGB findet sich trotz der dortigen Verwendung keine Konkretisierung. Im Duden wird die Bedeutung des Worts Standard mit „etwas, was als mustergültig, modellhaft angesehen wird und wonach sich anderes richtet"[348] angegeben. Der Standard hat somit sowohl eine deskriptive als auch eine normative Dimension. Er beschreibt nicht nur, wie etwas üblicherweise ist, sondern auch, wie etwas sein sollte. Er ist Vergleichsgröße[349] und gibt damit einen Sollensanspruch vor.[350] Der Begriff des Standards in diesem Sinne ist sehr weit und wenig konkret.

Standards können sowohl mit technischen als auch menschlichen Dimensionen auftreten. Während es gerade bei Standards im technischen Bereich um eine Systematisierung und Koordinierung geht, die regulativ bspw. in der Produktion ein gewisses Qualitätsniveau vorgeben (man denke an DIN-Normen)[351], sind im Straf-

---

[345] *Schuster*, in: TK-StGB, § 15 Rn. 212; *Schuhr/Weng*, in: FS Dannecker, 673 (676).

[346] *Kullmann*, VersR 1997, 529 (530).

[347] *Hart*, MedR 1998, 8.

[348] Duden | Standard | Rechtschreibung, Bedeutung, Definition, Herkunft online aufgerufen am 30.08.2023, 16:58 Uhr.

[349] *Jansen*, Der medizinische Standard, S. 10.

[350] *Schön*, Medizinischer Standard und digitale Transformation im Arztstrafrecht, S. 11.

[351] Eine nähere, gelungene Darstellung der Standards mit technischen Dimensionen findet sich in *Schön*, Medizinischer Standard und digitale Transformation im Arztstrafrecht, S. 11 ff. Für die vorliegende Arbeit ist jedoch lediglich der medizinische Standard, welcher menschliche Dimensionen hat, von Relevanz, sodass eine nähere Beleuchtung der technischen Dimensionen unterbleiben kann.

recht als verhaltenssteuernde Normen die menschlichen Dimensionen von besonderer Bedeutung. Denn Standards können im Grunde für jedes Handeln oder Unterlassen bestehen. Sie können Grundlage für alle Bereiche medizinisch relevanten Verhaltens sein, wobei sich der medizinische Standard insbesondere auf die ärztliche Tätigkeit und Behandlung als medizinischen Kernbereich bezieht. Der medizinische Standard bestimmt die Qualität aller ärztlicher Behandlungen: Diagnostik, Therapie, Rehabilitation, Palliation und Pflege.[352] Er „ist Richtmaß für die durchschnittliche Beschaffenheit von guter ärztlicher Übung, er soll den richtigen und sichersten Weg weisen."[353] Der Standard enthält die deskriptive Aussage der in der Wissenschaft als erforderlich angesehen Verhaltensweise. Normativ trifft er Aussagen über die Qualität einer Behandlung im Allgemeinen. Er bietet daher eine Richtschnur, an der der konkrete Einzelfall gemessen wird.[354]

Bei der Frage, wer oder was den medizinischen Standard bestimmt, ist zu beachten, dass die medizinische Wissenschaft und Praxis in ein System aus unterschiedlichen anderen (Teil-)Disziplinen – Medizin- und Gesundheitsrecht, Gesundheitsökonomie, Medizinethik, etc.– eingebettet ist, die sich ebenfalls mit der ärztlichen Heilbehandlung befassen. Diese Fächer beeinflussen sich gegenseitig und können teilweise zu unterschiedlichen Schlussfolgerungen kommen. Abhängig von den verschiedenen Grundlagen und Funktionen der Fachbereiche existieren daher mehrere Standardbegriffe. Ausgangspunkt sind hierbei immer medizinische Inhalte, die jedoch durch die disziplinären Besonderheiten nach gewissen materiellen Kriterien oder formellen Verfahren mehr oder weniger stark selektiert und modifiziert werden.[355]

In den 80er Jahren des 20. Jahrhunderts stellte Carstensen seine Definition des medizinischen Standards auf, die seither praktisch unwidersprochen aufgegriffen wird[356]: „Standard in der Medizin repräsentiert den jeweiligen Stand naturwissenschaftlicher Erkenntnis und ärztlicher Erfahrung, der zur Erreichung des ärztlichen Behandlungszieles erforderlich ist und sich in der Erprobung bewährt hat"[357]. Allerdings darf der Standardbegriff nicht auf bloßen Beschreibungen oder empirischen Auswertungen üblicher Vorgehensweisen beruhen. Denn es handelt sich beim medizinischen Standard nicht um eine medizinische, sondern um eine verhaltenssteuernde juristische Kategorie.[358] Er bringt daher spezifisch rechtliche Verhaltenserwartungen zur Geltung und muss auf juristisch-normative Vorgaben bezogen wer-

---

[352] *Hart*, MedR 2020, 895 (896).

[353] *Carstensen*, Dt. Ärzteblatt 1986, A-2431 (A-2433).

[354] *Jansen*, Der medizinische Standard, S. 3.

[355] *Jansen*, Der medizinische Standard, S. 345.

[356] BGH, Beschl. v. 22.12.2015 – VI ZR 67/15, NJW 2016, 713 (714); *Hart*, MedR 1998, 8; *Katzenmeier*, in: Laufs/Katzenmeier/Lipp, ArztR, Kap. X Rn. 7; *ders.*, MedR 2018, 367; *Jansen*, Der medizinische Standard, S. 13; *Vogeler*, MedR 2008, 697 (700).

[357] *Carstensen*, Dt. Ärzteblatt 1986, A-2431 (A-2432).

[358] *Hase*, GesR 2012, 601 (602); *Katzenmeier*, MedR 2018, 367 (368).

den. Sein Inhalt leitet sich aus entsprechenden Regeln ab.[359] Jedoch kann das Recht niemals aus sich heraus festlegen, was medizinisch sinnvoll, nötig und möglich ist. Hierzu ist eine Projektion medizinischen Wissens auf den konkreten Fall nötig, wobei immer auch individuelle und konsensuale ärztliche und damit menschliche Erfahrungswerte in die Beurteilung mit einfließen.

Die ärztliche Sorge vor übermäßiger Rechtskontrolle durch rechtliche[360] Konzeptionen wird laut Hart relativiert, wenn man sich folgendes Verhältnis vor Augen hält: Das Recht stellt zwar einen Verfahrensrahmen zur Verfügung, allerdings findet innerhalb dessen eine medizinisch-sachverständige Qualitätskontrolle statt. Die Sorgfaltspflicht wird also in ihrer formalen Begrenzung nach juristischen Prinzipien bestimmt, bemisst sich aber materiell nach Erfahrungs- und Kunstregeln, die von Ärzt:innen selbst anerkannt und angewendet werden.[361] Es ist daher die Medizin, die sich selbst aufgrund der allgemeinen und normativen Aussage, etwas sei Standard, rechtlich beurteilt.[362] Da sich die ärztliche Behandlung stets nach den Gegebenheiten des Einzelfalls richtet und überdies offen für neue Entwicklungen ist, sind allgemeingültige Standards weitgehend ausgeschlossen.[363]

b) Bildung des medizinischen Standards

Ob eine Maßnahme dem medizinischen Standard genügt, ergibt sich aus einem Vergleich der konkret durchgeführten Behandlung mit den nach den Regeln der medizinischen Wissenschaft in diesem Zeitpunkt angezeigten Maßnahmen.[364] Damit ist er in der Praxis u. a. für die Therapiewahl im Einzelfall, den Inhalt der ärztlichen Leistungspflicht und den zu erbringenden Leistungsumfang der gesetzlichen Krankenkassen von Bedeutung.[365] Der Standard gibt Auskunft darüber, welches Verhalten von gewissenhaften und aufmerksamen Fachärzt:innen in der konkreten Behandlungssituation zu diesem Zeitpunkt erwartet werden kann.[366] Der medizinische Standard besteht somit aus einer fachlichen, einer zeitlichen und einer situativen Komponente. Hierbei kommt es auf in der ärztlichen Praxis bewährte, naturwissenschaftlich gesicherte Erkenntnisse an, die das verlangte Maß von Kenntnis und Können durchschnittlich befähigter Fachärzt:innen bilden.[367] Der medizinische Standard legt nicht einen gegenwärtigen Leistungsstand der Medizin

[359] *Hase*, GesR 2012, 601 (602).

[360] *Hart*, MedR 1998, 8 (9).

[361] *Ulsenheimer/Gaede*, in: Ulsenheimer/Gaede, Arztstrafrecht in der Praxis, Rn. 134.

[362] *Hart*, MedR 1998, 8 (9).

[363] *Jansen*, Der medizinische Standard, S. 11.

[364] *Katzenmeier*, in: Laufs/Katzenmeier/Lipp, ArztR, Kap. X Rn. 5.

[365] *Frahm et al.*, MedR 2018, 447.

[366] *Greiner*, in: Spickhoff, MedR, § 839 BGB Rn. 8; *Jansen*, Der medizinische Standard, S. 45 ff.

[367] *Ulsenheimer/Gaede*, in: Ulsenheimer/Gaede, Arztstrafrecht in der Praxis, Rn. 66.

fest, sondern bezieht flexibel und sich fortbildend immer neue Entwicklungen der Wissenschaft und Technik ein.[368] Insbesondere gewährleistet der medizinische Standard nicht für alle Patient:innen die Behandlung durch Fachärzt:innen. Dann wäre die Ausbildung des medizinischen Nachwuchses unmöglich. Stattdessen muss lediglich die Qualität einer Facharztbehandlung gewährleistet werden, was bspw. auch durch die fachärztliche Kontrolle von Mediziner:innen in Ausbildung geschehen kann.[369]

Durch den Rückgriff der Gerichte auf den medizinischen Standard reagiert die Rechtspraxis auf die ständige Entwicklung medizinischer Erkenntnisse und Behandlungsmöglichkeiten.[370] Es verwundert daher nicht, dass im juristischen Kontext der medizinische Standard als Synonym für den früher oft gebrauchten Terminus „Stand der Wissenschaft" gebraucht wird.[371] Das Verhältnis von medizinischem Standard und Stand der Wissenschaft lässt sich wie folgt beschreiben: „Bezeichnet der Stand von Wissenschaft und Technik etwas Gegebenes und Erreichtes, ja Feststehendes, so deutet Standard auf das, was der Gesetzgeber mit der erforderlichen Sorgfalt gebieten wollte, nämlich auf ein normativ auferlegtes fortwährendes Sichanpassen an Umstände und Gefahren"[372].

Damit bildet sich der medizinische Standard aus zwei Faktoren: Zum einen besteht er aus wissenschaftlich gesicherten Erkenntnissen (Begründung durch die Wissenschaft), zum anderen aus der Anerkennung dieses Wissenstandes in dem praktischen Medizinbetrieb (Akzeptanz des maßgeblichen Fachkreises).[373] Da es in der Medizin häufig Anhänger:innen unterschiedlicher Lehren und Behandlungsmethoden gibt, kann in manchen Situationen nicht davon gesprochen werden, dass eine Methode „allgemein anerkannt" ist. Vielmehr reicht es aus, dass die jeweilige Behandlung bereits zum Teil Anerkennung gefunden hat. Dies ist der dynamische Teil des medizinischen Standards, der dem wechselnden Stand der Wissenschaft und Praxis jeweils angepasst wird.[374]

---

[368] *Katzenmeier*, in: Laufs/Katzenmeier/Lipp, ArztR, Kap. X Rn. 12.

[369] *Schuhr/Weng*, in: FS Dannecker, 673 (677).

[370] *Schuhr/Weng*, in: FS Dannecker, 673.

[371] *Ulsenheimer/Gaede*, in: Ulsenheimer/Gaede, Arztstrafrecht in der Praxis, Rn. 66.

[372] *Katzenmeier*, in: Laufs/Katzenmeier/Lipp, ArztR, Kap. X Rn. 13.

[373] *Ulsenheimer/Gaede*, in: Ulsenheimer/Gaede, Arztstrafrecht in der Praxis, Rn. 66; *Katzenmeier*, in: Laufs/Katzenmeier/Lipp, ArztR, Kap. X Rn. 7.

[374] *Kullmann*, VersR 1997, 529.

aa) Evidenzbasierte Medizin

Ob eine Behandlung dem medizinischen Standard entspricht, bestimmt sich heutzutage in erster Linie nach den methodischen Grundsätzen der Evidenzbasierten Medizin (EbM).[375]

Diese gilt als „der gewissenhafte, ausdrückliche und vernünftige Gebrauch der gegenwärtig besten externen, wissenschaftlichen Evidenz für Entscheidungen in der medizinischen Versorgung individueller Patienten. Die Praxis der EbM bedeutet die Integration individueller klinischer Expertise mit der bestverfügbaren externen Evidenz aus systematischer Forschung. EbM stützt sich auf drei Säulen: die individuelle klinische Erfahrung, die Werte und Wünsche des Patienten und den aktuellen Stand der klinischen Forschung“.[376]

EbM verfolgt das Ziel, Diagnose und Therapiewahl nicht auf intuitives, erinnertes Wissen und Meinungen[377] der behandelnden Person zu stützen, sondern aufgrund wissenschaftlich untermauerter Erkenntnisse in Form von Behandlungsleitlinien konkrete Handlungsvorgaben zu machen und auf diese Weise Behandlungen flächendeckend qualitativ zu verbessern. Hierdurch soll eine wissenschaftlich fundierte Versorgung ermöglicht und rechtlich verbindlich werden.

EbM greift in erster Linie auf randomisierte und kontrollierte Studien („randomized controlled trials“) zurück, um die Wirksamkeit einer Maßnahme nachzuweisen.[378] Außerdem wird klinischen Tests und Übersichtsarbeiten über entsprechende Studien im Rahmen der EbM höchster Erkenntniswert beigemessen, während nicht belegte Expertenmeinungen in den entsprechenden Klassifizierungsschemata auf unterster Stufe rangieren.[379]

EbM soll in der konkreten Behandlungssituation Auskunft darüber geben, welche Therapie angewandt werden soll, um das gewünschte Behandlungsziel zu erreichen. Der behandelnden Person obliegt es, der klinischen Entscheidung die bestmögliche ihr zur Verfügung stehende wissenschaftliche Evidenz zugrunde zu legen.[380] Leitlinien ärztlicher Fachgesellschaften, Gremien und Verbände unterstützen Ärzt:innen dabei, für die Patientengruppe, der die behandelte Person angehört, die bestmögliche Therapiemethode zu finden. In diesem Sinne ist der medizinische Standard „objektiv und gruppenbezogen“[381].

---

[375] *Frahm et al.*, MedR 2018, 447; *Schuhr/Weng*, in: FS Dannecker, 673 (677); *Schuster*, in: TK-StGB, § 15 Rn. 212; *Jansen*, Der medizinische Standard, S. 17 ff.

[376] *Frahm et al.*, MedR 2018, 447.

[377] *Mühlhauser*, in: Evidenzbasierte | evidenzinformierte Gesundheitskommunikation, S. 17.

[378] *Voigt*, in: BeckOGK BGB, § 823 Rn. 1093.

[379] *Hase*, ZEFQ 2012, 168 (171).

[380] *Stallberg*, PharmR 2010, 5 (6).

[381] *Boemke*, NJW 2010, 1562; *Schuhr/Weng*, in: FS Dannecker, 673 (677).

Evidenzbasierte Therapieleitlinien entwickeln, verbessern oder bestätigen den Standard und dienen in ihrer qualitätssichernden Funktion der Festlegung und Präzisierung.[382] Allerdings können solche Therapieleitlinien nicht jeden Einzelfall mit seinen Besonderheiten erfassen, sodass sie häufig rechtlich nicht zwingend verbindlich sind.[383] Sind praktische Einzelfälle nicht eindeutig der Aussage von Studien zuzuordnen, entfalten diese lediglich Indizwirkung und prägen über die sich entwickelnde fachärztliche Übungen lediglich indirekt den Standard.[384] Aufgrund diesen Umstands ist zur konkreten Behandlungsentscheidung nicht nur externe Evidenz (wissenschaftliche Forschung, klinische Studien, einschlägige Literatur) sondern auch interne Evidenz gleichermaßen heranzuziehen.

Das bedeutet, dass die klinische Erfahrung der behandelnden Personen zusammen mit der verfügbaren externen Evidenz berücksichtigt werden muss. Individuelle Behandlungsentscheidungen dürfen nicht ausschließlich auf der in Leitlinien dargelegten externen Evidenz basieren. Sie müssen vielmehr Ergebnis des Zusammenspiels externer und interner Evidenz sein.[385]

Die individuellen Kenntnisse und Fähigkeiten der behandelnden Person sind bei der Bildung des medizinischen Standards zunächst nicht von Bedeutung. Es besteht eine Pflicht zur regelmäßigen Fortbildung, damit Ärzt:innen den notwendigen Kenntnisstand erlangen und erhalten.[386]

bb) Ärztliche Erfahrungssätze und der medizinische Standard

Da es prinzipiell unmöglich ist, alle Informationen eines Falls zu erfassen, geschweige denn exakt wissenschaftlich auszuwerten, ist das ärztliche Urteil für die Bestimmung der standardgemäßen Methode im Einzelfall unerlässlich.[387] Die ein Urteil ermöglichende ärztliche Erfahrung besteht aus der selbstreflektierten Erfahrung, d.h., es erfolgt eine individuelle Reflexion der eigenen Handlungen, Beobachtungen und Erfahrungen.[388]

Das Handeln aufgrund solcher Reflexion wird teilweise auch als Intuition begriffen.[389] Hierbei darf Intuition jedoch nicht als ein diffuses oder unbewusstes „Gefühl" der Behandelnden verstanden werden, das jeglicher objektiv zugänglicher Grundlage entbehrt. Sie bildet sich vielmehr aus einem Netz individueller und kollektiver Erfahrung heraus: einzelne Praktiker:innen denken und entscheiden si-

---

[382] *Hart*, MedR 1998, 8.

[383] *Wagner*, in: MüKo BGB, § 630a Rn. 153.

[384] *Schuhr/Weng*, in: FS Dannecker, 673 (677).

[385] *Stallberg*, PharmR 2010, 5 (7).

[386] BT-Drucks. 17/10488, S. 19.

[387] *Dumbs*, GesR 2014, 513 (519).

[388] *Schön*, Medizinischer Standard und digitale Transformation im Arztstrafrecht, S. 119.

[389] *Ladeur*, GesR 2011, 455 (456).

tuativ und machen individuelle Erfahrung. Durch eine Vielzahl von Beteiligten bildet sich aus individuellen Erfahrungen eine kollektive Erfahrung. Denn mehrere Einzelerfahrungen erzeugen ein „web of belief", sodass die Anschlüsse generiert werden, die die Intuition im Einzelnen erst ermöglichen.[390] Die kollektive Erfahrung bildet sich aufgrund langjähriger Beobachtung und Auswertung in der Praxis.[391] Die ärztliche Intuition ist nicht primär Voraussetzung für Erfahrungen, sondern die Folge dieser. Durch intuitives Handeln werden sodann neue Erfahrungen generiert. Intuition und Erfahrungen schließen sich damit nicht aus, sondern bedingen einander im Wechselspiel.[392] Intuition allein kann ärztliche Erfahrungssätze deshalb nicht umschreiben. Für die Erzeugung dieser bedarf es der Verteilung und des Austauschs des Wissens über die Wirkung, Erfolgsaussichten und Methoden einer in Rede stehenden Maßnahme. Dieses grenzt sich von der EbM insoweit ab, als dass es sich um Wissen handelt, welches gerade nicht wissenschaftlich dokumentiert ist, sondern auf persönlichen Erfahrung basiert.[393]

cc) Fazit zum medizinischen Standard

Nach dem bisher Gesagten kann der medizinische Standard damit nicht für sich in Anspruch nehmen, den einzigen „richtigen" Weg aufzuzeigen. Häufig gibt es gar keine eindeutige Richtigkeit auf medizinische Fragen. Diesbezüglich sei erneut auf den 3. Teil B. I. 1. verwiesen, in dem herausgearbeitet wurde, dass es keine allgemeine, vom Einzelfall losgelöste Feststellung medizinischer Indikation gibt. Richtiges ärztliches Handeln kann sich nicht auf ein gefestigtes Regelwerk stützen. Ärzt:innen haben bei der Methodenwahl mit ihren Patient:innen die Chancen und Risiken im Einzelfall abzuwägen und unter Berücksichtigung individueller, psychischer, physischer und sozialer Aspekte die beste Behandlung zu wählen. Der Standard bestimmt hierbei, was im Spektrum des Üblichen liegt, d. h. er gibt ganz im Sinne der Therapiefreiheit einen Spielraum vor, in dem sich Ärzt:innen bei der Behandlung ihrer Patient:innen bewegen müssen.[394]

Angesichts der ärztlichen Therapiefreiheit kann die gewählte Behandlung im Einzelfall auch vom Standard abweichen, ohne dass dieses Vorgehen automatisch ein Behandlungsfehler sein muss. Entscheidend ist letztlich allein die Vertretbarkeit einer gewählten Behandlung im Rahmen des bestehenden Spielraums. Dieser wird freilich vor dem Hintergrund des medizinischen Standards gebildet. Auch die Beurteilung der getroffenen Maßnahme ist in hohem Maße von dem medizinischen

[390] *Ladeur*, GesR 2011, 455 (457).

[391] *Hase*, ZEFQ 2012, 168 (170).

[392] *Ladeur*, GesR 2011, 455 (457).

[393] *Schön*, Medizinischer Standard und digitale Transformation im Arztstrafrecht, S. 120.

[394] *Jansen*, Der medizinische Standard, S. 237.

Standard abhängig.[395] Eine Abweichung vom Standard ist daher besonders begründungs-, dokumentations- und aufklärungsbedürftig.[396]

Im Folgenden wird der Frage nachgegangen, ob angelehnt an den medizinischen Standard nach ähnlichen Maßstäben ein Aufklärungs„standard“ gebildet werden kann.

2. Die Bildung eines geeigneten Aufklärungsmaßstabs

Die deutsche Rechtsordnung schützt die Autonomie des Menschen verfassungsrechtlich in Art. 1 und 2 GG und dem Allgemeinen Persönlichkeitsrecht (Art. 2 I i. V. m. Art. 1 I GG).[397] Insbesondere im ärztlichen Behandlungsverhältnis wird die autonome Patientenentscheidung von Gesetz und Gerichten aufgrund der in Rede stehenden Integritätsverletzung zurecht für besonders schutzwürdig erachtet. Es überrascht daher, dass sich die Gerichte in ihren Urteilen kaum mit Erkenntnissen über die Voraussetzungen einer autonomen Entscheidung befassen. Vielmehr wird im Einzelfall ohne wissenschaftliche Erklärung oder Begründung angenommen, dass eine bestimmte Information nötig gewesen wäre, um den Geschädigten eine autonome Entscheidung zu ermöglichen.

Der medizinische Standard legt wissenschaftlich basierte Mindestanforderungen fest, die einen Entscheidungsspielraum der Behandelnden abstecken. Hierdurch ist er in der Lage, Ärzt:innen als Orientierung und Absicherung zu dienen, durch welches Verhalten sie die rechtliche Sorgfaltspflicht einhalten. Eine ähnliche Orientierung ist auch bei der medizinischen Aufklärung nötig, da die Behandelnden häufig hinsichtlich ihrer Aufklärungspflichten verunsichert sind und ihre Pflichten nicht erkennen. Es muss daher untersucht werden, ob die Grundsätze des medizinischen Standards auch auf die medizinische Aufklärung übertragbar sind und dieser in abgewandelter Form ein geeignetes Mittel zur Schaffung wissenschaftlich basierter Mindestanforderungen und Rechtssicherheit ist.

a) Mangelnde Übertragbarkeit der Standard-Konzeption auf die Aufklärung

Der Gesetzgeber stellt in der Gesetzesbegründung zu § 630a BGB einen gewissen Zusammenhang zwischen medizinischem Standard und geschuldeter ärztlicher Aufklärung fest: „Das Spektrum möglicher Verstöße gegen den jeweils geschuldeten, allgemein anerkannten fachlichen Standard aus Absatz 2 ist weit. […] Zwar liegt die Wahl der Diagnostik- oder Therapiemethode im pflichtgemäßen Ermessen des Behandelnden. Übt er sein Ermessen jedoch fehlerhaft aus, etwa indem er falsche Feststellungen trifft oder sich nicht umfassend über etwaige Vorerkrankungen

[395] *Jansen*, Der medizinische Standard, S. 236.

[396] *Jansen*, Der medizinische Standard, S. 243.

[397] *Deutsch/Spickhoff*, MedR, Rn. 407.

und über die Anamnese des Patienten erkundigt, so kann dieser Fehler zu der Wahl der falschen Behandlungsmethode und schließlich zu einer Schädigung des Patienten führen. Weiterhin gehört auch die Erteilung von Schutz- und Warnhinweisen zum Pflichtenprogramm Behandelnder, um eine potentielle Selbstgefährdung des Patienten zu vermeiden. Die insoweit von der Behandlungsseite zu erteilenden notwendigen Informationen sind Gegenstand des § 630c Absatz 2. Verstößt der Behandelnde gegen diese Pflicht zur therapeutischen Information, so hat dieser Verstoß wiederum eine Pflichtverletzung im Sinne von § 280 Absatz 1 zur Folge."[398] Hiernach beeinflusst der medizinische Standard die ärztliche Methodenwahl und kann durch mangelhafte Informationseinholung und -erteilung verletzt werden. Ein Ermessensfehler kann bereits dann vorliegen, wenn Behandelnde sich nicht hinreichend über die entscheidungsrelevanten medizinischen Faktoren informieren und infolgedessen den ihnen zustehenden Behandlungsspielraum unzutreffend bestimmen. Der Gesetzgeber erkennt damit die Möglichkeit an, durch eine mangelhafte Informationserteilung mittelbar den medizinischen Standard zu verletzen. Der medizinische Standard bestimmt nicht nur die gebotene Behandlungsmethode. Er bestimmt damit mittelbar auch die auf die Behandlungsmethode bezogenen Aufklärungspflichten.[399] Hierbei bezieht sich die Verletzung allerdings auf den medizinischen Standard als solchen, ohne dass aufgrund des Standards eine konkrete Vergleichsgröße hinsichtlich der Aufklärung selbst gebildet werden kann.

Wie bereits aufgezeigt, dient der medizinische Standard als Maß zur Feststellung, ob eine Behandlungsmaßnahme pflichtgemäß erfolgt ist. Nun gehört die Aufklärung ebenfalls zum Pflichtenprogramm des Behandelnden, sodass bei der Frage der Pflichtmäßigkeit der Informationserteilung ein ähnlicher Maßstab gebildet werden könnte.

Gegen eine solche Übertragbarkeit spricht allerdings schon, dass die Bildung des Aufklärungsmaßstabs nicht durch die Einbeziehung der gleichen Parameter wie beim medizinischen Standard erfolgen kann. Denn dieser basiert auf in der medizinischen Forschung gewonnenen wissenschaftlichen Erkenntnissen und ärztlicher Erfahrung, wodurch bestimmt wird, was zur Erreichung des ärztlichen Behandlungsziels erforderlich ist und was sich in der Erprobung bewährt hat. Übertragen auf die Aufklärungsanforderungen müsste ein Aufklärungsmaßstab sich nach diesen Kriterien daraus ergeben, was nach wissenschaftlichen Erkenntnissen und ärztlicher Erfahrung dazu geeignet ist, das Selbstbestimmungsrecht der behandelten Person bestmöglich zu gewährleisten und eine autonome Entscheidung zu ermöglichen.

Während die medizinische Forschung den medizinischen Standard mit neuen Behandlungsmethoden und Erkenntnissen maßgeblich beeinflusst, gibt es keine aufklärungsspezifische Forschung, die regelmäßig zur Stärkung des Selbstbestim-

---

[398] BT-Drucks. 17/10488, S. 20.

[399] *Dumbs*, GesR 2014, 513.

mungsrechts neue Aufklärungsmethoden, -inhalte und -mittel erforscht. Vielmehr ergeben sich neue Aufklärungsinhalte mittelbar aus der medizinischen Forschung, die hinsichtlich neuer Maßnahmen oder bestehender Behandlungsmethoden neue Alternativen, Risiken, Chancen und Durchführungsweisen feststellt. Die Forschung hinsichtlich der Aufklärungsinhalte ist daher keine eigenständige, sondern vielmehr akzessorisch zu medizinischen Entwicklungen. Allerdings darf hierbei nicht übersehen werden, dass neue Erkenntnisse gerade nicht 1:1 auf die Aufklärungspflicht übertragen werden können, da nicht jede Information automatisch aufklärungspflichtig ist. Vielmehr kann die medizinische Forschung lediglich als Grundlage dafür dienen, die genauen Aufklärungsinhalte zu bestimmen. Hinsichtlich neuer Aufklärungsmethoden ergeben sich diese eher beiläufig durch den technischen und informatischen Fortschritt, der bspw. Erklärvideos oder interaktive Aufklärungsprogramme ermöglicht.

Zwar findet keine eigenständige Autonomieforschung in der Medizin statt, die menschliche Autonomie ist allerdings eine Kernfrage, mit der sich die medizinethische Forschung immer wieder beschäftigt. Seit den Anfängen der biomedizinischen Ethik zu Beginn des 20. Jahrhundert hat das Autonomieprinzip innerhalb der medizinethischen Disziplin kontinuierlich an Bedeutung gewonnen.[400] Das wissenschaftliche Interesse bildet die Bedeutung der Autonomie in der Politik und der Gesellschaft ab, welche in Form von Demokratisierung, Mitbestimmung am Arbeitsplatz, reproduktiven Freiheiten und Auflösung traditioneller Geschlechterrollen stattfindet, um nur einige gegenwärtige Autonomieentwicklungen zu nennen. Auch im revidierten Text des Genfer Ärztegelöbnisses[401] findet sich durch die Ergänzung von 2017 die Bedeutung der Patientenautonomie: „Ich werde die Autonomie und Würde meines Patienten respektieren".

Zur Bildung eines Aufklärungsmaßstabs sollen daher die Erkenntnisse der Medizinethik herangezogen werden. Doch auch die medizinethische Autonomieforschung kann nicht mit der EbM verglichen werden. Denn wie autonom ein Mensch im Einzelfall entschieden hat, ist niemals dem Beweis zugänglich. Vielmehr erarbeitet die Autonomieforschung Parameter und Modelle, die abstrakt beschreiben, wovon die Autonomie eines Menschen abhängt.

Die Bildung eines Aufklärungs"standards" nach Maßgabe des medizinischen Standards ist dementsprechend nicht möglich. Ein solcher würde eine evidenzbasierte wissenschaftliche Grundlage voraussetzen, welche im Rahmen der Autonomieforschung gerade nicht gegeben ist. Der medizinische Standard kann lediglich

---

[400] *Birnbacher*, in: Ethik im Gesundheitswesen, S. 493.

[401] Die Genfer Deklaration wurde 1948 auf der 2. Generalversammlung des Weltärztebundes in Genf verabschiedet und soll eine zeitgemäße und ohne religiösen Bezug bestehende Version des Eids des Hippokrates darstellen. Sie ist in die Musterberufsordnung für die in Deutschland tätigen Ärzt:innen übernommen und deren Präambel vorangestellt worden; *Montgomery/Parsa-Parsi/Wiesing*, Ethik Med 2018, 67 (69).

dazu dienen, einen Maßstab für Behandlungen und Eingriffe zu bilden. Anforderungen an die Aufklärung lassen sich parallel zu ihm nicht entwickeln.

b) Bildung eines Aufklärungsmaßstabs

Auch wenn die Bildung eines Aufklärungsmaßstabs parallel zum medizinischen Standard mangels wissenschaftlicher Nachweisbarkeit von Autonomie nicht möglich ist (s. 3. Teil C. II. 2. b)), können aus den Annahmen der Medizinethik relevante Erkenntnisse für das als notwendig anzusehende Maß an ärztlicher Aufklärung gezogen werden. Denn unsere Rechtsordnung schützt in Art. 1 I, 2 I GG und dem Allgemeinen Persönlichkeitsrecht (Art. 1 I i. V. m. Art. 2 I GG) grundrechtlich die Selbstbestimmung des Einzelnen, ohne dass unmittelbar klar wird, wann von dem Vorliegen einer selbstbestimmten Entscheidung ausgegangen werden kann. Auch einfachgesetzlich konkretisieren Regelungen, die den staatlichen Schutz der Selbstbestimmung verfolgen, die Anforderungen an eine autonome Entscheidung nicht hinreichend. Weder der Gesetzgebung noch der Rechtsprechung lässt sich eindeutig entnehmen, welche kognitiven und voluntativen Anforderungen eine selbstbestimmte Entscheidung voraussetzt.

Die Medizinethik betrachtet diese Frage aus einem anderen Blickwinkel. Sie normiert keine Ge- und Verbote, sondern stellt in verschiedenen Autonomiemodellen fest, wann aus ethischer Perspektive von einer selbstbestimmten Entscheidung aufgegangen werden darf. Die Betrachtung solcher Modelle hilft dabei, zu evaluieren, von welchen Kriterien autonomes Handeln und Entscheiden abhängt. Diese Erkenntnisse gilt es auf das rechtliche Autonomieverständnis zu übertragen und hieraus normative Anforderungen zu formulieren.

aa) Medizinethisches Autonomiemodell

Neben der dargestellten rechtlichen Bedeutung der individuellen Selbstbestimmung stellt die Patientenautonomie auch ein zentrales Prinzip der Medizinethik dar.[402] Denn die Zustimmung und Information von Patient:innen sind aufgrund ihres Anspruchs auf Selbstverwirklichung und Nichttäuschung ethisch geboten.[403]

Die medizinethische Autonomieforschung betrifft die Entscheidungsmodalitäten und nicht den Inhalt der zugrundeliegenden Interessen oder Normen. Hiernach ist die Autonomie einer Entscheidung nicht davon abhängig, wofür sich eine Person entscheidet, sondern davon, wie weit sie den authentischen Wertungen des jewei-

---

[402] *Baranzke/Duttge*, in: Autonomie und Würde, S. 11; *Beauchamp/Childress*, Principles of biomedical ethics, S. 99; *Bobbert*, in: Kommerzialisierung des menschlichen Körpers, S. 235 (236).

[403] *Deutsch/Spickhoff*, MedR, Rn. 406.

ligen Subjekts entspricht und frei von Irrtümern, Fehlurteilen, Fremdeinflüssen und Manipulationen ist.[404]

Die in der Medizinethik vorausgesetzte informierte Einwilligung folgt dem herrschenden Autonomieverständnis[405] von Tom Beauchamp, James Childress[406] und Ruth Faden[407], wonach eine autonome Entscheidung Absicht, Information und Freiwilligkeit voraussetzt.[408] Das Autonomiekonzept von Childress und Beauchamp hat auch im deutschen Raum weite Verbreitung erlangt und wurde sowohl vom Gesetzgeber[409] als auch von der medizinrechtlichen Literatur[410] bei der Konzeption des „informed consent" zitiert und herangezogen.

Childress, Beauchamps und Fadens Autonomiebegriff hat sowohl eine deskriptive als auch eine normative Dimension. Während sich die deskriptive Dimension auf die inhaltlichen Bedingungen der Autonomie bezieht, richtet sich die normative Dimension auf die Interpretation dieser Bedingungen und der Frage, inwiefern eine Handlung als frei und autonom zu bewerten ist.

Die Autonomie ist zum einen ein Ideal, das von vielen Menschen in ihrer Lebensgestaltung angestrebt wird, sie betrifft also die Frage, wie man leben sollte. Sie beschreibt darüber hinaus aber auch das Recht, die eigene Autonomiefähigkeit auszuüben und damit die Frage, wie man leben darf.[411]

Im medizinischen Kontext resultiert aus der normativen Dimension häufig das Missverständnis, dass, nur wer autonom ist, einen legitimen Anspruch auf Autonomie habe. Allerdings führt eine eingeschränkte Autonomiefähigkeit nicht zum Verlust des Autonomieanspruchs. Denn das Recht zur Freiheit von Zwang gilt nicht nur für Personen, die sich in ihrer Entscheidung von jeglichem Einfluss und Zwang freimachen können. Vielmehr ist auch der Wille, der teilweise von äußeren oder inneren Einflüssen bestimmt wird, beachtlich. Entscheidend ist im Einzelfall, wie weit eine Person in der Lage ist, die Tragweite ihrer Entscheidung zu überblicken und diese aus eigenem Willen zu treffen.[412]

---

[404] *Birnbacher*, in: Ethik im Gesundheitswesen, S. 495.

[405] *Becker*, Patientenautonomie und informierte Einwilligung, S. 2; *Baranzke/Duttge*, in: Autonomie und Würde, S. 11.

[406] *Beauchamp/Childress*, Principles of biomedical ethics.

[407] *Faden/Beauchamp*, A history and theory of informed consent.

[408] *Faden/Beauchamp*, A history and theory of informed consent, S. 238 ff.; *Beauchamp/Childress*, Principles of biomedical ethics, S. 101.

[409] BT-Drucks. 15/3700, S. 9.

[410] *Katzenmeier*, in: Laufs/Katzenmeier/Lipp, ArztR, Kap. I Rn. 11; *ders.*, MedR 2021, 859; *Damm*, MedR 2010, 451; *Laufs*, NJW 1995, 1590 (1598); *Renz*, Ärztliche Aufklärungspflichten im Strafrecht, S. 222.

[411] *Becker*, Patientenautonomie und informierte Einwilligung, S. 2.

[412] *Birnbacher*, in: Ethik im Gesundheitswesen, S. 499.

Ein anderes Missverständnis hinsichtlich des normativen Gehalts des Autonomieprinzips ist die Vorstellung eines Anspruchs der Behandelnden auf Autonomieausübung ihrer Patient:innen. Einen solchen gibt es nicht. Die Autonomie stellt sich vielmehr als Anspruch der Patient:innen gegenüber den Behandelnden dar, auf den Patient:innen auch verzichten können. Patient:innen haben gerade nicht die Pflicht, ihre Autonomie auszuüben, sondern können ihre Entscheidungshoheit auch auf eine andere Person übertragen. Denn obwohl die Patientenautonomie von der Rechtsordnung als sehr hohes Schutzgut eingestuft wird, ist sie nicht allen Patient:innen gleich wichtig. Vielmehr können schwere Erkrankung, kulturelle Normen oder religiöse Autoritäten den Wunsch zur Mitbestimmung und eigenen Entscheidung erheblich mindern. Aus dem Verzicht zur Ausübung der selbstständigen Entscheidung folgt jedoch nicht, dass Patient:innen auch auf ihre weiteren Ansprüche verzichten. So können Patient:innen, obwohl sie die Behandlung nicht selbst auswählen möchten, sehr wohl ein Interesse an der Information über die Diagnose, Prognose und geplante medizinische Maßnahmen haben.[413]

(1) Weitgehend autonome Entscheidungen ausreichend

Die von Beauchamp und Faden konzipierten drei Hauptkriterien für die Annahme einer autonomen Entscheidung, nämlich Absicht, Informiertheit und Freiwilligkeit, unterscheiden sich darin voneinander, dass Absicht immer entweder vorliegt oder nicht, während die Kriterien der Informiertheit und Freiwilligkeit in Nuancen und Abstufungen gegeben sein können. Hieraus ergibt sich, dass Entscheidungen nicht nur entweder vollkommen autonom oder gar nicht autonom getroffen werden können, sondern dass hinsichtlich der Autonomie ein Spektrum besteht, in welcher Intensität sie vorliegt.[414] Es muss also von einem relativen Autonomieverständnis ausgegangen werden. Bei vollkommener Abwesenheit eines der drei Kriterien ist Autonomie ausgeschlossen.[415]

Nach Beauchamp, Childress und Faden setzt eine selbstbestimmte Einwilligung keine vollständige Autonomie der Patient:innen voraus. Stattdessen reicht es für die Annahme einer solchen aus, wenn von einer „substantially autonomous"[416], also einer weitgehend autonomen, Entscheidung gesprochen werden kann. Dies begründen sie damit, dass es zwar eine anzustrebende Idealvorstellung sei, dass Patient:innen frei von Einflüssen und Abhängigkeiten Entscheidungen träfen, dies jedoch mit der Realität nicht vereinbar sei. So seien auch in anderen Lebensbereichen

[413] *Birnbacher*, in: Ethik im Gesundheitswesen, S. 500.

[414] *Faden/Beauchamp*, A history and theory of informed consent, S. 239; *Birnbacher*, in: Ethik im Gesundheitswesen, S. 495.

[415] *Faden/Beauchamp*, A history and theory of informed consent, S. 240.

[416] *Beauchamp/Childress*, Principles of biomedical ethics, S. 102; *Faden/Beauchamp*, A history and theory of informed consent, S. 240.

und folgenreichen Entscheidungen nur sehr selten vollständig autonome Entscheidungen anzunehmen.[417]

Die erhöhten Anforderungen an die Aufklärung und die selbstbestimmte Entscheidung in der Medizin sind aus der Sorge heraus entstanden, dass Menschen auf diesem Gebiet aufgrund niedriger Wissensstände weniger autonom handeln und entscheiden können als in anderen Lebensbereichen. Hieraus nun aber zu schlussfolgern, im Rahmen medizinischer Entscheidungen müsse eine vollkommene Autonomie der Patient:innen gewährleistet werden, verkennt die Realitäten der eingeschränkten Autonomie in der sonstigen Lebensführung und führt zu einem in der Lebenswelt unpraktikablen Konzept des „informed consent". Die Autoren gehen davon aus, dass im medizinischen Bereich der gleiche Maßstab an Information und Unabhängigkeit von kontrollierenden Einflüssen gelten muss wie in anderen Lebensbereichen, z.B. der Finanzinvestition, der Beauftragung eines Bauunternehmens oder der Annahme eines Jobangebots.[418] Auch in diesen Bereichen haben Menschen während der Entscheidungsfindung häufig nicht alle Informationen über jegliche Konsequenzen und Eventualitäten ihrer Entscheidungen oder sind durch Dritte oder eigene manchmal unzutreffende Vorstellungen beeinflusst.

Die Forderung nach Gleichheit des nötigen Informations- und Selbstbestimmungsmaßstabs bei Gesundheitsentscheidungen zu Entscheidungen in anderen Lebensbereichen verkennt, dass die Situationen nicht komplett vergleichbar sind. Bei gesundheitlichen Entscheidungen besteht regelmäßig ein Leidensdruck, der u. a. von der Informationsbeschaffung und -aufnahme selbst ablenken kann. Darüber hinaus besteht auch ein besonders großes Wissensgefälle zwischen den Ärzt:innen und Patient:innen. Auf dieses Ungleichgewicht reagiert das Recht mit Aufklärungsanforderungen, um eine autonome Entscheidung der Patient:innen zu ermöglichen. Das bedeutet aber nicht, dass der gleiche Informationsmaßstab für Gesundheitsentscheidungen gelten muss wie für Entscheidungen in anderen Lebensbereichen. Denn eine Entscheidung für einen Eingriff in ein höchstpersönliches Rechtsgut durch einen Dritten ist gerade nicht vergleichbar mit einer Entscheidung zum Investieren, Beauftragen eines Bauunternehmens oder der Annahme eines Jobangebots.

Unabhängig von der Gleichheit des Informationsmaßstabs kann aus diesem Vergleich jedoch richtigerweise abgeleitet werden, dass es zur Annahme einer autonomen Entscheidung keiner vollkommenen Autonomie bedarf. Eine solche ist weder im Gesundheits-, noch im Finanz- und Bauwesen oder im Berufsleben möglich und kann daher auch nicht gefordert werden.

---

[417] *Faden/Beauchamp*, A history and theory of informed consent, S. 240.

[418] *Faden/Beauchamp*, A history and theory of informed consent, S. 241.

Bezüglich ärztlicher Eingriffe muss das erklärte Ziel realistischerweise darin bestehen, dass Patientenentscheidungen weitgehend autonom getroffen werden.[419] Es bedarf einer situationsangemessenen Entscheidung, die durch den Diskurs der Beteiligten vorbereitet sein muss.[420] Wann diese weitgehende Autonomie genau angenommen werden kann, ist unklar. Sie liegt auf der Skala der völlig heteronomen Entscheidung und der vollständigen Autonomie zwischen dem Mittelpunkt und der vollständigen Autonomie.

Die genaue Festlegung darüber, wann das Mindestmaß an Autonomie angenommen werden kann, begegnet dem Vorwurf der Unbestimmtheit und Willkür. Allerdings kann der Schwellenwert, der substanziell autonome Entscheidungen kennzeichnet, im Lichte spezifischer Ziele sorgfältig herausgearbeitet und begründet werden. Diese bestimmen sich nach dem Einzelfall und können nicht allgemein-generell festgelegt werden. Die Substanzialität der Autonomie gilt als Standard, der es Patient:innen ermöglicht, wie in anderen Lebensbereichen weitgehend autonome Entscheidungen zu treffen. Dies zu ermöglichen ist die Pflicht des medizinischen Personals. Im Einzelfall kann dann die Abweichung i. S. d. Absenkung oder Anhebung dieses Standards nötig sein, sodass die „substantially autonomous decision“ ein flexibles Konzept ist.[421]

(2) Die notwendige Informiertheit zu Annahme einer autonomen Entscheidung

Da die ärztliche Aufklärung hauptsächlich die nötige Informiertheit der Patient:innen sicherstellen soll, muss diese auch aus medizinethischer Sicht näher beleuchtet werden.

Das für die autonome Entscheidung notwendige Informations-Element unterteilt sich in drei Unterelemente, namentlich der Informationsoffenlegung, einer Empfehlung und dem Verständnis der Informationsadressat:innen.[422] Im medizinischen Aufklärungsgespräch sollten Ärzt:innen damit beginnen, die Information zu erteilen, die von den meisten Patient:innen für relevant und wesentlich gehalten wird. Diese Aufklärung markiert jedoch nur den Beginn des Informationsprozesses.[423] Die weitere Information ist dann auf die Bedürfnisse der einzelnen Patient:innen zuzuschneiden, indem Patient:innen zu Nachfragen angeregt werden und die individuellen Besonderheiten angemessen berücksichtigt werden. Damit die Autonomie des Willensentschlusses sichergestellt wird, muss nicht nur eine Informationsoffenbarung stattfinden, sondern gewährleistet werden, dass Patient:innen die erteilte

---

[419] *Faden/Beauchamp*, A history and theory of informed consent, S. 241; *Drechsler*, MedR 2021, 439 (440).

[420] *Irrgang/Heidel*, Medizinethik, S. 43.

[421] *Faden/Beauchamp*, A history and theory of informed consent, S. 241.

[422] *Beauchamp/Childress*, Principles of biomedical ethics, S. 120; *Becker*, Patientenautonomie und informierte Einwilligung, S. 19.

[423] *Becker*, Patientenautonomie und informierte Einwilligung, S. 24.

Information auch richtig verarbeiten und verstehen.[424] Hierfür müssen Patient:innen über die Fähigkeiten verfügen, vor dem eigenen Wertekanon eine Entscheidung zu treffen und die eigenen Wünsche frei zu kommunizieren.[425]

Nun fragt sich aber, welcher Grad von Unwissenheit die notwendige Informiertheit der Patient:innen behindert und ausschließt. Hierin besteht schließlich hinsichtlich der Aufklärungspflichten der entscheidende Knackpunkt.

Die Informiertheit einer Entscheidung kann in unterschiedlicher Intensität vorliegen. Sie ist damit eine graduelle Bedingung, die in einem ausreichenden Maße erfüllt sein muss.[426] Selbst wenn nicht alle Patient:innen gleich gut in der Lage sind, Information zu verstehen und eine Entscheidung zu fällen, ist ein ausreichendes Maß an Befähigung unabdingbar. Das nötige vollständige Verstehen einer Entscheidung setzt nach Beauchamp und Faden voraus, dass ein angemessenes Verstehen aller relevanten Aussagen und Beschreibungen der Handlungsnatur und der vorhersehbaren Konsequenzen gegeben ist.[427] Als relevant gelten in diesem Zusammenhang Aussagen, die eine Einschätzung der Situation ermöglichen, die Art der Handlung zutreffend beschreiben und sich auf vorhersehbare Konsequenzen sowie mögliche Ergebnisse beziehen.[428]

Das vollständige Verständnis stellt aufgrund der möglichen Komplexität und Konsequenzen einer Entscheidung ein häufig nicht erreichbares Ideal dar. Darüber hinaus ist ein bloßes Mehr an Informationen auch angesichts der Verständnismöglichkeiten der Patient:innen nicht erstrebenswert. Denn es gibt eine Menge an Informationen über komplexe medizinische Maßnahmen, die durchschnittliche Patient:innen überfordern muss.[429] Diesen Einwand greifen Faden und Beauchamp auf und modifizieren die Definition der notwendigen Informiertheit in dem Sinne, dass hierfür ein adäquates Verständnis aller relevanten Information ausreiche.[430] So reicht es aus, wenn Patient:innen verstehen, dass sie im Anschluss an einen Eingriff Schmerzen haben werden, auch wenn sie sich im Voraus nicht die richtige Vorstellung von der Schmerzintensität machen. Um eine Unterscheidung zwischen autonomen und nicht autonomen Entscheidungen treffen zu können, bedarf es in jeder konkreten Situation eines kontextabhängigen definierten Grenzpunkts des substantiellen Verstehens.[431] Dieser richtet sich nach dem subjektiven Informationsbedürfnis der Patient:innen.[432]

---

[424] *Beauchamp/Childress*, Principles of biomedical ethics, S. 127.

[425] *Becker*, Patientenautonomie und informierte Einwilligung, S. 133.

[426] *Becker*, Patientenautonomie und informierte Einwilligung, S. 22.

[427] *Faden/Beauchamp*, A history and theory of informed consent, S. 252.

[428] *Faden/Beauchamp*, A history and theory of informed consent, S. 252.

[429] *Steinfath*, in: Autonomie und Vertrauen, S. 21.

[430] *Faden/Beauchamp*, A history and theory of informed consent, S. 252.

[431] *Becker*, Patientenautonomie und informierte Einwilligung, S. 140.

[432] 3. Teil C. I. 1. b) aa).

(3) Birnbachers Stufenmodell

Birnbacher konkretisiert dieses Konzept der „weitgehend autonomen" Entscheidung, indem er die Fähigkeit zur Selbstbestimmung in ein Stufenmodell einbettet, in dem von fünf Stufen mindestens die ersten drei erfüllt sein müssen, damit von einer autonomen Entscheidung gesprochen werden kann.[433]

Auf der ersten Stufe müssen Patient:innen in der Lage sein, ihren Willen zu betätigen. Das ist bspw. nicht der Fall, wenn sie bewusstlos sind, z. B. weil sie narkotisiert sind oder im Koma liegen. Der fehlende tatsächliche Wille muss dann zur rechtlichen Rechtfertigung bei unaufschiebbaren Maßnahmen durch den zu ermittelnden mutmaßlichen Willen ersetzt werden.

Auf der zweiten Stufe stellt sich die Frage nach kognitiven Defiziten. Solche liegen vor, wenn Patient:innen zwar in der Lage sind, einen Willen zu bilden und zu betätigen, dieser jedoch aufgrund verschiedener Faktoren durch partielle oder gänzliche Verständnisdefizite wegen eingeschränkter Einsichts- und Urteilsfähigkeit verzerrt ist.[434] Solche Faktoren können in der Entwicklung des Menschen, einer Krankheit oder der spezifischen Situation liegen. Hierunter fällt z. B. die begrenzte Autonomiefähigkeit eines Kindes oder geistige Behinderungen und Demenz. Situative Ängste, Schmerzen, Schlafmangel, Konzentrationsschwierigkeiten oder Schock können ebenfalls in einer emotionalen Ausnahmesituation die kognitiven Möglichkeiten einengen. In diesen Fällen können medizinische Informationen nicht mehr angemessen aufgenommen oder verarbeitet werden, wodurch sich die Fähigkeit einer selbstbestimmten Entscheidung reduziert.[435] Hinsichtlich solcher emotionalen aber auch anderer Defizite muss die aktuelle kognitive Fähigkeit der einzelnen Patient:innen sensibel untersucht und festgestellt werden. Denn auch bei fortgeschrittener Demenz können „lichte Momente" auftreten, in denen Patient:innen zu einer autonomen Entscheidung fähig sind. Eine durch kognitive Defizite beeinträchtigte Selbstbestimmungsfähigkeit kann unter Umständen durch assistierende Hilfsmittel bzw. Maßnahmen vollständig wieder hergestellt werden. Zu denken ist hierbei an die wiederholte Informationserteilung bei Konzentrationsschwierigkeiten, die Vermittlung der Information in leichter Sprache oder an den Wechsel von verbaler zu bildlicher Kommunikation. Letztere ermöglicht beispielsweise dementen Personen eine bessere gedankliche Orientierung und ist dazu geeignet, eingeschränkte verbale Äußerungsfähigkeit zu kompensieren.[436] Solche als Entscheidungsassistenz[437] bezeichneten Verfahren wurden bereits im Rahmen der besonderen Bedürfnisse der behandelten Person beleuchtet (s. 3. Teil C. 1. b) aa) und dd)). Für die Beurteilung, ob durch assistierende Hilfsmittel und Maßnahmen

---

[433] *Birnbacher*, in: Ethik im Gesundheitswesen, S. 495 ff.

[434] *Birnbacher*, in: Ethik im Gesundheitswesen, S. 496.

[435] *Birnbacher*, in: Ethik im Gesundheitswesen, S. 496.

[436] *Birnbacher*, in: Ethik im Gesundheitswesen, S. 496.

[437] *Birnbacher*, in: Ethik im Gesundheitswesen, S. 496.

eine ausreichende Entscheidungsfähigkeit hergestellt werden konnte, kann der MacCAT-Test („MacArther Competence Assessment Tool for Treatment") herangezogen werden. Bei diesem handelt es sich um die Standardskala für die Beurteilung der Entscheidungsfähigkeit.[438] Ihm wird eine hohe Objektivität, Validität und Reliabilität zugeschrieben.[439] Der 1997 von Grisso konzipierte MacCAT-Test beurteilt die Selbstbestimmungsfähigkeit anhand eines etwa 25-minütigen klinischen Interviews, das das Informationsverständnis, das Urteilsvermögen, die Krankheits- und Behandlungseinsicht sowie die Fähigkeit umfasst, eine Wahl zu treffen und zu begründen.[440] Bzgl. der unterschiedlichen Aspekte werden je nach Gewichtung Punkte vergeben.[441] Liegen die erzielten Punkte für eine erkrankte Person im Vergleich zu gesunden Kontrollen im Mittelwert oder höher, wird auf eine ausreichende Einwilligungsfähigkeit geschlossen.[442]

Liegen dagegen solch beeinträchtigende Defizite vor, dass Patient:innen keine eigene Entscheidung treffen können, kommt es auf den im Zustand der Einwilligungsfähigkeit und in Form einer Patientenverfügung (§ 1827 BGB) geäußerten Willen der behandelten Person oder auf die Entscheidung der hierzu berechtigten (§ 1820 BGB) oder der betreuenden Person (§1814 BGB) an.[443] Es ergibt sich folgende Hierarchie der Entscheidungsmaßstäbe bei einwilligungsunfähigen Personen: Zunächst bestimmt sich das weitere medizinische Vorgehen nach einer einschlägigen und wirksamen Patientenverfügung. Liegt eine solche nicht vor, ist die Entscheidung des:der von der behandelten Person Bevollmächtigten maßgeblich. In diesen Fällen ist es besonders in der klinischen Praxis wichtig, dass einwilligungsunfähige Patient:innen immer noch in der Lage sein können, zu bestimmen, an welche andere Person sie die Entscheidung, die sie selbst nicht treffen können, delegieren wollen. Eine solche sog. „Einwilligungsvollmacht" muss gem. § 1820 BGB hinreichend bestimmt sein und bedarf in den in Abs. 2 genannten Fällen der Schriftform. Eine Generalvollmacht kann nicht erteilt werden.[444] Es können mehrere Bevollmächtigte benannt werden, die sowohl jeweils allein, zur Gesamtvertretung oder zur Ersatzvertretung bevollmächtigt werden können. Im Übrigen ist die Vollmacht wie auch die Patientenverfügung jederzeit widerrufbar. Liegt eine dem § 1820 BGB entsprechende Vollmacht nicht vor, kommt die Entscheidung der von Gesetzes wegen eingesetzten betreuenden Person gem. § 1814 BGB zum Tragen. Auch diese ist gem. § 1827 II BGB an die Behandlungswünsche und den mut-

---

[438] *Rolfes et al.*, Fortschr Neurol Psychiatr 2024, 413; *Birnbacher*, in: Ethik im Gesundheitswesen, S. 496.

[439] *Rolfes et al.*, Fortschr Neurol Psychiatr 2024, 413 (415).

[440] *Margull*, Decisional Capacity bei beginnender Alzheimer-Demenz, S. 28; *Rolfes et al.*, Fortschr Neurol Psychiatr 2024, 413 (414).

[441] *Grisso/Appelbaum/Hill-Fotouhi*, Psychiatric Services 1997, 1415 (1416).

[442] *Rolfes et al.*, Fortschr Neurol Psychiatr 2024, 413 (414); *Grisso/Appelbaum/Hill-Fotouhi*, Psychiatric Services 1997, 1415 (1418).

[443] *Wagner*, in: MüKo BGB, § 630d Rn. 26.

[444] *Spickhoff*, in: Spickhoff, MedR, § 1820 BGB Rn. 4.

maßlichen Willen der behandelten Person gebunden. Im Betreuungsfall wird eine Entscheidung über das weitere Vorgehen gem. § 1828 BGB auf Grundlage der Behandlungswünsche und des mutmaßlichen Willens gemeinsam mit der behandelnden Person und nach Anhörung der Angehörigen – sofern diese ohne erhebliche zeitliche Verzögerung möglich ist – getroffen.

Die dritte Stufe bildet die Freiwilligkeit der Entscheidung. Diese ist gegeben, wenn Patient:innen in ihrer Entscheidung nicht durch Manipulation oder Zwang beeinträchtigt sind. Zwang basiert auf der absichtlich ausgesprochenen, glaubwürdigen und starken Androhung von unerwünschtem und vermeidbarem Schaden.[445] Durch Täuschung hervorgerufene Irrtümer, Nötigungen oder Druck schließen die Freiheit einer Entscheidung ebenfalls aus. Eine Manipulation kann durch Vorenthalten von Information oder der Art der Informationspräsentation begründet werden und zur Aufhebung der Freiwilligkeit führen. Eine solche Manipulation durch bestimmte Gesten oder Art der Informationsübermittlung im Gesundheitswesen darf jedoch nicht überbewertet werden, da auch im alltäglichen Leben Informationsflüsse und -verarbeitungen durch Präsentation und Vollständigkeit beeinflusst werden, ohne dass dort von einer Unterminierung der Autonomie ausgegangen wird.[446]

Dagegen lassen nicht kontrollierende Einflüsse wie ein freundschaftlicher Rat die Freiwilligkeit einer Entscheidung unberührt.[447] Dasselbe gilt auch für überzeugende Argumentationen Dritter. Ob die Kommunikation mit Dritten die Freiwilligkeit einer Entscheidung beeinflusst, hängt davon ab, ob diese kontrollierenden Charakter hat oder nicht. Kontrollierend sind Einflüsse, denen der Entscheidungsträger nicht widerstehen kann.[448]

Sind diese drei Stufen erfüllt, ist nach Birnbacher die Grundlage für eine selbstbestimmte Entscheidung gegeben.

Die weitergehende vierte Stufe ist dadurch gekennzeichnet, dass Patient:innen so entscheiden, dass die Entscheidung ihrem reflektierten Willen entspricht und nicht nur einen Augenblickimpuls, eingefleischte Gewohnheiten oder Leidenschaften darstellt.[449] Denn nicht immer werden situativ entschiedene Handlungen den eigenen Idealen, Vorsätzen oder Selbstkritik gerecht. Häufig erweisen sich diese zwar als Wunschvorstellung, werden jedoch in der Praxis nicht befolgt. Im medizinischen Kontext wird eine solche Willensschwäche in Nachlässigkeiten bei der Befolgung gesundheitsbezogener Empfehlungen in der Organisation des Alltags deutlich. So betreiben Patient:innen mangels Gewohnheit und eigener Überwindung zu wenig körperliche Betätigung, halten Diäten nicht ein oder nehmen ihre Medikamente

---

[445] *Beauchamp/Childress*, Principles of biomedical ethics, S. 133.

[446] *Beauchamp/Childress*, Principles of biomedical ethics, S. 134.

[447] *Becker*, Patientenautonomie und informierte Einwilligung, S. 22.

[448] *Becker*, Patientenautonomie und informierte Einwilligung, S. 145.

[449] *Birnbacher*, in: Ethik im Gesundheitswesen, S. 497.

nicht zuverlässig, obwohl sie sich dies fest vorgenommen haben. Durch solche Willensschwäche wird die Autonomie der Patient:innen zwar eingeschränkt, jedoch nicht aufgehoben.[450]

Auf der letzten, der fünften Stufe, wird die Entscheidung daran gemessen, wie frei sie von äußeren Einflüssen und Faktoren getroffen wurde. Idealerweise erfolgt die Selbststeuerung des Entscheidens ohne jegliche unreflektierte Abhängigkeit. Abhängigkeiten, die selbst auf reflektierte und freie Willensentscheidungen zurückgehen, schränken die Autonomie nicht ein. Hierunter versteht man den selbst gewählten Glauben, die Bindung an geliebte oder charismatische Personen oder andere gewählte Einflüsse und Traditionen. Dagegen autonomieeinschränkend sind nicht selbst gewählte beeinflussende Faktoren, wie gesellschaftliche Normvorstellungen und Erwartungen. Doch wie auch auf der vierten Stufe wirken diese Einflüsse zwar autonomiebeschränkend, nicht jedoch aufhebend. Denn die völlig unbeeinflusste Entscheidungsfindung ist, wie bereits erörtert, unmöglich und entspricht mehr einer Utopie als einem zu erreichenden Ziel.[451]

Damit ist festzuhalten, dass eine autonome Entscheidung angenommen werden kann, wenn Patient:innen in der Lage sind, ihren Willen zu betätigen, hierbei keinen kognitiven Defiziten unterliegen und frei von Unwissenheit, Manipulation und Zwängen sind. Die Erfordernisse des reflektierten Willens und der vollkommenen Freiheit äußerer Einflüsse sind dagegen eine Idealvorstellung, deren Abwesenheit der autonomen Entscheidung nicht entgegensteht.

(4) Fazit

Hieraus ergibt sich, dass im medizinethischen Autonomieverständnis eine selbstbestimmte Entscheidung bereits angenommen werden kann, wenn sie weitgehend autonom getroffen wurde. Es muss ein relatives Autonomieverständnis herrschen. Von der autonomen Patientenentscheidung kann nicht erst dann gesprochen werden, wenn Patient:innen über absolute Autonomie verfügen. Vielmehr reicht bereits die weitgehende Autonomie aus.

Eine autonome Entscheidung setzt Absicht, Informiertheit und Freiwilligkeit voraus. Während die Absicht, eine Entscheidung mit ihren Konsequenzen zu treffen, nur entweder ganz oder gar nicht vorliegen kann, sind Informiertheit und Freiwilligkeit nur in den seltensten Fällen vollständig gegeben. Vielmehr liegen diese in Nuancen und Abstufungen vor. Liegen kognitive Defizite vor, ist zu prüfen, ob man diese durch entscheidungsassistierende Maßnahmen und Aufklärungsmodalitäten kompensieren kann. Andernfalls kann die Entscheidungskompetenz partiell oder vollständig auf eine andere Person übertragen werden.

Zur Annahme einer autonomen Entscheidung reicht es bereits aus, wenn Informiertheit weitgehend und adäquat gegeben sind. Das ist damit zu begründen, dass es

[450] *Birnbacher*, in: Ethik im Gesundheitswesen, S. 497.

[451] *Birnbacher*, in: Ethik im Gesundheitswesen, S. 497.

bei den allermeisten Entscheidungen weder im medizinischen Kontext noch im alltäglichen Leben eine vollständige und korrekte Erfassung und Verarbeitung aller Information geben kann und eine solche damit ein unerreichbares Ideal darstellt. Dasselbe gilt auch für die Freiwilligkeit einer Entscheidung, da es immer interne oder externe Einflüsse gibt, die den Entscheidungsträger (unbewusst) beeinflussen. Dies erkennt auch Birnbacher in seinem Stufenmodell, wenn er die komplette Freiheit vor äußeren Einflüssen als fünfte Autonomiestufe konzipiert, welche zwar den Grad der Autonomie steigert, nicht jedoch unabdingbare Voraussetzung für eine autonome Entscheidung ist.

Aus den Autonomiekonzepten von Beauchamp, Childress, Faden und Birnbacher lässt sich daher für die weitere Erarbeitung eines angemessenen Aufklärungsmaßstabs ableiten, dass die selbstbestimmte Patientenentscheidung nicht die absolute Informiertheit über jedes Detail und entfernteste mögliche Konsequenz eines medizinischen Eingriffs voraussetzt. Vielmehr ist es zur Wahrung der Autonomie ausreichend, wenn Patient:innen weitgehende und adäquate Kenntnis der für sie relevanten Information besitzen und ihre Entscheidung frei von Zwang und Manipulation treffen. Wann eine adäquate Kenntnis vorliegt, bestimmt sich nach dem subjektiven und individuellen Informationsbedürfnis und muss durch Nachfragen und im Dialog zwischen Ärzt:innen und Patient:innen herausgearbeitet werden. Nur durch eine vertrauensvolle Kommunikation, die sich an allgemeinen Normen wie Wohlwollen und Respekt vor der Patientenentscheidungen orientieren, kann das erforderliche Maß an Autonomie gewährleistet werden.[452]

bb) Der ärztliche Beurteilungsspielraum bei der Aufklärung

Das Übertragen dieser Erkenntnisse ins Strafrecht erfolgt in Form der Sorgfaltspflichtenbildung.

Fehlt es an einer Sondernorm zur Bestimmung einer Sorgfaltspflicht, ist hierzu auf den jeweiligen Verkehrskreis der Täter:innen abzustellen. Hiernach ist dasjenige aufklärungspflichtig, was gewissenhafte und besonnene[453] Ärzt:innen im Rahmen der Aufklärung im konkreten Fall als erforderlich betrachten würden, um eine Aufklärung zu gewährleisten. Ärzt:innen verletzen hiernach ihre Aufklärungspflichten in strafrechtlich relevanter Weise, wenn sie dasjenige unbeachtet lassen, was verständigen Ärzt:innen im individuellen Fall als aufklärungsrelevant eingeleuchtet hätte.[454]

---

[452] *Steinfath*, in: Autonomie und Vertrauen, S. 22.

[453] *Kindhäuser/Zimmermann*, StrafR AT, § 33 Rn. 17.

[454] *Sternberg-Lieben*, in: Aktuelle Entwicklungen im Medizinstrafrecht, S. 117.

(1) Notwendigkeit eines Beurteilungsspielraums

Ein solcher Vergleichsmaßstab wird sich am Ende ähnlich wie beim medizinischen Standard als ein für jede:n Patient:in und Fall individuell zu bildenden ärztlichen Beurteilungsspielraum darstellen. Die Möglichkeit eines Spielraums ergibt sich aus dem notwendigen relativen Autonomieverständnis. Denn nur bei Annahme absoluter Autonomie gäbe es keine Handlungsspielräume.

Wie bereits erörtert, spielen bei der Patientenaufklärung verschiedene Faktoren eine Rolle, die die Aufklärungspflicht im Einzelfall bilden und modellieren. Diese gilt es im Gespräch zu identifizieren und korrekt einzuordnen. Nun ist jedes Arzt-Patienten-Verhältnis von den jeweiligen Kommunikationsfähigkeiten und gegenseitigem Vertrauen geprägt, sodass es nicht für jede:n Patient:in in einer konkreten Behandlungssituation nur die eine für alle Ärzt:innen gleichermaßen erkennbare richtige Aufklärung geben kann. Richtiges ärztliches Vorgehen stützt sich weder bei der Behandlung[455] noch bei der Aufklärung auf ein abgeschlossenes, gefestigtes Regelwerk, sondern bedarf der gewissenhaften Abwägung von Chancen und Risiken nach den Umständen des Einzelfalls. Evident kann diese Abwägung durch unterschiedliche Ärzt:innen zu verschiedenen Ergebnissen führen. Denn die Erarbeitung und die Einordnung der bestimmenden Faktoren obliegen den Aufklärenden, welche hierbei selbst einer individuellen Wahrnehmung und auch bei gewissenhafter Gesprächsführung ihrem subjektiv eingefärbten Meinungsbild unterliegen. Gerade die Einschätzung zukünftiger Entwicklungen, deren Verlauf oftmals von dem ungewissen Eintritt verschiedener Ereignisse abhängt und aufgrund individueller Berufserfahrungen divergieren kann, ist normativ kaum zu greifen.[456] Das darf Ärzt:innen jedoch nicht zum Nachteil gereichen, solange die Aufklärung von ihnen als Menschen durchgeführt und nicht von standardisierten Aufklärungsprogrammen, Computern oder Künstlicher Intelligenz (KI) übernommen werden soll.

Im Rahmen der Aufklärung ist den Behandelnden daher ein Beurteilungsspielraum bei der Einordnung der für Inhalt und Umfang der Aufklärung relevanten sozialen, strukturellen und individuellen Faktoren einzuräumen. Hierbei stützt sich ihr Eindruck und die Bewertung ihres Gegenübers auf eigene Erfahrungen im Umgang mit Patient:innen.[457]

Der Beurteilungsspielraum ähnelt dem Grundsatz der ärztlichen Therapiefreiheit bei der Beurteilung medizinischen Handelns. Denn auch dort haben Ärzt:innen die Entscheidungsfreiheit über eine spezifische Form der Diagnose und ein therapeutisches Verfahren nach Abwägung von Chancen und Risiken im Einzelfall.[458] In

[455] *Jansen*, Der medizinische Standard, S. 235.

[456] *Katzenmeier*, in: Laufs/Katzenmeier/Lipp, ArztR, Kap. X. Rn. 83.

[457] *Lesch*, NJW 1989, 2309 (2310).

[458] *Kern*, in: Laufs/Kern/Rehborn, ArztR-HdB, § 3 Rn. 22.

diese Abwägungen müssen sie ebenfalls die spezifischen physischen, psychischen und sozialen Aspekte (den Kontext) der Behandlung einfließen lassen.[459]

Ein Beurteilungsspielraum bei der Aufklärung entspricht auch dem ärztlichen Fürsorgeprinzip: Viele Patient:innen möchten die Last der Behandlungsentscheidung nicht alleine tragen. Ihnen ist bewusst, dass sie unabhängig vom Aufklärungsumfang niemals das gesamtmedizinische Wissen und alle komplexen gesundheitlichen Zusammenhänge, die ein Eingriff mit sich bringen kann, in der gleichen Tiefe verstehen werden wie die behandelnde Person. Das ärztliche Beratungsgespräch im wechselseitigen Dialog führt zu einer gewissen emotionalen Entlastung hinsichtlich der alleinigen Verantwortung für eine Entscheidung. Die häufig beschworene und wünschenswerte Arzt-Patienten-Kommunikation auf Augenhöhe ist aber nicht möglich, wenn es für Ärzt:innen lediglich eine korrekte Aufklärungsmöglichkeit gibt. Auch in Zeiten zunehmender Verrechtlichung der Arzt-Patienten-Beziehung muss das Recht den Grenzen der Typisierbarkeit ärztlicher Handlungs- und Entscheidungssituationen Rechnung tragen.[460]

Davon abgesehen, dass eine einzige richtige Patientenaufklärung aufgrund der subjektiven und individuellen ärztlichen Erfahrungen und Einschätzungen nicht mit Sicherheit bestimmbar ist, würde sich die Forderung nach einer solchen negativ auf das Arzt-Patienten-Verhältnis auswirken. Denn die Forderung nach einer spezifischen Form der Aufklärung hätte zur Folge, was wir bereits im aktuellen Praxisalltag erleben und was Ausgangspunkt dieser Arbeit ist: Die Ärzt:innen würden sich aus Angst vor haftungs- und strafrechtlichen Konsequenzen zu Beweiszwecken umfangreicher schriftlicher Aufklärungsbögen bedienen, welche ihre Patient:innen unter Umständen weder lesen noch verstehen.

Stattdessen muss im gemeinsamen Dialog ein auf die Bedürfnisse der Patient:innen zugeschnittenes Aufklärungsmaß erarbeitet und dieses angemessen im Aufklärungsgespräch erfüllt werden. Hierbei müssen Ärzt:innen nicht die eine richtige Aufklärung für die vor ihnen sitzende Person suchen, sondern dürfen sich auf ihren Beurteilungsspielraum verlassen, der eine gewissenhaft abgewogene Aufklärung ermöglicht, ohne dass strafrechtliche Konsequenzen drohen.

(2) Bildung des Aufklärungsspielraums durch Erarbeiten des Kontexts und der Einbeziehung individueller Fähigkeiten und Kenntnisse der Ärzt:innen

Bei ihrer Aufklärung müssen sich Ärzt:innen im Rahmen des auf die konkrete Behandlungssituation angepassten Spielraums bewegen. Hierfür müssen sie im Gespräch herausarbeiten, welche Informationen für die aufzuklärende Person von Relevanz sind. Im Gespräch soll erarbeitet werden, wie hoch das Interesse an bestimmten Informationen zum Eingriffsablauf, zu Risiken, zum Heilungsprozess, zu

[459] *Katzenmeier*, in: Laufs/Katzenmeier/Lipp, ArztR, Kap. X. Rn. 83; *ders.*, in: BeckOK BGB, § 630a Rn. 183.

[460] *Katzenmeier*, in: Laufs/Katzenmeier/Lipp, ArztR, Kap. X. Rn. 84.

Alternativen, zur Nachsorge und zu Folgemaßnahmen ist. Das Aufklärungsbedürfnis kann sich nach der psychischen und körperlichen Konstitution, dem Alter und Gesundheitszustand, Vorerkrankungen, dem sozialen Leben, Beruf oder der Unterstützung durch Dritte richten.

Das wird an folgendem Beispiel deutlich: Stehen sich im Rahmen einer Krebsbehandlung die operative Entfernung des Tumors, eine Chemotherapie und die Bestrahlung des Tumors als Behandlungsmöglichkeiten gegenüber, muss im Dialog erarbeitet werden, welche Maßnahmen für die erkrankte Person passend sind. So kann eine operative Entfernung für einen alleinstehenden 80-jährigen Patienten aufgrund der notwendigen Nachsorge eine große Belastung darstellen, wenn er mangels Kontakten oder finanziellen Möglichkeiten nicht auf die Unterstützung Dritter zugreifen kann. Er muss dann besonders ausführlich darüber aufgeklärt werden, welche Heilungsmaßnahmen in Folge eines invasiven Eingriffs für den Therapieerfolg notwendig werden und ob er diese alleine bewältigen kann. In einem solchen Fall kann auch die Heilungsdauer von erheblicher Relevanz sein, wenn eine schnelle Mobilität für den Patienten wichtig ist. Möglicherweise wird sich der Patient in diesem Fall zu einer weniger nachsorgeintensive Strahlenbehandlung oder Chemotherapie entscheiden, auch wenn die Erfolgschancen zur endgültigen Heilung geringer sind. Dagegen kann bei dem gleichen Tumor die invasive und nachsorgeintensive Operation gegenüber der Chemotherapie oder der Bestrahlung zu bevorzugen sein, wenn es sich bei der Patient:in um eine schwangere junge Frau handelt. Diese hat regelmäßig insbesondere ein Interesse an der Erhaltung der Schwangerschaft und möchte diese keinem Risiko durch aggressive Medikamente oder Bestrahlung aussetzen. Möglicherweise hat sie auch ein unterstützendes Umfeld, sodass es kein zu großes Problem darstellt, wenn der körperliche Heilungsprozess nach einer Operation von längerer Dauer ist.

Durch das Abfragen der individuellen Parameter und Bedürfnisse setzt die aufklärende Person die in Frage stehende Maßnahme in den Kontext der persönlichen Lebensrealität der behandelten Person. Dieser Kontext bildet die Grenzen, innerhalb derer der notwendige Aufklärungsumfang und -inhalt von der behandelnden Person zu beurteilen und letztlich zu wählen ist. Der erarbeitete Kontext muss in die Aufklärung mit einfließen. Hierdurch finden die spezifischen Aspekte des Einzelfalls, neueste medizinische Erkenntnisse und der Wille der Patient:innen bei der Aufklärung die nötige Beachtung. Eine Beurteilung nimmt die aufklärende Person namentlich bzgl. der Gewichtung der Aspekte wie Alter, Gesundheitszustand, Beruf oder Unterstützung durch Dritte vor. Hierbei kommt es zur subjektiven Bewertungen der einzelnen Parameter. So schätzt möglicherweise ein Arzt die Belastungen der Nachsorge oder nötige Unterstützung geringer ein als seine Kollegin. Aufgrund unterschiedlicher Gewichtung bestehender Vorerkrankungen kann es auch zu unterschiedlichen Bewertungen einer geeigneten Alternativbehandlung kommen. Hierbei spielen nicht nur die individuellen Erfahrungen der Ärzt:innen eine Rolle. Auch die individuelle Risikobereitschaft oder Zuversicht der behandelnden Person fließt in die Bewertung der Patienten-Parameter ein.

Darüber hinaus beeinflussen auch individuelle Kenntnisse der Ärzt:innen ihre Aufklärungspflichten. Die Kenntnisse und Fähigkeiten einer Person sind von entscheidender Bedeutung bei der Frage, ob ihr unrechtes Verhalten attestiert werden kann.[461] Der Vorwurf sorgfaltswidrigen Verhaltens liegt in der Nichtvermeidung vermeidbarer Erfolge.[462] Eine solche Vermeidepflichtverletzung ist nur i. S. e. individuellen Pflichtwidrigkeit denkbar.[463] Denn eine realistische Vermeidepflicht setzt voraus, dass es der individuellen Person in der konkreten Situation unter Einbeziehung ihrer persönlichen Fähigkeiten und Kenntnisse überhaupt möglich war, den Erfolg zu vermeiden.[464] Die Grenzen der Erfüllungsmöglichkeiten sind daher individuell in Bezug auf die Fähigkeiten der aufklärenden Person zu bestimmen.[465] Auch wenn in zivilrechtlichen Haftungsprozessen diese individualisierte Erfüllungsmöglichkeit kaum eine Rolle spielt, muss der Aufklärungsmaßstab im Strafrecht eben dieser Anforderung entsprechen. Insoweit bewehrt die strafrechtliche Sanktionsnorm die Einhaltung des Aufklärungsmaßstabs nicht in vollem Umfang mit Strafe, sondern nur insoweit, wie der Verstoß gegen die Norm eine Verletzung einer dem Gesetzlichkeitsprinzip entsprechenden Pflicht darstellt.[466] Eine unmöglich zu erfüllende Vermeidepflicht leistet keinen Beitrag zur Erhaltung der Rechtsordnung und des Rechtsfriedens. Vielmehr würde eine solche gegen den Grundsatz *ultra posse nemo obligatur* verstoßen. Somit muss die einzig relevante Sorgfaltspflicht auf das Maß des Menschenmöglichen begrenzt werden.

Der Bezug auf den Verkehrskreis der besonnenen und gewissenhaften Ärzt:innen als objektiver Maßstab stellt daher eine Rahmenvorgabe i. S. e. Ausgangspunkts dar, von welchem aus die individuellen Fähigkeiten der aufklärenden Person zum konkreten Tatzeitpunkt betrachtet und mit einbezogen werden müssen. Daraus folgt, dass Ärzt:innen zum Tatzeitpunkt die ihren Beurteilungsspielraum bestimmenden Faktoren erkennen können müssen, da sie ihr Handeln nur dann entsprechend ausrichten können. Hierzu gehört, dass aufgrund des herauszuarbeitenden Kontexts erkannt wird, welchem Ziel die Aufklärung im Einzelfall dient und wie die Aufklärung zum Erreichen des identifizierten Ziels zu gestalten ist. Im vorangegangenen Beispiel ist das Aufklärungsziel des älteren Patienten die Ermöglichung einer informierten Entscheidung für eine Maßnahme, die eine möglichst schnelle Genesung mit wenig Nachsorgebedarf verspricht. Für die schwangere Patientin besteht das Ziel in der Ermöglichung einer Entscheidung für eine Maßnahme, die die bestehende und zukünftige Schwangerschaften nicht gefährdet. Ist das Erkennen des Beurteilungsspielraums aufgrund fehlender Fähigkeiten und Kenntnisse unmöglich, etwa weil die Patientin ihre Schwangerschaft verschweigt, kann hieraus

[461] *Kühl*, StrafR AT, § 17 Rn. 27.

[462] *Freund*, in: FS Küper, 63 (75).

[463] *Duttge*, in: MüKo StGB, § 15 Rn. 95.

[464] *Duttge*, in: HK-GS, § 15 Rn. 29.

[465] *Schuhr/Weng*, in: FS Dannecker, 673 (684).

[466] *Schuhr/Weng*, in: FS Dannecker, 673 (685).

kein Strafbarkeitsvorwurf erwachsen. Eine Unkenntnis kann aber ihrerseits auf einer Sorgfaltspflichtverletzung beruhen und strafbar sein, wenn Ärzt:innen diese hätte erfragen müssen, weil die Patientin im gebärfähigen Alter ist. Dasselbe gilt, wenn eine Unkenntnis von Faktoren durch Fortbildungen hätte vermeiden können. Letzteres wäre der Fall, wenn dem behandelnden Arzt die Gefährlichkeit einer Chemotherapie für eine bestehende Schwangerschaft tatsächlich nicht bekannt war, obwohl ihm diese hätte bekannt sein müssen.

Auch Sonderwissen, über das Ärzt:innen verfügen, muss in die ärztliche Aufklärungspflicht einfließen. Denn soweit sie zur Erbringung von mehr Sorgfalt imstande sind als der Durchschnitt, sind sie auch zu größerer Sorgfalt verpflichtet. Größeres individuelles Leistungsvermögen und Sonderwissen verpflichtet zu größerer Umsicht.[467] Das ist bspw. bei einem besonders langen, vertrauten Arzt-Patienten-Verhältnis der Fall. Hierdurch können Behandelnde Kenntnis von Informationen haben, welche im Einzelfall ausnahmsweise relevant, jedoch für eine:n durchschnittliche:n Ärzt:in kaum erkennbar sind. Zu denken ist an seltene genetische Krankheiten anderer Familienmitglieder, deren Veranlagung mglw. auch die behandelte Person in sich trägt. Hiervon kann der:die Ärzt:in deshalb Kenntnis haben, weil auch das betroffene Familienmitglied bei ihm:ihr in Behandlung ist. Kann eine medizinische Maßnahme Einfluss auf den Ausbruch einer solchen Erkrankung haben, muss dieser Faktor in die Aufklärung einfließen, obwohl ein:e durchschnittliche:r besonnene:r Ärzt:in aus dem Verkehrskreis der aufklärenden Person nicht nach der genetischen Veranlagung hätte fragen müssen, wenn hierzu keine Anhaltspunkt bestanden.

Es ergeben sich in jeder Fallkonstellation aufgrund der subjektiven Gewichtung und Bewertung der einzelnen Umstände unterschiedliche, aber gleichwertige Aufklärungsmöglichkeiten, die den Behandelnden zur Wahl stehen. Erforderlich ist lediglich, dass sie eine begründete Abwägung zugeschnitten auf die Bedürfnisse ihrer Patient:innen treffen. Mit der zugestandenen ärztlichen Einschätzungsprärogative[468] wird der durch die Besonderheiten des Einzelfalls begründeten Rechtsunsicherheit Einhalt geboten.

(3) Aufklärungspflichtverletzung bei Annahme eines ärztlichen Beurteilungsspielraums

Angesichts des notwendigen Spielraums kommt eine strafrechtlich relevante Aufklärungspflichtverletzung nur dann in Betracht, wenn Aufklärungsumfang und -inhalt der erteilten Information nicht mehr vertretbar sind. Das ist der Fall, wenn die aufklärende Person entweder keine Individualisierung der Aufklärung vorgenommen hat, ihren Beurteilungsspielraum evident überschritten hat oder der Aufklärung sachfremde Erwägungen zugrunde gelegt hat.

---

[467] *Schuster*, in: TK-StGB, § 15 Rn. 138.

[468] *Lesch*, NJW 1989, 2309 (2310).

(a) Aufklärungspflichtverletzung durch fehlende Bezugnahme auf Patienteninteressen oder fehlende Individualisierung

Eine nicht mehr vertretbare Aufklärung und damit eine Aufklärungspflichtverletzung liegt vor, wenn der ärztliche Beurteilungsspielraum nicht erkannt wird und Ärzt:innen sich mit diesem nicht auseinandersetzen.

Das ist der Fall, wenn Ärzt:innen ihren Patient:innen nicht einmal das notwendige Mindestmaß an genereller Information über den Eingriff zukommen lassen[469] oder wenn sie nur eine abstrakt-generelle Aufklärung ohne Individualisierung vornehmen. Denn dann haben die Aufklärenden ihren Beurteilungsspielraum überhaupt nicht abgesteckt, für ihre Patient:innen relevanten Faktoren nicht ausreichend abgefragt und auch keine Beurteilung vorgenommen. Hiervon ist auszugehen, wenn sich die Aufklärung auf das Aushändigen von schriftlichen allgemeinen Informationen beschränkt oder Ärzt:innen die schriftlichen Informationen lediglich abstrakt formuliert mündlich wiederholen. Bei der Frage, ob wegen fehlender Individualisierung eine Aufklärungspflichtverletzung vorliegt, spielt auch das individualisierte Informationsinteresse der behandelten Person eine Rolle. Denn gerade bei routinehaften, risikoarmen Eingriffen wie einer Grippeschutz-Impfung bei einer gesunden Person ohne Vorerkrankungen ist davon auszugehen, dass sich das Individualisierungsinteresse in Grenzen hält. In diesem Fall treffen die allgemein gehaltenen Informationen zur Impfung auch auf den konkreten Fall zu. Der Individualisierung kann dadurch Rechnung getragen werden, dass die geimpfte Person nach früheren Impfreaktionen gefragt wird oder ihr Möglichkeit zur Fragestellung gegeben wird.

Darauf hingewiesen, dürfen Ärzt:innen, wie erörtert, geeignetes schriftliches Aufklärungsmaterial zur Verfügung stellen und basierend hierauf im Patientengespräch die individuell relevanten Umstände noch einmal gesondert erfragen und hervorheben. Informationsinteressen der Patient:innen, welche nicht offenkundig zu Tage treten, sind auf die beschriebene Art aufzudecken und zu erarbeiten.

Darüber hinaus verletzen Ärzt:innen ihre Aufklärungspflicht, wenn sie ein geäußertes Informationsbedürfnis nicht in ihre Abwägung einbeziehen. So darf ein ausdrücklich geäußertes Informationsbedürfnis hinsichtlich bestehender Behandlungsalternativen nicht ignoriert werden, weil die aufklärende Person meint, die in Rede stehenden Maßnahme sei medizinisch die sinnvollste. Vielmehr hat sie dem Informationsbedürfnis Rechnung zu tragen, die verschiedenen Alternativen aufzuzeigen und sodann eine medizinische Einschätzung darüber abzugeben, warum die von ihr vorgeschlagene Maßnahme aus ihrer Sicht am geeignetsten ist. Darüber hinaus muss im Aufklärungsgespräch auch auf Parameter eingegangen werden, die für die behandelte Person erkennbar von Relevanz sind, auch wenn der:die Aufklärende diese für irrelevant hält. Der Beurteilungsspielraum bedeutet nämlich nicht, dass Ärzt:innen sich über ausdrücklich geäußerte Sorgen und Interessen gänzlich hinwegsetzen dürfen und diese im Rahmen ihrer Aufklärung nicht beach-

469 *Tsambikakis/Dorneck*, in: NK-MedStR, § 228 Rn. 55.

ten müssen. Er berechtigt sie lediglich dazu, eine eigene Beurteilung und Gewichtung der Faktoren für den Eingriff vorzunehmen. Hierfür muss aber tatsächlich auch eine Beurteilung stattfinden. Das ist bei gänzlich fehlender Beachtung einzelner Umstände gerade nicht der Fall.

(b) Evident fehlerhafte Beurteilung und unrichtige Angaben

Wenn Ärzt:innen die relevanten Faktoren ausreichend abgefragt und im Dialog mit ihren Patient:innen herausgearbeitet haben, müssen sie hieraus die richtigen Schlüsse ziehen. Dieser Anforderung werden sie gerecht, wenn sie aus dem Arzt-Patienten-Gespräch diejenigen Konsequenzen ziehen, die einsichtige und besonnene[470] Ärzt:innen in der konkreten Lage gezogen hätten. Die gewählte Aufklärung muss sowohl im Umfang als auch dem Inhalt nach die identifizierten Interessen und Eigenschaften der behandelten Person berücksichtigen und diesen entsprechen. Grundsätzlich gilt: je höher die Eintrittswahrscheinlichkeit einer Komplikation und je schwerwiegender die gesundheitlichen Folgen für die individuelle Lebensführung, desto wichtiger ist die Aufklärung hierüber.[471] Das Ausbleiben einer Aufklärung über gravierende Folgen für ein bekanntes Patienteninteresse ist rechtfertigungsbedürftig. Dagegen darf von einer Aufklärung über einen Umstand, der nach begründeter Einschätzung des:der Aufklärenden die Patienteninteressen nicht tangiert, abgesehen werden.

So muss es jeder aufklärenden Person einleuchten, dass die Lähmung einzelner Finger für einen Pianisten unabhängig von der objektiven Risikoeintrittswahrscheinlichkeit ein relevantes, zu benennendes Risiko darstellt. Übersieht sie eine solch offensichtliche Relevanz, verletzt sie ihre Aufklärungspflicht.

Allgemein gesprochen müssen Ärzt:innen eine Abwägung hinsichtlich des Aufklärungsumfangs treffen, d.h. abwägen, welche Informationen für ihre Patient:innen in welcher Tiefe von Relevanz sind und von diesen verstanden und verarbeitet werden können.

Je weniger Information Ärzt:innen ihren Patient:innen nach einer Interessenabwägung zukommen lassen, bspw. weil sie davon überzeugt sind, dass eine Information überfordern oder schaden würde, desto begründungsbedürftiger ist die ärztliche Entscheidung.

Halten Ärzt:innen eine bestimmte Information für irrelevant oder schädlich, können sie ihre Bedenken mit den Patient:innen besprechen und hierdurch einen partiellen Aufklärungsverzicht herbeiführen.

Unabhängig von der Gewichtung der Patienteninteressen liegen Aufklärungspflichtverletzungen außerdem vor, wenn Ärzt:innen schlicht falsche Tatsachen behaupten. Auch die Verharmlosung eines Risikos ist nicht von dem ärztlichen

[470] *Rengier*, StrafR AT, § 52 Rn. 15; *Heger*, in: Lackner/Kühl/Heger, StGB, § 15 Rn. 37; *Roxin/Greco*, StafR AT I, § 24 Rn. 34.

[471] *Tsambikakis/Dorneck*, in: NK-MedStR, § 228 Rn. 74.

Handlungsspielraum umfasst. Denn in solch einem Fall beruht der Entschluss zur Behandlung auf unrichtigen Tatsachen.[472] Falsche Tatsachenbehauptungen oder Risikodarstellungen sind niemals vom ärztlichen Beurteilungsspielraum gedeckt und begründen eine Aufklärungspflichtverletzung.

(c) Methodisch fehlerhafte Nutzung des Beurteilungsspielraums

Eine weitere Fehlerkategorie stellt die methodisch fehlerhafte Nutzung des Spielraums dar. Von einer methodisch fehlerhaften Nutzung ist auszugehen, wenn Ärzt:innen ihre Aufklärung an einem falschen Ziel orientieren oder der Aufklärung sachfremde Motive zugrunde legen.

Von Ärzt:innen kann und muss verlangt werden, dass sie aus den Belangen ihrer Patient:innen ein zutreffendes Aufklärungsziel ableiten und den individuellen Behandlungskontext wertungsfrei zur Grundlage ihrer Aufklärung machen. Hierfür benötigen sie eine ausreichende Tatsachenbasis, die sie im Dialog mit den Patient:innen erarbeiten. Wie an dem Beispiel des 80-jährigen Krebspatienten und der schwangeren jungen Frau (3. Teil C. II. 2. b) bb) (2)) aufgezeigt, verfolgen Behandlungsentscheidungen unterschiedliche Ziele. Während der 80-jährige Krebspatient insbesondere eine Behandlung benötigt, die möglichst wenig Unterstützung durch Dritte erfordert, steht als priorisiertes Behandlungsziel der jungen Frau die Erhaltung ihrer Schwangerschaft im Fokus. Würde die aufklärende Person in diesen Fällen eine besonders nachsorgeintensive Behandlung oder eine möglichst vollständige Tumorentfernung unter Nichtbeachtung erheblicher Risiken für die Schwangerschaft zum Aufklärungsinhalt machen, hätte sie die von den Patienteninteressen definierten Aufklärungsziele eindeutig verfehlt.

Wie bereits erörtert ist es nicht möglich, dass sich ein Mensch vollkommen frei von seinen eigenen Eindrücken, Einschätzungen künftiger Entwicklungen und Wahrnehmungen macht. Denn der Mensch ist ähnlich wie Birnbacher es auf der fünften Stufe seines Stufenmodells beschreibt, immer auch von äußeren und inneren Eindrücken geprägt, die ihm eine vollkommen wertfreie Kommunikation und Entscheidung unmöglich machen. Eine solche ist auch überhaupt nicht wünschenswert. Denn Ärzt:innen sollen ihren Patient:innen eben nicht wie eine programmierte KI sämtliche Sachinformationen zukommen lassen, welche diese möglicherweise zur Entscheidung für oder gegen eine Behandlung benötigen. Vielmehr erwarten Patient:innen von ihren Ärzt:innen gerade eine auf sie zugeschnittene, empathische Beratung oder fragen die Behandelnden nach ihrer Meinung und danach, wie diese bei sich oder ihren Angehörigen entscheiden würden.

Durch einen Beurteilungsspielraum werden den Aufklärenden Wertungsspielräume eröffnet. Das darf jedoch nicht dazu führen, dass solche Spielräume zum Einfallstor für sachfremde Erwägungen und Stereotype bzw. Vorurteile werden. Bereits im 3. Teil B. I. wurde beschrieben, dass die Beurteilung einer „medizini-

[472] *Vogeler*, NJW 2023, 149 (151).

schen Indikation“ und vor allem eines „guten Lebens“ von den Wertevorstellungen und Erfahrungen der Behandelnden beeinflusst wird. Doch nicht nur hinsichtlich der geeigneten Behandlung spielen Wertungen des medizinischen Personals eine Rolle. Auch durch die Einräumung eines Spielraums bei der Aufklärung beeinflussen eigene Vorstellungen die Beurteilung der Aufklärenden.

So können das Geschlecht oder die ethnische Herkunft von Patient:innen unterbewusst bereits ein bestimmtes Vorstellungsbild bei den Aufklärenden wecken. Geben zwei Patientinnen bspw. ein besonders hohes Interesse an detaillierten Informationen an, könnte ein Arzt dieses unterschiedlich bewerten. So ist es denkbar, dass er einer promovierten Physikerin nach dem geäußerten Informationsbedürfnis mehr medizinische Fachkenntnisse vermittelt als einer Patientin mit äußerlich erkennbarer Migrationsgeschichte, die in einem weniger gut situierten Stadtteil wohnt. Während er der Physikerin Fach- und Sprachkenntnisse unterstellt und auf alle Einzelheiten des Eingriffs eingeht, könnte er das Interesse der zweiten Patientin weniger ernst nehmen und als lästig empfinden, weil er denkt, diese verstünde die Information sowieso nicht. Aufgrund seiner Stereotypen würde er das Selbstbestimmungsrecht der Patientin mit Migrationsgeschichte einschränken und weniger achten als das der Physikerin. Er würde aufgrund sachfremder Erwägungen seine Aufklärungspflichten verletzen.

Dieses Beispiel soll nicht darüber hinwegtäuschen, dass die Aufklärung an die Verständnismöglichkeiten und den Bildungsstand der einzelnen Patient:innen angepasst werden soll und bei mangelndem Verständnis auch muss. Das darf jedoch nicht dazu führen, dass Patient:innen ein bestimmter Bildungsstand oder Vorkenntnisse unterstellt werden. So ist es durchaus denkbar, dass grds. ungebildetere Patient:innen aufgrund einer Vorerkrankung in der Familie schon über mehr medizinische Fachkenntnisse verfügen als promovierte Naturwissenschaftler:innen, die sich selten behandeln lassen. Solche Faktoren gilt es im Gespräch herauszuarbeiten, um Vorurteile zu vermeiden und den Interessen der Patient:innen gerecht zu werden.

Doch auch bei aufmerksamer und ausführlicher Erörterung der Lebensumstände können manche Vorurteile durch gezieltes Fragen nicht ausgeräumt werden. So kann die geäußerte Angst von Patient:innen vor einem geplanten Eingriff unterschiedlich bewertet werden und verschiedene Reaktionen bei Aufklärenden hervorrufen. Während Aufklärende die Bedenken einer alten, kleinen und zurückhaltend auftretenden Frau weniger ernst nehmen könnten, ist es denkbar, dass sie sich bei einem jungen, kräftigen und selbstbewusst auftretenden Mann die Zeit nehmen würden, ihm ausführlich zu erklären, warum die genannten Ängste unbegründet sind.

Im vorangegangenen Beispiel führen die Stereotype der „irrationalen, verängstigten Oma“ und des „starken Machers“ zu einem unterschiedlichen Umgang mit den Patient:innen, obwohl diese das gleiche Gesprächsbedürfnis haben. Andersherum ist auch denkbar, dass einem kräftigen jungen Mann eine höhere Belastbarkeit zugeschrieben wird als einer schmächtigen älteren Frau.

Stereotype sind weit verbreitete Assoziationen zwischen einer bestimmten sozialen Gruppe und einer oder mehreren Eigenschaften.[473] Diese Assoziationen können positiver oder negativer Natur sein, treffen jedoch auf die Person, auf die sie projiziert werden, nicht zwingend zu. In der zwischenmenschlichen Kommunikation sind Stereotype in vielen Situationen unverzichtbar, damit Hörer:innen Aussagen unbekannter Sprecher:innen spontan aufgrund passender Verallgemeinerungen in Form von Stereotypen einordnen können.[474] Allerdings kann auf diesem Weg auch die Wahrheitsfindung behindert werden, nämlich wenn Hörer:innen die Wahrheit aufgrund eigener Vorstellungen nicht mitbekommen oder indem die Weitergabe von wichtigen Gedanken behindert wird.[475]

Aufklärende müssen sich solcher Gefahren von stereotypischem Denken bewusst sein und ihre Wahrnehmungen kritisch hinterfragen. Sind sie sich unsicher, ob ihre Wahrnehmungen zutreffend sind, sollten sie versuchen, ihr Gegenüber in dem betreffenden Punkt besser einzuschätzen. So könnte der Arzt im Falle der älteren Frau erfragen, woher ihre Angst kommt und ob sie grds. zu Vorsicht oder Angst neigt. Hierdurch kann er besser einschätzen, ob seine Patientin einer rationalen Argumentation zur Beruhigung ihrer Angst offen gegenübersteht und sein Eindruck lediglich auf einem Stereotyp beruht oder ob es sich tatsächlich um irrationale Ängste handelt, die auch einer faktenbasierten Information nicht zugänglich sind.

Auch andere sachfremde Erwägungen der aufklärenden Person können ihre Aufklärungspflicht verletzen. So darf bspw. der ökonomische Druck einer Gesundheitseinrichtung nicht dazu führen, dass ein Aufklärungsgespräch verkürzt oder oberflächlich geführt wird und hierbei für die behandelte Person wichtige Information verloren geht. Zeitliche und personelle Ressourcenknappheit sowie der dadurch entstehende Druck auf die aufklärende Person können die Patientenautonomie ungerechtfertigt verletzen, wenn infolgedessen eine unzureichende Aufklärung erfolgt.

(4) Die Kontrollierbarkeit des Beurteilungsspielraums

Auch wenn der Wunsch, die Patientenautonomie möglichst weitgehend zu schützen, richtig ist, müssen den Aufklärenden, erwartet man von ihnen eine zwischenmenschliche auf Vertrauen basierende Kommunikation, gewisse Handlungsspielräume zugestanden werden. Anders ist die Idee einer Arzt-Patienten-Kommunikation auf Augenhöhe für die Behandelnden nicht umsetzbar.

---

[473] *Fricker*, Epistemische Ungerechtigkeit, S. 59.

[474] *Fricker*, Epistemische Ungerechtigkeit, S. 61.

[475] *Fricker*, Epistemische Ungerechtigkeit, S. 75.

Die gerichtliche Überprüfung der ärztlichen Aufklärung muss sich daher darauf beschränken, ob Ärzt:innen in vertretbarer Weise die Belange ihrer Patient:innen erörtert, eingeordnet und basierend hierauf die Informationen, die sie als notwendig erachten durften, in verständlicher Weise vermittelt haben. Die spätere rechtliche Auseinandersetzung vor Gericht ist angesichts der nur sehr eingeschränkten Möglichkeiten zur nachträglichen Beurteilung des zum Behandlungszeitpunkt vorliegenden Aufklärungskontexts auf die Über- oder Unterschreitung des ärztlichen Beurteilungsspielraums beschränkt.[476] Konkret kann gerichtlich überprüft werden, ob eine Individualisierung der Aufklärung stattgefunden hat, ob evident relevante Umstände bei der Aufklärung missachtet wurden und ob Inhalt und Umfang der Aufklärung auf sachfremden Erwägungen beruht haben.

Hinsichtlich einzelner nicht angesprochener Faktoren können strafrechtliche Konsequenzen nur dann folgen, wenn diese offensichtlich von Relevanz gewesen wären und das Nichtansprechen nicht vertretbar erscheint. Auch wenn weder den zivilrechtlichen noch den strafrechtlichen Normen das Erfordernis einer „nicht mehr vertretbaren“ Aufklärung entnommen werden kann, ist die Beschränkung der Normen hierauf aufgrund der sonst fehlenden Vorhersehbarkeit und Verlässlichkeit notwendig.

Ihre praktischen Grenzen findet die Überprüfbarkeit in der bislang fehlenden Dokumentationspflicht der für die gewählte Aufklärung entscheidenden Gründe und Überlegungen. Auch wenn aufgrund der nicht bestehenden Dokumentationspflicht die Beweisbarkeit eines Beurteilungsfehlers erschwert sein dürfte, ändert das grundsätzlich nichts an der auf die genannten Fehler beschränkte gerichtlichen Überprüfbarkeit der ärztlichen Aufklärungsentscheidung.

cc) Vergleichbarkeit von Entscheidungsspielräumen im Verwaltungs- und Strafrecht

Sowohl das Verwaltungs- als auch das Strafrecht kennt Entscheidungsspielräume, die der Struktur des hier vorgeschlagenen ärztlichen Beurteilungsspielraums ähneln. Diese werden im Folgenden beleuchtet, um sodann bestehende Parallelen und Unterschiede herauszuarbeiten.

(1) Die verwaltungsrechtlichen Beurteilungs- und Ermessensspielräume

Im Verwaltungsrecht gibt es behördliche Entscheidungsspielräume in Form von Beurteilungs- und Ermessensspielräumen.

Den Verwaltungsbehörden kommt die Aufgabe zu, Gesetze im Einzelfall anzuwenden und zu vollziehen. Bei einer Vollzugsentscheidung müssen sie regelmäßig

---

[476] So schon ähnlich zur gerichtlichen Überprüfbarkeit des ärztlichen Beurteilungsspielraums hinsichtlich der Einwilligungsfähigkeit von Minderjährigen *Nebendahl*, MedR 2009, 197 (202).

einschlägige Rechtsnormen ermitteln und diese auslegen, um den Inhalt eines gesetzlichen Tatbestands zu bestimmen. Ist eine Rechtsnorm einschlägig, bestimmt die Behörde anschließend deren Rechtsfolge.

Möchten Behörden eine Norm auf einen Sachverhalt anwenden, haben sie zunächst zu prüfen, ob dieser überhaupt vom Inhalt des Tatbestands umfasst ist.[477] Da es sich bei Gesetzen um abstrakt-generelle Normen handelt, die viele verschiedene und sich wandelnde Sachverhalte umfassen sollen, enthalten Tatbestandsvoraussetzungen häufig unbestimmte Rechtsbegriffe (z.B. „öffentliche Sicherheit und Ordnung" i.S.d. § 1 PolG BW oder das „Wohl der Allgemeinheit" i.S.d. § 24 III BauGB). Die Präzisierung solcher Begriffe im Einzelfall erfolgt im Zuge der Auslegung.[478] Behörden haben im Rahmen der Subsumtion eines konkreten Einzelfalls zu beurteilen, ob dieser unter einen unbestimmten Rechtsbegriff fällt. Hierbei stellt sich die Frage, ob der Behörde ein Beurteilungsspielraum zusteht. Wann das der Fall ist, ist zwischen Rechtsprechung und Literatur teilweise umstritten.[479]

Einigkeit besteht darüber, dass der Beurteilungsspielraum niemals die vom Einzelfall gelöste abstrakte Auslegung eines unbestimmten Rechtsbegriffs umfasst.[480]

Nach der h.M. sind behördliche Entscheidungen grds. uneingeschränkt überprüfbar.[481] Einen Beurteilungsspielraum erkennt die Rechtsprechung nur in Prüfungsentscheidungen,[482] prüfungsähnlichen Entscheidungen,[483] dienstrechtlichen Beurteilungen,[484] Entscheidungen pluralistisch besetzter, weisungsfreier Gremien,[485] Prognoseentscheidungen[486] und Risikobewertungen[487] an. Diesen Fallgruppen

---

[477] *Reimer*, Allg. VerwR, § 9 Rn. 41; *Kment/Vorwalter*, JuS 2015, 193 (195).

[478] *Siegel*, Allg. VerwR, § 8 Rn. 192; *Detterbeck*, Allg. VerwR, § 8 Rn. 351; *Kment/Vorwalter*, JuS 2015, 193 (195).

[479] Die Literatur nimmt einen behördlichen Beurteilungsspielraum sehr viel öfter an als die Rechtsprechung, wobei teilweise angenommen wird, es bedürfe einer gesetzlichen Ermächtigung zur Annahme des behördlichen Beurteilungsspielraums (sog. normative Ermächtigungslehre), *Maurer/Waldhoff*, VerwR AT, § 7 Rn. 34; *Siegel*, Allg. VerwR, § 8 Rn. 197. Um nicht den Umfang dieser Arbeit zu überschreiten, wird im Folgenden nur auf die vom BVerfG vertretene Ansicht Bezug genommen und die dort angenommenen Fallgruppen behördlicher Beurteilungsspielräume vorgestellt.

[480] BVerfG, Beschl. v. 8.12.2011 - 1 BvR 1932/08, NVwZ 2012, 694 (695).

[481] *Detterbeck*, Allg. VerwR, § 8 Rn. 354; *Siegel*, Allg. VerwR, § 8 Rn. 192; BVerwG, Urt. v. 25. 11.1993–3 C 38/91, BVerwGE 94, 307; BVerwG, Urt. v. 22.9.2016–4 C 2/16, BVerwGE 156, 148.

[482] BVerfG, Beschl. v. 17.4.1992–1 BvR 419/81, 1 BvR 213/83, NJW 1992, 2005 (2007); BVerwG, Urt. v. 12.7.1995–6 C 12/93, BVerwGE 99, 74.

[483] BVerfG, Beschl. v. 16.12.1992–1 BvR 167/87, BVerfGE 88 (56 ff.); BVerwG, Urt. v. 10.12.1986–7 C 60/84, BVerwGE 75, 275.

[484] BVerfG, Beschl. v. 22.05.1975 - 2 BvL 13/73, BVerfGE 39, 334 (354); BVerwG, Urt. v. 17.9.2015–2 A 9/14, NVwZ 2016, 327.

[485] BVerfG, Beschl. v. 27.11.1990–1 BvR 402/87, BVerfGE 83, 130 (148), BVerwG, Urt. v. 16.5.2007–3 C 8/06, NJW 2007, 2790.

ist gemein, dass die Behördenentscheidungen aufgrund eines persönlichen Eindrucks unter Berücksichtigung besonderer fachlicher Erfahrung[488] der Amtswalter:innen oder in nicht wiederholbaren Situationen getroffen werden.[489]

Steht einer Behörde ein Beurteilungsspielraum zu, unterliegt die Anwendung unbestimmter Rechtsbegriffe nur der eingeschränkten gerichtlichen Überprüfbarkeit.[490] Das bedeutet, dass Behörden eine eigene, nicht weiter überprüfbare Wertung bei der Verwendung unbestimmter Rechtsbegriffe zugestanden wird. Die Verwaltungsgerichte können dann nur überprüfen, ob die Grenzen des zugestandenen Bereichs eingehalten wurden, ob sich die behördliche Entscheidung im Rahmen des rechtlich Vertretbaren bewegt,[491] oder ob der Behörde ein Beurteilungsfehler unterlaufen ist. Beurteilungsfehler sind: der Beurteilungsausfall, die Beurteilungsüberschreitung und der Beurteilungsfehlgebrauch. Im Rahmen des Beurteilungsfehlgebrauchs kommt insbesondere der Missachtung einer Beurteilungsreduzierung auf Null, dem Verstoß gegen Grundrechte und der Verletzung allgemeiner Rechtsgrundsätze große Bedeutung zu.[492]

Bei einem Beurteilungsausfall verkennt die Behörde, dass ihr ein Beurteilungsspielraum zusteht. Bei einer Beurteilungsüberschreitung trifft sie eine Entscheidung, die außerhalb des gesetzlich abgesteckten Rahmens liegt, und bei dem Beurteilungsfehlgebrauch ist die behördliche Entscheidung mit dem Sinn und Zweck des gesetzlichen Spielraums nicht vereinbar, weil die Behörde entweder erhebliche Gesichtspunkte nicht ausreichend beachtet oder sachfremde Erwägungen angestellt hat.[493] Hierunter fällt dann auch die Missachtung einer Beurteilungsreduzierung auf Null, bei der nur eine einzige behördliche Entscheidung richtig und zweckmäßig ist.

Argumentativ wird für die Annahme der beschränkten gerichtlichen Überprüfbarkeit aufgeführt, dass unbestimmte Rechtsbegriffe unterschiedliche Wertungen zuließen, es schon aus normlogischen Gründen nicht nur eine „richtige“ Lösung geben könne und dass die Verwaltung im Einzelfall die größere Sachkunde und Erfahrung besitze. Außerdem stehe sie den konkreten Verwaltungsproblemen näher. Als eigenständige Staatsgewalt sei der Exekutive ein eigener Verantwortungsbereich gegenüber der Gerichtsbarkeit zuzugestehen.[494]

---

[486] BVerwG, Urt. v. 7.9.1989 – 7 C 44/88, 7 C 45/88, NJW 1990, 1376; BVerwG, Urt. v. 19.12.1985 – 7 C 65/82, NVwZ 1986, 208.

[487] BVerwG, Urt. v. 14.12.1994 – 11 C 17/93, NJW 1995, 1690.

[488] *Siegel*, Allg. VerwR, § 8 Rn. 204.

[489] *Detterbeck*, Allg. VerwR, § 8 Rn. 372.

[490] *Maurer/Waldhoff*, VerwR AT, § 7 Rn. 31.

[491] *Detterbeck*, Allg. VerwR, § 8 Rn. 354.

[492] *Reimer*, Allg. VerwR, § 9 Rn. 42.

[493] *Detterbeck*, Allg. VerwR, § 8 Rn. 378.

[494] *Maurer/Waldhoff*, VerwR AT, § 7 Rn. 31.

Die verwaltungsrechtlichen Beurteilungsspielräume passen insoweit zu dem vorgestellten ärztlichen Beurteilungsspielraum, wie sie eine fachlich richtige, aber eben mit Spielräumen behaftete Erfassung von Tatsachen betreffen. Teilweise lassen sich die Argumente, die für einen behördlichen Beurteilungsspielraum angeführt werden, auf den ärztlichen Beurteilungsspielraum bei der Aufklärung übertragen. Auch bei diesem gibt es nicht nur eine „richtige" Lösung. Vielmehr basiert sie auf den unterschiedlichen zwischenmenschlichen Interaktionen und Beurteilungen des Kontexts. Hierbei besitzen die Ärzt:innen als Fachleute die größere Sachkunde und Erfahrung in der Patientenbetreuung und stehen ihren konkreten Patient:innen und deren Bedürfnissen näher als der Gesetzgeber und das Gericht. Es handelt sich im weiteren Sinne ebenso um Risikobewertungen und Entscheidungen, die an vorgegebenen Ziele und Faktoren, nämlichen der Ermöglichung einer patientenautonomen Entscheidung und den Patientenbedürfnissen im jeweiligen Behandlungskontext auszurichten sind. Dagegen kann das Argument der eigenständigen Staatsgewalt mit eigenem Verantwortungsbereich nicht übertragen werden. Ärzt:innen haben kein „Recht" auf einen eigenen Verantwortungsbereich, sondern müssen ihre Behandlung an dem Wohl ihrer Patient:innen ausrichten.

Vergleichbar sind auch die drei Fehlerfallgruppen. So ist der Beurteilungsausfall mit der Aufklärungspflichtverletzung durch fehlende Bezugnahme auf Patienteninteressen oder fehlende Individualisierung, die Beurteilungsüberschreitung mit der evident fehlerhaften ärztlichen Beurteilung und der Beurteilungsfehlgebrauch mit der methodisch fehlerhaften Nutzung des ärztlichen Beurteilungsspielraums vergleichbar. Die Prüfung von Grundrechten im Rahmen des Beurteilungsfehlgebrauchs findet kein Äquivalent in dem vorgestellten ärztlichen Spielraumkonzept. Das ist mit dem fehlenden Über-Unterordnungsverhältnis zu erklären. Denn bei Ärzt:innen und Patient:innen handelt es sich im Gegensatz zum Verhältnis Staat–Bürger um zwei privatrechtliche Parteien, die nicht unmittelbar an das Grundgesetz gebunden sind. Ärzt:innen müssen ihre Aufklärung auch nicht an Beurteilungen in anderen Fällen orientieren, sondern bewerten jeden Einzelfall selbstständig. Es besteht keine Bindung an Gleichheitsgrundrechte.

Neben den auf Tatbestandsebene bestehenden Beurteilungsspielräumen gibt es auch auf der Rechtsfolgenseite behördliche Entscheidungsspielräume.[495]

Welche Rechtsfolge eine Behörde trifft, hängt davon ab, ob die angewandte Rechtsnorm sie zu einem bestimmten Verhalten verpflichtet (sog. gebundene Entscheidung)[496] oder ob sie die Verwaltung dazu ermächtigt, eine aus ihrer Sicht angemessene Entscheidung zu treffen. Stehen der Verwaltung mehrere Handlungsoptionen offen, spricht man von Ermessensspielräumen (genauer Auswahl- und Entschließungsermessen).[497] Die entscheidende Behörde darf dann innerhalb

[495] *Siegel*, Allg. VerwR, § 8 Rn. 193.

[496] *Reimer*, Allg. VerwR, § 17 Rn. 69.

[497] *Kment/Vorwalter*, JuS 2015, 193 (196); *Detterbeck*, Allg. VerwR, § 8 Rn. 312; *Reimer*, Allg. VerwR, § 17 Rn. 67.

der Vorgaben des § 40 I 1 VwVfG nach eigenem Ermessen handeln. Auf diesem Weg soll die individuelle Entscheidung Einzelfallgerechtigkeit ermöglichen. Den gesetzlichen Zielvorstellungen entsprechend finden hierbei die konkreten Umstände des Einzelfalls Berücksichtigung.[498] Hat die Behörde die Wahl, ob sie überhaupt tätig werden möchte, spricht man von einem Entschließungsermessen.[499] Muss die Verwaltung tätig werden, kann jedoch zwischen mehreren Verhaltensweisen wählen, steht ihr ein sog. Auswahlermessen[500] zu. Die verschiedenen Ermessensarten können auch miteinander kombiniert werden.[501]

Das behördliche Ermessen wird durch Gesetz eingeräumt. Die gesetzliche Ermächtigung kann *expressis verbis*, durch gesetzliche Umschreibung, aus dem gesetzlichen Gesamtzusammenhang oder in Form einer „kann"-Vorschrift erfolgen.

Vergleichbar zu den Fehlergruppen der behördlichen Beurteilung ist auch beim Ermessen die gerichtliche Überprüfbarkeit auf folgende Ermessensfehler beschränkt: Es kann ein Ermessensnichtgebrauch,[502] eine Ermessensüberschreitung,[503] ein Ermessensfehlgebrauch,[504] und dort wieder insbesondere eine Missachtung einer Ermessensreduzierung auf Null[505] oder ein Verstoß gegen Grundrechte und allgemeine Rechtsgrundsätze vorliegen. Grundrechte und allgemeine Rechtsgrundsätze sind im Rahmen der Erforderlichkeit und der Verhältnismäßigkeit zu prüfen und stellen insofern objektive Schranken des Ermessens dar, die sowohl bei der Ermessensüberschreitung als auch beim Ermessensfehlgebrauch relevant werden können.[506]

Die verwaltungsrechtlichen Ermessensspielräume passen insoweit zu dem vorgestellten ärztlichen Beurteilungsspielraum, wie zu ihnen gehört, dass die Entscheidung normativ ist und dazu passende Rahmenkriterien entwickelt wurden. Auch die Fallgruppen möglicher Ermessensfehler sind wie schon die der Beurteilungsfehler mit denen der Aufklärungsfehler vergleichbar.

Allerdings betreffen behördliche Ermessensentscheidungen eine verbindliche Entscheidung in einem Über-Unterordnungs-Verhältnis (Staat-Bürger), in der auch Allgemein- und Drittinteressen berücksichtigt werden. Insoweit sind die Entscheidungsspielräume nicht vergleichbar. Denn die medizinische Aufklärung findet auf Augenhöhe zwei miteinander kooperierender Parteien statt, bei der allein die Interessen der aufzuklärenden Person Aufklärungsumfang und -inhalt bestimmen.

---

[498] *Reimer*, Allg. VerwR, § 17 Rn. 68; *Siegel*, Allg. VerwR, § 8 Rn. 207.

[499] *Reimer*, Allg. VerwR, § 17 Rn. 70; *Siegel*, Allg. VerwR, § 8 Rn. 206.

[500] *Siegel*, Allg. VerwR, § 8 Rn. 206; *Reimer*, Allg. VerwR, § 17 Rn. 70.

[501] *Detterbeck*, Allg. VerwR, § 8 Rn. 315.

[502] *Reimer*, Allg. VerwR, § 17 Rn. 74; *Maurer/Waldhoff*, VerwR AT, § 7 Rn. 21.

[503] *Reimer*, Allg. VerwR, § 17 Rn. 76; *Maurer/Waldhoff*, VerwR AT, § 7 Rn. 20.

[504] *Reimer*, Allg. VerwR, § 17 Rn. 75; *Maurer/Waldhoff*, VerwR AT, § 7 Rn. 22.

[505] *Reimer*, Allg. VerwR, § 17 Rn. 72; *Maurer/Waldhoff*, VerwR AT, § 7 Rn. 24.

[506] *Maurer/Waldhoff*, VerwR AT, § 7 Rn. 23; *Detterbeck*, Allg. VerwR, § 8 Rn. 334.

Zwar können soziale Strukturen und Gesundheitsinteressen Dritter mittelbar auch den Aufklärungsumfang beeinflussen.[507] Das geschieht jedoch durch die Kontextualisierung der Patienteninteressen in das individuelle soziale Umfeld und nicht durch eigenständige Interessen dritter Unbeteiligter.

Die herausragende Stellung des Grundrechtsverstoßes im Rahmen des Ermessensfehlgebrauchs findet daher kein Äquivalent bei den ärztlichen Fehlerkategorien. Insbesondere die Gleichheitssätze des Art. 3 GG können ein behördliches Verhalten ge- oder verbieten, weil sie zu einer Selbstbindung der Verwaltung führen.[508] Dagegen haben Patient:innen keinen Anspruch auf die gleiche Aufklärung wie andere Patient:innen. Die Aufklärung muss immer auf den jeweiligen Einzelfall zugeschnitten werden.

Ein erheblicher struktureller Unterschied besteht beim verwaltungsrechtlichen Entschließungsermessen. Zu diesem gibt es kein Äquivalent bei der ärztlichen Aufklärung. Ärzt:innen haben zwingend vor jedem invasiven Eingriff aufzuklären und dürfen hiervon niemals absehen, wenn nicht ein wirksamer Aufklärungsverzicht vorliegt. Eine in diesen Fällen ausbleibende Aufklärung ist dann jedoch nicht auf den Entschluss der Ärzt:innen zurückzuführen, sondern auf den der verzichtenden Patient:innen. Ärzt:innen haben also keinen Entscheidungsspielraum darüber, ob sie aufklären, sondern nur wie sie aufklären.

(2) Der Entscheidungsspielraum im Rahmen der Vermögensbetreuungspflicht gem. § 266 I 2. Alt. StGB

Um zu zeigen, dass der Umgang mit solchen Spielräumen und deren eingeschränkte Überprüfbarkeit im Strafrecht keineswegs neu ist, soll im Folgenden ein Blick auf den von der Rechtsprechung[509] und großen Teilen der Literatur[510] anerkannten Entscheidungsspielraum bei der Vermögensbetreuungspflicht im Rahmen des Untreuetatbestandes (§ 266 StGB) geworfen werden.

Gem. § 266 StGB ist strafbar, wer eine ihm obliegende Pflicht, fremde Vermögensinteressen wahrzunehmen, verletzt und hierdurch dem, dessen Vermögensinteressen er zu betreuen hat, Nachteil zufügt. Im Rahmen der notwendigen Pflichtverletzung stellt sich ähnlich wie bei ärztlichen Aufklärungspflichten die Frage, welche Anforderungen an diese zu stellen sind und ob ein zivilrechtlich pflichtwidriges Verhalten zwingend auch strafrechtlich relevant ist. Insbesondere bei wirtschaftlichen Risikoentscheidungen, für die Prognosen, Wertungen und Ab-

---

[507] S. 3. Teil I. 1. b) cc).

[508] *Detterbeck*, Allg. VerwR, § 8 Rn. 334.

[509] BGH, Urt. v. 6.4.2000 – 1 StR 280/99, NJW 2000, 2364; BGH, Urt. v. 6.12.2001 – 1 StR 215/01, NJW 2001, 1585; BGH, Urt. v. 22.11.2005 – 1 StR 571/04, NJW 2006, 453.

[510] *Dierlamm/Becker*, in: MüKo StGB, § 266 Rn. 197 ff.; *Schuhr*, in: Spickhoff, MedR, § 266 Rn. 48; *Kutzner*, NJW 2006, 3541 (3543); *Rönnau*, ZStW 2007, 887 (911); *Wagner*, ZStW 2019, 319 (324 f.); *Schünemann*, NStZ 2006, 196 (198).

schätzungen nötig sind,[511] sind die Anforderungen an die Pflichtwidrigkeit umstritten.[512]

Für solche Risikoentscheidungen entwickelte die Rechtsprechung die Rechtsfigur der gravierenden Pflichtverletzung.[513] In einer Entscheidung zur Bankuntreue entschied der BGH, dass eine „allenfalls geringfügige Verletzung der sich aus § 18 S. 1 KWG ergebenden Informationspflicht für sich die Annahme einer Pflichtverletzung i.S. des § 266 StGB nicht [begründe]".[514] Stattdessen bedürfe es hierfür einer Gesamtschau der insbesondere gesellschaftsrechtlichen Kriterien,[515] wobei der vermögensbetreuungspflichtigen Person bei wirtschaftlich riskanten Unternehmungen „ein breiter Ermessensspielraum" zuzugestehen sei.[516] Ganz überwiegend wird angenommen, die Verletzung der Spielraumgrenzen begründe die für § 266 StGB erforderliche gravierende Pflichtverletzung.[517]

Der zugestandene Beurteilungs- und Ermessensspielraum[518] bei wirtschaftlichen Risikoentscheidungen ist freilich nicht unbegrenzt.

Eine Entscheidung, die auf Grund ihres Prognosecharakters wirtschaftliche Unsicherheiten birgt, stellt *per se* noch keine Grenzüberschreitung dar.[519] Wegen der ungewissen Prognose ist jedoch erforderlich, dass die vermögensbetreuungspflichtige Person für eine angemessene, möglichst breite Entscheidungsgrundlage sorgt und ihre Entscheidung auf dieser trifft.[520] Sie muss Handlungsalternativen reflektieren, Konsequenzen beurteilen und sich begründet entscheiden.[521] Hierfür muss sie ihre „Entscheidung jeweils in Abwägung der [ihr] obliegenden Verantwortung für den Unternehmenserfolg treffen."[522] Das bedeutet, dass die Spielräume grundsätzlich im Interesse des Geschäftsherrn auszuüben sind.

---

[511] *Schuhr*, in: Spickhoff, MedR, § 266 Rn. 50.

[512] *Schünemann*, in: LK-StGB, § 266 Rn. 92; *Rönnau*, ZStW 2007, 887 (911); *Kubiciel*, NStZ 2005, 353; da es sich bei dem Erfordernis der „gravierenden Pflichtverletzung" und der Annahme eines Ermessensspielraums um ein inzwischen vom BVerfG bestätigtes Kriterium handelt, wird auf andere Ansichten nicht näher eingegangen.

[513] BGH, Urt. v. 15.11.2001 – 1 StR 185/01, NJW 2002, 1211 (1214); BGH, Urt. v. 6.12.2001 – 1 StR 215/01, NJW 2002, 1585 (1587).

[514] BGH, Urt. v. 6.4.2000 – 1 StR 280/99, NJW 2000, 2364 (2365).

[515] *Schuhr*, in: Spickhoff, MedR, § 266 Rn. 41.

[516] BGH, Urt. v. 6.12.2001 – 1 StR 215/01, NJW 2002, 1585 (1586).

[517] BGH, Urt. v. 22.11.2005 – 1 StR 571/04, NJW 2006, 453 (454); *Becker*, in: MüKo StGB, § 266 Rn. 217; *Kutzner*, NJW 2006, 3541 (3543); *Rönnau*, ZStW 2007, 887 (911); *Wagner*, ZStW 2019, 319 (324 f.); a. A. wohl *Schünemann*, NStZ 2006, 196 (198), wenn er der „gravierenden Pflichtverletzung" neben der Überschreitung der Spielraumgrenzen eine eigenständige dogmatische Bedeutung zumisst.

[518] *Rönnau*, ZStW 2007, 887 (911).

[519] *Schuhr*, in: Spickhoff, MedR, § 266 Rn. 50.

[520] *Kutzner*, NJW 2006, 3541 (3542).

[521] *Schuhr*, in: Spickhoff, MedR, § 266 Rn. 50.

[522] BGH, Urt. v. 6.12.2001 – 1 StR 215/01, NJW 2001, 1585 (1587).

Danach liegt eine Verletzung der Ermessensgrenzen vor, wenn die vermögensbetreuungspflichtige Person ihre Informationspflichten vernachlässigt, ohne die erforderliche Befugnis handelt, im Zusammenhang mit einer Kreditgewährung unrichtige oder unvollständige Angaben gegenüber Mitverantwortlichen macht, vorgegebene Zwecke nicht einhält oder aus sachwidrigen Motiven – etwa Eigennützigkeit – handelt.[523] Die Verletzung des Spielraums muss „im Weg einer einzelfallbezogenen Gesamtschau anhand verschiedener Indizien bzw. Leitkriterien festgestellt werden"[524]. Das BVerfG bestätigte 2010 den bestehenden Spielraum, der die Möglichkeit zur verantwortlichen Entscheidung innerhalb eines gewissen Ermessensspielraums erhält.[525] Zwar bringe die Bestimmung der Pflichtwidrigkeit auf diesem Wege „nicht unerhebliche Unsicherheiten"[526] mit sich, allerdings sei die gefestigte Rechtsprechung in diesem Bereich geeignet, den Anwendungsbereich des Untreuetatbestands im Sinne der dahinterstehenden Schutzkonzeption zu begrenzen. Das Merkmal der Pflichtwidrigkeit habe die Rechtsprechung in fallgruppenspezifischen Obersätzen hinreichend konkretisiert.[527]

Die Parallelität der zugestandenen Spielräume im Rahmen der ärztlichen Aufklärung und der erforderlichen Pflichtverletzung im Rahmen des § 266 I WStGB sind nicht von der Hand zu weisen. Ihre Ziele bestehen darin, die Strafbarkeit menschlicher Entscheidungen über Rechtsgüter anderer Personen (deren Vermögen oder Selbstbestimmungsrecht) auf Situationen eindeutiger Fälle pflichtwidrigen Handelns[528] zu beschränken. Nach Rechtsprechung des BVerfG müssen dogmatische Mittel zu diesem Ziel im Interesse der Berechenbarkeit und Voraussehbarkeit der Rechtsanwendung sein und diese durch fallgruppenspezifische Obersatzbildung unter Berücksichtigung der genannten Kriterien handhabbar machen.[529]

Sowohl bei untreue-relevanten wirtschaftlichen als auch bei ärztlichen Aufklärungsentscheidungen handelt es sich um Entscheidungen, bei denen ein Machtgefälle[530] zwischen handelnder und ggf. geschädigter Person besteht. Dieses entspringt sowohl dem Wissensgefälle als auch der tatsächlichen Verfügungsmacht. Während die vermögensbetreuungspflichtige Person mit ihrer Entscheidung über fremdes Vermögen unmittelbar verfügt, ermöglicht bzw. verhindert die aufklärende Person durch ihre Aufklärung eine selbstbestimmte Patientenentscheidung. In beiden Fällen muss die verpflichtete Person eine Beurteilung hinsichtlich der Wirtschaftlichkeit bzw. der Notwendigkeit bestimmter Gesundheitsinformation treffen. Hierzu

[523] *Schünemann*, in: LK-StGB, § 266 Rn. 96; *Murmann*, JURA 2010, 561 (563); *Becker*, in: MüKo StGB, § 266 Rn. 212.

[524] *Hoyer*, in: SK-StGB, § 266 Rn. 55.

[525] BVerfG, Beschl. v. 23.6.2010–2 BvR 2559/08 u.a., NJW 2010, 3209 (3215).

[526] BVerfG, Beschl. v. 23.6.2010–2 BvR 2559/08 u.a., NJW 2010, 3209 (3213).

[527] BVerfG, Beschl. v. 23.6.2010–2 BvR 2559/08 u.a., NJW 2010, 3209 (3215).

[528] BVerfG, Beschl. v. 23.6.2010–2 BvR 2559/08 u.a., NJW 2010, 3209 (3215).

[529] BVerfG, Beschl. v. 23.6.2010–2 BvR 2559/08 u.a., NJW 2010, 3209 (3215).

[530] *Schünemann*, NStZ 2005, 473 (475).

bedarf es immer einer persönlichen Bewertung und Abwägung im konkreten Einzelfall. Sowohl das ärztliche Aufklärungsmaß als auch die wirtschaftliche Risikoentscheidung muss hierbei auf möglichst umfangreichen Informationen basieren. Solche Informationsgrundlagen können die Subjektivität der Entscheidung jedoch niemals vollständig ausräumen. Ein pflichtmäßiges Verhalten erfordert also kein bestimmtes Ergebnis, sondern nur ein (nach den pflichtimmanenten Kriterien) mehr oder minder methodisches Vorgehen, bei dem die verpflichtete Person Entscheidungsspielräume hat.[531] Hieraus ergibt sich eine nur eingeschränkte Überprüfbarkeit der Entscheidungen.

Auch die konkretisierten Fallgruppen pflichtwidrigen Verhaltens sind bei der ärztlichen Aufklärungspflicht und der Vermögenstreuepflicht vergleichbar: so liegen Spielraumverletzungen vor, wenn Informationspflichten zur Bildung der Entscheidungsgrundlage vernachlässigt,[532] unrichtige oder unvollständige Angaben gemacht oder die vorgegebenen Zwecke und Ziele nicht eingehalten[533] und sachwidrige Motive der Entscheidung zugrunde gelegt werden.[534] Eine strafrechtlich relevante Pflichtverletzung liegt vor, wenn unter diesen Gesichtspunkten die getroffene Entscheidung unvertretbar erscheint.[535]

Auch der erhobene Einwand, dass sich dem Wortlaut des § 266 StGB das Erfordernis einer gravierenden Pflichtverletzung[536] oder eines Ermessensspielraums nicht entnehmen lasse, könnte gegen das vorgestellte Aufklärungskonzept entsprechend in Anschlag gebracht werden. Denn auch hier findet sich weder in den zivilrechtlichen Normen zur ärztlichen Aufklärung (§§ 630c, e BGB) noch in § 228 StGB, der die Grenzen der Einwilligung normiert, das Erfordernis einer gravierenden Aufklärungspflichtverletzung. Das Wortlautargument überzeugt jedoch angesichts der dargelegten Notwendigkeit einer Beschränkung (Restriktion) des sehr weiten Wortlauts weder im Rahmen des § 266 StGB[537] noch bei der ärztlichen Aufklärung.

Zusammenfassend lässt sich feststellen, dass die Annahme eines zugestandenen Entscheidungsspielraums der strafrechtlichen Praxis nicht fremd ist. Insbesondere bei weit gefassten Tatbeständen hält auch das BVerfG eine Beschränkung der Strafbarkeit für geboten, auch wenn diese den einschlägigen Tatbeständen wörtlich nicht zu entnehmen ist. Wie auch bei der Vermögensbetreuungspflicht besteht bei der ärztlichen Aufklärung ein Machtgefälle zwischen entscheidender und geschädigter Person. Die über fremde Rechtsgüter verfügenden Personen müssen bei ihren

---

[531] *Schuhr*, in: Spickhoff, MedR, § 266 Rn. 50.

[532] Vgl. 3. Teil C. II. 2) b) bb) (3) (a).

[533] Vgl. 3. Teil C. II. 2) b) bb) (3) (b).

[534] Vgl. 3. Teil C. II. 2) b) bb) (3) (c).

[535] *Schuhr*, in: Spickhoff, MedR, § 266 Rn. 50; BGH, Urt. v. 22.11.2005 – 1 StR 571/04, NJW 2006, 453 (456); BGH, Urt. v. 12.10.2016 - 5 StR 134/1, NJW 2017, 578 (580).

[536] *Schünemann*, NStZ 2005, 473 (475).

[537] BVerfG, Beschl. v. 23.6.2010 – 2 BvR 2559/08 u.a., NJW 2010, 3209 (3215).

Entscheidungen eine informationsbasierte eigene Abwägung vornehmen. Hieraus ergibt sich eine gewisse Vergleichbarkeit der Situationen. In beiden Fällen muss den Entscheidenden ein Bewegungsspielraum zugestanden werden, in dem sie sich bewegen dürfen, ohne strafrechtliche Konsequenzen fürchten zu müssen.

(3) Zwischenergebnis

Zusammenfassend lässt sich feststellen, dass sowohl das Verwaltungsrecht als auch das Strafrecht Entscheidungsspielräume kennen, wenn persönliche Eindrücke, Fachkenntnisse und Risikoabwägungen in die Handlungsentscheidung einfließen. Diese Erwägungen sind auch maßgeblich für den vorgestellten ärztlichen Beurteilungsspielraum im Rahmen der Aufklärung.

Während im Verwaltungsrecht zwischen den entscheidenden Behörden und den Bürger:innen als Entscheidungsadressat:innen ein Über-Unterordnungsverhältnis besteht, liegt ein solches im Rahmen des § 266 I StGB und der ärztlichen Aufklärung nicht vor. Auch die unmittelbare Grundrechtsbindung der Exekutive ist nicht mit den Rechtsstellungen der vermögensbetreuungsverpflichteten und der aufklärenden Person vergleichbar. Hieraus ergibt sich, dass die Fehlergruppe der Grundrechtsverletzung nur im Rahmen der verwaltungsrechtlichen Entscheidungsspielräume bestehen kann.

Ein Machtgefälle ergibt sich im Rahmen des § 266 I StGB und der ärztlichen Aufklärung nicht aus der rechtlichen Stellung der Parteien, sondern aus tatsächlichen Umständen, nämlich aus der Verfügungsgewalt über fremdes Vermögen bzw. dem überlegenen Fachwissen.

Im Übrigen, und das ist entscheidend, erkennen sowohl der Gesetzgeber als auch die Rechtsprechung rechtsgebietsübergreifend die Notwendigkeit von Spielräumen in Situationen an, in denen eine von subjektiven Eindrücken, Erfahrungen und Wertungen geprägte Entscheidung getroffen werden muss.

dd) Mögliche Einwände gegen die Anerkennung von Spielräumen

Ziel der vorgeschlagenen individualisierten Aufklärung und des hierbei bestehenden ärztlichen Beurteilungsspielraums ist die Herstellung eines Bezugsrahmens auf Grundlage einer dynamischen, sich fortentwickelnden Arzt-Patienten-Kommunikation, die auf individuelle Behandlungs- und Aufklärungskontexte Bezug nimmt, diese würdigt und gleichzeitig normative Vorgaben macht, an denen sich die individuelle Aufklärung messen lassen muss.

Nachdem die Stärken dieses Konzepts herausgearbeitet wurden, soll nun auch mögliche Kritik behandelt werden, um die Schwächen des vorgestellten Ansatzes auszuloten.

(1) Einschränkungen des Schutzes der Patientenautonomie

Dem entwickelten Aufklärungskonzept ließe sich entgegenhalten, dass der eingeräumte ärztliche Beurteilungsspielraum dazu führen kann, dass die Patienteninformation im Einzelfall hinter dem idealtypischen Maß zurückbleibt – ohne strafrechtliche Sanktionen nach sich zu ziehen. Angesichts des hohen Stellenwerts der Patientenautonomie in unserer Rechtsordnung verfängt diese Kritik auf den ersten Blick.

Allerdings läge ihr die Annahme zugrunde, dass es in jedem Fall nur eine bestimmte richtige Form der Aufklärung gibt, die die Patientenautonomie rechtlich hinreichend wahrt. Der vorgestellte Beurteilungsspielraum ist aber gerade deshalb nötig, weil diese Annahme fehlgeht. In der zwischenmenschlichen Arzt-Patienten-Kommunikation, die von gegenseitigem Vertrauen, eigenen Eindrücken und Erfahrungen geprägt ist, gibt es eben nicht die eine richtige Form der Aufklärung. Wie aufgezeigt wurde, muss im Medizinrecht ein relatives Autonomieverständnis herrschen. Es geht darum, dass es ausreicht, wenn Ärzt:innen ihren Patient:innen eine weitgehend autonome Entscheidung ermöglichen. Denn die Idealvorstellung der vollständig autonom getroffenen Entscheidung ist eine Utopie des Medizinrechts, welche schlicht nicht mit der Realität in Einklang zu bringen ist. Daher bedarf es eines Konzepts, welches geeignet ist, die Autonomie der Patient:innen weitgehend zu sichern und diese im erforderlichen Maß strafrechtlich zu schützen. Hierfür müssen Behandelnde die Interessen ihrer Patient:innen gewissenhaft in die Aufklärung miteinbeziehen. Dies tun sie, indem sie die konkreten Umstände und den individuellen Behandlungskontext bewerten. Hierbei fließt unweigerlich eine subjektive Beurteilung und der eigene Erfahrungsschatz mit ein. Das ist im Rahmen eines Vertrauensverhältnisses auf Augenhöhe auch wünschenswert. Der Beurteilungsspielraum ermöglicht es Ärzt:innen, unabhängig von der Fessel normierender Vorschriften[538] nach pflichtgemäßer und gewissenhafter Beurteilung die Aufklärung zu wählen, die nach ihrer begründeten Überzeugung unter den gegebenen Umständen den größtmöglichen Nutzen für die Patient:innen erwarten lässt. Die gewissenhafte Beurteilung der Patienteninteressen ist daher ebenso wie die Therapiefreiheit kein Privileg der Behandelnden,[539] sondern eine fremdnützige Pflicht im Rahmen des Behandlungsverhältnisses. Diese Überlegungen zeigen erneut, dass es nicht die eine, die Patientenautonomie ideal schützende, objektiv richtige Aufklärung geben kann. Eine solche ließe sich nämlich überhaupt nicht bestimmen. Daher ist auch nicht jede hiervon abweichende Aufklärung minderwertig oder gar strafrechtlich relevant.

Darüber hinaus könnte gegen das vorliegende Konzept eingewandt werden, hierdurch würden Patient:innen schlechter gestellt werden, deren Aufklärung weniger empathische Ärzt:innen durchführen. Denn solche könnten nicht alle rele-

---

[538] *Kern*, in: Laufs/Kern/Rehborn, ArztR-HdB, § 3 Rn. 23.

[539] *Katzenmeier*, in: Laufs/Katzenmeier/Lipp, ArztR, Kap. X. Rn. 93.

vanten Faktoren und Umstände korrekt identifizieren und einordnen und würden daher möglicherweise eine aus Patientensicht falsche Abwägung hinsichtlich ihres Aufklärungsumfangs treffen.

Diese Kritik mag zwar zutreffend sein. Allerdings halten sich die negativen Konsequenzen für die Patient:innen in Grenzen. Denn auch solche Ärzt:innen dürfen den am Vergleichsmaßstab gewissenhafter Ärzt:innen gebildeten Beurteilungsspielraum nicht unterschreiten. Befindet sich die medizinische Aufklärung eher im unteren Bereich dieses Spielraums ist das für Patient:innen sicherlich unerwünscht, strafrechtliche Konsequenzen müssen hieraus jedoch nicht erwachsen. Ein noch höherer Mindeststandard als der in dieser Arbeit vorgestellte, würde bedeuten, dass Ärzt:innen, die zur Erfüllung dessen nicht in der Lage sind, nicht mehr praktizieren dürften. Das hätte die Verschlechterung der ohnehin schon teilweise problematischen Versorgungslage zur Folge und würde sich dadurch mittelbar erheblich auf das in §§ 223 ff. StGB primär geschützte Rechtsgut der körperlichen Unversehrtheit auswirken.

Eine noch vertretbare, jedoch nicht perfekte Durchführung der ärztlichen Pflichten betrifft nicht nur die Aufklärung, sondern auch sämtliche andere medizinische Maßnahmen. Es ist den individuellen Kenntnissen und Fähigkeiten verschiedener Ärzt:innen geschuldet, dass diese nicht alle auf einem einheitlichen, idealerweise höchsten Ausbildungsstand stehen und über dieselben Qualifikationen und Erfahrungen verfügen. Solange die medizinische Versorgung allerdings Menschen obliegt, ist dieser Umstand auch nicht auszumerzen. Denn es wird nie möglich sein, das medizinische Personal flächendeckend auf einen einheitlichen, qualitativ höchsten Kenntnis- und Erfahrungsstand zu bringen. Stattdessen muss – wie auch bei Behandlungsmaßnahmen – ein Mindestmaß gefunden werden, das die Anforderungen einer kunstgerechten Behandlung definiert bzw. bei der Aufklärung die Autonomie der Patient:innen in ausreichendem Maße schützt. Dass hierbei erfahrenere, empathischere Ärzt:innen mit mehr Ressourcen Aufklärungsgespräche besser auf ihre Patient:innen zuschneiden als unerfahrene Ärzt:innen, die ihre Patient:innen kaum kennen, ist unbestreitbar. Dasselbe gilt jedoch auch für Behandlungen durch erfahrene Chefärzt:innen im Vergleich zu Berufsanfänger:innen. Auch in hausärztlichen Praxen dürften von Ärzt:in zu Ärzt:in bereits kleine Eingriffe wie Blutentnahmen besser oder schlechter gelingen. Solange die Behandelnden jedoch die Mindestanforderungen einer kunstgerechten Behandlung und den medizinischen Standard einhalten, ist die schlechtere Behandlungsqualität nicht von strafrechtlicher Relevanz.

Möchte man die medizinische Aufklärungs- wie Behandlungssituation flächendeckend qualitativ vereinheitlichen und verbessern, sind nicht strafrechtliche Sanktionen und Einführungen höherer Mindeststandards das angezeigte Mittel, sondern eine bessere Ausbildung, Schulungen und mehr Ressourcen. Denn Ärzt:innen, die im Klinikalltag allein für eine gesamte Station verantwortlich sind, können sich naturgemäß weder bei der Behandlung noch bei der Aufklärung den individuellen Belangen ihrer Patient:innen so ausführlich widmen wie diejenigen, die durch Kolleg:innen unterstützt werden. Die auf solchen ökonomischen Überlegungen basierenden Missstände und eine suboptimale Patientenversorgung können nicht durch strafrechtliche Individualsanktionen zulasten der einzelnen Ärzt:innen gehen, sondern müssen zu einer gebietsübergreifenden höheren Investitionsbereitschaft und Mittelbeschaffung im Gesundheitswesen führen. Möchte man die Anforderungen an Behandlung und Aufklärung erhöhen, muss Ärzt:innen hierfür mehr Zeit zur Verfügung stehen. Dies gilt sowohl für die Patientenversorgung als auch für notwendige Fortbildungen. So lange nicht mehr Ressourcen im Gesundheitswesen zur Verfügung stehen, ist der vorgestellte Ansatz ein geeignetes Mittel, die bestehenden Ressourcen optimal einzusetzen und zu nutzen.

Die strafrechtliche Zulässigkeit gewisser Einschränkungen der Patientenautonomie aufgrund einer von der idealen Aufklärung abweichenden Mindestaufklärung sind daher hinsichtlich der unterschiedlichen Qualifikationen, sozialen Fähigkeiten, Berufserfahrungen und Ressourcen im Gesundheitswesen unumgänglich. Die individuelle Sanktionierung durch Kriminalstrafe wegen jeder Einschränkung der Patientenautonomie würde dem Problem unterschiedlicher Lebensrealitäten und dem Vertrauensverhältnis der Parteien zueinander nicht gerecht und führte lediglich zu einer Verunsicherung der Ärzteschaft sowie Bürokratisierung der Aufklärung, welche letztendlich zulasten der Patient:innen und ihrer Autonomie ginge (s. 2. Teil B. I. 3. b)).

(2) Kein naturalistischer Fehlschluss

Kritik an einem Aufklärungsmaßstab in Form eines Vergleichs zum einschlägigen Verkehrskreis der Täter:innen könnte in dem Vorwurf geäußert werden, dass man beim Abstellen auf einsichtige und besonnene Ärzt:innen einem logischen Zirkelschluss unterläge. Denn nur, weil etwas gängige Praxis bei medizinischem Fachpersonal „ist" und von der Mehrheit der Ärzt:innen anerkannt ist, heißt das noch nicht, dass dieses gleichzeitig das Maß ist, was normativ gefordert wird und damit sein „soll". Problematisch ist die Annahme, dass die Aufklärung im Einzelfall an besonnenen Durchschnittsärzt:innen gemessen wird und damit der Vergleichsmaßstab durch das Kollegium der Ärzt:innen definiert wird, welches sein Handeln wiederum an eben jenem Aufklärungsmaßstab ausrichtet. In diesem Fall droht die Mehrheit zu einem inhaltslosen Kriterium zu werden.[540]

Der Vorwurf des Zirkelschlusses verfängt jedoch nicht. Denn bei der Bildung der verkehrsüblichen Sorgfalt gilt ein generalisierter Maßstab für die Bemühungen, die Täter:innen anstellen müssen, um die Tatbestandsverwirklichung zu vermeiden. Es geht gerade nicht um die tatsächlichen Bemühungen in bestimmten Verkehrskreisen. Denn dann wäre auch ein bereichsweise „eingerissener Schlendrian" zu

[540] *Dumbs*, GesR 2014, 513 (514).

beachten.[541] Maßgeblich ist auch nicht das Verhalten der Mehrheit, sondern das normative Leitbild gewissenhafter und einsichtiger Teilnehmer:innen des einschlägigen Verkehrskreises. Entscheidend ist der Handlungsbereich, den verständige Kolleg:innen durch ihr Verhalten bilden. Hierbei ist der Verkehrskreis risikospezifisch zu bestimmen: Von Normadressat:innen wird erwartet, dass sie über die Kenntnisse und Fähigkeiten verfügen, die sie benötigen, um das von ihnen jeweils eingegangene Risiko zu beherrschen.[542] Hierfür bedarf es der Fähigkeit zur Erkennung und Vermeidung von Gefahren sowie der Kenntnis darüber, wie weit man bei riskanten Verhaltensweisen von Rechts wegen gehen darf.[543]

Hinsichtlich der Aufklärungspflichten bedeutet dies Folgendes: Von Ärzt:innen, die medizinische Eingriffe vornehmen, wird erwartet, dass sie in der Lage sind, durch eine angemessene Aufklärung eine rechtswirksame Patienteneinwilligung herbeizuführen – so, wie es durchschnittliche Ärzt:innen mit entsprechender Qualifikation ebenfalls tun würden. Hierbei muss sich die Bildung der „Sorgfaltstypen" möglichst eng an dem sozialen Bereich orientieren, dem die Ärzt:innen angehören.[544] Indiz für diesen Bereich können bestimmte Fähigkeiten attestierende Titel und Bezeichnungen wie „Fachärzt:in" oder „Chefärzt:in" sein. Allerdings sind für die Bildung des Vergleichsmaßstabs vielmehr die tatsächlichen, individuellen Leistungen und Fähigkeiten der einzelnen Ärzt:innen entscheidend. Auch wenn gewisse Titel auf bestimmte Fähigkeiten schließen lassen, sind die realen Kenntnisse und nicht die durch Titel bescheinigten Qualifikationen ausschlaggebend. So muss eine niedergelassene Ärztin mit 30-jähriger Berufserfahrung ihr gesamtes Erfahrungsspektrum vollständig nutzen und in ihre Beurteilung einbeziehen. Im Gegensatz dazu kann ein jüngerer Arzt, der erst seit wenigen Jahren im Beruf tätig ist, nur auf einen begrenzteren Erfahrungshorizont zurückgreifen. Obwohl beide Ärzte den gleichen Titel „Facharzt" tragen, erfordert die längere Berufserfahrung der älteren Ärztin, dass sie einen breiteren Erfahrungsschatz in ihre Entscheidungen einfließen lässt.

Aus diesen Überlegungen lässt sich schließen, dass es sich bei der Maßstabsbildung nicht um einen Fehlschluss in dem Sinne handelt, dass Ärzt:innen sich bei der Aufklärung daran orientieren müssen, wie tatsächlich von den demselben Verkehrskreis angehörenden (möglicherweise nachlässigen) Kolleg:innen aufgeklärt wird. Denn von einem „Sein" kann nicht automatisch auf ein „Sollen" geschlossen werden. Allerdings ist ein „Sollen", zu dem es bislang keine Praxis gibt, als Vergleichsmaßstab ungeeignet. Denn ein solcher würde nicht die notwendige Orientierung bieten. Deshalb kann nur dort eine Pflichtverletzung angenommen werden, wo es für ähnliche Fälle eine hinreichend große vergleichbare Praxis gibt. Diese

---

[541] *Kindhäuser/Zimmermann*, StrafR AT, § 33 Rn. 17.

[542] *Kindhäuser/Zimmermann*, StrafR AT, § 33 Rn. 17.

[543] *Kühl*, StrafR AT, § 17 Rn. 25.

[544] *Kühl*, StrafR AT, § 17 Rn. 26.

bilden diejenigen Ärzt:innen, die die Fähigkeiten und Kenntnisse besitzen, durch ihre Aufklärung eine wirksame Einwilligung herbeizuführen.

Hierbei können gerade nicht überdurchschnittlich ausführlich und empathisch aufklärende Ärzt:innen als Maßfigur entscheidend sein, wenn bereits durch weniger ausführliche Aufklärung schon eine die Patientenautonomie wahrende Einwilligung herbeigeführt werden kann. Denn diese ist rechtlich nicht anders zu bewerten als eine Einwilligung, die nach besonders ausführlicher Aufklärung herbeigeführt wurde.

Wie bereits erörtert, bedarf es für eine wirksame Einwilligung lediglich einer weitgehend autonomen Entscheidung. Diese kann bereits dann vorliegen, wenn Ärzt:innen gemeinsam mit ihren Patient:innen die Behandlung kontextualisieren und individuelle Faktoren hinreichend in die Aufklärung einfließen lassen. Bei der Bildung eines strafrechtlichen Sorgfaltspflichtenmaßstabs geht es gerade nicht darum, die optimale „Idealaufklärung" zu definieren. Vielmehr muss ein zu forderndes Mindestmaß gefunden und definiert werden, welches nicht unterschritten werden darf. Hierdurch wird ein ausreichender strafrechtlicher Schutz der Patientenautonomie gewährleistet.

(3) Bestimmtheit eines Beurteilungsspielraum s. Art. 103 II GG

Darüber hinaus muss überprüft werden, ob ein als Beurteilungsspielraum ausgestalteter Aufklärungsmaßstab unter Gesichtspunkten der Art. 103 II GG, § 1 StGB bestimmt genug ist, um eine Strafbarkeit zu determinieren. Denn auch durch die Bildung eines solchen können keine genauen Handlungsanweisungen abstrakt normiert werden. Verstärkt werden diese Bedenken dadurch, dass es sehr oft nicht leicht ist, das Verhalten der gewissenhaften und besonnenen Maßfigur zu bestimmen.[545] Konkretisierungen sind lediglich über allgemeine Erfahrungssätze und die Verkehrssitte möglich.[546]

Beim Abstellen auf die Maßfigur der besonnenen und verantwortungsbewussten Angehörigen des jeweiligen Rechtskreises wird beanstandet, dass Normadressat:innen in der konkreten Tatsituation keine Möglichkeit hätten, die für sie zuständige Maßfigur zu finden und zu erfahren, wie sich diese maßstabsgerecht verhalten würde.[547]

Allerdings stehen diese Bedenken dem Bestimmtheitsgebot nicht im Wege. Denn das Bestimmtheitsgebot erfährt schon aufgrund des abstrakt-generellen Charakters von Strafvorschriften eine gewisse Einschränkung.[548] Die strafrechtlichen Tatbestände müssen eine Vielzahl von Sachverhalten erfassen. Aufgrund der begrenzten sprachlichen Leistungsfähigkeit ist es unvermeidbar, dass in bestimmten

---

[545] *Roxin/Greco*, StafR AT I, § 24 Rn. 35.

[546] *Rengier*, StrafR AT, § 52 Rn. 18.

[547] *Duttge*, Zur Bestimmtheit des Handlungsunwerts von Fahrlässigkeitsdelikten, S. 208.

[548] *Radtke*, in: BeckOK GG, Art. 103 Rn. 24.

Fällen Zweifel bestehen, ob das konkrete Verhalten unter einen gesetzlichen Tatbestand fällt oder nicht.[549] Insbesondere verlangt das strafrechtliche Bestimmtheitsgebot keine konsequente Schriftlichkeit von Sorgfaltspflichten.[550]

Daher ist das Bestimmtheitsgebot bereits ausreichend erfüllt, wenn wenigstens das Risiko einer Strafbarkeit für Normadressat:innen erkennbar ist.[551] Das ist hinsichtlich der strafrechtlichen Relevanz mangelhafter medizinischer Aufklärung aufgrund einschlägiger Judikatur und dem langjährigen interdisziplinären Diskurs der Fall. Durch die universitäre Ausbildung, regelmäßige Fortbildungen und der weit verbreiteten Nutzung von Aufklärungsformularen ist der Ärzteschaft bekannt, dass es bei mangelhafter Aufklärung zu strafrechtlichen Konsequenzen kommen kann. Das Risiko einer Strafbarkeit aufgrund mangelhafter Patienteneinwilligungen ist daher erkennbar.

Darüber hinaus bestehen keine Bestimmtheitsbedenken, wenn sich eine Strafnorm ausschließlich an Personen richtet, bei denen aufgrund ihrer Ausbildung bestimmte Fachkenntnisse vorausgesetzt werden können, sich der Tatbestand auf eben diese Kenntnisse bezieht und regelmäßig davon auszugehen ist, dass die Normadressat:innen den Regelungsgehalt verstehen und konkrete Verhaltensanforderungen aus der Norm ableiten können.[552] Die gebildeten, die Aufklärungspflicht konkretisierenden kontextbezogenen Erörterungspflichten der Ärzt:innen sind für sie bei ausreichender Fachkenntnis erkennbar. Denn dann haben Aufklärende das erforderliche medizinische Wissen darüber, welche Risiken und Behandlungsalternativen bei individuellen Prädispositionen und sozialen Strukturen in Betracht kommen und von Relevanz für die Patientenentscheidungen sein könnten. Ob tatsächlich eine Entscheidungserheblichkeit im konkreten Fall vorliegt, können Aufklärende im Wege des gemeinsamen Dialogs herausfinden.

Auch wenn die ärztliche Sorgfaltspflicht nach dem vorgeschlagenen Lösungsansatz nur anhand eines einzuhaltenden Spielraums bestimmt werden kann, stellt dieser eine Konkretisierung und Verbesserung hinsichtlich der Bestimmtheit im Vergleich zur Formel der Rechtsprechung wie der der Aufklärung „im Großen und Ganzen“[553] dar. Denn die Beurteilung, ob eine Information zum „Großen und Ganzen“ gehört oder nicht, ist von der Rechtsprechung in ihrer Praxis dermaßen *ad absurdum* geführt worden, dass von einer tatsächlichen Beschränkung der Sorgfaltspflicht kaum noch die Rede sein kann. Insbesondere haben sich auch Einschränkungsversuche zur Konkretisierung dieser Generalklausel wie der Körperlichkeitsbezug oder die Komplikationsdichte allein als untauglich erwiesen.[554] Da-

---

[549] BVerfG, Beschl. v. 23.6.2010–2 BvR 2559/08 u.a., NJW 2010, 3209 (3210).

[550] *Dannecker/Schuhr*, in: LK-StGB, § 1 Rn. 7b.

[551] BVerfG, Beschl. v. 23.10.1985–1 BvR 1053/82, NJW 1986, 1671 (1672); *Duttge*, Zur Bestimmtheit des Handlungsunwerts von Fahrlässigkeitsdelikten, S. 178.

[552] *Radtke*, in: BeckOK GG, Art. 103 Rn. 25.

[553] 1. Teil Fn. 26.

[554] 3. Teil I. 1. a) dd).

gegen sind die meisten Faktoren und Strukturen, welche beim Abstecken des Beurteilungsspielraums berücksichtigt werden müssen, unabhängig von ihrer Ausprägung im Einzelfall benennbar und von Ärzt:innen abfragbar. Durch die Erhebung der in der Person oder im Umfeld der Patient:innen liegenden Umstände – wie etwa des medizinischen (Vor-)Verständnisses, des individuellen Informationsbedürfnisses, bestehender Sorgen, physischer Parameter, beruflicher und familiärer Strukturen, gesundheitlicher Vorbelastungen oder verfügbarer Mittel zur Unterstützung des Heilungsprozesses – können Aufklärende prüfen, ob sie auf die individuellen Belange ihrer Patient:innen angemessen eingegangen sind. Eine hierauf abgestimmte Aufklärung ermöglicht es, die Inhalte kontextbezogen zu bewerten und entsprechend anzupassen.

ee) Zwischenergebnis

Auch wenn sich die konkrete Aufklärung im Einzelfall am Verkehrskreis gewissenhafter und verständiger Ärzt:innen messen lassen muss und den Aufklärenden ein gewisser Beurteilungsspielraum zukommt, kann das vorgestellte Konzept wie auch alle anderen in der Literatur bereits diskutierten Aufklärungsanforderungen nicht für jeden Einzelfall eindeutig eine einzige korrekte und erkennbare „ideale" Aufklärung aufzeigen. Stattdessen stellt der hier vorgestellte Lösungsansatz eine Handlungsanweisung bereit, nach der Ärzt:innen den Kontext, in dem die Aufklärung stattfindet, zu beachten haben.

Hierfür müssen sie individuelle, soziale, strukturelle und wirtschaftliche Faktoren des Einzelfalls in die Aufklärung miteinbeziehen. Es obliegt ihnen sodann, selbstständig und gewissenhaft abzuwägen und einzuschätzen, von welchem Gewicht die einzelnen Komponenten für die Patient:innen sind und wie sie die Umstände des Einzelfalls für ihre Aufklärung bewerten. Das bedeutet, dass Ärzt:innen unweigerlich aufgrund subjektiver Wahrnehmungen und Eindrücke zu einem anderen Ergebnis kommen können wie gleichqualifizierte Kolleg:innen in derselben Situation. Entscheidend ist, dass die aufklärende Person gewissenhaft die in Frage stehende Heilbehandlung in die individuellen, sozialen und strukturellen Lebensrealitäten ihrer Patient:innen einbettet und hieran die Aufklärung ausrichtet.

Bei der Abwägung dieser Kontextualisierung steht den Ärzt:innen ein Beurteilungs- und Handlungsspielraum zu, welcher der Individualität von Behandelnden, Patient:innen und dem Verhältnis der beiden Parteien zueinander gerecht wird. Der zugestandene Beurteilungsspielraum führt zwar zu konkreten Handlungsanweisungen, eröffnet den Aufklärenden jedoch unterschiedliche Bewertungsmöglichkeiten. Diese müssen Ärzt:innen selbstständig bei der Erörterung der geeigneten und erforderlichen Aufklärung konkretisieren.

Insbesondere sei an dieser Stelle noch einmal darauf verwiesen, dass es aufgrund der individuellen Informationsbedürfnisse der Patient:innen überhaupt keine vereinheitlichten Aufklärungsanforderungen geben kann, da hierdurch die spezifischen

Besonderheiten des Einzelfalls außer Acht gelassen würden. Die hierdurch auf den ersten Blick bestehende gewisse Unbestimmtheit des vorgeschlagenen Aufklärungsmaßstabs ist somit kein Problem des konkreten Lösungsvorschlags, sondern ein Problem der ärztlichen Aufklärungspflichten selbst. Einem hieraus resultierenden überhöhten strafrechtlichen Haftungsrisiko muss daher mithilfe des gerichtlich lediglich eingeschränkt überprüfbaren Beurteilungsspielraums begegnet werden. Durch die eingeschränkte gerichtliche Überprüfbarkeit werden die strafrechtlichen Aufklärungsanforderungen interessengerecht abgesenkt. Der zugestandene Beurteilungsspielraum reduziert einerseits die Funktionsdefizite der Defensivmedizin[555] und lässt andererseits die dogmatischen Erklärungsschwierigkeiten der hypothetischen Einwilligung obsolet erscheinen[556], da zur Ergebniskorrektur nicht mehr auf dieses Einwilligungssurrogat zurückgegriffen werden muss.

[555] Zur Defensivmedizin ausführlich 2. Teil B. I. 3. b).

[556] *Dorneck et al.*, MedR 2019, 431 (436); *Tsambikakis/Dorneck*, in: NK-MedStR, § 228 Rn. 50.

4. Teil

Die dogmatische Einordnung einer mangelhaft durchgeführten Aufklärung in die Fahrlässigkeitsdelikte

Nach der Erarbeitung eines geeigneten Aufklärungskonzepts stellt sich nun die Frage, welche strafrechtlichen Konsequenzen sich aus einer unvorsätzlich vorgenommenen mangelhaften Aufklärung ergeben.

Verletzen Ärzt:innen ihre Aufklärungspflichten, ist ihr Eingriff mangels wirksamer Einwilligung rechtswidrig. Ist ihnen die Mangelhaftigkeit ihrer Aufklärung jedoch nicht bewusst, gehen sie (zumindest implizit und nach Laienart) davon aus, die geäußerte Patienteneinwilligung habe rechtfertigende Wirkung. Sie unterliegen bei Vornahme des Eingriffs einem Irrtum hinsichtlich der vorangegangenen Einwilligung. Bei der Frage strafrechtlicher Konsequenzen des ungerechtfertigten Eingriffs ist die dogmatische Einordnung des ärztlichen Irrtums von entscheidender Relevanz. Denn es macht einen erheblichen Unterschied, ob sich die behandelnde Person bei Vornahme ihres Eingriffs Umstände vorgestellt hat, die, wenn sie vorgelegen hätten, rechtfertigend gewirkt hätten oder ob sie lediglich die rechtlichen Anforderungen und die Wirkung ihrer Aufklärung verkannt hat. Im ersten Fall handelt es sich um einen Erlaubnistatbestandsirrtum, der eine Vorsatzstrafbarkeit analog § 16 I StGB ausschließt.[1] Dann käme eine Fahrlässigkeitsstrafbarkeit in Betracht. Bei Verkennung rechtlicher Anforderungen liegt dagegen ein Erlaubnisirrtum vor, der nur bei Unvermeidbarkeit die Schuld der handelnden Person gem. § 17 StGB entfallen ließe.

A. Fahrlässigkeitsstrafbarkeit aufgrund fehlerhafter Aufklärung

Die Frage, ob ein Verstoß gegen ärztliche Aufklärungspflichten eine Fahrlässigkeitsstrafbarkeit begründen kann, hängt von mehreren Aspekten ab. Zunächst muss zwischen zwei möglichen Anknüpfungspunkten zur Begründung der strafbaren Tathandlung unterschieden werden.

---

[1] 4. Teil A. II. 1.

In Betracht kommt als Tathandlung die mangelhafte Aufklärung selbst. Zum anderen könnte aber auch die Vornahme des integritätsverletzenden Eingriffs die entscheidende Tathandlung sein. Dieser wäre bei mangelhafter Aufklärung nicht gerechtfertigt. Sorgfaltsgemäß handeln Ärzt:innen nur, wenn sie einen indizierten Eingriff *lege artis* vornehmen und er nach einer ausreichenden Aufklärung durch Einwilligung gerechtfertigt ist. Von der Patienteneinwilligung müssen die Behandelnden Kenntnis haben.

Nehmen sie irrtümlich eine wirksame Einwilligung an, stellt sich die Frage, ob ihr Irrtum sorgfaltswidrig war und ob er hätte vermieden werden können.

I. Fahrlässigkeitsstrafbarkeit durch mangelhafte Aufklärung *per se*

Zunächst soll beleuchtet werden, ob die fehlerhafte Aufklärung selbst eine Fahrlässigkeitsstrafbarkeit begründen kann. Die Strafbarkeit einer Handlung setzt die Verwirklichung eines Delikts voraus. Im Rahmen der ärztlichen Heilbehandlung und der ihr vorangegangenen Aufklärung kommt die Verwirklichung eines Körperverletzungsdelikts (§§ 223 ff. StGB) in Betracht. Als Erfolgsdelikte setzen die Begehungsvarianten der Köperverletzungsdelikte, nämlich die körperliche Misshandlung und die Gesundheitsschädigung (§ 223 I StGB), eine Verletzung des geschützten Schutzguts voraus. Aufgrund des Analogieverbots (Art. 103 II GG) darf das von einer Norm geschützte Schutzgut nicht durch ein anderes ausgetauscht werden. Es stellt sich daher die Frage, welchem Schutzgut die §§ 223 ff. StGB dienen und ob eine fehlerhafte Aufklärung selbst dieses Schutzgut verletzt.

1. Schutzgut der §§ 223 ff. StGB

Die ärztliche Aufklärungspflicht dient dem Schutz des Selbstbestimmungsrechts der Patienten. Eine Strafbarkeit gem. §§ 223 ff. StGB setzt also voraus, dass das Selbstbestimmungsrecht durch diese geschützt wird. Sollte das nicht der Fall sein, entfällt die Möglichkeit einer Strafbarkeit nach §§ 223 ff. StGB wegen mangelhafter Aufklärung.

a) Keine Schutzgutqualität des Selbstbestimmungsrechts

Die Überschrift des siebzehnten Abschnitts des StGB lautet: „Straftaten gegen die körperliche Unversehrtheit". Wohl deshalb wird die Bezeichnung der „körperlichen Unversehrtheit" für das Schutzgut der §§ 223 ff. StGB häufig in Kommentierungen verwendet.[2] Bei einem Blick in die einschlägige Literatur findet man

[2] *Hardtung*, in: MüKo StGB, § 223 Rn. 1; vgl. beispielhaft *Heger*, in: Lackner/Kühl/Heger StGB, § 223 Rn. 1; *Engländer*, in: Matt/Renzikowski, StGB, § 223 Rn. 2.

weiterhin als benanntes Schutzgut das „körperliche Wohl des Menschen“[3] und „die körperliche Integrität und Gesundheit“[4]. *Expressis verbis* erweitert das Gesetz den Schutzbereich in einigen Tatbeständen teilweise auch auf die seelische Integrität (§§ 225, 226 StGB, wobei diese bei § 226 unter den Begriff „geistige Krankheit“ fällt).[5]

Eine Schutzgutqualität des Selbstbestimmungsrechts wird daher von vielen Autor:innen abgelehnt.[6] Bei der Anwendung der §§ 223 ff. StGB sei darauf zu achten, dass nicht die allgemeine Dispositionsfreiheit der Rechtsgutsinhaber:innen geschützt werde.[7]

Für diese Ansicht spricht vor allem der explizite Wortlaut der Abschnittsüberschrift sowie die Tatsache, dass die freie Willensbildung ihren Schutz in den Delikten des achtzehnten Abschnitts des StGB findet. Eine weitergehende Strafbarkeit von eigenmächtigen medizinischen Eingriffen ohne Einwilligung der behandelten Person kennt das StGB trotz der Forderung einer solchen aus der Wissenschaft[8] gerade nicht. Das Selbstbestimmungsrecht als eigenständiges Schutzgut der §§ 223 ff. StGB anzusehen, unterliefe daher die Entscheidung des Gesetzgebers, den eigenmächtigen ärztlichen Eingriff über die bisherigen Regelungen hinaus nicht unter Strafe zu stellen.

b) Selbstbestimmungsrecht als mitgeschützter Teil der körperlichen Unversehrtheit

Dagegen wird von der zutreffenden h. M.[9] vertreten, dass das Selbstbestimmungsrecht als integraler Bestandteil[10] der körperlichen Unversehrtheit der Patient:innen mitgeschützt ist. Zwar ist primäres Rechtsgut der §§ 223 ff. StGB die körperliche Integrität.[11] Allerdings sind daneben auch andere Rechtsgüter mitumfasst, soweit sie bei der Verletzung der körperlichen Integrität typischerweise ebenfalls betroffen sind.[12] Hiernach besteht kein isolierter Schutz des Selbstbestimmungsrechts. Vielmehr ist die Verletzung des Selbstbestimmungsrechts nur

---

[3] *Sternberg-Lieben*, in: TK-StGB, § 223 Rn. 1.

[4] *Paeffgen/Böse/Eidam*, in: NK-StGB, § 223 Rn. 2; *Knauer/Brose*, in: Spickhoff, MedR, § 223 StGB Rn. 1.

[5] *Grünewald*, in: LK-StGB, § 223 Rn. 1.

[6] *Engländer*, in: Matt/Renzikowski, StGB, § 223 Rn. 2; *Eschelbach*, in: BeckOK StGB, § 223 Rn. 1; *Nestler*, JURA 2018, 897 (902).

[7] *Gaede*, Limitiert akzessorisches Medizinstrafrecht statt hypothetischer Einwilligung, S. 49.

[8] *Heger*, in: Lackner/Kühl/Heger, StGB, § 223 Rn. 8; *Duttge*, MedR 2005, 706 (710).

[9] *Sternberg-Lieben*, in: TK-StGB, § 223 Rn. 45; *Grünewald*, in: LK-StGB, § 223 Rn. 13; *Hardtung*, in: MüKo StGB, § 223 Rn. 2; *Roxin/Greco*, StafR AT I, § 13 Rn. 26; *Nestler*, JURA 2018, 897 (902).

[10] *Grünewald*, in: LK-StGB, § 223 Rn. 13.

[11] *Momsen-Pflanz/Momsen*, in: SSW-StGB, § 223 Rn. 1.

[12] *Nestler*, JURA 2018, 897 (902).

dann tatbestandsmäßig, wenn sie eine eigene körperliche Misshandlung darstellt.[13] Eine solche Einbeziehung des Selbstbestimmungsrechts ergibt sich aus der untrennbar miteinander verbundenen Einheit des geschützten „Kernrechtsguts“ der körperlichen Unversehrtheit und der Dispositionsbefugnis hierüber.[14] Das Selbstbestimmungsrecht ist ähnlich wie die eigentumsbezogene Dispositionsbefugnis bei § 242 StGB nicht generell, sondern nur akzessorisch mitgeschützt. Der Schutz geht daher nur so weit, als Betroffene keine materialen Einbußen ihres gesundheitlichen Wohls ohne ihr Einverständnis hinnehmen müssen.[15]

Nach dieser Ansicht ist das Rechtsgut der körperlichen Integrität nicht nur als solches schützenswert. Vielmehr bedarf es auch eines Schutzes „bestimmter Herrschaftsmöglichkeiten zur Entfaltung der eigenen Persönlichkeit“[16]. Die §§ 223 ff. StGB stellen wie alle Straftatbestände, die individuelle Güter und Rechte schützen, eine Konkretisierung des individuellen Freiheitsschutzes dar.[17] Die Körperverletzungsdelikte sind daher eine einfachgesetzlichen Ausgestaltung und Ausprägung der in Art. 2 II 1 GG verfassungsrechtlich garantierten körperbezogenen Verfügungsbefugnis.[18] Zum Schutz vor eigenmächtigen Heilbehandlungen besteht die Notwendigkeit, das Selbstbestimmungsrecht über §§ 223 ff. StGB mitzuschützen.

Allerdings kann aufgrund der Einbeziehung in den Schutzbereich noch keine eigenständige Verletzung dessen durch eine mangelhafte Aufklärung angenommen werden. Denn das Selbstbestimmungsrecht ist gerade nicht eigenständiges Schutzgut, sondern nur akzessorisch zur körperlichen Integrität, welche für die tatbestandliche Verwirklichung der §§ 223 ff. StGB verletzt werden muss.

c) Selbstbestimmungsrecht als eigenständiges Schutzgut

Am weitesten geht die Annahme, dass das Selbstbestimmungsrecht ein eigenständiges Schutzgut der §§ 223 ff. StGB sei. Tag[19] vertritt die Ansicht, dass der strafrechtliche Schutz der §§ 223 ff. StGB primär dem Interesse des autonomen Menschen diene. Das Selbstbestimmungsrecht sei daher konstituierender Faktor des Rechtsguts „körperliche Unversehrtheit“.[20] Die körperliche Unversehrtheit stelle einen Überbegriff für Körper und Gesundheit im körperlich-biologischen Sinne und

---

[13] *Hardtung*, in: MüKo StGB, § 223 Rn. 2.

[14] *Roxin/Greco*, StafR AT I, § 13 Rn. 26; *Magnus*, Patientenautonomie im Strafrecht, S. 145; *Rudolphi*, ZStW 1974, 68 (87).

[15] *Sternberg-Lieben*, in: TK-StGB, § 223 Rn. 45.

[16] *Schroth/Schöch*, in: MedStR-HdB, S. 405; *Rudolphi*, ZStW 1974, 68 (87).

[17] *Grünewald*, in: LK-StGB, § 223 Rn. 13.

[18] *Roxin/Greco*, StafR AT I, § 13 Rn. 38; *Schroth*, in: MedStR-HdB, S. 27.

[19] *Tag*, Der Körperverletzungstatbestand im Spannungsfeld zwischen Patientenautonomie und Lex artis, S. 65 ff.

[20] *Tag*, Der Körperverletzungstatbestand im Spannungsfeld zwischen Patientenautonomie und Lex artis, S. 68.

der Prägung dieser durch die Autonomie der Rechtsgutsträger:innen dar.[21] Die personale Verfügungsmacht stünde in einer engen Wechselbeziehung mit den biologischen Tatsachen und verdiene im Lichte der realen Gegebenheiten des Mensch-Seins sowie der verfassungsrechtlich geschützten Freiheiten den strafrechtlichen Schutz, der für die körperliche Unversehrtheit in der objektiv-biologischen Schutzrichtung einhellig und selbstverständlich angenommen wird.[22]

Wolters erkennt zumindest einen von der körperlichen Integrität getrennten eigenständigen Schutz des Selbstbestimmungsrechts an.[23] Eine Strafbarkeit nach § 223 StGB ergäbe sich nach dieser Annahme aus der unmittelbaren physischen Einwirkung auf den Organismus, die ohne eine wirksame Einwilligung der betroffenen Person erfolgt. Hierbei seien zwei Angriffe auf geschützte Rechtsgüter zu trennen: Zum einen liege ein eigenmächtiger Eingriff in die Unversehrtheit an sich vor (Verletzung des Selbstbestimmungsrechts), zum anderen sei dieser Eingriff geeignet, die Gesundheit zu verschlechtern (Gesundheitsverschlechterung).[24] Der *ex ante* indizierte und *lege artis* durchgeführte Eingriff stelle keine Gesundheitsschädigung dar, gleichgültig ob er zu einer Gesundheitsverbesserung oder gar zur Verschlechterung führe.[25] Für die Annahme einer Strafbarkeit reiche einer dieser Eingriffe. So begehe ein Operateur, der eine Aufklärung gänzlich unterlassen hat, bereits mit dem ersten Einschnitt eine Körperverletzung, ohne dass es hierbei von Relevanz sei, ob eine Gesundheitsverschlechterung bewirkt wurde. Denn auch das Selbstbestimmungsrecht sei durch § 223 StGB gegen Misshandlungen geschützt.[26] Würde ein Heileingriff die Voraussetzungen einer Strafbarkeit gem. § 223 StGB nach dem bisher gesagten zweimal verwirklichen, seien die allgemeinen Konkurrenzregeln anzuwenden.[27]

Für eine Strafbarkeit wegen vorsätzlicher Verletzung des Selbstbestimmungsrechts i. S. d. § 223 StGB bedürfte es nach dieser dritten Ansicht eines eigenmächtigen Eingriffs, wobei die eingreifende Person es zumindest für möglich halten müsste, dass es an der wirksamen Einwilligung fehlt. Eine Fahrlässigkeitsstrafbarkeit ergäbe sich, wenn der Irrtum über das Vorliegen der Einwilligung vermeidbar gewesen wäre oder Ärzt:innen fahrlässig fehlerhaft aufklären würden. Eine Strafbarkeit nach §§ 224, 226, 227 StGB käme hingegen nicht in Betracht, da das Selbstbestimmungsrecht nicht quantifizierbar und ein spezifisches Gewicht oder eine gesteigerte Gefährdung des Selbstbestimmungsrechts im Gegensatz zur je-

---

[21] *Tag*, Der Körperverletzungstatbestand im Spannungsfeld zwischen Patientenautonomie und Lex artis, S. 81.

[22] *Tag*, Der Körperverletzungstatbestand im Spannungsfeld zwischen Patientenautonomie und Lex artis, S. 65.

[23] *Wolters*, in: SK-StGB, § 223 Rn. 57.

[24] *Wolters*, in: SK-StGB, § 223 Rn. 57.

[25] *Wolters*, in: SK-StGB, § 223 Rn. 57.

[26] *Wolters*, in: SK-StGB, § 223 Rn. 57.

[27] *Wolters*, in: SK-StGB, § 223 Rn. 57.

weiligen Körperlichkeit nicht möglich ist.[28] Der Ausfall einer solchen Strafbarkeit ließe sich dogmatisch damit hinreichend begründen, dass sich der gemeinte Erfolg bereits in dem Eingriff in die körperliche Unversehrtheit als Substrat des körperbezogenen Selbstbestimmungsrechts verwirkliche.[29]

Nur nach dieser Ansicht würde eine mangelhafte medizinische Aufklärung bei Vornahme eines Eingriffs das Selbstbestimmungsrecht der Patient:innen isoliert verletzen und eine Strafbarkeit gem. §§ 223 ff. StGB begründen.

Für die Annahme des Selbstbestimmungsrechts als eigenständiges Schutzgut wird mit dem sonst nur lückenhaften Schutz der Freiheitsrechte über die §§ 238 ff., insbesondere § 240 StGB argumentiert. Diese reichten nicht aus, um den Folgen invasiver körperlicher Eingriffe, die unter Missachtung des Willens der Betroffenen erfolgten, strafrechtlich Rechnung zu tragen.[30] Nur durch den eigenständigen Schutz durch § 223 StGB sei die Willensentschließungsfreiheit der Patient:innen ausreichend geschützt.[31] Die einschlägigen Körperverletzungsdelikte stünden dann tateinheitlich in Konkurrenz mit den übrigen Freiheitsdelikten.[32]

d) Stellungnahme

Letztlich überzeugt es nicht, das Selbstbestimmungsrecht als eigenständiges Schutzgut der §§ 223 ff. StGB zu qualifizieren. Beim Schutz des Selbstbestimmungsrechts geht es nicht um den Schutz des Körpers des Opfers, sondern um dessen freien Willen. Dass der Gesetzgeber diesem durch die Delikte der §§ 238 ff. StGB strafrechtlichen Schutz gewährt, verdeutlicht schon, dass er der freien Willensbildung und -ausübung nur in ganz bestimmten, begrenzten Fällen solch hohe Schutzwürdigkeit zuschreibt, dass eine Verletzung einer strafrechtlichen Sanktion bedarf. Insbesondere der niedrigere Strafrahmen der Nötigung gem. § 240 StGB macht die unterschiedliche Schutzwürdigkeit und den Rang der freien Willensbildung im Verhältnis zur Verletzung der körperlichen Unversehrtheit deutlich. Würde man dem Selbstbestimmungsrecht eine Schutzgutsqualität im Rahmen der §§ 223 ff. StGB zusprechen, würde die Wertung des Gesetzgebers unterlaufen.

Gegen die Annahme einer eigenen Schutzgutqualität ist darüber hinaus einzuwenden, dass es der Konstruktion eines eigenständig geschützten Rechtsguts der körperlichen Verfügungsfreiheit gar nicht bedarf, um einen ausreichenden strafrechtlichen Schutz vor eigenmächtigen ärztlichen Eingriff herzustellen.[33] Denn ärztliche Heileingriffe erfüllen nach der zutreffenden h.M. ohnehin schon den

[28] *Wolters*, in: SK-StGB, § 223 Rn. 57.

[29] *Wolters*, in: SK-StGB, § 223 Rn. 57.

[30] *Eschelbach*, in: BeckOK StGB, § 223 Rn. 6.

[31] *Wolters*, in: SK-StGB, § 223 Rn. 57.

[32] *Eschelbach*, in: BeckOK StGB, § 223 Rn. 6.

[33] *Grünewald*, in: LK-StGB, § 223 Rn. 13.

Tatbestand des § 223 StGB. Hierfür kommt es auch nicht darauf an, ob dieser *lege artis* oder mit Einwilligung der behandelten Person erfolgte. Vielmehr ist jeder integritätsverletzende Eingriff eine tatbestandsmäßige Körperverletzung i. S. d. § 223 StGB. Das Selbstbestimmungsrecht erfährt sodann auf Ebene der Rechtfertigung hinreichend Beachtung. Denn die indizierte Rechtswidrigkeit des Eingriffs wird nur ausnahmsweise aufgehoben, wenn eine Einwilligung in die Behandlung vorliegt. Diese setzt voraus, dass keine Willensmängel vorliegen und die behandelte Person selbstbestimmt über die Eingriffsvornahme entschieden hat. Die Wahrung des Selbstbestimmungsrechts entscheidet also auch bei Ablehnung einer eigenständigen Schutzgutqualität über die Strafbarkeit eines ärztlichen Eingriffs und erfährt hierdurch ausreichend Schutz.

Darüber hinaus kann auch die Argumentation nicht überzeugen, die Selbstbestimmung sei Grundlage der körperlichen Unversehrtheit. Ginge man hiervon aus, wäre die Selbstbestimmung die Grundlage sämtlicher Individualrechtsgüter. Dann müsste man sie konsequenterweise allen individualrechtsschützenden Delikten als weiteres Schutzgut hinzufügen. Auf einem solchen Abstraktionsniveau bewegen sich die einzelnen Straftatbestände jedoch nicht.[34]

Es vermag ebenfalls nicht zu überzeugen, dass eine Strafbarkeit wegen Verletzung des Selbstbestimmungsrechts nur nach §§ 223, 229 StGB, nicht aber nach §§ 224, 226, 227 StGB in Betracht kommt. Denn diese Delikte schützen als Qualifikationen die gleichen Schutzgüter wie das Grunddelikt in Fällen, in denen eine besonders schwere Verletzung oder Gefährdung dieser stattgefunden hat. Eine solche besondere Gefährdung des Selbstbestimmungsrechts ist jedoch überhaupt nicht möglich, wie Wolters selbst feststellt. Es ist dogmatisch nicht zu begründen, weshalb die Qualifikationstatbestände nur auf ein Schutzgut des Grunddelikts Anwendung finden sollen, auf ein anderes Schutzgut jedoch nicht. Vielmehr betonen die Qualifikationstatbestände gerade den Körperlichkeitsbezug des Schutzbereichs der Körperverletzungsdelikte.

Das rechtspolitische Anliegen, eigenmächtige ärztliche Eingriffe unter Strafe stellen zu wollen, ist nachvollziehbar. Der fehlende eigenständige Schutz des Selbstbestimmungsrechts kann daher auch als lückenhaft empfunden werden. Allerdings kann dieses Empfinden nicht Grundlage für die Konstruktion eines neuen Schutzguts der §§ 223 ff. StGB sein. Denn diese rechtspolitisch motivierte Ausweitung des Schutzbereiches verstieße gegen das Bestimmtheitsgebot aus Art. 103 II GG.[35] Auch die Wortlautgrenze von Art. 103 II GG steht einer Annahme der eigenständigen Schutzgutqualität des Selbstbestimmungsrechts entgegen. Diese würde jegliche Form der noch anerkannten Wortverwendungsregeln sprengen.[36]

---

[34] *Grünewald*, in: LK-StGB, § 223 Rn. 13.

[35] *Maatz*, MedR 2023, 351 (353).

[36] *Paeffgen/Böse/Eidam*, in: NK-StGB, § 223 Rn. 2.

Vielmehr benötigte es zum umfassenden strafrechtlichen Schutz des Selbstbestimmungsrechts der Patient:innen eines neues Tatbestandes, welcher eigenmächtige Eingriffe unter Strafe stellt. Dieses Anliegen müsste jedoch im Wege der Gesetzgebung und nicht im Wege einer dogmatisch nicht überzeugenden Gesetzesauslegung und -erweiterung verfolgt werden.

Das Selbstbestimmungsrecht als solches ist in der aktuellen Gesetzesfassung kein eigenständig geschütztes Rechtsgut der §§ 223 ff. StGB. Insofern besteht gegenüber dem Zivilrecht, welches im Rahmen des § 823 BGB auch das Allgemeine Persönlichkeitsrecht und damit auch das Selbstbestimmungsrecht schützt, von Grund auf ein wesentlicher Unterschied.[37]

2. Fazit

Die Vornahme einer mangelhaften Aufklärung verletzt das Selbstbestimmungsrecht der einwilligenden Person. Da dieses aber kein eigenständiges Schutzgut der §§ 223 ff. StGB ist, ist eine Strafbarkeit wegen fahrlässiger Körperverletzung gem. § 229 StGB aufgrund der Vornahme einer unbewusst mangelhaften Aufklärung selbst nicht möglich.

II. Die Fahrlässigkeitsstrafbarkeit beim Vorliegen eines Irrtums über die Wirksamkeit der Einwilligung

Nehmen Ärzt:innen eine unzureichende Aufklärung vor, führt diese aufgrund der daraus resultierenden Willensmängel zur Unwirksamkeit der Patienteneinwilligung. Häufig erkennen Ärzt:innen jedoch die Mangelhaftigkeit der Aufklärung nicht.[38] Diese Annahme darf zumindest hinsichtlich der Fälle gelten, in denen die Aufklärenden ihre Patient:innen nicht bewusst und vorsätzlich täuschen. Sie unterliegen dann einem Irrtum über die Anforderungen der Aufklärung und über die damit verbundene Wirksamkeit der erteilten Einwilligung. Es kann daher nicht verwundern, dass ein Großteil der Arzthaftungsfälle wegen mangelhafter Aufklärung höchstrichterlich über die Annahme eines Irrtums gelöst werden.[39]

Um die Konsequenzen solcher falschen Annahmen zu diskutieren, bedarf es zunächst der rechtlichen Einordnung möglicher Irrtümer. In Betracht kommen ab-

---

[37] *Sternberg-Lieben*, in: TK-StGB, § 223 Rn. 45.

[38] *Warntjen*, in: MAH Strafverteidigung, § 49 Rn. 64.

[39] *Tsambikakis/Dorneck*, in: NK-MedStR, § 228 Rn. 130; *Sommer/Tsambikakis*, in: MAH MedR, § 3 Rn. 55; beispielhaft BGH, Urt. v. 29.6.1995–4 StR 760/94, NStZ 1996, 34; BGH, Urt. v. 11.10.2011–1 StR 134/11, NStZ 2012, 205; LG Kempten, Urt. v. 8.10.2020–3 Ns 111 Js 10508/14, BeckRS 2020, 35198.

hängig vom Irrtumsinhalt sowohl Erlaubnistatbestandsirrtümer als auch schuldausschließende Verbotsirrtümer i. S. d. § 17 StGB.

1. Der Irrtum über eine wirksame Patienteneinwilligung

Ein Erlaubnistatbestandsirrtum setzt voraus, dass Täter:innen über Tatsachen irren, die Voraussetzungen eines anerkannten Rechtfertigungsgrundes sind.[40] Da die rechtlichen Konsequenzen des Erlaubnistatbestandsirrtums maßgeblich für eine in Frage kommende Strafbarkeit sind, bedarf es zumindest der knappen Erwähnung der hierzu vertretenen Ansichten.

Im Anschluss hieran wird die Abgrenzung des Erlaubnistatbestandsirrtums zum Verbotsirrtum vorgenommen. Schließlich werden mögliche Irrtümer im Aufklärungskontext in den Blick genommen und dogmatisch in die Kategorien Erlaubnistatbestands- oder Verbotsirrtum eingeordnet.

a) Die dogmatische Einordnung und Konsequenzen des Erlaubnistatbestandsirrtums

Die Behandlung und die Folgen eines Erlaubnistatbestandsirrtums gehören bis heute zu den umstrittensten Problemen[41] der Irrtumslehre. Die Problematik ergibt sich daraus, dass es sich beim Erlaubnistatbestandsirrtum um einen Grenzfall zwischen Tatbestands- und Verbotsirrtum handelt. Die handelnde Person stellt sich vor, ihr Vorgehen entspräche der Rechtsordnung (Erlaubnisirrtum) und nimmt zugleich fehlerhaft Umstände an, die diese Einschätzung bestätigen, indem sie irrig annimmt, es lägen die Voraussetzungen eines Rechtfertigungsgrundes vor (Tatsachenirrtum).[42] Gesetzlich ist der Erlaubnistatbestandirrtum nicht kodifiziert.

Die Diskussion um den Erlaubnistatbestandsirrtum dreht sich in erster Linie um die Frage, ob § 16 StGB oder § 17 StGB auf diesen Anwendung findet. Während die heute nur noch vereinzelt vertretene[43] sog. Vorsatztheorie[44] und die Lehre von den negativen Tatbestandsmerkmalen[45] § 16 I StGB direkt anwenden, sehen Ver-

---

[40] *Kulhanek*, in: MüKo StGB, § 16 Rn. 139.

[41] *Vogel/Bülte*, in: LK-StGB, § 16 Rn. 114; *Roxin/Greco*, StafR AT I, § 14 Rn. 52; *Rengier*, StrafR AT, § 30 Rn. 1; *Fukuda*, JZ 1958, 143.

[42] *Kulhanek*, in: MüKo StGB, § 16 Rn. 139.

[43] *Kaspar*, StrafR AT, § 7 Rn. 56.

[44] *Lang-Hinrichsen*, JZ 1953, 362; *Schröder*, ZStW 1953, 178.

[45] Für eine weiterführende Darstellung: *Schlehofer*, in: MüKo StGB, vor § 32 Rn. 36 ff.; *Hoyer*, in: SK-StGB, vor §§ 32 ff. Rn. 50; *Kaufmann*, JZ 1954, 653; *Roxin/Greco*, StafR AT I, § 14 Rn. 54; *Vogel/Bülte*, in: LK-StGB, § 16 Rn. 114; *Beulke/Satzger/Wessels*, StrafR AT, § 14 Rn. 748; *Schuster*, in: TK-StGB, § 15 Rn. 35; *Rengier*, StrafR AT, § 30 Rn. 22; *Paeffgen/Zabel*, in: NK-StGB, vor §§ 32 ff. Rn. 108; *Fukuda*, JZ 1958, 143; *Bockelmann*, NJW 1950, 830; *Hirsch*, ZStW 1982, 239 (257 ff.).

treter der strengen Schuldtheorie[46] den Anwendungsbereich des § 17 StGB eröffnet. Dieser Arbeit wird die der h. M.[47] und Rspr.[48] entsprechende eingeschränkte Schuldtheorie, genauer die vorsatzunrechtsausschließende eingeschränkte Schuldtheorie[49] zugrunde gelegt. Diese lässt im Falle eines Erlaubnistatbestandsirrtums den Vorsatz in analoger Anwendung gem. § 16 StGB entfallen. Warum dieser Ansatz sachgerecht ist, begründet der BGH zutreffend wie folgt: „Der im Irrtum über den wahren Sachverhalt handelnde Täter ist [...] an sich rechtstreu; er will die Rechtsgebote befolgen und verfehlt dieses Ziel nur wegen seines Irrtums über die Sachlage, aus der sein Handeln erwächst. Dieser Irrtum hindert ihn in der Regel, die Gefahr eines Rechtsverstoßes überhaupt zu erkennen. Deshalb trifft auf ihn der Gedanke des § 59 StGB [heute: § 16 StGB] zu, ihm nicht die wirkliche, sondern zu seinen Gunsten nur die irrig angenommene Sachlage zuzurechnen."[50] Im Ergebnis wird daher bei Vorliegen eines Erlaubnistatbestandsirrtums kein vorsätzliches Unrecht verwirklicht.

Der Vorwurf der Fahrlässigkeit bleibt hiervon unberührt. Somit kann der Irrtum von Ärzt:innen über die Wirksamkeit einer Einwilligung zu einer Fahrlässigkeitsstrafbarkeit gem. § 222 oder § 229 StGB führen.[51]

b) Abgrenzung zum Verbotsirrtum

Um die in Betracht kommenden Irrtümer über eine tatsächlich nicht vorliegende Einwilligung dogmatisch einordnen zu können, bedarf es der Abgrenzung des Erlaubnistatbestandsirrtums vom Verbotsirrtum.

Denn Täter:innen können nicht nur über die tatsächlichen Voraussetzungen der Rechtfertigungslage, sondern auch darüber irren, dass ihr Verhalten verboten ist. Hierbei handelt es sich um einen Verbotsirrtum i. S. d. § 17 StGB. Den handelnden

---

[46] Für eine weiterführende Darstellung: *Paeffgen/Zabel*, in: NK-StGB, vor §§ 32 ff. Rn. 108; *Fukuda*, JZ 1958, 143; *Bockelmann*, NJW 1950, 830; *Hirsch*, ZStW 1982, 239 (257 ff.); *Rengier*, StrafR AT, § 30 Rn. 11; *Beulke/Satzger/Wessels*, StrafR AT, § 14 Rn. 751; *Schuster*, in: TK-StGB, § 16 Rn. 15.

[47] Für eine weiterführende Darstellung: *Kulhanek*, in: MüKo StGB, § 16 Rn. 147; *Schuster*, in: TK-StGB, § 16 Rn. 16 ff.; *Rengier*, StrafR AT, § 30 Rn. 1 ff.; *Frister*, StrafR AT, § 14 Rn. 30; *Roxin/Greco*, StafR AT I, § 14 Rn. 64; *Kindhäuser/Zimmermann*, StrafR AT, § 29 Rn. 26; *Kühl*, StrafR AT, § 13 Rn. 73; *Beulke/Satzger/Wessels*, StrafR AT, § 14 Rn. 754; *Bergschneider*, medstra 2022, 81 (85); *Kraatz*, JURA 2014, 787 (796).

[48] BGH, Urt. v. 9.5.2001 – 3 StR 542/00, NStZ 2001, 530; BGH, Urt. v. 2.11.2011 – 2 StR 375/11, NStZ 2012, 272; OLG Düsseldorf, Beschl. v. 15.10.1993 – 2 Ss 175/93 – 65/93 II, NStZ 1994, 343.

[49] Für eine weiterführende Darstellung: *Kindhäuser/Zimmermann*, StrafR AT, § 29 Rn. 26; *Kühl*, StrafR AT, § 13 Rn. 73; *Roxin/Greco*, StafR AT I, § 14 Rn. 64; *Schuster*, in: TK-StGB, § 15 Rn. 18; *Kaspar*, StrafR AT, § 7 Rn. 58; *Frister*, StrafR AT, § 14 Rn. 30; *Kraatz*, JURA 2014, 787 (796).

[50] BGH, Urt. v. 6.6.1952 – 1 StR 708/51, BGHSt 3, 105 = juris Rn. 3.

[51] *Schroth*, in: MedStR-HdB, S. 132.

Personen fehlt bei Begehung der Tat das Unrechtsbewusstsein. Ein Rechtsirrtum kann auch darin liegen, dass sie denken, ihr Verhalten sei ausnahmsweise erlaubt (sog. Erlaubnisirrtum). Dann erkennen Täter:innen grds., dass ihr Verhalten einen Straftatbestand erfüllt, sie glauben allerdings an einen rechtlich nicht anerkannten Rechtfertigungsgrund oder verkennen die Grenzen eines anerkannten Rechtfertigungsgrundes (sog. Erlaubnisgrenzirrtum).[52]

Ärzt:innen unterliegen daher einem Verbotsirrtum, wenn sie irrigerweise annehmen, dass ein Eingriff bereits aufgrund seiner medizinischen Gebotenheit zulässig ist, es keiner Einwilligung bedarf[53] oder sie trotz einer erkanntermaßen rechtlich ungenügenden Aufklärung von einer wirksamen Einwilligung ausgehen. Der Verbotsirrtum betrifft das Unrechtsbewusstsein der Behandelnden und ist im Rahmen der Schuld zu prüfen. Behandelnde irren in den hier interessierenden Fällen über die Notwendigkeit oder die rechtlichen Grenzen der Patienteneinwilligung.[54]

In Abgrenzung hierzu handelt es sich um einen Erlaubnistatbestandsirrtum, wenn Behandelnde einem Irrtum über das Vorliegen der tatsächlichen Voraussetzungen der erfolgten Einwilligung unterliegen.[55]

Die strafrechtliche Einordnung von Erkenntnisdefiziten hängt nach der durch die in §§ 16, 17 StGB vorgegebene Systematik davon ab, ob der Irrtum auf einer unzutreffenden Wahrnehmung von Tatsachen oder auf einer von der Rechtsordnung nicht geteilten Bewertung der zutreffend wahrgenommenen Tatsachen beruht.

Allerdings ist die Abgrenzung von Erlaubnistatbestandsirrtümern und Verbotsirrtümern nicht immer so eindeutig, wie es auf den ersten Blick scheint. Es bedarf daher der genauen Betrachtung und dogmatischen Einordnung denkbare Fallkonstellationen und Irrtümer.

2. Einordnung verschiedener Irrtumskonstellationen

Hinsichtlich des Aufklärungsinhalts sind z.B. Irrtümer über ein aufklärungspflichtiges Risiko[56], die Folgen des Eingriffs, die Äquivalenz einer Behandlungsalternative[57] oder die Rechtzeitigkeit der Aufklärung möglich. Es ist sowohl denk-

---

[52] *Heuchemer*, in: BeckOK StGB, § 17 Rn. 29.

[53] *Valerius*, in: MedStR-HdB, § 1 Rn. 391.

[54] *Tsambikakis/Dorneck*, in: NK-MedStR, § 228 Rn. 133.

[55] *Valerius*, in: MedStR-HdB, § 1 Rn. 383; *Beulke*, medstra 2015, 67 (70); BGH, Urt. v. 11.10.2011–1 StR 134/11, NStZ 2012, 205 (206); *Swoboda*, ZIS 2013, 18 (26); *Hengstenberg*, Die hypothetische Einwilligung im Strafrecht, S. 81; *Knauer/Brose*, in: Spickhoff, MedR, § 223 StGB Rn. 100; *Fischer*, in: StGB, § 228 Rn. 26; *Schroth/Schöch*, in: MedStR-HdB, S. 132; *Ulsenheimer*, in: Laufs/Kern/Rehborn, ArztR-HdB, § 149 Rn. 112.

[56] *Knauer/Brose*, in: Spickhoff, MedR, § 223 StGB Rn. 100.

[57] *Biermann*, in: Ulsenheimer/Gaede, Arztstrafrecht in der Praxis, Rn. 501.

bar, dass Behandelnde diese Umstände und Faktoren selbst nicht kennen und deshalb nicht über diese aufklären[58] als auch, dass sie zwar Kenntnis von solchen Umständen haben, sie aber nicht für aufklärungspflichtig halten. So kann ein Irrtum über ein aufklärungspflichtiges Risiko darauf beruhen, dass die aufklärende Person das Bestehen des Risikos verkennt, dessen Realisierungswahrscheinlichkeit falsch einschätzt, den Gegenstand des Risikos missversteht oder die rechtliche Relevanz des Umstandes unterschätzt. Auch Konstellationen, in denen Behandelnde darüber irren, worüber sie oder ihre Kolleg:innen ihre Patient:innen bereits informiert haben, sind denkbar. Darüber hinaus kann auch die irrtümliche Annahme der Einwilligungsfähigkeit oder der Sittenwidrigkeit eines Eingriffs einen Irrtum begründen.

Während in einigen Fällen eindeutig ein Erlaubnistatbestandsirrtum vorliegt, ist gerade bei der Kenntnis eines Umstandes aber fehlendem Bewusstsein über dessen Aufklärungspflichtigkeit nicht immer eindeutig, ob es sich hierbei um einen Erlaubnistatbestandsirrtum oder einen Verbotsirrtum handelt. Im Folgenden werden die unterschiedlichen Irrtümer eingeordnet.

a) Irrtum über die Aufklärung durch eine andere Person

Vertrauen behandelnde Personen fälschlicherweise darauf, dass eine fehlerfreie Aufklärung bzgl. des von ihnen durchgeführten Eingriffs bereits durch eine andere Person vorgenommen worden ist, liegt ein Irrtum über die Tatsache der erfolgten Aufklärung vor. Die Behandelnden nehmen keine fehlerhafte rechtliche Bewertung vor. Es handelt sich daher um einen Erlaubnistatbestandsirrtum.

Hiervon unterscheiden sich Fälle, in denen Behandelnde die genauen Umstände und Inhalte des Aufklärungsgesprächs zwischen der dritten Person und ihrem:ihrer Patient:in kennen, diese jedoch rechtlich unzutreffend bewerten. Verkennen Ärzt:innen die rechtliche Mangelhaftigkeit der erfolgten Aufklärung aufgrund einer rechtlichen Fehleinschätzung, liegt ein Erlaubnisirrtum vor.

Da aufklärungsverpflichtete Ärzt:innen grds. dazu berechtigt sind, ihre Aufklärung an eine dritte qualifizierte Person zu delegieren,[59] kann man in diesem Zusammenhang die Frage stellen, wie sich pflichtwidrige Delegationen auf die Annahme eines Irrtums auswirken. Die folgenden Überlegungen machen deutlich, dass hierfür entscheidend ist, ob man die Aufklärungspflicht als eigenständigen Teil der aus §§ 223 ff. StGB resultierenden Verhaltenspflichten versteht oder nicht.

Die Wirksamkeit der Einwilligung setzt die Erfüllung der Aufklärungspflicht voraus. Die behandelnde Person weiß sicher, dass sie die Aufklärung nicht selbst vorgenommen hat. Das ist auch nicht zwingend erforderlich. Vielmehr kann sie

[58] Vgl. beispielhaft: OLG Hamburg, Urt. v. 19.11.1974 – 2 Ss 123/74, NJW 1975, 603 (604).

[59] Vgl. 1. Teil A. V. 1.; *Katzenmeier*, in: Laufs/Katzenmeier/Lipp, ArztR, Kap. V Rn. 47.

ihrer Aufklärungspflicht auch genügen, wenn sie diese ordnungsgemäß an eine dritte Person delegiert. Die sorgfaltsmäßige Delegation setzt voraus, dass der:die Aufklärungsverpflichtete eine ordnungsgemäße Aufklärung sicherstellt.[60] Hierzu muss er:sie die Person, die die Aufklärung vornehmen soll, sorgfältig auswählen, diese anweisen[61] und überwachen[62]. Fehlt es an einer dieser Voraussetzungen, mangelt es an einer wirksamen Einwilligung. Das hat die Rechtswidrigkeit des Eingriffs und damit die Strafbarkeit gem. § 223 StGB zur Folge. Basiert die pflichtwidrige Delegation auf der Annahme tatsächlich nicht vorliegender Umständen, etwa auf der irrigen Annahme einer fachlichen Eignung der dritten Person, kommt eine Fahrlässigkeitsstrafbarkeit in Betracht.

Allerdings kann die Aufklärungspflicht nicht als selbstständige Verhaltenspflicht der §§ 223 ff. StGB angesehen werden. Denn hierdurch würden die Verhaltenspflichten des aktiven Vorsatzdelikts zu weit ausgedehnt. Die Delegation von Aufklärungspflichten betrifft lediglich Sorgfaltspflichten, deren Verletzung erst im Rahmen eines Fahrlässigkeitsdelikts relevant würde, sowie die Garantenstellung der Behandelnden gegenüber ihren Patient:innen im Kontext eines strafrechtlich relevanten Unterlassens.

Daher setzt die Wirksamkeit einer Einwilligung in ein aktives Tun auch nur voraus, dass die einwilligende Person Kenntnis von den nötigen Informationen hatte oder ordnungsgemäß über sie aufgeklärt worden ist. Eine ordnungsgemäße Pflichtendelegation gehört dagegen nicht zu den Wirksamkeitsvoraussetzungen der Einwilligung. Der Vorsatz des:der Aufklärungsverpflichteten ist auch in Fällen ausgeschlossen, in denen er:sie sich gar keine sorgfaltsmäßige Delegation vorstellt. Eine pflichtwidrige Aufklärungsdelegation kann nur im Rahmen des Fahrlässigkeitsdelikts eine Sorgfaltspflichtverletzung begründen, nicht jedoch die Wirksamkeit einer Einwilligung im Rahmen des § 223 StGB beeinträchtigen. Entscheidend ist daher bei der Betrachtung möglicher Irrtümer auch allein, ob die behandelnde Person davon ausgeht, dass die aufklärende Person alle aufklärungspflichtigen Informationen angesprochen hat. Dieser Irrtum kann entweder tatsächlicher oder rechtlicher Natur sein (s. o.).

b) Irrtum bei unachtsamer Aufklärung aber voller Kenntnis über den Sachverhalt

Außerdem kommen Fälle in Betracht, in denen Ärzt:innen im Dialog die für die behandelte Person relevanten Umstände methodisch korrekt herausgearbeitet und abgewogen haben, jedoch aus Unachtsamkeit einen Fehler bei der Aufklärung begehen. Es ist denkbar, dass Aufklärende ein Risiko zutreffend als relevant und damit aufklärungspflichtig beurteilen und bei Vornahme des Eingriffs denken, sie hätten

[60] Urt. v. 22.12.2010 – 3 StR 329/10, NJW 2011, 1088 (1090); *Biermann*, in: Ulsenheimer/Gaede, Arztstrafrecht in der Praxis, Rn. 430.

[61] *Biermann*, in: Ulsenheimer/Gaede, Arztstrafrecht in der Praxis, Rn. 430.

[62] BGH, Urt. v. 7.11.2006 – VI ZR 206/05, NJW-RR 2007, 310 (311).

über dieses von ihnen zutreffend als aufklärungspflichtig bewertete Risiko aufgeklärt, obwohl sie dies tatsächlich aus Vergesslichkeit oder Unachtsamkeit nicht getan haben. In diesen Fällen liegt eine rechtlich zutreffende Bewertung der Aufklärungspflicht vor. Die Behandelnden gehen allerdings fälschlicherweise davon aus, dieser Pflicht entsprochen zu haben, weil sie denken, sie hätten über etwas aufgeklärt, worüber sie tatsächlich nicht gesprochen haben. Sie gehen von einem Sachverhalt aus, bei dessen Vorliegen sie gerechtfertigt wären. Da sie aber tatsächlich ihre Aufklärungspflichten nicht erfüllt haben, leidet die erteilte Patienteneinwilligung an rechtserheblichen Willensmängeln. Es handelt sich hierbei ebenfalls um einen Erlaubnistatbestandsirrtum.

c) Irrtum über die Einwilligungsfähigkeit der behandelten Person

Ebenso muss bei einem Irrtum über die tatsächlich nicht gegebene Einwilligungsfähigkeit von Patient:innen unterschieden werden. Irren sich Ärzt:innen über die Umstände, die die Einwilligungsfähigkeit begründen, nämlich die tatsächliche Urteils- und Einsichtsfähigkeit, unterliegen sie einem Erlaubnistatbestandsirrtum.[63] Denn die Behandelnden wären bei Vornahme des Eingriffs gerechtfertigt, wenn die von ihnen vorgestellten, die Einwilligungsfähigkeit begründenden Umstände tatsächlich vorgelegen hätten.[64]

Erkennen sie hingegen die tatsächlich eingeschränkte Einsichts- und Urteilsfähigkeit der behandelten Person, bewerten diese jedoch irrtümlich als ausreichend und schließen daraus fehlerhaft auf eine bestehende Einwilligungsfähigkeit, liegt ein Erlaubnisirrtum vor.

d) Irrtum bei Unkenntnis eines aufklärungspflichtigen Umstandes

Weiterhin ist denkbar, dass Ärzt:innen keine Kenntnis von einem aufklärungspflichtigen Umstand haben und daher auch nicht über diesen aufklären, indes trotzdem davon ausgehen, ausreichend und vollumfänglich aufgeklärt zu haben.

Ist ein Risiko zum Zeitpunkt der Behandlung noch nicht bekannt oder eine Behandlungsalternative noch nicht möglich, liegt schon gar kein Irrtum vor. Denn über unbekannte Faktoren, die der Wissenschaft erst in der Zukunft bekannt werden, kann keine Aufklärungspflicht bestehen.[65] Daher ist die erteilte Einwilligung in solchen Fällen schon nicht aufgrund mangelhafter Aufklärung unwirksam.

Vielmehr unterfallen dieser Fallgruppe Situationen, in denen ein aufklärungspflichtiger Faktor der Wissenschaft grundsätzlich schon bekannt ist, die konkret

---

[63] *Sommer/Tsambikakis*, in: MAH MedR, § 3 Rn. 54.

[64] *Tsambikakis/Dorneck*, in: NK-MedStR, § 228 Rn. 131.

[65] *von Pentz*, MedR 2016, 16 (20); OLG Köln, Urt. v. 12.1.2011 – I-5 U 37/10, juris Rn. 25.

behandelnde Person jedoch keine Kenntnis hiervon hat und daher nur eine mangelhafte Aufklärung vornimmt. Beispielhaft hierfür steht der „Surgibone"-Fall[66], in dem der operierende Arzt keine Kenntnis davon hatte, dass die von ihm verwendeten „Surgibone"-Dübel nicht vom Bundesgesundheitsamt zugelassen waren. Er klärte seine Patient:innen daher auch nicht über die fehlende Zulassung des verwendeten Materials auf und verletzte hierdurch seine Aufklärungspflicht. Die Vorstellung, eine fehlerfreie Aufklärung vorgenommen und hierdurch eine willensmängelfreie Einwilligung erhalten zu haben, stellt wiederum einen Tatsachenirrtum dar und begründet einen Erlaubnistatbestandsirrtum.[67]

e) Irrtum bei Kenntnis der Information aber Unkenntnis der Aufklärungspflicht

Hiervon zu unterscheiden ist der Fall, in dem Aufklärende zwar Kenntnis von einem bestimmten Umstand (Risiko, Erfolgsaussicht, etc.) haben, ihn allerdings in Ausübung ihres Beurteilungsspielraums nicht für aufklärungspflichtig halten. Dieser Irrtum bei der Konkretisierung der eigenen Aufklärungspflicht kann aus der falschen Annahme von Tatsachen oder einer fehlerhaften Bewertung der korrekt erkannten Tatsachen beruhen. Nehmen Ärzt:innen bereits falsche Tatsachen an und legen diese ihrer Beurteilung zugrunde, liegt eindeutig ein Erlaubnistatbestandsirrtum vor.

Hinsichtlich einer fehlerhaften Beurteilung zutreffend erkannter Tatsachen sind Aufklärungsfehler i. S. d. drei vorgestellten Fehlerkategorien möglich. Basierte die ärztliche Aufklärungsentscheidung auf einer vertretbaren Beurteilung des erarbeiteten Behandlungskontexts und auf einem auf die behandelte Person individuell zugeschnittenen Dialog, liegt kein Aufklärungsfehler vor. Hieran ändert auch die nachträgliche Behauptung der Patient:innen, sie hätten die in Frage stehende Information zur autonomen Entscheidungsfindung benötigt, nichts. Dieses Resultat ist notwendige Folge des ärztlichen Beurteilungsspielraums bei der Aufklärung.

Anders ist es zu bewerten, wenn Ärzt:innen überhaupt keine individuelle Kontextualisierung vornehmen, den Kontext und relevante Faktoren evident fehlerhaft bewerten oder ihren Beurteilungsspielraum methodisch mangelhaft ausüben.[68]

Solche Irrtümer liegen beispielsweise vor, wenn Ärzt:innen über eine gleichwertige Behandlungsalternative mit unterschiedlichen Risiken nicht aufklären, weil sie davon ausgehen, hierüber aufgrund ihrer Therapiefreiheit nicht aufklären zu müssen. Auch ein Irrtum über die bestehende Aufklärungspflicht wegen generell angenommener psychischer Belastungen durch die Aufklärung ist vorstellbar.[69]

---

[66] BGH, Urt. v. 29. 6. 1995 – 4 StR 760/94, NStZ 1996, 34.

[67] BGH, Urt. v. 29. 6. 1995 – 4 StR 760/94, NStZ 1996, 34 (35); *Sommer/Tsambikakis*, in: MAH MedR, § 3 Rn. 55; *Tsambikakis/Dorneck*, in: NK-MedStR, § 228 Rn. 131.

[68] S. zu denkbaren Aufklärungspflichtverletzungen 3. Teil II. 2. b) bb) (3).

[69] *Immig*, Die Selbstbestimmungsaufklärung im Arztstrafrecht, S. 61; diesen Irrtum ordnen einige Stimmen in der Lit. als Verbotsirrtum ein, vgl. *Tsambikakis/Dorneck*, in: NK-MedStR,

Diese Irrtümer sind letztlich unter dem Stichwort der bewusst unterlassenen Individualisierung der Aufklärung zusammenzufassen. Denn sie basieren auf der Annahme, dass eine Aufklärung nicht auf die Patient:innen individuell zugeschnitten werden muss, sondern allgemeingültige Aussagen über die Aufklärungspflichtigkeit einzelner Umstände getroffen werden können. In die oben dargestellten Irrtumskonstellationen fallen aber auch Situationen, in denen Ärzt:innen aufgrund der allgemeinen niedrigen Eintrittswahrscheinlichkeit eines Risikos davon ausgehen, über dieses nicht aufklären zu müssen, obwohl ihnen hätte klar sein müssen, dass dieses von besonderem Gewicht für den konkreten Patienten ist, weil er z.B. dessen zukünftige Berufsausübung unmöglich macht (z.B. die Lähmung der Hand eines Chirurgen) oder konkret geäußerte Informationsbedürfnisse betrifft (z.B. präferierte medikamentöse Behandlung statt invasiver Behandlung). Auch die Aufklärungsentscheidung, die auf sachfremden Erwägungen wie Stereotypen und damit auf methodisch mangelhafter Ausübung des Beurteilungsspielraums beruht, fällt in diese Kategorie.

Da Ärzt:innen in den genannten Situationen volle Kenntnis vom Sachverhalt haben und bloß hinsichtlich der Aufklärungspflichtigkeit einer Information eine falsche rechtliche Wertung vornehmen, ist zu prüfen, ob hierbei von einem Erlaubnistatbestandsirrtum gesprochen werden kann. Denn es könnte sich aufgrund der vorgenommenen unzutreffenden rechtlichen Wertung auch um einen Erlaubnisirrtum i.S.d. § 17 StGB handeln. Sollte das der Fall sein, kommt eine Fahrlässigkeitsstrafbarkeit aufgrund der Eingriffsvornahme in der irrtümlichen Annahme nicht in Betracht. Vielmehr bleibt es beim Vorsatzdelikt, im Rahmen dessen nur der unvermeidbare Erlaubnisirrtum die Schuld entfallen lässt. Ist der Irrtum hingegen vermeidbar, kann die Strafe nach § 49 I StGB lediglich gemildert werden, § 17 S. 2 StGB.

aa) Dogmatische Einordnung

Die Einordnung dieser Irrtumskonstellation bedarf einer genaueren Betrachtung, da sich die aufklärende Person über eine Einwilligungsvoraussetzung – die Willensmangelfreiheit– irrt, welche nicht objektiv feststellbar, sondern nur durch eine wertende Einschätzung zugänglich ist. Denn es bedarf einer Bewertung, ob die Information, die Patient:innen zum Entscheidungszeitpunkt hatten, ausreichte, um rechtlich erhebliche Willensmängel auszuschließen. Allerdings muss die rechtsfehlerhafte Wertung der Aufklärenden nicht zwingend das Vorliegen eines Verbotsirrtums i.S.d. § 17 StGB bedeuten.

---

§ 228 Rn. 134; *Biermann*, in: Ulsenheimer/Gaede, Arztstrafrecht in der Praxis, Rn. 502; *Schmidt*, in: NK-MedR, § 15 Rn. 44.

(1) Bewertungsabhängigkeit von Willensmängeln

Wie bei Tatbestandsmerkmalen wird auch bei den Voraussetzungen von Rechtfertigungsgründen zwischen deskriptiven und normativen Merkmalen differenziert[70], sodass sich die Frage stellt, wie das Merkmal der Willensmängelfreiheit einzuordnen ist und welche Folgen ein Irrtum über diese Voraussetzung des Erlaubnistatbestandes hat.

Zwar gibt es (Erlaubnis-)Tatbestandsvoraussetzungen, die rein deskriptiver Natur sind. Hierzu gehören solche, die durch eine Beschreibung zum Ausdruck bringen, was sachlich-gegenständlich zum tatbestandlichen Verbot oder Gebot gehört und einer Tatsachenfeststellung zugänglich ist.[71] Ihr Vorliegen ist rein kognitiv, also erkennend feststellbar.[72] Darunter versteht man im Rahmen des§ 242 StGB z.B. das Merkmal der „Sache" oder im Rahmen des § 223 StGB die „andere Person". Auf Rechtswidrigkeitsebene sind die „Gefahr" und die „fehlende anderweitige Abwendbarkeit" i.S.d. § 34 StGB solche deskriptiven Merkmale.

Demgegenüber gibt es jedoch auch Merkmale, wie die „Fremdheit" einer Sache, die rein normativer Natur sind. Solche Merkmale können nur unter der logischen Voraussetzung einer Norm und von Gerichten im Wege eines ergänzenden Werturteils festgestellt werden.[73] Normative Merkmale sind bloß eingeschränkt real erfassbar und heben sich von den deskriptiven Merkmalen durch einen „Moment der Unbestimmtheit"[74] ab. Sie nehmen auf außerstrafrechtliche Rechtsinstitute Bezug oder verweisen zur Bewertung auf andere Normen bzw. ungeschriebene Wertevorstellungen.[75] Ein Merkmal ist dann normativer Natur, wenn seine Anwendung nach allgemeinem Sprachgebrauch einen spezifischen Wertungsakt impliziert.[76] Eine normative Wertung bedürfen auf Rechtfertigungsebene Merkmale wie die „Rechtswidrigkeit" des Angriffs (§ 32 StGB).

Die Grenzen zwischen den Kategorien sind fließend. So gibt es auch deskriptive Merkmale, die eine ergänzende wertende Betrachtung voraussetzen. Hierunter fällt bspw. der Beginn des Menschseins oder die Frage, ob Tiere „Sachen" sind.[77]

Die Frage, wann ein rechtserheblicher Willensmangel im Rahmen der Einwilligung vorliegt, ist nicht sachlich-gegenständlicher Natur und somit nicht rein kognitiv feststellbar. Vielmehr bedarf es einer Beantwortung der Frage, welche In-

---

[70] *Schuster*, in: TK-StGB, § 16 Rn. 21; *Engisch*, ZStW 1958, 565 (584).

[71] *Beulke/Satzger/Wessels*, StrafR AT, § 5 Rn. 196.

[72] *Kuhli*, Normative Tatbestandsmerkmale in der strafrichterlichen Rechtsanwendung, S. 167.

[73] *Beulke/Satzger/Wessels*, StrafR AT, § 5 Rn. 196.

[74] *Schlüchter*, Irrtum über normative Tatbestandsmerkmale im Strafrecht, S. 8.

[75] *Frister*, StrafR AT, § 14 Rn. 37.

[76] *Kuhli*, Normative Tatbestandsmerkmale in der strafrichterlichen Rechtsanwendung, S. 133.

[77] *Rengier*, StrafR AT, § 8 Rn. 13.

formationen ein Mensch benötigt, um autonom über die Vornahme eines Eingriffs entscheiden zu können.

Gem. § 630e BGB sind Behandelnde verpflichtet, Patient:innen über sämtliche für die Einwilligung wesentliche Umstände aufzuklären. Was eine solche Aufklärung im Einzelfall erfordert, wird regelmäßig in gerichtlichen Verfahren erörtert und ist Gegenstand des wissenschaftlichen Diskurses. Es handelt sich daher bei der Willensmängelfreiheit einer Einwilligung um ein Merkmal, das einer Wertung bedarf.

(2) Die Notwendigkeit einer selbstständigen Vorwertung eines Merkmals

Aufgrund der erforderlichen Wertung allein kann jedoch noch nicht auf das Vorliegen eines normativen Erlaubnistatbestandsmerkmals geschlossen werden.

Denn ein normatives Merkmal liegt nur vor, wenn es sich bei der in ihm anzustellenden Wertung um eine von der normativen Aussage des Tatbestandes unabhängige Vorwertung handelt. Das ist beispielweise im Rahmen des § 242 StGB bei der „Fremdheit" der Sache der Fall. Diese ist von dem Wegnahmeverbot des § 242 StGB unabhängig bewertbar. Hiervon abzugrenzen ist das sog. gesamttatbewertende Merkmal.[78] Die Bewertung eines gesamttatbewertenden Merkmals bildet einen wesentlichen Teil des Regelungsgehalts der betreffenden Norm ab.[79] Diese Wertvorstellungen gehören nicht zu dem strafrechtlich zu bewertenden (d. h. vorgegebenen) Sachverhalt, sondern sind selbst Teil der strafrechtlichen Bewertung.[80] Der Gesetzgeber beschreibt das Delikt nicht nur mittels tatsächlicher Umstände, sondern macht es selbst auch von einem wertenden Aspekt, in dem sich die besondere Sozialschädlichkeit niederschlägt, abhängig.[81] Als Beispiel hierfür wird regelmäßig die „Verwerflichkeit" i. S. d. § 240 II StGB angeführt.[82] Doch auch im Rahmen von Erlaubnissätzen sind gesamttatbewertende Merkmale möglich,[83] wie bei der Angemessenheit des Mittels im Rahmen des rechtfertigenden Notstands (§ 34 StGB).[84] Bezieht sich ein Irrtum auf gesamttatbewertende Merkmale, liegt bei korrekter Sachverhaltskenntnis ein Erlaubnisirrtum vor.[85] Irrt die Person dagegen

[78] *Roxin/Greco*, StrafR AT, § 10 Rn. 45; *Küper*, GA 2018, 477 (478); *Kühl*, StrafR AT, § 13 Rn. 55; *Kudlich*, in: BeckOK StGB, § 16 Rn. 19; vgl. zu Kritik an der Lehre der sog. gesamttatbewertenden Merkmale *Walter*, in: LK-StGB, vor §§ 13 ff. Rn. 56.

[79] *Kühl*, StrafR AT, § 13 Rn. 55.

[80] *Frister*, StrafR AT, § 11 Rn. 42.

[81] *Roxin/Greco*, StrafR AT, § 10 Rn. 46.

[82] *Gaede*, in: Matt/Renzikowski, StGB, § 16 Rn. 16; *Roxin/Greco*, StrafR AT, § 10 Rn. 45; *Küper*, GA 2018, 477 (478).

[83] *Walter*, in: LK-StGB, vor §§ 13 ff. Rn. 56.

[84] *Kühl*, StrafR AT, § 13 Rn. 55.

[85] *Kindhäuser/Zimmermann*, StrafR AT, § 29 Rn. 30; *Gaede*, in: Matt/Renzikowski, StGB, § 16 Rn. 16; *Heger*, in: Lackner/Kühl/Heger, StGB, § 15 Rn. 16.; *Kudlich*, in: BeckOK StGB, § 16 Rn. 19.

über die tatsächliche Bewertungsgrundlage ihrer das gesamttatbewertenden Merkmals betreffenden Beurteilung, liegt ein Erlaubnistatbestandsirrtum vor.[86]

Will man die Willensmängelfreiheit im Rahmen der Einwilligung als normatives Merkmal anerkennen, müsste für diese also eine von der Einwilligung unabhängige Vorwertung möglich sein. Die entscheidende Frage lautet daher: Ist die Relevanz eines Willensmangels eine von der Einwilligung unabhängige Vorfrage, oder ist sie lediglich ein Kriterium, in dem ein wesentlicher Teil des Regelungsgehalts der Norm ausgedrückt wird?

Letztendlich wird man wohl annehmen müssen, dass das Kriterium der Willensmängelfreiheit maßgeblich mitbestimmt, was es bedeutet, einzuwilligen. Denn durch die Annahme von Willensmängeln im Einzelfall wird bereits eine die gesamte Tat betreffende Unrechtsbewertung vorgenommen. Bei fehlender Willensmängelfreiheit einer Einwilligung wird nicht nur das typische Unrecht der Tat bezeichnet, sondern zugleich das konkrete Unrecht im Einzelfall[87]. Nähme man bei der fehlerhaften Bewertung der Willensmängelfreiheit einen Erlaubnistatbestandsirrtum an, würde man die Entscheidung über die Strafbarkeit allein von den subjektiven, ggf. gänzlich abwegigen Unrechtsbewertungen der irrenden Person abhängig machen, was dem Charakter des Rechts als einer objektiven Ordnung widersprechen würde.[88] Daher ist der Irrtum über die Willensmängelfreiheit ein Irrtum über die Wertung der angewendeten Regelung, also ein Verbotsirrtum und nicht nur ein Irrtum über eine selbstständige Vorwertung, die sich tatsachenähnlich verselbstständigt haben kann.

bb) Fazit

Der Irrtum über die Willensmängelfreiheit einer Einwilligung, der auf der Verkennung der Aufklärungspflichtigkeit eines Umstandes beruht, ist wegen der fehlerhaften Bewertung eines gesamttatbewertenden Merkmals als Erlaubnisirrtum einzustufen. Der Irrtum betrifft die Konkretisierung der Aufklärungspflicht und beruht auf einer unzutreffenden rechtlichen Bewertung.

Anders ist der Irrtum nur zu bewerten, wenn er sich auf tatsächliche Umstände bezieht, die die Bewertungsgrundlage bilden. Denn dann irrt die aufklärende Person über Tatsachen, aufgrund derer sie erst eine (falsche) Beurteilung vornimmt. In diesen Fällen handelt es sich um einen Erlaubnistatbestandsirrtum.

---

[86] *Roxin/Greco*, StafR AT I, § 16 Rn. 82; *Beulke/Satzger/Wessels*, StrafR AT, § 14 Rn. 769.

[87] *Küper*, GA 2018, 477 (480).

[88] *Roxin/Greco*, StrafR AT, § 12 Rn. 105.

f) Irrtum über die Sittenwidrigkeit des Eingriffs

Doch auch wenn Ärzt:innen grundsätzlich ihre Aufklärungspflichten erfüllen, kann die rechtfertigende Wirkung der Patienteneinwilligung aufgrund der Sittenwidrigkeit eines Eingriffs entfallen. So gestaltete sich bspw. der Zahnextraktions-Fall[89]. Irren Ärzt:innen über das Vorliegen der Sittenwidrigkeit, gehen sie auch in dieser Konstellation von der Rechtfertigung ihres Eingriffs durch eine wirksame Patienteneinwilligung aus.

Wie der Irrtum über die Sittenwidrigkeit eines Eingriffs und die damit einhergehende Rechtswidrigkeit trotz Einwilligung zu beurteilen ist, hängt wie bei dem Irrtum über die Aufklärungspflichtigkeit eines Umstands vom Bezugspunkt des Irrtums ab.

Für die dogmatische Einordnung des Irrtums über die Sittenwidrigkeit ist entscheidend, ob er sich auf tatsächliche Umstände oder auf eine rechtliche Bewertung bezieht.[90] Denn wie erörtert[91], handelt es sich bei einem Irrtum über tatsächliche Umstände auf Rechtfertigungsebene um einen Erlaubnistatbestandsirrtum, auf den § 16 StGB analog Anwendung findet. Dagegen stellen eine falsche rechtliche Abwägung und Bewertung einen Verbotsirrtum i. S. d. § 17 StGB dar. Da bei der Frage, ob ein Eingriff sittenwidrig ist, sowohl ein Irrtum bzgl. Tatsachen als auch bzgl. Werturteilen möglich ist, ist eine Unterscheidung interessengerecht und systematisch konsequent.

Hiernach liegt ein Erlaubnistatbestandsirrtum vor, wenn Ärzt:innen sich tatsächliche Umstände vorstellen, die keine Sittenwidrigkeit begründen.[92] Denn dann irren sie sich über Tatsachen, die die Grundlage eines Werturteils bilden, sodass § 16 I StGB analog Anwendung findet. Das ist der Fall, wenn Ärzt:innen bspw. einen lebensbedrohlichen und damit sittenwidrigen Eingriff für harmlos halten. In diesen Fällen kommt eine Fahrlässigkeitsstrafbarkeit der Behandelnden in Betracht, wenn sie hätten erkennen können, dass der Eingriff lebensbedrohlich und hieraus resultierend sittenwidrig war.

Besteht dagegen zutreffende Kenntnis der Sachlage und irren Behandelnde lediglich über die Bewertung dieser als sittenwidrig, liegt ein Erlaubnisirrtum vor.[93] Denn dann verkennen sie die Bedeutung der Sittenwidrigkeit und irren damit über

---

[89] BGH, Urt. v. 22.2.1978 – 2 StR 372/77, NJW 1978, 1206; 3. Teil B. III. 2.

[90] *Hardtung*, in: MüKo StGB, § 228 Rn. 59; *Sternberg-Lieben*, in: TK-StGB, § 228 Rn. 9; *Heger*, in: Lackner/Kühl/Heger, StGB, § 228 Rn. 11a; *Vogel/Bülte*, in: LK-StGB, § 16 Rn. 112; *Beulke/Satzger/Wessels*, StrafR AT, § 14 Rn. 769; *Engländer*, in: Matt/Renzikowski, StGB, § 228 Rn. 5; *Kühl*, StrafR AT, § 13 Rn. 55; *Rennicke*, ZJS 2019, 465 (470).

[91] 4. Teil A. II. 1. b).

[92] *Sternberg-Lieben*, in: TK-StGB, § 228 Rn. 9; BGH, Urt. v. 11.12.2003 – 3 StR 120/03, JuS 2004, 350 (351).

[93] *Hardtung*, in: MüKo StGB, § 228 Rn. 59; *Vogel/Bülte*, in: LK-StGB, § 16 Rn. 112.

die Rechtslage.[94] § 17 StGB findet daher Anwendung, wenn Behandelnde trotz Kenntnis fehlender Erfolgsaussichten eines Eingriffs aufgrund einer fehlerhaften Gesamtbewertung zu der Annahme kommen, die Körperverletzung sei nicht „sittenwidrig“.[95] So lag der Zahnextraktions-Fall.

Ein Verbotsirrtum über die Sittenwidrigkeit eines Eingriffs ist in den meisten Fällen wohl vermeidbar. Denn bei Zweifeln über rechtliche Grenzen der Einwilligung kann von Ärzt:innen erwartet werden, dass sie juristischen Rat einholen.[96]

g) Irrtümliche Annahme einer mutmaßlichen Einwilligung

Darüber hinaus ist auch denkbar, dass Ärzt:innen erkennen, dass ihr Handeln nicht von einer erteilten Einwilligung gedeckt ist, sie allerdings irrig annehmen, durch eine mutmaßliche Einwilligung gerechtfertigt zu sein. Das ist sowohl in Notfallsituationen, in denen Patient:innen von vornherein nicht ansprechbar sind, als auch im Falle notwendiger Operationserweiterungen[97] denkbar. Aufgrund fehlender tatsächlicher Einwilligung ist der Eingriff in diesen Fällen gerechtfertigt, wenn er dem mutmaßlichen Willen der behandelten Person entspricht. Ein Irrtum liegt dann vor, wenn die behandelnde Person davon ausgeht, dass der Eingriff dem mutmaßlichen Willen der behandelten Person entspricht, obwohl das tatsächlich nicht der Fall ist.

Da für die Annahme einer mutmaßlichen Einwilligung der individuelle Wille der behandelten Person entscheidend ist, welcher nicht mit dem objektiv Vernünftigen übereinstimmen muss,[98] kann es zu Fehleinschätzungen der Behandelnden kommen, wenn diese der behandelten Person einen unzutreffenden mutmaßlichen Willen unterstellen. Insbesondere können Umstände, die für Ärzt:innen überhaupt nicht erkennbar sind, dazu führen, dass der mutmaßliche Wille der behandelten Person nicht auf die Vornahme der Handlung gerichtet ist.[99] Allerdings ist diesbezüglich zu beachten, dass tatsächlich eine mutmaßliche Einwilligung vorliegt, wenn Ärzt:innen aufgrund mangelnder gegenteiliger Anhaltspunkte auf das objektiv Vernünftige abstellen durften. Das gilt auch, wenn sich im Nachhinein herausstellt, dass die behandelte Person etwas anderes gewollt hätte.[100] Für die strafrechtliche Bewertung maßgeblich sind ausschließlich der Zeitpunkt der Tat und die zu diesem Zeitpunkt für den:die Täter:in erkennbaren Umstände.

---

[94] *Rennicke*, ZJS 2019, 465 (470).

[95] *Beulke/Satzger/Wessels*, StrafR AT, § 14 Rn. 769.

[96] *Tsambikakis/Dorneck*, in: NK-MedStR, § 228 Rn. 135.

[97] *Sommer/Tsambikakis*, in: MAH MedR, § 3 Rn. 56; in dieser Situation befand sich auch der Operateur im „Myom-Fall“, BGH, Urt. v. 28.11.1957, 4 StR 525/57 = BGHSt 11, 111 = NJW 1958, 267.

[98] *Rengier*, StrafR AT, § 23 Rn. 58.

[99] *Bergschneider*, medstra 2022, 81 (84).

[100] *Bergschneider*, medstra 2022, 81 (84 f.).

Auch wenn Ärzt:innen alle tatsächlichen Umstände, die die Patienteninteressen betreffen, richtig erkannt haben, hieraus jedoch aufgrund einer unzutreffenden Wertung die falschen Schlüsse ziehen, liegt nach der Rechtsprechung kein Verbotsirrtum vor.[101] Denn die Ärzt:innen verfehlen trotz Interessenforschung den subjektiven Willen der Betroffenen und irren über die Rechtfertigungsvoraussetzung des mutmaßlichen Willen. Ein solcher Irrtum ist als Erlaubnistatbestandsirrtum einzuordnen.[102]

Vorstellbar ist auch, dass Ärzt:innen nicht über den mutmaßlichen Willen irren, sondern fälschlicherweise aufgrund einer falsch gestellten Diagnose die Situation einer mutmaßlichen Einwilligung annehmen. So liegt der Fall, wenn Ärzt:innen im Laufe einer Operation eine tatsächlich nicht bestehende Lebensgefahr annehmen und daher eine tatsächlich nicht notfallmäßig notwendige Operationserweiterung in der Annahme vornehmen, diese entspräche dem mutmaßlichen Willen der behandelten Person.[103]

Anders liegt der Fall, wenn Behandelnde das fehlende Einverständnis ihrer Patient:innen erkennen, ihren Eingriff aber gleichwohl für rechtlich zulässig erachten, weil ihnen dieser medizinisch sinnvoll und geboten erscheint.[104] Auch wenn Ärzt:innen meinen, die mutmaßliche Einwilligung rechtfertige eine gebotene Maßnahme auch bei entgegenstehendem Willen der Patient:innen, liegt eine Verkennung der rechtlichen Grenzen der mutmaßlichen Einwilligung vor.[105]

Zu einem anderen Ergebnis gelangte der BGH in einem Beschluss von 1988.[106] Dort hatte ein Arzt nach der erfolgreichen Entbindung die Eileiter seiner Patientin zu Sterilisationszwecken durchtrennt, weil er der Ansicht war, dass aufgrund der vorgefundenen Verwachsungen in der Bauchhöhle eine erneute Schwangerschaft zum Schutze der Patientin und eines zukünftigen Ungeborenen unbedingt vermieden werden müsse. Hierbei handelte er wissentlich ohne die Einwilligung der Patientin. Allerdings nahm er an, dass die Sterilisation dem mutmaßlichen Willen der Patientin entspräche, weil ein separat vorgenommener Eingriff zu diesem Zweck mit neuen, „unter Umständen größeren Gefahren“, jedenfalls aber mit weiteren „körperliche[n] und seelische[n] Beeinträchtigungen“ verbunden gewesen wäre.[107] Der BGH entschied, dass zum Zeitpunkt der Operation die Voraussetzungen der mutmaßlichen Einwilligung vorgelegen hätten und dass aufgrund des unerwarteten

---

[101] BGH, Urt. v. 25.3.1988 – 2 StR 93/88, NStZ 1988, 406 (407).

[102] BGH, Urt. v. 4.10.1999 – 5 StR 712/98, NJW 2000, 885; *Paeffgen/Zabel*, in: NK-StGB, vor §§ 32 ff. Rn. 163; *Tsambikakis/Dorneck*, in: NK-MedStR, § 228 Rn. 132.

[103] *Engländer*, in: Matt/Renzikowski, StGB, vor § 32 Rn. 26.

[104] *Engländer*, in: Matt/Renzikowski, StGB, vor § 32 Rn. 26.

[105] *Engländer*, in: Matt/Renzikowski, StGB, vor § 32 Rn. 26.

[106] BGH, Urt. v. 25.3.1988 – 2 StR 93/88, NStZ 1988, 406.

[107] BGH, Urt. v. 25.3.1988 – 2 StR 93/88, NStZ 1988, 406 (407).

schlechten Zustands der Bauchhöhle ein Irrtum über den mutmaßlichen Willen nicht vermeidbar gewesen sei.[108]

Allerdings lag in diesem Fall entgegen der Annahme des BGH kein Erlaubnistatbestandsirrtum vor. Denn selbst wenn der unterstellte mutmaßliche Wille der tatsächliche Wille der Patientin gewesen wäre, war gar kein Fall der mutmaßlichen Einwilligung gegeben. Die mutmaßliche Einwilligung ist subsidiär zur Einwilligung[109] und findet nur dann Anwendung, wenn die Einholung der tatsächlichen Einwilligung und damit die Erforschung des wahren Willen nicht möglich ist.[110] Nur dann sind Mutmaßungen über den Patientenwillen anzustellen. Das gilt auch dann, wenn zwar im konkreten Moment der Operation nur auf den mutmaßlichen Willen abgestellt werden kann, der Eingriff aber auch zu einem späteren Zeitpunkt hätte stattfinden können. So lag es auch in dem vom BGH entschiedenen Fall. Denn gerade bei einem so folgenschweren und unumkehrbaren Eingriff wie einer Sterilisation ist das Selbstbestimmungsrecht in jedem Fall zu wahren, auch wenn durch den erneuten Eingriff mglw. erhöhte Gefahren zu befürchten sind. Dies gilt umso mehr, als dass eine Gefährdung der Gesundheit der Patientin auch anders hätte abgewendet werden können, nämlich durch die Vermeidung einer Schwangerschaft auf anderem Wege. Da die Patientin im konkreten Fall sogar noch den Wunsch hatte, weitere Kinder zu bekommen, handelte es sich bei der vorgenommenen Sterilisation keineswegs um eine durch eine mutmaßliche Einwilligung gerechtfertigte Maßnahme, sondern vielmehr um eine paternalistische Bevormundung des Arztes, auf deren Verhinderung der BGH in seiner sonstigen Rechtsprechung größten Wert legt. Der behandelnde Arzt unterlag daher keinem Erlaubnis- sondern einem Verbotsirrtum, weil er die Grenzen der mutmaßlichen Einwilligung verkannte und annahm, eine solche hätte die Operationserweiterung rechtfertigen können.

Auch wenn Ärzt:innen die notwendige Interessenserforschung gänzlich unterlassen oder sonst über die rechtlichen Voraussetzungen der mutmaßlichen Einwilligung irren, liegt ein Verbotsirrtum i. S. d. § 17 StGB vor.[111] Denn dann irren sie über das den Patient:innen zustehende Selbstbestimmungsrecht und damit letztlich über die Grenzen eines Rechtfertigungsgrundes. Sie verkennen bei solchen Fehleinschätzungen den unrechtsbegründenden Bedeutungsgehalt der Verbotsnorm.[112]

h) Irrtum bei Bewusstsein über mögliche Aufklärungsalternativen?

Problematisch erscheinen außerdem Fälle, in denen Handelnde Zweifel haben, ob die objektiven Rechtfertigungsvoraussetzungen vorliegen oder nicht. Auch bei

---

[108] BGH, Urt. v. 25.3.1988 – 2 StR 93/88, NStZ 1988, 406 (407).

[109] *Rengier*, StrafR AT, § 23 Rn. 57.

[110] BGH, Urt. v. 4.10.1999 – 5 StR 712/98, NJW 2000, 885 (886).

[111] *Paeffgen/Zabel*, in: NK-StGB, vor §§ 32 ff. Rn. 163.

[112] BGH, Urt. v. 4.10.1999 – 5 StR 712/98, NJW 2000, 885 (887); *Rengier*, StrafR BT II, § 13 Rn. 29.

Ärzt:innen, die sich der hohen Aufklärungsanforderungen bewusst sind und daher besonders umfangreich aufklären wollen, besteht die Gefahr, dass sie sich nicht sicher sind, ob ihre gewählte Aufklärungsform den rechtlichen Anforderungen genügt. In Abgrenzung zu den bisher genannten Fallkonstellationen handeln die Aufklärenden in dieser Situation mit der Kenntnis, dass ihre Aufklärung möglicherweise hinter den rechtlichen Anforderungen zurückgeblieben ist. Sie nehmen den Eingriff anschließend in dem Bewusstsein vor, dass er möglicherweise nicht gerechtfertigt ist. Ärzt:innen tragen daher bei der Abwägung über den nötigen Aufklärungsumfang und -inhalt das Fehlentscheidungsrisiko.

Grundsätzlich fehlt es am subjektiven Rechtfertigungselement schon dann, wenn Täter:innen es für möglich halten, dass einer der Umstände, von denen die Rechtfertigung abhängt, nicht vorliegt. Hier ist aber wegen des Beurteilungsspielraums genauer hinzusehen. Plakativ ließe sich fragen: Ist es ausreichend, dass eine Rechtfertigung nicht (sicher) ausgeschlossen ist?[113] Entscheidend für die Beantwortung dieser Frage ist wie stets, worauf sich das subjektive Rechtfertigungselement der Behandelnden beziehen muss.

Zur Ausübung des ärztlichen Beurteilungsspielraums gehört es, diesen zu erkennen und den Behandlungskontext zu erörtern. Die Ärzt:innen erarbeiten dann ihre eigene Aufklärungspflicht, indem sie ihre Pflicht im individuellen Fall konkretisieren. Hierdurch eröffnen sich für Ärzt:innen unterschiedliche Aufklärungsmöglichkeiten, die sie identifizieren und gegeneinander abwägen müssen. Die verschiedenen vertretbaren Aufklärungsmöglichkeiten sind, wie dargestellt, rechtlich gleichwertig. Das bedeutet, dass nicht nur eine bestimmte Aufklärung richtig ist. Das Bewusstsein von Ärzt:innen, dass es noch andere Aufklärungsmöglichkeiten gegeben hätte, schließt also nicht das subjektive Rechtfertigungselement aus. Ärzt:innen sind nicht erst dann gerechtfertigt, wenn sie sich sicher sind, dass sie die einzige richtige Aufklärung vorgenommen haben. Denn dann wäre es praktisch unmöglich, gerechtfertigt zu handeln. Hätten sie nämlich nicht erkannt, dass auch andere Inhalte Gegenstand der Aufklärung hätten sein können, so hätten sie ihren Spielraum verkannt, ihn nicht ausgeübt und damit zwangsläufig pflichtwidrig gehandelt.

Vielmehr geht es hier um die Frage, ob Ärzt:innen den Beurteilungsspielraum der Aufklärung im Rahmen ihrer eigenen Kompetenz korrekt abgesteckt haben. Nur Fehler bei der Ausübung dieser Kompetenz oder bei der Einhaltung des selbst festgestellten Umfangs sind für die Rechtfertigung relevant. Diese sind konkret die fehlende Individualisierung der Aufklärung, die evident fehlerhafte, d. h. nicht mehr vertretbare Beurteilung entscheidender Umstände und die methodisch falsche Nutzung des Beurteilungsspielraums.[114] In diesen Fällen irren Ärzt:innen über eine Bewertung eines gesamttatbewertenden Merkmals, sodass sie meist einem Ver-

[113] *Bergschneider*, medstra 2022, 81 (85).

[114] Vgl. 3. Teil C. II. 2. b) bb) (3).

botsirrtum unterliegen. Etwas anderes gilt, wenn die Irrtümer auf der Verkennung tatsächlicher Umstände basieren, aufgrund derer die Ärzt:innen eine fehlerhafte Beurteilung vornehmen. Nur die Irrtümer über tatsächliche Umstände lassen den Vorsatz analog § 16 StGB entfallen.

Das subjektive Rechtfertigungselement muss sich also darauf beziehen, dass Ärzt:innen den Behandlungskontext identifiziert und ihre Kompetenzen voll ausgeschöpft haben, um eine vertretbare Aufklärung vorzunehmen.[115] Das Bewusstsein über mögliche Aufklärungsalternativen ist dagegen unschädlich. Im Gegenteil spricht es gerade für eine rechtmäßig erfolgte Abwägung im Rahmen des Aufklärungsgesprächs, wenn Ärzt:innen erkennen, dass auch andere Aufklärungsmöglichkeiten zur Verfügung gestanden hätten.

3. Erkennbarkeit und Vermeidbarkeit der Irrtümer in den genannten Fallkonstellationen

Die aufgrund eines Erlaubnistatbestandsirrtums ausgeschlossene Vorsatzstrafbarkeit lässt eine etwaige Fahrlässigkeitsstrafbarkeit unberührt. Der mögliche Fahrlässigkeitsvorwurf bezieht sich dann auf die Vornahme des ärztlichen Eingriffs in der irrigen Annahme einer Einwilligung trotz Erkennbarkeit und Vermeidbarkeit des Irrtums.[116] Eine Strafbarkeit hängt davon ab, ob der Irrtum auf Fahrlässigkeit beruht.[117] Das ist nicht der Fall, wenn Ärzt:innen bei der irrigen Annahme einer Rechtfertigung die im Verkehr erforderliche Sorgfalt beachtet haben.[118] Die Frage der Strafbarkeit hängt davon ab, ob sich Handelnde mehr Klarheit oder Sicherheit hinsichtlich des Vorliegens der Rechtfertigungsvoraussetzungen hätten verschaffen können.[119] Ob ein Irrtum vermeidbar ist, hängt immer von den Umständen des Einzelfalls ab. Daher können die nachfolgenden Ausführungen keine allgemeingültigen Antworten auf die Frage der Vorherseh- und Vermeidbarkeit verschiedener Irrtümer geben. Vielmehr sollen sie dazu dienen, Beispielsfälle zu bilden und gewisse Anhaltspunkte dafür zu geben, wie ein Irrtum vermieden werden kann.

a) Irrtum über die Aufklärung durch eine andere Person

Der Irrtum, dass Patient:innen bereits durch Dritte ausreichend aufgeklärt worden sind, dürfte in Fällen vermeidbar sein, in denen die Behandelnden die erfolgte Aufklärung weitergehend hätten kontrollieren müssen.

---

[115] Solche Irrtümer werden unter 4. Teil II. 2. e) behandelt.

[116] *Warntjen*, in: MAH Strafverteidigung, § 49 Rn. 64.

[117] *Rengier*, StrafR AT, § 30 Rn. 24; *Frister*, StrafR AT, § 14 Rn. 31; *Roxin/Greco*, StafR AT I, § 14 Rn. 54 ff.

[118] *Roxin/Greco*, StafR AT I, § 14 Rn. 89.

[119] *Bergschneider*, medstra 2022, 81 (86).

Die Aufklärungspflicht trifft grundsätzlich die Behandelnden, die den Eingriff vornehmen.[120] Diese Aufklärungspflicht entfällt nur dann, wenn sie davon überzeugt sein dürfen, dass die Aufklärung bereits durch andere Personen hinreichend erfolgt ist. Das kann gerade im Bereich der Arbeitsteilung der Fall sein, wenn behandelnde Ärzt:innen durch geeignete organisatorische Maßnahmen und Kontrollen sichergestellt haben, dass eine ordnungsgemäße Aufklärung durch Kolleg:innen gewährleistet ist.[121] Hinsichtlich der Kontrollpflichten ist zwischen gleichgeordneten und nachgeordneten Ärzt:innen zu differenzieren. Während bei gleichgeordneten Kolleg:innen eine etablierte, grds. funktionierende Arbeitsteilung erforderlich ist, bei der neben stichprobenartigen Kontrollen nur bei konkreten Anhaltspunkten für Fehler eine besondere Überprüfung geboten ist,[122] finden bei der Delegation zwischen über- und nachgeordneten Ärzt:innen – wie etwa zwischen Chefärzt:innen und Stationsärzt:innen – die allgemeinen Regeln der sorgfältigen Auswahl, Anleitung, Überwachung sowie der Reaktion im Falle von Fehlern auf die übergeordnete Person Anwendung.[123]

Dieser Vertrauensgrundsatz im Rahmen der Arbeitsteilung steht unter dem Vorbehalt des Abstimmungsprinzips.[124] Voraussetzung für die Aufklärungsdelegation ist stets eine klare Absprache und Kompetenzverteilung.[125] Das bedeutet, dass sich behandelnde Ärzt:innen (mit entsprechender Weisungskompetenz) erst dann auf die Vollständigkeit der delegierten Aufklärung verlassen dürfen, „wenn [sie] hierfür ausreichend Anweisungen erteilt [haben], die [sie] ggf. im Arzthaftungsprozess darlegen [müssen]. Dazu gehört zum einen die Angabe, welche Maßnahmen organisatorischer Art [sie] getroffen [haben], um eine ordnungsgemäße Aufklärung durch den nicht operierenden Arzt sicherzustellen, und zum anderen die Darlegung, ob und gegebenenfalls welche Maßnahmen [sie] ergriffen [haben], um die ordnungsgemäße Umsetzung der von [ihnen] erteilten Aufklärungsanweisungen zu überwachen."[126] Diese Überwachungspflicht besteht auch unter strafrechtlichen Gesichtspunkten, wobei im Strafverfahren freilich der beschuldigten Person nachzuweisen ist, dass sie die erforderliche Sorgfalt bei Auswahl, Instruktion und Überwachung verletzt hat.[127]

---

[120] *Knauer/Brose*, in: Spickhoff, MedR, § 223 StGB Rn. 80.

[121] *Gaidzik/Weimer*, in: Krankenhausrecht, § 15 Rn. 73.

[122] *Biermann*, in: Ulsenheimer/Gaede, Arztstrafrecht in der Praxis, Rn. 431.

[123] *Biermann*, in: Ulsenheimer/Gaede, Arztstrafrecht in der Praxis, Rn. 431; *Knauer/Brose*, in: Spickhoff, MedR, § 223 StGB Rn. 101.

[124] *Gaidzik/Weimer*, in: Krankenhausrecht, § 15 Rn. 73.

[125] *Biermann*, in: Ulsenheimer/Gaede, Arztstrafrecht in der Praxis, Rn. 431.

[126] BGH, Urt. v. 7.11.2006 – VI ZR 206/05, MedR, 169 (170).

[127] *Knauer/Brose*, in: Spickhoff, MedR, § 223 StGB Rn. 101.

Auch wenn Behandelnde die Aufklärung qualifizierten Dritten überlassen, tragen letztendlich sie die Verantwortung für die wirksame Einwilligung.[128]

Deshalb dürfen sich Behandelnde auch nicht allein mit einer ihnen vorgelegten vermeintlich wirksamen Einwilligung zufriedengeben. Vielmehr müssen sie sich „in einem Gespräch mit dem Patienten über dessen ordnungsgemäße Aufklärung und/oder durch einen Blick in die Krankenakte vom Vorhandensein einer von Patient und aufklärendem Arzt unterzeichneten Einverständniserklärung vergewissert [haben], dass eine für einen medizinischen Laien verständliche Aufklärung unter Hinweis auf die spezifischen Risiken des vorgesehenen Eingriffs erfolgt ist."[129]

Eine gelungene Dokumentation des Aufklärungsgesprächs in den Behandlungsunterlagen mit individuell auf die Patient:innen zugeschnittenen Notizen ist daher geeignet, die Überprüfung einer ordnungsgemäßen Aufklärung zu ermöglichen.[130] Zusätzlich kann durch Nachfrage im Patientengespräch stichprobenartig die Einhaltung der Aufklärungsanforderungen kontrolliert werden. Besteht in einem Fall der konkrete Verdacht eines Aufklärungsfehlers, hat die behandelnde Person diesen durch Erfragen der erteilten Information zu beseitigen.

Auch wenn Behandelnde bei ausreichender Aufklärung durch Dritte zu keiner vollumfänglichen erneuten Aufklärung verpflichtet sind, besteht jedenfalls die Pflicht zur Überprüfung der Willensmangelfreiheit. Kommt die behandelnde Person dieser nicht nach und unterliegt sie deshalb dem Irrtum einer wirksamen Einwilligung, war der Irrtum über die Wirksamkeit der Einwilligung vermeidbar.[131] Unterlassen Behandelnde die ihnen obliegende Überprüfung, verletzen sie die im Verkehr erforderliche Sorgfalt. Zusätzlich setzt eine Strafbarkeit wegen fahrlässiger Körperverletzung in dieser Konstellation auch die Vorhersehbarkeit, dass der Eingriff nicht von dem wirklichen Willen gedeckt ist, voraus. Erforderlich ist also, dass die behandelnde Person hätte erkennen können und müssen, dass der:die Patient:in nicht in den Eingriff eingewilligt hätte, wäre er fehlerfrei aufgeklärt worden.[132]

Geben Patient:innen mehr Wissen und Verständnis vor, als sie tatsächlich haben, kann der behandelnden Person bei der Überprüfung der Patientenaufklärung ähnlich wie bei der bewussten Verschleierung relevanter Umstände kein Vorwurf aus dem täuschenden Verhalten der Patient:innen erwachsen. Denn im Rahmen des Arzt-Patienten-Dialogs dürfen sich Ärzt:innen auf die Richtigkeit der Angaben ihrer Patient:innen verlassen. Patient:innen tragen daher die Verantwortung, gegenüber den behandelnden Ärzt:innen, Unsicherheiten oder Unklarheiten offenzulegen.

---

[128] OLG Köln, Beschl. v. 3.9.2008 – 5 U 51/08, NJW-RR 2009, 960 (962); OLG Hamburg, Urt. v. 19.11.1974 – 2 Ss 123/74, NJW 1975, 603 (604); *Bender*, MedR 2007, 169 (172).

[129] BGH, Urt. v. 7.11.2006 – VI ZR 206/05, MedR, 169 (170).

[130] *Knauer/Brose*, in: Spickhoff, MedR, § 223 StGB Rn. 100.

[131] *Knauer/Brose*, in: Spickhoff, MedR, § 223 StGB Rn. 80.

[132] *Knauer/Brose*, in: Spickhoff, MedR, § 223 StGB Rn. 101.

b) Irrtum bei unachtsamer Aufklärung aber voller Kenntnis über den Sachverhalt

Ob der Irrtum über eine wirksame Einwilligung bei unachtsam ausgeführter Aufklärung vermeidbar ist, bedarf der Einzelfallbetrachtung. In der Regel kann von Ärzt:innen bei Durchführung der Aufklärung aufgrund des hohen rechtlichen Stellenwertes der Patientenautonomie volle Aufmerksamkeit verlangt werden, sodass ihnen ein Fehler hierbei grds. nicht unterlaufen darf. Insbesondere aufgrund des eingeräumten ärztlichen Beurteilungsspielraums sind die gestellten Anforderungen an die ärztliche Aufklärung auf ein Niveau abgesenkt, von dessen Erfüllbarkeit ausgegangen werden kann.

Gerade in Krankenhäusern muss bei der Irrtumsbewertung jedoch beachtet werden, dass es zu Pflichtenkollisionen der aufklärenden Person kommen kann. Pflichtenkollisionen entstehen immer dort, wo zwei gleichwertige Handlungsverpflichtungen aufeinandertreffen.[133] Denn häufig kann das 2-Personen-Verhältnis von Ärzt:in und Patient:in nicht isoliert betrachtet werden. Im Kontext des Klinikalltags treffen Ärzt:innen mehrere Pflichten gleichzeitig, auf die sie ihre vorhandenen Ressourcen Zeit und Aufmerksamkeit aufteilen müssen. So hat ein:e Operateur:in beispielsweise zwischen zwei terminierten Operationen nur begrenzt Zeit, sich der Einwilligung seines:r Patient:in zu versichern, während ihm Informationen zu einer dritten anstehenden Operation gegeben werden. In solchen Situationen müssen Priorisierungsentscheidungen getroffen werden. Ob die gegenläufigen Interessen rechtlich gleichgewichtig sind oder ob eines von ihnen überwiegt, ist nach Maßgabe des Verhältnismäßigkeitsgrundsatzes abzuwägen.[134] So wiegt in Fällen unterschiedlich zugeordneter Zuständigkeit für verschiedene Patient:innen die Pflicht gegenüber einem:r eigenen Patient:in aufgrund der bestehenden Garantenstellung grds. schwerer als gegenüber einem:r Patient:in eines:r Kolleg:in. Doch auch die bedrohten Rechtsgüter und die drohende Gefahr für diese sind gegeneinander abzuwägen. Unterläuft einer aufklärenden Ärztin beispielsweise ein Fehler bei ihrer Aufklärung, weil sie diese abbrechen muss, um akut eine Reanimation eines anderen Patienten im Nachbarzimmer vorzunehmen, überwiegt das Interesse am Leben das der Selbstbestimmung.

Hinsichtlich der Vermeidbarkeit der Unachtsamkeit und des hieraus resultierenden Irrtums muss daher im Einzelfall unter Berücksichtigung der konkreten Aufklärungssituation geprüft werden, ob die Behandelnden hätten erkennen können und müssen, dass ihre Handlung tatsächlich nicht gerechtfertigt war. In diesen Fällen müssen sie sich fragen lassen, ob besonnene und gewissenhafte Ärzt:innen aus ihrem Verkehrskreis[135] die fehlerhafte Aufklärung erkannt und einen Irrtum vermieden hätten.

---

[133] *Erb*, in: MüKo StGB, § 34 Rn. 47; *Schuhr*, in: Spickhoff, MedR, § 323c Rn. 47.

[134] *Schlehofer*, in: MüKo § StGB, § 32 Rn. 263.

[135] *Duttge*, in: MüKo StGB, § 15 Rn. 118.

c) Irrtum über die Einwilligungsfähigkeit der behandelten Person

Wollen Ärzt:innen Minderjährige behandeln, bedarf es zur Einschätzung der Einwilligungsfähigkeit der Patient:innen einer erhöhten Sensibilität. Aufgrund der Patientenakte wissen Ärzt:innen um die Minderjährigkeit ihrer Patient:innen. Allerdings ist der individuelle Reifeprozess und damit die Einsichts- und Urteilsfähigkeit im Einzelfall nicht immer eindeutig erkennbar, sodass eine Beurteilung dieser mitunter extrem schwierig sein kann.[136] Das ist insbesondere der Fall, wenn Ärzt:innen ihre minderjährigen Patient:innen noch nicht lange kennen und deren geistige Entwicklung nicht verfolgen konnten. Sie müssen dann angesichts des Spannungsverhältnisses zwischen Selbstbestimmung der Patient:innen und der berechtigten Interessen der Sorgeberechtigten aufmerksam und gewissenhaft das Entwicklungsstadium der Patient:innen eruieren. Besonders effektiv können sich Behandelnde absichern, indem sie die kumulative Einwilligung der Eltern und der Minderjährigen herbeiführen. Dies setzt voraus, dass die minderjährige Person mit der Informationsweitergabe an die Sorgeberechtigten einverstanden ist. Hierdurch wird der ärztliche Eingriff sowohl bei Bestehen als auch bei Fehlen der Einwilligungsfähigkeit der Patient:innen gerechtfertigt.

Ein solches Vorgehen kann jedoch insbesondere bei zeitlich dringlichen oder besonders sensiblen Eingriffen wie einem Schwangerschaftsabbruch nicht immer möglich sein. Denn dann ist entweder aus faktischen Gründen oder aus berechtigten entgegenstehenden Interessen der Patientin eine Einholung der elterlichen Einwilligung nicht möglich. Im Falle bestehender Einwilligungsfähigkeit bedarf es dieser auch überhaupt nicht, sodass das Einbeziehen der Sorgeberechtigten nicht ziel- und zweckmäßig wäre. Gerade bei berechtigten entgegenstehenden Interessen einwilligungsfähiger Minderjähriger stellte eine Aufklärung der Sorgeberechtigten über den geplanten Eingriff ggf. sogar eine strafbare Verletzung von Privatgeheimnissen gem. § 203 I StGB dar.[137]

Aus diesen Gründen bedarf es einer ausführlichen individuellen Betrachtung der Reife der Minderjährigen und der Komplexität der Sachlage. Grundsätzlich sollten sich Ärzt:innen daran orientieren, dass eine Einwilligungsfähigkeit bei Eingriffen im Bagatellbereich schneller angenommen werden kann als bei Eingriffen mit schwerwiegenden und langfristigen Folgen. Sie sollten im Dialog mit ihren Patient:innen deren Einsichts- und Urteilsfähigkeit erörtern. Bestehen weiterhin Unsicherheiten, sollten sie im Einvernehmen mit den Patient:innen die Sorgeberechtigten hinzuziehen. Ist dies im Einzelfall nicht möglich, dürfte Ärzt:innen selbst bei einer fehlerhaften Einschätzung nach einer gewissenhaften Abwägung und der intensiven Beschäftigung mit der Einwilligungsfähigkeit der Patient:innen kein Fahrlässigkeitsvorwurf gemacht werden können. Zwar ist die Einwilligung mangels Einwilligungsfähigkeit unwirksam. Allerdings unterliegen die Ärzt:innen einem

---

[136] *Tsambikakis/Dorneck*, in: NK-MedStR, § 228 Rn. 99.

[137] *Tsambikakis/Dorneck*, in: NK-MedStR, § 228 Rn. 99.

unvermeidbaren Erlaubnistatbestandsirrtum. Denn ohne eine psychiatrische Begutachtung wird die sichere Feststellung der Einwilligungsfähigkeit im Einzelfall häufig nicht möglich sein. Stattdessen handeln Ärzt:innen sorgfältig, wenn sie zu der individuellen begründeten Annahme einer Einwilligungsfähigkeit nach ausreichenden Erwägungen und eigener Beurteilung kommen.

d) Irrtum bei Unkenntnis eines aufklärungspflichtigen Umstandes

Eine Fahrlässigkeitsstrafbarkeit ist auch denkbar, wenn aufklärende Ärzt:innen einen aufklärungspflichtigen Umstand, z. B. ein Risiko, unerwähnt lassen, das ihnen unbekannt war, welches ihnen aber hätte bekannt sein müssen.[138] Ist aus dem Dialog mit der behandelten Person deutlich hervorgegangen, dass diese aufgrund zahlreicher Medikamenteneinnahmen insbesondere über Wechselwirkungen aufgeklärt werden möchte, wäre eine solche aufklärungspflichtig. Hat die aufklärende Person hiervon jedoch keine Kenntnis, wird sie nicht fehlerfrei aufklären. Entscheidend ist daher die Frage, ob sie von dem Umstand möglicher Wechselwirkungen hätte Kenntnis haben müssen. Denn dann hätte sie die Relevanz der Information in der konkreten Aufklärungssituation erkennen müssen, sie hätte hierüber aufklären können, und ihr Irrtum über die Wirksamkeit der Einwilligung wäre vermeidbar gewesen. Entscheidend ist daher, wann Ärzt:innen von einem Umstand hätten Kenntnis haben müssen.

Ärzt:innen müssen nicht über Risiken aufklären, die nur in anderen Spezialgebieten der medizinischen Wissenschaft, nicht aber in ihrem Fachgebiet diskutiert werden.[139] Allerdings kann die ärztliche Aufklärungspflicht bereits dann begründet sein, wenn die wissenschaftliche Diskussion über ein Risiko noch nicht abgeschlossen ist. Vielmehr reicht es aus, wenn ernsthafte Stimmen in der Wissenschaft auf bestimmte, mit einer Behandlung verbundene Gefahren hinweisen.[140] Bei sog. Neulandmethoden besteht eine Informationspflicht nicht erst dann, wenn ernsthafte Stimmen in der Wissenschaft auf bestimmte Gefahren hingewiesen haben. Vielmehr müssen Ärzt:innen darüber aufklären, dass der Eingriff die Möglichkeit unbekannter Risiken birgt.[141] Für die Vermutung eines konkreten Risikos reicht es aus, dass Vermutungen sich „so weit verdichtet haben, dass sie zum Schutz des Patienten in dessen Entscheidungsfindung einbezogen werden sollten.“[142]

---

[138] *Warntjen*, in: MAH Strafverteidigung, § 49 Rn. 64; *Knauer/Brose*, in: Spickhoff, MedR, § 222 StGB Rn. 35; OLG Köln, Urt. v. 12.1.2011 – I-5 U 37/10, juris Rn. 25.

[139] BGH, Urt. v. 19.10.2010 – VI ZR 241/09, NJW 2011, 375; *von Pentz*, MedR 2016, 16 (23); *Geiß/Greiner*, Arzthaftpflichtrecht, Teil C Rn. 46.

[140] BGH, Urt. v. 21.11.1995 – VI ZR 329/94, NJW 1996, 776 (777).

[141] *Katzenmeier*, NJW 2006, 2738 (2740).

[142] BGH, Urt. v. 13.6.2006 – VI ZR 323/04, NJW 2006, 2477 (2479).

Vermeidbar ist der Irrtum über einen aufklärungspflichtigen Umstand daher, wenn Ärzt:innen aufgrund ihrer bestehenden Fortbildungspflicht von dem wissenschaftlichen Diskurs hätten Kenntnis nehmen müssen.

e) Irrtum bei Kenntnis der Information aber Unkenntnis der Aufklärungspflicht

Trotz Vermeidbarkeit der Unkenntnis eines Umstands selbst, können Aufklärende auch noch über die Aufklärungspflichtigkeit dieses Umstandes irren.

Nun kann grundsätzlich argumentiert werden, dass Ärzt:innen über ein Risiko, welches ihnen bekannt ist, auch aufklären können und daher die fehlerhafte Aufklärung und die Unwirksamkeit der Einwilligung vermeidbar sind.[143] Allerdings beträfe diese Vermeidbarkeit eben die Fahrlässigkeit hinsichtlich der mangelhaften Aufklärung selbst. Dass die fahrlässig mangelhafte Aufklärung an sich aber noch keine Strafbarkeit begründen kann, wurde im 4. Teil A. I. 1. d) festgestellt.

Vorliegend geht es vielmehr um die Frage, ob der Irrtum über die Wirksamkeit der Einwilligung vermeidbar war. Das wäre der Fall, wenn Ärzt:innen hätten erkennen können, dass sie ihre Patient:innen anders hätten aufklären müssen. Da beim Abstecken des Aufklärungsumfangs und -inhalts ein ärztlicher Beurteilungsspielraum interessengerecht ist,[144] begrenzt sich die Prüfpflicht zur Irrtumsvermeidung darauf, ob die vorgenommene Aufklärung vertretbar war oder nicht. Insbesondere müssen Behandelnde überprüfen, dass ihnen im Rahmen ihrer Aufklärung kein Aufklärungsfehler i. S. d. im 3. Teil C. II. 2. b) bb) (3) erörterten Fehlerkategorien unterlaufen ist. Konkret müssen sie prüfen, ob sie die individuellen, sozialen und strukturellen Bedürfnisse ihrer Patient:innen erfragt und als Beurteilungsgrundlage ausreichend in ihre Abwägung einbezogen haben, ihnen keine evidenten Beurteilungsfehler unterlaufen sind und sie ihren Beurteilungsspielraum nicht methodisch falsch genutzt haben, etwa weil sie sich von sachfremden Erwägungen haben leiten lassen. War ein solcher Fehler für sie erkennbar, haben sie bei der Aufklärung ihre Kompetenzen vorwerfbar nicht voll ausgeschöpft. Letztlich beschränkt sich die eigene Überprüfung daher darauf, ob eine individualisierte Aufklärung basierend auf einem aufmerksamen Dialog zwischen den Parteien, eine interessengerechte Abwägung und eine methodisch richtige Nutzung des Beurteilungsspielraums stattgefunden hat.

Haben Ärzt:innen relevante Faktoren nicht erfragt oder lediglich eine Formularaufklärung vorgenommen, war ihr Irrtum erkennbar und vermeidbar. In diesem Fall kommt eine Fahrlässigkeitsstrafbarkeit in Betracht. Haben Ärzt:innen dagegen im Rahmen ihrer Fähigkeiten alle für sie erkennbaren kontextualisierenden Faktoren erhoben und in ihre Abwägung einbezogen, ist ein auf dieser Abwägung basierender Irrtum unvermeidbar. Eine Fahrlässigkeitsstrafbarkeit scheidet aus. Das

---

[143] *Immig*, Die Selbstbestimmungsaufklärung im Arztstrafrecht, S. 110.

[144] S. 3. Teil C. II. 2. b) bb).

ist auch der Fall, wenn Ärzt:innen ihre Prüfpflicht verletzen, sich aber selbst bei Einhaltung der ordnungsgemäßen Sorgfalt nicht mehr Klarheit hätten verschaffen können.

f) Irrtum über die Sittenwidrigkeit des Eingriffs

Hinsichtlich der Vermeidbarkeit eines Irrtums über die die Sittenwidrigkeit eines Eingriffs begründenden Umstände ergeben sich ähnlich wie bei der Verkennung der tatsächlich vorgenommenen Aufklärung keine Besonderheiten im Vergleich zur Vermeidbarkeit sonstiger Erlaubnistatbestandsirrtümer. Ob Ärzt:innen im konkreten Fall hätten erkennen können und müssen, dass ihr Eingriff lebensbedrohlich oder nicht zielführend ist, bedarf der Einzelfallbetrachtung. Hierbei ist ebenfalls der Maßstab der „besonnenen und gewissenhaften"[145] Ärzt:innen aus dem Verkehrskreis der Täter:innen anzusetzen.

g) Irrtümliche Annahme einer mutmaßlichen Einwilligung

Stellt sich im Falle der mutmaßlichen Einwilligung der Wille von Patient:innen im Nachhinein als ein anderer heraus als von Behandelnden zum Zeitpunkt des Eingriffs angenommen, führt dies nicht zwingend zur Annahme eines Irrtums.[146] Denn der nachträglich geäußerte Wille ändert nichts an der Richtigkeit der Mutmaßung zum Tatzeitpunkt. Diese basiert nur auf den zu diesem Zeitpunkt erkennbaren Umständen.

Ein Irrtum kann deshalb nur angenommen werden, wenn zum Tatzeitpunkt eine falsche Mutmaßung aufgrund der für die behandelnde Person erkennbaren Umstände angestellt wurde. Liegen solche individuellen Umstände hingegen nicht vor oder sind für die behandelnde Person nicht zu erkennen, wird *ex ante* davon auszugehen sein, dass der Wille der behandelten Person mit dem übereinstimmt, was gemeinhin als „normal und vernünftig angesehen wird"[147]. Diese Überlegungen werden dadurch noch bestärkt, dass bei Nichtvornahme eines Eingriffs auch eine Strafbarkeit durch Unterlassen in Betracht kommen kann, sollte sich herausstellen, dass die Maßnahme im Interesse der behandelten Person gewesen wäre.[148] Ein Irrtum liegt in diesen Fällen schon überhaupt nicht vor. Verkennen Behandelnde den mutmaßlichen Patientenwillen jedoch trotz bestehender Anhaltspunkte, die auf den Patientenwillen schließen lassen, ist von einem Erlaubnistatbestandsirrtum auszugehen. Vermeidbar ist ein solcher Irrtum nur, wenn die Behandelnden die konkreten Anhaltspunkte für den Patientenwillen unaufmerksam verkannt oder missachtet haben. Solche Anhaltspunkte können sich aus früheren Äußerungen der Patient:in-

---

[145] *Duttge*, in: MüKo StGB, § 15 Rn. 118.

[146] S. 4. Teil A. II. 2. g).

[147] BGH, Urt. v. 4. 10. 1999 – 5 StR 712/98, NJW 2000, 885 (886).

[148] *Bergschneider*, medstra 2022, 81 (86).

nen, anwesenden Angehörigen oder Patientenunterlagen ergeben. In diesem Fall haben Ärzt:innen sämtliche zur Verfügung stehende Informationen auf deren Aussagekraft bzw. Einschlägigkeit für die konkrete Situation zu prüfen.[149] Übersehen sie hierbei entscheidende, ihnen zugängliche Indizien, war ihr Irrtum vermeidbar.

Darüber hinaus kann irrenden Ärzt:innen auch ein Fahrlässigkeitsvorwurf gemacht werden, wenn sie vor Beginn einer Operation hätten vorhersehen müssen, dass bei dem geplanten Eingriff möglicherweise eine ungeplante Operationserweiterung notwendig werden würde. Kommt es tatsächlich zu einer notwendigen Operationserweiterung, kann die Einwilligung der unter Narkose stehenden Person nicht mehr eingeholt werden, sodass zur Rechtfertigung der Eingriffserweiterung auf eine mutmaßliche Einwilligung abgestellt werden muss.[150] War die Möglichkeit einer Operationserweiterung vor Eingriffsvornahme absehbar, wäre es möglich gewesen, hierüber aufzuklären und eine gegenüber der mutmaßlichen Einwilligung vorrangige wirksame Einwilligung herbeizuführen.[151] In diesen Fällen müsste keine Mutmaßung über den Patientenwillen angestellt werden, weil der tatsächliche Wille bekannt wäre, sodass eine etwaige falsche Mutmaßung vermeidbar wäre. Die fehlende Aufklärung über eine mögliche Operationserweiterung, der fehlerhaft angenommene mutmaßliche Patientenwille und der hieraus resultierende Erlaubnistatbestandsirrtum über die mutmaßliche Einwilligung stellen daher in absehbar notwendigen Operationserweiterungen regelmäßig eine vermeidbare Sorgfaltspflichtverletzung dar.

Streng genommen ist bei vorhersehbaren Operationserweiterungen, über die pflichtwidrig nicht aufgeklärt wurde, die Einwilligung in die gesamte Operation unwirksam, sodass das Delikt schon im ersten Teil der Operation liegt. Nicht erst die Erweiterung ist rechtswidrig. Deshalb ändert sich am Ergebnis richtigerweise auch nichts durch die Figur der hypothetischen Einwilligung, denn diese beträfe erst die Erweiterung als solche. Die Erweiterung kann – für sich genommen – in der Tat rechtmäßig sein, denn wenn in der Operation die Interessen des:r Patient:in an der Fortsetzung diejenigen am Gefragt-werden überwiegen, kann das nicht wegen des vorherigen Aufklärungsfehlers irrelevant werden.

Anders wäre der Irrtum zu beurteilen, wenn zum Zeitpunkt des Aufklärungsgesprächs eine notwendige Operationserweiterung nicht vorhersehbar gewesen ist.

---

[149] *Bergschneider*, medstra 2022, 81 (87).

[150] Sofern in diesen Fällen von einer hypothetischen Einwilligung ausgegangen wird, ist dies unzutreffend. Zum einen ist die Anwendbarkeit der hypothetischen Einwilligung ohne zweifelhaft, s. 2. Teil B. II. 1. Zum anderen ist auch deren Anwendungsbereich bei Operationserweiterungen überhaupt nicht eröffnet, da es sich nicht um einen Fall einer unwirksamen Einwilligung handelt, sondern eine Einwilligung in die Operationserweiterung überhaupt nicht vorliegt und daher subsidiär auf die mutmaßliche Einwilligung abzustellen ist.

[151] BGH, Urt. v. 28.11.1957–4 StR 525/57 = BGHSt 11, 111 = NJW 1958, 267 (268); *Sommer/Tsambikakis*, in: MAH MedR, § 3 Rn. 56.

B. Ergebnis

Die Ausführungen zeigen, dass Irrtümer im Bereich der ärztlichen Aufklärung selbst bei gewissenhafter Überprüfung nicht immer erkennbar und vermeidbar sind. In diesen Fällen scheidet eine Strafbarkeit der Behandelnden aus. Dieses Ergebnis – Verletzung des Selbstbestimmungsrechts, aber keine Sanktion wegen „an sich rechtstreuen" Verhaltens – wird dem Spannungsverhältnis der widerstreitenden Interessen von Ärzt:innen und Patient:innen gerecht. Auf diesem Weg wird für alle sorgfältig Handelnden trotz Einschränkung der Patientenautonomie der nötige und zugleich angemessen begrenzte Schutz vor Strafbarkeit erreicht.[152]

---

[152] *Bergschneider*, medstra 2022, 81 (87).

5. Teil

Zusammenfassung der Thesen

Aus der vorangegangenen Untersuchung lassen sich folgende Thesen zusammenfassen und abschließend feststellen:

1. In der aktuellen Rechtslage und Gerichtspraxis lassen sich die strafrechtlich relevanten Aufklärungspflichten nicht ausreichend sicher *ex ante* vorhersagen, sodass eine Strafbarkeit aufgrund mangelhafter Aufklärung häufig ausscheidet.
2. Fest steht, dass die zivilrechtlich entwickelten Aufklärungsanforderungen nicht auf das Strafrecht übertragbar sind und es der Bildung eines eigenen strafrechtlichen Aufklärungsmaßstabs bedarf. Auch die Anerkennung des von der Rechtsprechung mehrfach ins Strafrecht übertragenen Einwilligungssurrogats der hypothetischen Einwilligung als Haftungskorrektiv löst die Probleme der teils unklaren Aufklärungsanforderungen nicht. Stattdessen müssen zur Begrenzung drohender Strafbarkeitsrisiken auf die Zwecke des Strafrechts angepasste eigenständige Aufklärungspflichten gebildet werden.
3. Aufgrund der individuellen Patientenbelange und Lebenssituationen ist zur hinreichenden Wahrung der Patientenautonomie die Konzeption des „informed consent“ durch die Kontextualisierung der Aufklärung zu erweitern. Hierbei muss die medizinische Aufklärung durch Bezugnahme auf individuelle, soziale, strukturelle, situative, technische sowie ökonomische Faktoren individuell zugeschnitten werden. Der individuell notwendige Aufklärungsumfang und -inhalt ist im Rahmen eines Dialogs zwischen Ärzt:innen und Patient:innen zu erörtern. Hierbei trifft Patient:innen eine Mitwirkungspflicht, sodass die Verantwortung für eine gelungene Aufklärung nicht allein beim medizinischen Personal liegt.
4. Der medizinische Standard ist grundsätzlich der entscheidende Maßstab, an dem sich eine medizinische Behandlung bei ihrer rechtlichen Bewertung messen lassen muss. Auch wenn ein enger Zusammenhang zwischen Behandlung und Aufklärung besteht, kann der medizinische Standard nicht als Grundlage dazu dienen, einen strafrechtlichen Aufklärungsmaßstab zu bilden. Denn während es eine evidenzbasierte Medizin als wissenschaftliche Grundlage für den medizinischen Standard gibt, besteht eine solche wissenschaftliche Grundlage, wann Autonomie eines Menschen vorliegt, nicht. Der Grad von Autonomie einer Entscheidung ist nicht messbar und dem Beweis nicht zu-

gänglich. Aus diesem Grund ist eine Bildung eines Aufklärungs„standards" parallel zum medizinischen Standard nicht möglich.

5. Es ist von einem relativen Autonomiebegriff auszugehen. Angelehnt an medizinethische Autonomiemodelle und dem dortigen Autonomieverständnis muss auch im medizinischen Bereich eine weitgehend autonome Entscheidung der Patient:innen für eine wirksame Einwilligung ausreichen. Der Wunsch, die absolute Patientenautonomie herzustellen, entspricht nicht der Lebensrealität und bleibt ein nicht zu erreichendes Ideal. Zur Herstellung einer weitgehend autonomen Patientenentscheidung bedarf es der ausreichenden Informiertheit der Patient:innen, welche deren individuellen Bedürfnissen und Lebenssituation einbeziehen und berücksichtigen muss.

6. Aufgrund der Individualität der Patient:innen, der Ärzt:innen und der Arzt-Patienten-Verhältnisse bedarf es der Festlegung eines strafrechtlichen Maßes der Aufklärung, welches einer ärztlichen Beurteilung zugänglich ist. Durch das gemeinsame Erörtern der Belange und der individuellen Lebenssituation der Patient:innen sowie einer gewissenhaften Beurteilung dieser bei der Durchführung der Aufklärung wird eine ausreichende Autonomie der Patient:innen hergestellt. Die Individualität des Aufklärungsgesprächs sichert die Patientenautonomie angemessen.

7. Da eine standardisierte, objektive Aufklärung hierfür nicht ausreicht, muss den Aufklärenden bei ihrer individuellen Beurteilung der Aufklärung und Patientenkommunikation ein Spielraum zugestanden werden. Ähnliche Spielräume kennt unsere Rechtsordnung sowohl im Rahmen der Vermögensbetreuungspflicht bei der Untreue (§ 266 StGB) als auch im Verwaltungsrecht in Form von Beurteilungs- und Ermessensspielräumen. Der vorgenommene Vergleich zeigt, dass Entscheidungsspielräume rechtsgebietsübergreifend in Situationen notwendig und anerkannt sind, in denen Personen aufgrund subjektiver Eindrücke, Erfahrungen und Wertungen Entscheidungen treffen, die Rechtsgüter anderer betreffen. Aufgrund der subjektiven Einflüsse auf eine Entscheidung gibt es in vielen Fällen mehrere Handlungsoptionen, die rechtlich gleichwertig sind.

8. Nur wenn Ärzt:innen die Grenzen ihres Spielraums mangels Individualisierung nicht korrekt festlegen, evident falsche Beurteilungen vornehmen oder ihren Beurteilungsspielraum methodisch falsch nutzen, verletzen sie die Mindestanforderungen der Aufklärung und damit die Patientenautonomie in strafrechtlich relevanter Weise. Das ist der Fall, wenn die Aufklärung gemessen an der Beurteilung des einschlägigen Verkehrskreises der aufklärenden Person nicht mehr vertretbar erscheint. Auf diese Weise wird eine Aufklärung gesichert, die den Patient:innen eine für das Strafrecht notwendige weitgehend autonome Entscheidung ermöglicht.

9. Für die im Einzelfall relevanten Aufklärungspflichten sind auch die individuellen beruflichen und sozialen Fähigkeiten der aufklärenden Person aus-

schlaggebend. So muss eine Person mit 30-jähriger Berufserfahrung ihr gesamtes Erfahrungsspektrum vollständig nutzen und in ihre Beurteilung einbeziehen. Im Gegensatz dazu können Berufsanfänger:innen nur auf einen begrenzteren Erfahrungshorizont zurückgreifen. Trotz objektiv gleicher Qualifikationen sind die individuellen tatsächlichen Erfahrungssätze und Kenntnisse bei der Bildung der Aufklärungspflichten relevant.

10. Eine Fahrlässigkeitsstrafbarkeit gem. §§ 222, 229 StGB wegen der Verletzung von Aufklärungspflichten *per se* kommt mangels Schutzgutsverletzung nicht in Betracht. Das Selbstbestimmungsrecht der Patient:innen stellt für sich genommen kein eigenständiges Schutzgut der Körperverletzungsdelikte dar.

11. Nehmen Ärzt:innen eine nicht mehr vertretbare Aufklärung vor und verletzen dadurch ihre Pflicht zur Aufklärung über rechtsgutsbezogene, für die behandelte Person relevante Informationen, ist ihr Eingriff nicht gerechtfertigt. Aufgrund der Einwilligungserklärung der Patient:innen gehen Ärzt:innen indes häufig von einer wirksamen Einwilligung aus. Der Irrtum bzgl. der Wirksamkeit der vermeintlich vorliegenden Einwilligung kann ein Verbots- oder ein Erlaubnistatbestandsirrtum darstellen.

12. Ein Verbotsirrtum lässt nur bei Unvermeidbarkeit die Schuld gem. § 17 StGB entfallen. Ist der Irrtum hingegen vermeidbar, kann die Strafe lediglich nach § 49 I StGB gemildert werden. Die Vorsatzstrafbarkeit an sich bleibt in diesem Fall bestehen. Liegt dagegen ein Erlaubnistatbestandsirrtum vor, entfällt die Vorsatzstrafbarkeit analog § 16 I 1 StGB. Sodann kommt eine Fahrlässigkeitsstrafbarkeit in Betracht. Die Abgrenzung der beiden Irrtümer hängt im Wesentlichen davon ab, ob Ärzt:innen über tatsächliche oder über rechtliche Umstände irren. Diese Unterscheidung ist hinsichtlich der „Willensmängelfreiheit" einer Einwilligung nicht immer eindeutig zu treffen. Hierbei kommt es entscheidend darauf an, dass die Aufklärenden die soziale und rechtliche Funktion ihrer Aufklärung erkannt haben und dieser entsprechen wollten.

13. Ärzt:innen, die bei Vornahme eines Eingriffs einem Erlaubnistatbestandsirrtum unterliegen, machen sich gem. §§ 222, 229 StGB strafbar, wenn ihnen der Irrtum objektiv und subjektiv vorgeworfen werden kann. Die begangene Sorgfaltspflichtverletzung besteht in der Vornahme des integritätsverletzenden Eingriffs ohne das Vorliegen eines Rechtfertigungsgrundes und der irrtümlichen Annahme eines solchen.

Schluss

Wenn nur eine These dieser Arbeit Einzug in den juristischen Diskurs finden darf, sollte es die Erkenntnis sein, dass die Verantwortung für eine gelungene und vollständige Aufklärung nicht allein bei der aufklärenden Person liegt. Aufgrund der höchstpersönlichen Entscheidungsfindung der Patient:innen müssen diese ihren Ärzt:innen ihre Bedürfnisse und Lebensrealitäten wahrheitsgemäß darlegen, damit eine auf die individuelle Person und ihr Informationsbedürfnis zugeschnittene Aufklärung erfolgen kann. Bei der rechtlichen Bewertung der ärztlichen Aufklärung darf nicht außer Acht gelassen werden, dass der Dialog zwischen Ärzt:innen und Patient:innen auch auf ärztlicher Seite von subjektiven Wahrnehmungen und Einschätzungen geprägt ist. So lange unsere Rechtsordnung das Vertrauensverhältnis zwischen Ärzt:innen und Patient:innen für schützenswert und vorzugswürdig gegenüber digitalen und technischen Aufklärungen hält, ist dies unvermeidbar.

Bei der Bewertung ärztlicher Aufklärung als fehlerhaft ist es weder interessengerecht noch zielführend, auf einzelne seltene Risikofaktoren zu pochen, die Ärzt: innen nach einer gewissenhaften Bewertung der Patienteninteressen nicht angesprochen haben. Vielmehr bedarf es einer Gesamtschau der Arzt-Patienten-Kommunikation und der Prüfung, ob Ärzt:innen ihre Aufklärung auf die individuelle Person zugeschnitten haben. Nur wenn hierbei solche Fehler nachzuweisen sind, dass die vorgenommene Aufklärung nicht mehr vertretbar erscheint oder eine Formalaufklärung ohne Individualisierung vorgenommen wurde, kann von einer mangelhaften Aufklärung gesprochen werden.

Liegt tatsächlich eine mangelhafte Aufklärung vor, dürften etwaige Irrtümer des Ärzt:innen über die Fehlerhaftigkeit der Aufklärung und die Wirksamkeit der erteilten Patienteneinwilligung in vielen Fällen vermeidbar und die Vornahme des rechtswidrigen Eingriffs vorwerfbar sein.

Ist ein Irrtum selbst bei gewissenhafter Überprüfung indes nicht erkennbar und vermeidbar, scheidet eine Strafbarkeit der Ärzt:innen aus. Auch wenn das Selbstbestimmungsrecht der Patient:innen in diesen Fällen eingeschränkt wurde, darf mangels strafbewehrter Pflichtverletzung keine strafrechtliche Sanktion verhängt werden.

Literaturverzeichnis

Albrecht, Andreas, Die „hypothetische Einwilligung“ im Strafrecht, Berlin 2010

Asan, Livia/*Benson*, Sven/*Bingel*, Ulrike, Primum nil nocere: Der Noceboeffekt in der klinischen Praxis, MMW 2021, S. 56–61

Baranzke, Heike/*Duttge*, Gunnar, Autonomie und Würde als Leitprinzipien in Bioethik und Medizinrecht, in: Baranzke, Heike/Duttge, Gunnar (Hrsg.), Autonomie und Würde: Leitprinzipien in Bioethik und Medizinrecht, Würzburg 2013, S. 11–30 (zitiert: *Baranzke/Duttge*, in: Autonomie und Würde)

Beauchamp, Tom L./*Childress*, James F., Principles of biomedical ethics, 8. Auflage, New York 2019

Beck, Susanne, Enhancement – die fehlende rechtliche Debatte einer gesellschaftlichen Entwicklung, MedR 2006, S. 95–102

Becker, Pia, Patientenautonomie und informierte Einwilligung: Schlüssel und Barriere medizinischer Behandlungen, Stuttgart 2019 (zitiert: *Becker*, Patientenautonomie und informierte Einwilligung)

Bender, Albrecht, Delegation der Aufklärung und Vertrauensgrundsatz, MedR 2007, S. 169–172

Bergmann, Karl-Otto/*Pauge*, Burkhard/*Steinmeyer*, Heinz-Dietrich (Hrsg.), Gesamtes Medizinrecht, 4. Auflage, Baden-Baden 2024 (zitiert: *Bearb.*, in: NK-MedR)

Bergschneider, Michael, Die Legitimationskrise der mutmaßlichen Einwilligung – Ein Plädoyer für eine Rückbesinnung auf das Selbstbestimmungsrecht, medstra 2022, S. 81–87

Beulke, Werner, Die hypothetische Einwilligung im Arztstrafrecht – Eine Zwischenbilanz, medstra 2015, S. 67–76

Beulke, Werner/*Satzger*, Helmut/*Wessels*, Johannes, Strafrecht Allgemeiner Teil: die Straftat und ihr Aufbau: mit ebook: Lehrbuch & Entscheidungen, 54. Auflage, Heidelberg 2024 (zitiert: *Beulke/Satzger/Wessels*, StrafR AT)

Birnbacher, Dieter, Autonomie – Konzepte und Konflikte, in: Riedel, Annette/Lehmeyer, Sonja (Hrsg.), Ethik im Gesundheitswesen, Berlin/Heidelberg 2022, S. 493–507 (zitiert: *Birnbacher*, in: Ethik im Gesundheitswesen)

Bismarck, Otto von, Gedanken und Erinnerungen, Band II, Stuttgart 30. Juli 1898

Bobbert, Monika, Patientenautonomie und Pflege: Begründung und Anwendung eines moralischen Rechts, Frankfurt am Main 2002 (zitiert: *Bobbert*, Patientenautonomie und Pflege)

Bobbert, Monika, Die Veräußerung von Körpersubstanzen, der „Informed Consent“ und ethisch relevante Charakteristika der Handlungskontexte, in: Taupitz, Jochen (Hrsg.), Kommerzialisierung des menschlichen Körpers, Berlin/Heidelberg 2007, S. 235–256 (zitiert: *Bobbert*, in: Kommerzialisierung des menschlichen Körpers)

Bobbert, Monika, Ärztliches Urteilen bei entscheidungsunfähigen Schwerkranken: Geschichte, Theorie, Ethik, Münster 2012 (zitiert: *Bobbert*, Ärztliches Urteilen bei entscheidungsunfähigen Schwerkranken)

Bobbert, Monika, Urteile in der (Bio-)Medizin- und Pflegeethik sind „gemischte" Urteile, in: Ammicht Quinn, Regina/Potthast, Thomas (Hrsg.), Ethik in den Wissenschaften: 1 Konzept, 25 Jahre, 50 Perspektiven, Tübingen 2015, S. 299–306 (zitiert: *Bobbert*, in: Ethik in den Wissenschaften)

Bock, Dennis, Strafrecht Allgemeiner Teil, 2. Auflage, Berlin/Heidelberg 2021 (zitiert: *Bock*, StrafR AT)

Bockelmann, Paul, Anmerkung zu OGHBrZ, Köln, I. StS, Urteil vom 4. 4. 1950 – StS 416/49 – (SchwGer. Essen), NJW 1950, S. 830–831

Böcker, Philipp, Die „hypothetische Einwilligung" im Zivil- und Strafrecht, JZ 2005, S. 925–932

Boemke, Burkhard, Facharztstandard bei fachübergreifendem Bereitschaftsdienst, NJW 2010, S. 1562–1566

Borgmann, Matthias, Der BGH klärt nicht auf! Inkongruenzen in der Rechtsprechung zur ärztlichen Risikoaufklärung, NJW 2010, S. 3190–3194

Brand, Anna/*Gao*, Linde/*Hamann*, Alexandra/*Martineck*, Sophia/*Stangl*, Verena, Annals Graphic Medicine – Patient-Informed Consent, Annals of Internal Medicine 2019, S. 1–3 (zitiert: *Brand et al.*, Ann Intern Med 2019, 1)

Brandts, Ricarda/*Schlehofer*, Horst, Die täuschungsbedingte Selbsttötung im Lichte der Einwilligungslehre, JZ 1987, S. 442–448

Brauer, Daniel, Autonomie und Familie: Behandlungsentscheidungen bei geschäfts- und einwilligungsunfähigen Volljährigen, Berlin 2013 (zitiert: *Brauer*, Autonomie und Familie)

Braun, Jürgen/*Tsiami*, Styliani/*Buehring*, Björn/*Kiefer*, David/*Andreica*, Ioana/*Baraliakos*, Xenofon/*Kiltz*, Uta, Biosimilars und der Nocebo-Effekt, rheuma plus 2020, S. 179–189

Brettel, Hauke, Zur Strafbarkeit überflüssiger medizinischer Maßnahmen, medstra 2015, S. 324–332

Carstensen, Gert, Vom Heilversuch zum medizinischen Standard, Deutsches Ärzteblatt, Heft 36 (1986), S. A-2431–A-2433

Cirener, Gabriele/*Radtke*, Henning/*Rissing-van Saan*, Ruth/*Rönnau*, Thomas/*Schluckebier*, Wilhelm (Hrsg.), Leipziger Kommentar StGB Online, 2014 (zitiert: *Bearb.*, in: LK-StGB)

Cirener, Gabriele/*Radtke*, Henning/*Rissing-van Saan*, Ruth/*Rönnau*, Thomas/*Schluckebier*, Wilhelm (Hrsg.), Leipziger Kommentar StGB, Band 1, 13. Auflage, Berlin 2018 (zitiert: *Bearb.*, in: LK-StGB)

Clausen, Tilman/*Schroeder-Printzen*, Jörn (Hrsg.), Münchener Anwaltshandbuch Medizinrecht, 3. Auflage, München 2020 (zitiert: *Bearb.*, in: MAH MedR)

Conrad, Christian/*Koranyi*, Johannes, Die „hypothetische Einwilligung" im Zivil- und Strafrecht vor dem Hintergrund des neuen § 630h II 2 BGB, JuS 2013, S. 979–985

Damm, Reinhard, Medizinrechtliche Grundprinzipien im Kontext von Pflege und Demenz – „Selbstbestimmung und Fürsorge", MedR 2010, S. 451–463

Dan, Viorela, Informationen über Gesundheitsrisiken: Vor- und Nachteile verbaler, numerischer und visueller Darstellungsformen sowie von Mischformen, in: Stehr, Paula/Heinemeier, Dorothee/Rossmann, Constanze (Hrsg.), Evidenzbasierte | evidenzinformierte Gesundheitskommunikation,, Baden-Baden 2018, S. 127–142 (zitiert: *Dan*, in: Evidenzbasierte | evidenzinformierte Gesundheitskommunikation)

Detterbeck, Steffen, Allgemeines Verwaltungsrecht, 23. Auflage, München 2025 (zitiert: *Detterbeck*, Allg. VerwR)

Deutsch, Erwin/*Spickhoff*, Andreas, Medizinrecht: Arztrecht, Arzneimittelrecht, Medizinprodukterecht und Transfusionsrecht, 7. Auflage, Heidelberg/Berlin 2014 (zitiert: *Deutsch/Spickhoff*, MedR)

Dietrich, Julia, Ethische Argumentation oder: Mögliche Funktionen des Begriffs der Menschenwürde für die Angewandte Ethik, in: Baranzke, Heike/Duttge, Gunnar (Hrsg.), Autonomie und Würde: Leitprinzipien in Bioethik und Medizinrecht, Würzburg 2013, S. 31–44 (zitiert: *Dietrich*, in: Autonomie und Würde)

Dölling, Dieter, Zum Verhältnis von Strafe und Therapie, in: Dölling, Dieter/Göting, Bernd/Meier, Bernd-Dieter/Verrel, Torsten (Hrsg.), Festschrift für Heinz Schöch am 20. August 2010, Berlin 2010, S. 771–780 (zitiert: *Dölling*, in: FS Schöch)

Dölling, Dieter/*Duttge*, Gunnar/*König*, Stefan/*Rössner*, Dieter (Hrsg.), Gesamtes Strafrecht: StGB | StPO | Nebengesetze: Handkommentar, 5. Auflage, Baden-Baden 2022 (zitiert: *Bearb.*, in: HK-GS)

Dorneck, Carina/*Gassner*, Ulrich M./*Kersten*, Jens/*Lindner*, Josef Franz/*Linoh*, Kim Philip/*Nebe*, Katja/*Rosenau*, Henning/*Schmidt Am Busch*, Birgit, Contextual Consent: – Selbstbestimmung diesseits der Illusionen des Medizinrechts –, MedR 2019, S. 431–439

Drechsler, Jannes, Selbstbestimmungsaufklärung und Pandemiebekämpfung, MedR 2021, S. 439–444

Dumbs, Mathias, Kriterien zur Feststellung des medizinischen Standards bei konkurrierenden Behandlungsmethoden, GesR 2014, S. 513–521

Dürig, Günter/*Herzog*, Roman/*Scholz*, Rupert (Hrsg.), Grundgesetz: Kommentar, 107. EL März 2025, München 1958 (zitiert: *Bearb.*, in: Dürig/Herzog/Scholz, GG)

Duttge, Gunnar, Zur Bestimmtheit des Handlungsunwerts von Fahrlässigkeitsdelikten, Tübingen 2001

Duttge, Gunnar, Zum Unrechtsgehalt des kontraindizierten ärztlichen „Heileingriffs", MedR 2005, S. 706–711

Duttge, Gunnar, Die „hypothetische Einwilligung" als Strafausschlußgrund: wegweisende Innovation oder Irrweg?, in: Hoyer, Andreas/Müller, Henning Ernst/Pawlik, Michael/Wolter, Jürgen (Hrsg.), Festschrift für Friedrich-Christian Schroeder zum 70. Geburtstag, Heidelberg 2006, S. 179–195 (zitiert: *Duttge*, in: FS Schroeder)

Duttge, Gunnar, Maximilian Immig: Die Selbstbestimmungsaufklärung im Strafrecht. Eine kritische Betrachtung der Übertragung der zivilrechtlichen Rechtsprechung in das Strafrecht, KriPoZ 2017, S. 265–267

Duttge, Gunnar, „Decision-Support-System" für Therapieentscheidungen am Lebensende?, MedR 2019, S. 771–776

Eberbach, Wolfram, Wird die ärztliche Aufklärung zur Fiktion? (Teil 1): – Zu den divergenten Realitäten von Medizin und Recht –, MedR 2019, S. 1–10

Eberbach, Wolfram, Wird die ärztliche Aufklärung zur Fiktion? (Teil 2): – Zu den divergierenden Realitäten von Medizin und Recht –, MedR 2019, S. 111–117

Eberbach, Wolfram, Ärztliche Aufklärung: Überforderung durch Sprache und Recht?, Der Urologe 2021, S. 1339–1345

Ebert, Ina, Pönale Elemente im deutschen Privatrecht, Tübingen 2004

Engisch, Karl, Tatbestandsirrtum und Verbotsirrtum bei Rechtfertigungsgründen, ZStW 1958, S. 565–615

Epping, Volker/*Hillgruber*, Christian (Hrsg.), Beck'scher Online-Kommentar Grundgesetz, 63. Edition, Stand: 15.06.2025 (zitiert: *Bearb.*, in: BeckOK GG)

Erb, Volker, Wann ist die Fehleinschätzung von Rechtfertigungslagen vorwerfbar?, in: Rengier, Rudolf/Hecker, Bernd/Weisser, Bettina/Brandt, Christian (Hrsg.), Festschrift für Rudolf Rengier zum 70. Geburtstag, München 2018, S. 15–26 (zitiert: *Erb*, in: FS Rengier)

Erb, Volker/*Schäfer*, Jürgen (Hrsg.), Münchener Kommentar zum StGB, Band 1, 5. Auflage, München 2024 (zitiert: *Bearb.*, in: MüKo StGB)

Erb, Volker/*Schäfer*, Jürgen (Hrsg.), Münchener Kommentar zum StGB, Band 4, 5. Auflage, München 2025 (zitiert: *Bearb.*, in: MüKo StGB)

Erb, Volker/*Schäfer*, Jürgen (Hrsg.), Münchener Kommentar zum StGB, Band 6, 4. Auflage, München 2022 (zitiert: *Bearb.*, in: MüKo StGB)

Faden, Ruth R./*Beauchamp*, Tom L., A history and theory of informed consent, New York 1986

Felix, Dagmar, Einheit der Rechtsordnung: zur verfassungsrechtlichen Relevanz einer juristischen Argumentationsfigur, Tübingen 1998 (zitiert: *Felix*, Einheit der Rechtsordnung)

Fischer, Thomas (Hrsg.), Beck'scher Kurzkommentar Strafgesetzbuch mit Nebengesetzen, 72. Auflage, München 2025 (zitiert: *Fischer*, in: StGB)

Frahm, Wolfgang, Der Aufklärungsfehler in der Arzthaftung, NJW 2022, S. 2899–2901

Frahm, Wolfgang/*Jansen*, Christoph/*Katzenmeier*, Christian/*Kienzle*, Hans-Friedrich/*Kingreen*, Thorsten/*Lungstras*, Anne Barbara/*Saeger*, Hans-Detlev/*Schmitz-Luhn*, Björn/*Woopen*, Christiane, Medizin und Standard – Verwerfungen und Perspektiven, MedR 2018, S. 447–457 (zitiert: *Frahm et al.*, MedR 2018, 447)

Freund, Georg, Die Definition von Vorsatz und Fahrlässigkeit, in: Küper, Wilfried/Hettinger, Michael (Hrsg.), Festschrift für Wilfried Küper zum 70. Geburtstag, Heidelberg 2007, S. 63–82 (zitiert: *Freund*, in: FS Küper)

Fricker, Miranda, Epistemische Ungerechtigkeit: Macht und die Ethik des Wissens, München 2023 (zitiert: *Fricker*, Epistemische Ungerechtigkeit)

Frister, Helmut, Strafrecht Allgemeiner Teil: ein Studienbuch, 10. Auflage, München 2023 (zitiert: *Frister*, StrafR AT)

Fukuda, Taira, Das Problem des Irrtums über Rechtfertigungsgründe, JZ 1958, S. 143–148

Gaede, Karsten, Limitiert akzessorisches Medizinstrafrecht statt hypothetischer Einwilligung, Heidelberg/München/Landsberg/Frechen/Hamburg 2014

Gaidzik, Peter/*Weimer*, Tobias, Die Krankenhaushaftung, in: Huster, Stefan/Kaltenborn, Markus (Hrsg.), Krankenhausrecht: Praxishandbuch zum Recht des Krankenhauswesens, 2. Auflage, München 2017 (zitiert: *Gaidzik/Weimer*, in: Krankenhausrecht)

Geibel, Stefan/*Winkler*, Eva/*Ludewigs*, Sophie/*Narchi*, Jonas, Ärztliche Treuhänderschaft, Forum Marsilius-Kolleg, Bd. 19 (Heidelberg 2021): Jahresbericht 2019/2020

Geiß, Karlmann/*Greiner*, Hans-Peter, Arzthaftpflichtrecht, 8. Auflage, München 2022

Grisso, Thomas/*Appelbaum*, Paul S./*Hill-Fotouhi*, Carolyn, The MacCAT-T: A clinical Tool to Assess Patient's Capacities to Make Treatment Decisions, Psychiatrc Services 1997, S. 1415–1419

Gropp, Walter, Hypothetische Einwilligung im Strafrecht?, in: Hoyer, Andreas/Müller, Henning Ernst/Pawlik, Michael/Wolter, Jürgen (Hrsg.), Festschrift für Friedrich-Christian Schroeder zum 70. Geburtstag, Heidelberg 2006, S. 197–207 (zitiert: *Gropp*, in: FS Schroeder)

Grüneberg, Christian (Hrsg.), Bürgerliches Gesetzbuch: BGB, 84. Auflage, München 2025 (zitiert: *Bearb.*, in: Grüneberg BGB)

Grünewald, Anette/*Lindemann*, Michael/*Rissing-van Saan*, Ruth (Hrsg.), Leipziger Kommentar StGB, Band 11, 13. Auflage, Berlin 2023 (zitiert: *Bearb.*, in: LK-StGB)

Gsell, Beate/*Krüger*, Wolfgang/*Lorenz*, Stephan/*Reymann*, Christoph (GesamtHrsg.), beck-online.GROSSKOMMENTAR zum Zivilrecht, Stand: 01.08.2025 (zitiert: *Bearb.*, in: BeckOGK BGB)

Gundling, Felix/*Parasiris*, Paris/*Bunz*, Anna-Lena/*Sohn*, Maximilian/*Haller*, Bernhard/*Schepp*, Wolfgang/*Mühling*, Tobias, Defizite in der Gesundheitskompetenz stationär behandelter Patienten – eine Querschnittstudie, DMW 2019, S. e21–e29

Günther, Hans-Ludwig, Strafrechtswidrigkeit und Strafunrechtsausschluß: Studien zur Rechtswidrigkeit als Straftatmerkmal und zur Funktion der Rechtfertigungsgründe im Strafrecht, Köln 1983 (zitiert: *Günther*, Strafrechtswidrigkeit und Strafunrechtsausschluß)

Hansen, Ernil/*Zech*, Nina/*Benson*, Sven, Nocebo, Aufklärung und Arzt-Patienten-Kommunikation, Der Nervenarzt 2020, S. 691–699

Harmann, Lena, Das Recht des Patienten auf Aufklärungsverzicht, NJOZ 2010, S. 819–825

Hart, Dieter, Ärztliche Leitlinien – Definitionen, Funktionen, rechtliche Bewertungen Gleichzeitig ein Beitrag zum medizinischen und rechtlichen Standardbegriff, MedR 1998, S. 8–16

Hart, Dieter, Medizinischer Standard und Patientenaufklärung zwischen Medizin- und Gesundheitsrecht. Kongruenz und Inkongruenz: Eine Kritik – zugleich Besprechung von BSG Az.: B 1 KR 20/19 R Arzthaftung wegen Behandlungs-und Aufklärungsfehlern im Zusammenhang mit einem Heilversuch mit einem neuen, erst im Laufe der Behandlung zugelassenen Arzneimittel, MedR 2020, S. 895–899

Hase, Friedhelm, Ärztliche Leitlinien und „medizinischer Standard“ Überlegungen zur Berücksichtigung medizinischen Wissens im Privatrecht, GesR 2012, S. 601–604

Hase, Friedhelm, Medizinische Bewertungen und normative Vorgaben des Rechts, ZEFQ 2012, S. 168–173

Hassemer, Winfried, Strafrecht, Prävention, Vergeltung. Eine Beipflichtung, in: Hoyer, Andreas/Müller, Henning Ernst/Pawlik, Michael/Wolter, Jürgen (Hrsg.), Festschrift für Friedrich-Christian Schroeder zum 70. Geburtstag, Heidelberg 2006, S. 52–66 (zitiert: *Hassemer*, in: FS Schroeder)

Hau, Wolfgang/*Poseck*, Roman (Hrsg.), Beck'scher Online Kommentar BGB, 75. Edition, Stand: 01.08.2025 (zitiert: *Bearb.*, in: BeckOK BGB)

Häuser, Winfried/*Hansen*, Ernil/*Enck*, Paul, Nocebo Phenomena in Medicine, Deutsches Ärzteblatt international, Heft 2012, S. 459–465

Heintschel-Heinegg, Bernd v. (Hrsg.), Beck'scher Online Kommentar StGB, 66. Edition, Stand: 01.08.2025 (zitiert: *Bearb.*, in: BeckOK StGB)

Hengstenberg, Nike, Die hypothetische Einwilligung im Strafrecht: zu den „Risiken und Nebenwirkungen" eines Transfers der Rechtsfigur aus dem Zivil- in das Strafrecht, Berlin/Heidelberg 2013

Hirsch, Hans Joachim, Der Streit um Handlungs- und Unrechtslehre, insbesondere im Spiegel der Zeitschrift für die gesamte Strafrechtswissenschaft (Teil II), ZStW 1982, S. 239–278

Hohn, Kristian/*Rönnau*, Thomas/*Zieschang*, Frank (Hrsg.), Leipziger Kommentar StGB, Band 3, 13. Auf., Berlin 2019 (zitiert: *Bearb.*, in: LK-StGB)

Hörnle, Tatjana, Straftheorien, 2. Auflage, Tübingen 2017

Immig, Maximilian, Die Selbstbestimmungsaufklärung im Arztstrafrecht: eine kritische Betrachtung der Übertragung der zivilrechtlichen Rechtsprechung in das Strafrecht, Baden-Baden 2016 (zitiert: *Immig*, Die Selbstbestimmungsaufklärung im Arztstrafrecht)

Irmer, Juliette, Zwischen Wunsch und Wirklichkeit, in: Cathomen, Toni/Puchta, Holger (Hrsg.), CRISPR/Cas9 – einschneidende Revolution in der Gentechnik, Berlin/Heidelberg 2018, S. 157–168 (zitiert: *Irmer*, in: CRISPR/Cas9 – einschneidende Revolution in der Gentechnik)

Irrgang, Bernhard/*Heidel*, Caris-Petra, Medizinethik: Lehrbuch für Mediziner, Stuttgart 2015 (zitiert: *Irrgang/Heidel*, Medizinethik)

Iversen, Katrina, Die Bedeutung der zivilrechtlichen Aufklärungspflichten für die Einwilligung in die Körperverletzung, HRRS Onlinezeitschrift 2018, S. 475–483

Jahn, Matthias/*Schmitt-Leonardy*, Charlotte, Reintegration durch Strafe? Die neuere Diskussion um den Strafzwecke der Resozialisierung, in: Safferling, Christoph/Kett-Straub, Gabriele/Jäger, Christian/Kudlich, Hans (Hrsg.), Festschrift für Franz Streng zum 70. Geburtstag, Heidelberg 2017, S. 499–518 (zitiert: *Jahn/Schmitt-Leonardy*, in: FS Streng)

Jansen, Christoph, Der medizinische Standard: Begriff und Bestimmung ärztlicher Behandlungsstandards an der Schnittstelle von Medizin, Haftungsrecht und Sozialrecht, Berlin/Heidelberg 2019 (zitiert: *Jansen*, Der medizinische Standard)

Jarass, Hans D./*Pieroth*, Bodo (Hrsg.), Grundgesetz für die Bundesrepublik Deutschland: GG Kommentar, 18. Auflage, München 2024 (zitiert: *Bearb.*, in: Jarass/Pieroth, GG)

Jauernig, Othmar (Hrsg.), Bürgerliches Gesetzbuch: BGB, 19. Auflage, München 2023 (zitiert: *Bearb.*, in: Jauernig BGB)

Joschko, Annabel C., Das Recht auf Nichtwissen in der Gesundheitsversorgung: zum Spannungsfeld von Patientenautonomie und ärztlichem Berufsethos, Berlin 2022 (zitiert: *Joschko*, Das Recht auf Nichtwissen in der Gesundheitsversorgung)

Jütte, Robert, Arzt und Ethos: Aufklärung und „informed consent", Deutsches Ärzteblatt, Band 2018, S. A 1324–A 1328

Kaeding, Nadja/*Schwenke*, Laura, Medizinische Behandlung Minderjähriger – Anforderungen an die Einwilligung, MedR 2016, S. 935–940

Kaspar, Johannes, Strafrecht – Allgemeiner Teil, 3. Auflage, Baden-Baden 2020 (zitiert: *Kaspar*, StrafR AT)

Katzenmeier, Christian, Aufklärung über neue medizinische Behandlungsmethoden – „Robodoc", NJW 2006, S. 2738–2741

Katzenmeier, Christian, Patientenautonomie und Patientenrechte, BGesBl 2012, S. 1093–1099

Katzenmeier, Christian, Der Behandlungsvertrag – Neuer Vertragstypus im BGB, NJW 2013, S. 817–823

Katzenmeier, Christian, Rechtsfragen der Placebobehandlung, MedR 2018, S. 367–373

Katzenmeier, Christian, KI in der Medizin – Haftungsfragen, MedR 2021, S. 859–867

Kaufmann, Arthur, Die Lehre von den negativen Tatbestandsmerkmalen, JZ 1954, S. 653–659

Kern, Natasche/*Holz*, Franziska/*Verhoff*, Marcel A./*Parzeller*, Markus, Befragung von Medizinstudierenden zu der ärztlichen Aufklärung und zu den ärztlichen Informationspflichten sowie zur medizinrechtlichen Ausbildung im Studium, Rechtsmedizin 2020, S. 430–437 (zitiert: *Kern/Holz/Verhoff/Parzeller*, Rechtsmedizin 2020)

Kindhäuser, Urs, Schuld und Strafe Zur Diskussion um ein „Feindstrafrecht", in: Hoyer, Andreas/Müller, Henning Ernst/Pawlik, Michael/Wolter, Jürgen (Hrsg.), Festschrift für Friedrich-Christian Schroeder zum 70. Geburtstag, Heidelberg 2006, S. 81–98 (zitiert: *Kindhäuser*, in: FS Schroeder)

Kindhäuser, Urs/*Neumann*, Ulfrid/*Paeffgen*, Hans-Ullrich/*Saliger*, Frank (Hrsg.), Nomos Kommentar Strafgesetzbuch: StGB, 6. Auflage, Baden-Baden 2023 (zitiert: *Bearb.*, in: NK-StGB)

Kindhäuser, Urs/*Zimmermann*, Till, Strafrecht Allgemeiner Teil, 9. Auflage, Baden-Baden 2020 (zitiert: *Kindhäuser/Zimmermann*, StrafR AT)

Kipke, Roland, Erfüllte Gegenwart und Rhythmus des Lebens: Über Ziel und Mittel der Medizin hinsichtlich der Zeitlichkeit des guten Lebens, Ethik Med 2023, S. 23–42

Kment, Martin/*Vorwalter*, Sebastian, Beurteilungsspielraum und Ermessen, JuS 2015, S. 193–201

Knoche, Joachim, Nebenwirkungen überzogener Anforderungen an die ärztliche Aufklärungspflicht – Eine Analyse der juristisch-medizinischen Wechselbeziehung, NJW 1989, S. 757–759

Köberl, Katharina, Die medizinische Indikation, Leitfaden oder Hindernis?, MedR 2019, S. 203–207

Koyuncu, Adem, Der pharmaceutical informed consent – Das Modell zur Aufklärung und Information des Patienten vor der Arzneitherapie, PharmR 2006, S. 343–348

Kraatz, Erik, Verbreitete Fehler bei der Behandlung des Erlaubnistatbestandsirrtums am Beispiel des Hells Angels-Falles (BGH, NStZ 2012, 272), JURA 2014, S. 787–797

Kreße, Bernhard, Aufklärung und Einwilligung beim Vertrag über die ärztliche Behandlung einwilligungsunfähiger Patienten, MedR 2015, S. 91–96

Kroemer, Heyo Klaus, Personalisierte Medizin – zum Stand der Forschung, in: Deutscher Ethikrat (Hrsg.), Personalisierte Medizin – der Patient als Nutznießer oder Opfer, Berlin 2012, S. 11–22 (zitiert: *Kroemer*, in: Personalisierte Medizin)

Krüger, Matthias, Zur hypothetischen Einwilligung – Grund, Grenzen und Perspektiven, in: Fahl, Christian/Müller, Eckhart/Satzger, Helmut/Swoboda, Sabine (Hrsg.), Ein menschengerechtes Strafrecht als Lebensaufgabe, Festschrift für Werner Beulke zum 70. Geburtstag, Heidelberg 2015, S. 137–151 (zitiert: *Krüger*, in: FS Beulke)

Kühl, Kristian, Strafrecht, Allgemeiner Teil, 8. Auflage, München 2017 (zitiert: *Kühl*, StrafR AT)

Kühl, Kristian/*Heger*, Martin/*Lackner*, Karl (Hrsg.), Strafgesetzbuch: StGB, 31. Auflage, München 2025 (zitiert: *Bearb.*, in: Lackner/Kühl/Heger, StGB)

Kuhli, Milan, Normative Tatbestandsmerkmale in der strafrichterlichen Rechtsanwendung: institutionelle, rechtsverweisende und dichte Elemente im Strafrecht, Tübingen 2018 (zitiert: *Kuhli*, Normative Tatbestandsmerkmale in der strafrichterlichen Rechtsanwendung)

Kullmann, Hans Josef, Übereinstimmungen und Unterschiede im medizinischen, haftungsrechtlichen und sozialversicherungsrechtlichen Begriff des medizinischen Standards, VersR 1997, S. 529–532

Küper, Wilfried, „Gesamttatbewertende" Deliktsmerkmale im Straftatsystem – dargestellt am Merkmal der „Verwerflichkeit", GA 2018, S. 477–493

Kutzer, Klaus, Ärztliche Pflicht zur Lebenserhaltung unter besonderer Berücksichtigung des neuen Patientenverfügungsgesetzes, MedR 2010, S. 531–533

Kutzner, Lars, Einfache gesellschaftsrechtliche Pflichtverletzungen als Untreue – Die Kinoweltentscheidung des BGH, NJW 2006, S. 3541–3544

Ladeur, Karl-Heinz, Wissenserzeugung im und durch Recht – und das Problem der „evidenzbasierten Medizin", GesR 2011, S. 455–458

Lang-Hinrichsen, Dietrich, Die irrtümliche Annahme eines Rechtfertigungsgrundes in der Rechtsprechung des Bundesgerichtshofes, JZ 1953, S. 362–367

Laufs, Adolf, Arzt und Recht im Umbruch der Zeit, NJW 1995, S. 1590–1599

Laufs, Adolf/*Katzenmeier*, Christian/*Lipp*, Volker (Hrsg.), Arztrecht, 8. Auflage, München 2021 (zitiert: *Bearb.*, in: Laufs/Katzenmeier/Lipp, ArztR)

Laufs, Adolf/*Kern*, Bernd-Rüdiger/*Rehborn*, Martin (Hrsg.), Handbuch des Arztrechts, 5. Auflage, München 2019 (zitiert: *Bearb.*, in: Laufs/Kern/Rehborn, ArztR-HdB)

Leipold, Klaus/*Tsambikakis*, Michael/*Zöller*, Mark Alexander (Hrsg.), AnwaltKommentar StGB, 3. Auflage, Heidelberg 2020 (zitiert: *Bearb.*, in: AnwK StGB)

Lerch, Markus M./*Lammert*, Frank, Weissbuch Gastroenterologische Erkrankungen 2017: Gegenwart und Zukunft der Versorgung von Erkrankungen des Magen-Darm-Traktes, der Leber und der Bauchspeicheldrüse in Deutschland, Herne 2017 (zitiert: *Lerch/Lammert*, Weissbuch Gastroenterologische Erkrankungen 2017)

Lesch, Heiko H., Die strafrechtliche Einwilligung beim HIV-Antikörpertest an Minderjährigen, NJW 1989, S. 2309–2313

Lühnen, Julia/*Mühlhauser*, Ingrid/*Steckelberg*, Anke, The Quality of Informed Consent Forms, Deutsches Ärzteblatt international 2018, S. 377–383

Maatz, Jann, 10 Jahre Kodifikation der Patientenrechte und Selbstbestimmungsaufklärung: Der Versuch einer privatrechtstheoretischen Zwischenbilanz, MedR 2023, S. 351–360

Magnus, Dorothea, Patientenautonomie im Strafrecht, Tübingen 2015

Magnus, Dorothea, Der Sittenverstoß im Kontext des Medizinstrafrechts, medstra 2020, S. 137–139

Margull, Julia, Decisional Capacity bei beginnender Alzheimer-Demenz aus Sicht von Betroffenen, Angehörigen und Hausärzten, München 2017

Mäsch, Die Vermutung beratungsrichtigen Verhaltens im Arzthaftungsrecht, MedR 2022, S. 717–723

Matt, Holger/*Renzikowski*, Joachim (Hrsg.), Strafgesetzbuch: StGB, 2. Auflage, München 2020 (zitiert: *Bearb.*, in: Matt/Renzikowski, StGB)

Matzky, Ralph, BGB § 241a BGB – ein neuer Rechtfertigungsgrund im Strafrecht?, NStZ 2002, S. 458–464

Maurer, Hartmut/*Waldhoff*, Christian, Verwaltungsrecht Allgemeiner Teil, 21. Auflage, München 2024 (zitiert: *Maurer/Waldhoff*, VerwR AT)

Minwegen, Romano, Die medizinischen Aufklärungspflichten nach § 630e BGB, ZAP 2013, S. 945–946

Miranowicz, Elisa, Die Entwicklung des Arzt-Patienten-Verhältnisses und seine Bedeutung für die Patientenautonomie, MedR 2018, S. 131–136

Montgomery, Frank Ulrich/*Parsa-Parsi*, Ramin Walter/*Wiesing*, Urban, Das Genfer Gelöbnis des Weltärztebunds: Revidiert unter Leitung der Bundesärztekammer, Ethik Med 2018, S. 67–69

Mosser, Astrid, Placebo – Nocebo, Schmerz Nachr 2022, S. 240–243

Mühlhauser, Ingrid, Patienten- und Gesundheitsinformation: die Perspektive der Evidenzbarsierten Medizin – Kommentar, in: Stehr, Paula/Heinemeier, Dorothee/Rossmann, Constanze (Hrsg.), Evidenzbasierte | evidenzinformierte Gesundheitskommunikation, 1. Auflage, Baden-Baden 2018, S. 17–30 (zitiert: *Mühlhauser*, in: Evidenzbasierte | evidenzinformierte Gesundheitskommunikation)

Müller, Eckhart/*Schlothauer*, Reinhold/*Knauer*, Christoph (Hrsg.), Münchener Anwaltshandbuch Strafverteidigung, 3. Auflage, München 2022 (zitiert: *Bearb.*, in: MAH Strafverteidigung)

Müller, Gabriele, Das Akteneinsichtsrecht des Patienten nach dem Patientenrechtegesetz und seine postmortale Wahrnehmung durch Dritte, ZEV 2014, S. 401–404

Müller, Peter, Punitive Damages und deutsches Schadensersatzrecht, Berlin 2000

Müller-Dietz, Heinz, Mutmaßliche Einwilligung und Operationserweiterung – BGH, NJW 1988, 2310, JuS 1989, S. 280–286

Murmann, Uwe, Untreue (§ 266 StGB) und Risikogeschäfte, Juristische Ausbildung 2010, S. 561–567

Nebendahl, Mathias, Selbstbestimmungsrecht und rechtfertigende Einwilligung des Minderjährigen bei medizinischen Eingriffen, MedR 2009, S. 197–205

Nestler, Nina, Aufklärungs- und Informationspflichten im Strafrecht, JURA 2018, S. 897–905

Nestler, Nina, Zivil- und strafrechtliche Aufklärungspflichten – Besonderheiten bei ästhetisch-plastischen Eingriffen, medstra 2018, S. 330–337

Paeffgen, Hans-Ullrich, Gefahr-Definition, Gefahrverringerung und Einwilligung im medizinischen Bereich – Problembeschreibung und Methodologisches, veranschaulicht am Beispiel des virus-infektiösen Chirurgen, in: Rogall, Klaus/Puppe, Ingeborg/Stein, Ulrich/Wolter, Jürgen (Hrsg.), Festschrift für Hans-Joachim Rudolphi zum 70. Geburtstag, München 2004, S. 187–213 (zitiert: *Paeffgen*, in: FS Rudolphi)

Pauge, Burkhard/*Offenloch*, Thomas/*Gödicke*, Patrick, Arzthaftungsrecht: neue Entwicklungslinien der BGH-Rechtsprechung, 15. Auflage, Köln 2023 (zitiert: *Pauge/Offenloch/Gödicke*, Arzthaftungsrecht)

Pawlik, Michael, Kritik der präventionstheoretischen Strafbegründungen, in: Rogall, Klaus/Puppe, Ingeborg/Stein, Ulrich/Wolter, Jürgen (Hrsg.), Festschrift für Hans-Joachim Rudolphi zum 70. Geburtstag, München 2004, S. 213–230 (zitiert: *Pawlik*, in: FS Rudolphi)

Pentz, Vera von, Entwicklungen der neueren höchstrichterlichen Rechtsprechung zur Arzthaftung, MedR 2016, S. 16–23

Peters, Thomas Alexander, Defensivmedizin durch Rechtsunsicherheit im Arztstrafverfahren?, MedR 2003, S. 219–221

Prütting, Jens (Hrsg.), Medizinrecht Kommentar, 7. Auflage, Köln 2025 (zitiert: *Bearb.*, in: MedR)

Prütting, Jens/*Heyn*, Dorothée/*Stubenrauch*, Robin, Eltern als Schaden? – Patientenautonomie bei ärztlicher Behandlung und am Lebensende, NJW 2023, S. 321–326

Puppe, Ingeborg, Rechtfertigung und Bestimmtheit, in: Kudlich, Hans/Montiel, Juan Pablo/Schuhr, Jan C. (Hrsg.), Gesetzlichkeit und Strafrecht, Berlin 2012, S. 165–178 (zitiert: *Puppe*, in: Kudlich/Montier/Schuhr, Gesetzlichkeit und Strafrecht)

Puppe, Ingeborg, Die hypothetische Einwilligung und das Selbstbestimmungsrecht des Patienten, ZIS 2016, S. 366–372

Puppe, Ingeborg, Strafrecht Allgemeiner Teil: im Spiegel der Rechtsprechung, 5. Auflage, Baden-Baden 2023 (zitiert: *Puppe*, StrafR AT)

Ratzel, Rudolf/*Luxenburger*, Bernd (Hrsg.), Handbuch Medizinrecht, 4. Auflage, Heidelberg 2020 (zitiert: *Bearb.*, in: HdB-MedR)

Reeves, Roy R./*Ladner*, Mark E./*Hart*, Roy H./*Burke*, Randy S., Nocebo effects with antidepressant clinical drug trial placebos, General Hospital Psychiatry 2007, S. 275–277

Rego Sousa Torres, Mara Alexandra, Die Patientenverfügung – ein Rechtsinstrument der Selbstbestimmung: eine Untersuchung unter besonderer Berücksichtigung der Rolle und Perspektive von Ärzten, Wiesbaden/Heidelberg 2022 (zitiert: *Rego Sousa Torres*, Die Patientenverfügung – ein Rechtsinstrument der Selbstbestimmung)

Reichmann, Philipp C., Die Placeboapplikation: Eine rechtliche Betrachtung der therapeutischen Verwendung, Berlin 2015 (zitiert: *Reichmann*, Die Placeboapplikation)

Reimer, Philipp, Allgemeines Verwaltungsrecht, Berlin 2024 (zitiert: *Reimer*, Allg. VerwR)

Rengier, Rudolf, Strafrecht Allgemeiner Teil, 17. Auflage, München 2025 (zitiert: *Rengier*, StrafR AT)

Rengier, Rudolf, Strafrecht Besonderer Teil II, 26. Auflage, München 2025 (zitiert: *Rengier*, StrafR BT II)

Rennicke, Jan, Die sittenwidrige Körperverletzung im Sinne des § 228 StGB, ZJS 2019, S. 465–470

Renz, Christoph, Ärztliche Aufklärungspflichten im Strafrecht: unter besonderer Berücksichtigung zwischenmenschlicher Kommunikation, Baden-Baden 2023 (zitiert: *Renz*, Ärztliche Aufklärungspflichten im Strafrecht)

Rolfes, Vasilija/*Hinz*, Ute/*Fangerau*, Heiner/*Voßberg*, Dilara/*Haupt*, Martin, MacCAT-T zwischen Anspruch und Praxis – Herausforderungen bei der Beurteilung von Einwilligungsfähigkeit bei Demenz, Fortschritte der Neurologie Psychiatrie 2024, S. 413–422 (zitiert: *Rolfes et al.*, Fortschr Neurol Psychiatr 2024, 4139)

Rönnau, Thomas, Willensmängel bei der Einwilligung im Strafrecht, Tübingen 2001

Rönnau, Thomas, Anmerkung, JZ 2004, S. 801–804

Rönnau, Thomas, Untreue als Wirtschaftsdelikt, ZStW 2007, S. 887–926

Rosenau, Henning, Informed consent – Illusion oder Realität im Medizinrecht?, in: Hruschka, Joachim/Joerden, Jan C. (Hrsg.), Jahrbuch für Recht und Ethik/Annual Review of Law and Ethics, Berlin 2016, S. 265–290 (zitiert: *Rosenau*, in: Jahrbuch für Recht und Ethik)

Roßner, Hans-Jürgen, Verzicht des Patienten auf eine Aufklärung durch den Arzt, NJW 1990, S. 2291–2296

Rostalski, Frauke, Die Widrigkeiten der Sittenwidrigkeitsformel des § 228 StGB, HRRS 2020, S. 211–215

Roxin, Claus/*Greco*, Luís, Strafrecht Allgemeiner Teil, 5. Auflage, München 2020 (zitiert: *Roxin/Greco*, StafR AT I)

Roxin, Claus/*Schroth*, Ulrich (Hrsg.), Handbuch des Medizinstrafrechts, 4. Auflage, Stuttgart/München/Hannover/Berlin/Weimar/Dresden 2010 (zitiert: *Bearb.*, in: MedStR-HdB)

Rudolphi, Hans-Joachim, Literaturbericht Strafrecht – Allgemeiner Teil, ZStW 1974, S. 68–97

Säcker, Franz Jürgen/*Rixecker*, Roland/*Oetker*, Hartmut/*Limperg*, Bettina (Hrsg.), Münchener Kommentar zum BGB, Band 5, 9. Auflage, München 2023 (zitiert: *Bearb.*, in: MüKo BGB)

Sailer-Pfister, Sonja, Menschenrecht auf Gesundheit – Gesundheit im Horizont sozialer und globaler Gerechtigkeit, in: Bonacker, Marco/Geiger, Gunter (Hrsg.), Menschenrechte und Medizin: Grundfragen der medizinischen Ethik, Opladen/Berlin/Toronto 2016, S. 151–168 (zitiert: *Sailer-Pfister*, in: Menschenrechte und Medizin)

Saliger, Frank, Alternativen zur hypothetischen Einwilligung im Strafrecht, in: und Perspektiven, in: Fahl, Christian/Müller, Eckhart/Satzger, Helmut/Swoboda, Sabine (Hrsg.), Ein menschengerechtes Strafrecht als Lebensaufgabe, Festschrift für Werner Beulke zum 70. Geburtstag, 2015, S. 257–270 (zitiert: *Saliger*, in: FS Beulke)

Salloch, Sabine, „Evidenzbasierte Ethik"? – Über hypothetische und kategorische Handlungsnormen in der Medizin, Ethik Med 2012, S. 5–17

Satzger, Helmut/*Schluckebier*, Wilhelm/*Werner*, Raik (Hrsg.), Strafgesetzbuch: Kommentar, 6. Auflage, Köln 2024 (zitiert: *Bearb.*, in: SSW-StGB)

Scherer, Stephan (Hrsg.), Münchener Anwaltshandbuch Erbrecht, 6. Auflage, München 2024 (zitiert: *Bearb.*, in: MAH Erbrecht)

Schlüchter, Ellen, Irrtum über normative Tatbestandsmerkmale im Strafrecht, Tübingen 1983

Schmuker, Caroline/*Zok*, Klaus, Informierte Teilnahme an Früherkennungsuntersuchungen: Ergebnisse einer Befragung unter GKV-Versicherten, in: Wissenschaftliches Institut der AOK (WIdO), DE/Günster, Christian/Klauber, Jürgen/Robra, Bernt-Peter/Schmacke, Norbert/Schmuker, Caroline (Hrsg.), Versorgungs-Report Früherkennung, Berlin 2019, S. 31–48 (zitiert: *Schmuker/Zok*, in: Versorgungs-Report Früherkennung)

Schön, Carla, Medizinischer Standard und digitale Transformation im Arztstrafrecht Strafrechtliche Rezeption des medizinischen Standards und Auswirkungen der Implementierung neuer Technologien auf den Maßstab ärztlichen Entscheidens – Vom „klassischen Standard" zum „datenbasierten Standard"?, Berlin 2025 (zitiert: *Schön*, Medizinischer Standard und digitale Transformation im Arztstrafrecht)

Schönke, Adolf/*Schröder*, Horst (Hrsg.), Tübinger Kommentar Strafgesetzbuch: Kommentar, 31. Auflage, München 2025 (zitiert: *Bearb.*, in: TK-StGB)

Schröder, Horst, Die Irrtumsrechtsprechung des BGH, ZStW 1953, S. 178–209

Schuhr, Jan C./*Weng*, Philipp, Gesetzlichkeitsprinzip und Facharztstandard – Ein Beitrag zur Bestimmtheit von Sorgfaltspflichten und Fahrlässigkeitsdelikten, in: Bülte, Jens/Dölling, Dieter/Haas, Volker/Schuhr, Jan C./Dannecker, Gerhard (Hrsg.), Strafrecht in Deutschland und Europa: Festschrift für Gerhard Dannecker zum 70. Geburtstag, München 2023, S. 673–686 (zitiert: *Schuhr/Weng*, in: FS Dannecker)

Schünemann, Bernd, Der Bundesgerichtshof im Gestrüpp des Untreuetatbestands, NStZ 2006, S. 196–203

Schweda, Mark/*Hummers*, Eva/*Kleinert*, Evelyn, Zwischen Bagatellisierung und Pathologisierung: Gesundheitsversorgung im Alter und die Zeitstruktur guten Lebens, Ethik Med 2023, S. 77–91

Seemann, Ricarda J./*Melcher*, Peter/*Eder*, Christian/*Deckena*, Joscha/*Kasch*, Richard/*Fröhlich*, Susanne/*März*, Maren/*AG Lehre DGOU*/*Ghanem*, Mohamed, Chirurgische Aufklärung: Klar geregelt durch das Patientenrechtegesetz – deutliche Unsicherheit bei Medizinstudierenden: Rechtsanalyse und Bestandsaufnahme bei über 2500 Berliner Medizinstudierenden im Rahmen des Progress Test Medizin, Der Orthopäde 2021, S. 937–945

Sehouli, Jalid, Das Aufklärungsgespräch, in: Sehouli, Jalid (Hrsg.), Handbuch Klinische Studien: ein Ratgeber für Ärztinnen, Ärzte und Studienpersonal, 3. Auflage, Hamburg 2014, S. 18–21 (zitiert: *Sehouli*, in: HdB Klinische Studien)

Siegel, Thorsten, Allgemeines Verwaltungsrecht, 15. Auflage, Heidelberg 2024 (zitiert: *Siegel*, Allg. VerwR)

Sowada, Christoph, Die hypothetische Einwilligung im Strafrecht, NStZ 2012, S. 1–10

Spickhoff, Andreas, Patientenrechte und Gesetzgebung: Rechtspolitische Anmerkungen zum geplanten Patientenrechtegesetz, ZRP 2012, S. 65–69

Spickhoff, Andreas: Die Entwicklung des Arztrechts 2020/2021, NJW 2021, S. 1713–1719

Spickhoff, Andreas (Hrsg.), Medizinrecht, 4. Auflage, München 2022 (zitiert: *Bearb.*, in: Spickhoff, MedR)

Stallberg, Christian, Evidenz-basierte Medizin als Rechtsbegriff– Funktion, Inhalt und Grenzen, PharmR 2010, S. 5–12

Staudinger, Julius von (Hrsg.), J. von Staudingers Kommentar zum Bürgerlichen Gesetzbuch mit Einführungsgesetz und Nebengesetzen, Berlin 2021 (zitiert: *Bearb.*, in: Staudinger BGB)

Steinfath, Holmer, Das Wechselspiel von Autonomie und Vertrauen, in: Steinfath, Holmer/Wiesemann, Claudia (Hrsg.), Autonomie und Vertrauen: Schlüsselbegriffe der modernen Medizin, Wiesbaden 2016, S. 11–68 (zitiert: *Steinfath*, in: Autonomie und Vertrauen)

Sternberg-Lieben, Detlev, Strafrechtliche Behandlung ärztlicher Aufklärungsfehler, in: und Perspektiven, in: Fahl, Christian/Müller, Eckhart/Satzger, Helmut/Swoboda, Sabine (Hrsg.), Ein menschengerechtes Strafrecht als Lebensaufgabe, Festschrift für Werner Beulke zum 70. Geburtstag, 2015, S. 299–311 (zitiert: *Sternberg-Lieben*, in: FS Beulke)

Sternberg-Lieben, Detlev, Beschränkung der strafrechtlichen Haftung auf eine schwerwiegende Verletzung der ärztlichen Aufklärungspflicht, in: Arbeitsgemeinschaft Medizinrecht im Deutschen Anwaltverein, Berlin/Institut für Rechtsfragen der Medizin, Düsseldorf (Hrsg.), Aktuelle Entwicklungen im Medizinstrafrecht, Baden-Baden 2019, S. 95–118 (zitiert: *Sternberg-Lieben*, in: Aktuelle Entwicklungen im Medizinstrafrecht)

Sternberg-Lieben, Detlev/*Reichmann*, Philipp C., Die gesetzliche Regelung der Patientenverfügung und das medizinische Selbstbestimmungsrecht Minderjähriger, NJW 2012, S. 257–262

Stock, Christof, Heilauftrag und Wunschmedizin: Zugleich eine Anmerkung zu BGH, MedR 2018, 43–44, MedR 2019, S. 872–875

Stoljar, Natalie, Informierte Einwilligung und relationale Konzepte von Autonomie, in: Biller-Andorno, Nikola/Monteverde, Settimio/Krones, Tanja/Eichinger, Tobias (Hrsg.), Medizinethik, Wiesbaden 2021, S. 175–187 (zitiert: *Stoljar*, in: Medizinethik)

Swoboda, Sabine, Die hypothetische Einwilligung – Prototyp einer neuen Zurechnungslehre im Bereich der Rechtfertigung?, ZIS 2013, S. 18–32

Tag, Brigitte, Der Körperverletzungstatbestand im Spannungsfeld zwischen Patientenautonomie und Lex artis: eine arztstrafrechtliche Untersuchung, Berlin 2000 (zitiert: *Tag*, Der Körperverletzungstatbestand im Spannungsfeld zwischen Patientenautonomie und Lex artis)

Tag, Brigitte, Richterliche Rechtsfortbildung im Allgemeinen Teil am Beispiel der hypothetischen Einwilligung, ZStW 2015, S. 523–548

Tröndle, Herbert, Selbstbestimmungsrecht des Patienten – Wohltat und Plage?, MDR 1983, S. 881–887

Tsambikakis, Michael/*Rostalski*, Frauke (Hrsg.), Medizinstrafrecht, Baden-Baden 2023 (zitiert: *Tsambikakis/Dorneck*, in: NK-MedStR)

Ulsenheimer, Klaus, Verletzung der ärztlichen Aufklärungspflicht, Anm. zu BGH, Urt. v. 20.06.1995, 4 StR 760/94, NStZ 1996, S. 132–133

Ulsenheimer, Klaus/*Gaede*, Karsten (Hrsg.), Arztstrafrecht in der Praxis, 6. Auflage, Berlin/Heidelberg 2021 (zitiert: *Bearb.*, in: Ulsenheimer/Gaede, Arztstrafrecht in der Praxis)

UPD Patientenberatung Deutschland gGmbH, UPD Patientenflyer, Stand: Juli 2020

Valerius, Brian, Die Einwiligungsfähigkeit Minderjähriger, RdJB 2018 S. 243–256

Valerius, Brian, Die Rechtsprechung zu den ärztlichen Aufklärungspflichten und zur Einwilligung seit dem Patientenrechtegesetz, medstra 2021, S. 2–9

Vogelbusch, Rebekka, Aufklärung bei medizinisch nicht indizierten Eingriffen – welche Anforderungen stellt das Strafrecht?, medstra 2024, S. 91–97

Vogele, Daniel/*Schöffski*, Oliver/*Efinger*, Klaus/*Schmidt*, Stefan A./*Beer*, Meinrad/*Kildal*, Daniela, Aufklärungserfolg, Zufriedenheit und Verbesserungsmöglichkeiten bei Computertomographie-Aufklärungen: Eine Befragung von Patienten und Ärzten, Der Radiologe 2020, S. 1077–1084

Vogeler, Marcus, Die Haftung des Arztes bei der Anwendung neuartiger und umstrittener Heilmethoden nach der neuen Rechtsprechung des BGH, MedR 2008, S. 697–707

Vogeler, Marcus, Anmerkung zu BGH, Beschluss vom 16.8.2022 – VI ZR 342/21, NJW 2023, S. 149–151

Voigt, Tobias, Tagungsbericht zum 7. Kölner Medizinrechtstag: „Patientenrechtegesetz 2.0?“, MedR 2023, S. 40–42

Wagner, Magnus, Strafrechtliche Aspekte des Einsatzes von Placebos in der Medizin, Baden-Baden 2012

Wagner, Magnus, Zum Erfordernis einer „gravierenden“ Pflichtverletzung bei der Untreue – Überlegungen zu Legitimität, Anwendungsbereich und Inhalt eines umstrittenen Korrektivs, ZStW 2019, S. 319–362

Wienke, Albrecht, Die Beweiskraft ärztlicher Aufklärungsbögen, Hessisches Ärzteblatt 2020, S. 32–33

Wolter, Jürgen/*Hoyer*, Andreas (Hrsg.), SK-StGB: systematischer Kommentar zum Strafgesetzbuch, Band 4, 10. Auflage, Köln 2023 (zitiert: *Bearb.*, in: SK-StGB)

Wolter, Jürgen/*Hoyer*, Andreas (Hrsg.), SK-StGB: Systematischer Kommentar zum Strafgesetzbuch, Band 1, 10. Auflage, Köln 2024 (zitiert: *Bearb.*, in: SK-StGB)

Wolter, Jürgen/*Hoyer*, Andreas (Hrsg.), SK-StGB: systematischer Kommentar zum Strafgesetzbuch, Band 5, 10. Auflage, Köln 2025 (zitiert: *Bearb.*, in: SK-StGB)

Zech, N./*Seemann*, M./*Hansen*, E., Noceboeffekte und Negativsuggestionen in der Anästhesie, Der Anaesthesist 2014, S. 816–824

Zitelmann, Ernst, Ausschluß der Widerrechtlichkeit, AcP 1906, S. 1–130

Stichwortverzeichnis

Phillip Benit

Die Betrugsstrafbarkeit von vertragsärztlichen Falschabrechnungen im deutschen Gesundheitswesen

Eine Einführung in die sozialrechtlichen Hintergründe und Überprüfung der strafrechtlichen Erfassung nach § 263 Abs. 1 StGB

Die Rechtsprechung des BGH zur Betrugsstrafbarkeit von vertragsärztlichen Falschabrechnungen sorgt mit ihrer Auslegung des objektiven Tatbestands – insbesondere der Bestimmung des Vermögensschadens – bereits seit Jahrzehnten für massive Kritik und nicht abreißende Diskussionen in der (gesundheits-)strafrechtlichen Literatur. Anlässlich des besonders umstrittenen BGH-Urteils vom 19.08.2020 möchte der Autor nun einen aufarbeitenden wie gleichermaßen als Einstieg geeigneten Beitrag zur Diskussion leisten und mit diesem Werk eine Einführung in das Abrechnungssystem von Vertragsärzten bieten, an den einzelnen Tatbestandsmerkmalen erklären, wie die strafrechtliche Erfassung von vertragsärztlichen Falschabrechnungen gegenüber ihrer Kassenärztlichen Vereinigung nach § 263 Abs. 1 StGB rechtsdogmatisch funktioniert, sowie überprüfen, ob die verbundene höchstrichterliche Rechtsprechung überhaupt tragbar ist und ob es nicht einer alternativen Lösung oder einer Reform bedarf.

Abhandlungen zum Medizin- und Gesundheitsrecht, Band 6
268 Seiten, 2026
ISBN 978-3-428-19656-2, geb., € 79,90
Titel auch als E-Book erhältlich.

Duncker & Humblot · Berlin